AF524572

Hans Jörg Sandkühler (Hg.)

Philosophie im Nationalsozialismus

Meiner

Dieser Band erscheint in Verbindung mit der
Deutschen UNESCO-Kommission

Bibliographische Information der Deutschen Nationalbibliothek

Die Deutsche Nationalbibliothek verzeichnet diese Publikation in der Deutschen Nationalbibliographie; detaillierte bibliographische Daten sind im Internet über ‹http://dnb.d-nb.de› abrufbar.
ISBN 978-3-7873-1937-4

www.meiner.de
 Umschlaggestaltung: Jens-Sören Mann. Satz: Type & Buch Kusel, Hamburg. Gesamtherstellung: BoD, Norderstedt. Gedruckt auf alterungsbeständigem Werkdruckpapier, hergestellt aus 100% chlorfrei gebleichtem Zellstoff. Printed in Germany.

Inhalt

Siglen der Archive 7
Abkürzungen 7

Hans Jörg Sandkühler
Vergessen? Verdrängt? Erinnert?
Philosophie im Nationalsozialismus
Zur Einführung 9

Michael Grüttner
Universität und Wissenschaft in der nationalsozialistischen
Diktatur 31

Gereon Wolters
Philosophie im Nationalsozialismus 57

Hans Friedrich Fulda
Krise und Untergang des südwestdeutschen Neukantianismus 83

Emmanuel Faye
Der Nationalsozialismus in der Philosophie:
Sein, Geschichtlichkeit, Technik und Vernichtung
in Heideggers Werk 133

Wolfram Hogrebe
Die Selbstverstrickung des Philosophen Oskar Becker 157

Volker Böhnigk
Die nationalsozialistische Kulturphilosophie Erich Rothackers 191

Hans Jörg Sandkühler
Joachim Ritter: Über die Schwierigkeiten, 1933–1945 Philosoph zu sein 219

Jens Thiel
Von »ärgerlichen Äußerlichkeiten« und »innerlichem Unberührtsein«
Hermann Noack im ›Dritten Reich‹ 253

Lars Lambrecht
Vom ›Geist unbefangener Menschlichkeit‹
Hannah Arendt und Karl Jaspers als Beispiele kritischer Haltung in der Zeit des Nationalsozialismus 297

Dagmar Borchers
›Worüber man nicht reden kann, darüber muss man schweigen.‹
Zur Vertreibung der Wissenschaftlichen Weltauffassung im ›Dritten Reich‹ und zu ihrer Bedeutung für die Entwicklung der analytischen Philosophie 323

Personenregister 341

Siglen der Archive

BAB	Bundesarchiv Berlin
BAB DH	Bundesarchiv Berlin, Zwischenarchiv Dahlwitz-Hoppegarten
BAK	Bundesarchiv Koblenz
BDC	Berlin Document Center
DLA	Deutsches Literaturarchiv Marbach a. N.
GSA	Goethe- und Schiller-Archiv Weimar
LASH	Landesarchiv Schleswig-Holstein
PhAUK	Philosophisches Archiv, Universität Konstanz
StAH	Staatsarchiv Hamburg
UAF	Universitätsarchiv Frankfurt am Main
UAJ	Universitätsarchiv Jena
UAM	Universitätsarchiv Münster
UAR	Universitätsarchiv Rostock

Abkürzungen

BDA	Bund der Auslandsdeutschen
DBFU	Der Beauftragte des Führers für die Überwachung der gesamten geistigen und weltanschaulichen Schulung und Erziehung der NSDAP
ERR	Einsatzstab Reichsleiter Rosenberg
NSDAP	Nationalsozialistische Deutsche Arbeiterpartei
NSDDB	Nationalsozialistischer Deutscher Dozentenbund
NSL	Nationalsozialistischer Lehrerbund
NSV	Nationalsozialistische Volkswohlfahrt
REM	Reichsministerium für Wissenschaft, Erziehung und Volksbildung
RL	Reichsleiter
RSHA	Reichssicherheitshauptamt

SA	Sturmabteilung
SD	Sicherheitsdienst
SPD	Sozialdemokratische Partei Deutschlands
SS	Sturmstaffel
StM	Staatsminister
Uk.	unabkömmlich (vom Militärdienst freigestellt)
Uk.-Stellung	›Unabkömmlich-Stellung‹

– Hans Jörg Sandkühler –

Vergessen? Verdrängt? Erinnert?
Philosophie im Nationalsozialismus

Zur Einführung

1. Philosophie im Nationalsozialismus oder: Soll man erinnern?

Muss oder soll man sich heute für die Beziehung zwischen Philosophen und Nationalsozialismus interessieren? Hans Friedrich Fulda gibt diese Antwort: »Sich Rechenschaft abzulegen über Anteile am Nationalsozialismus, die in unserer philosophischen Herkunft enthalten sind, kann insbesondere deshalb nicht etwas sein, das bereits hinter uns liegt, weil solche Selbstverständigung gar nicht ausschließlich eine Aufgabe historischer Forschung ist. Es geht darin nicht vorrangig um eine ideen- oder ideologiegeschichtliche Recherche, deren Ressourcen nach einigem, ernsthaften Bemühen erschöpft wären. Es geht auch nicht bloß um Kritik, durch die man vielleicht eine antifaschistische Haltung unter Beweis stellen möchte [...] – und schon gar nicht um ein Neugierinteresse, mit dessen Befriedigung man am Ende Hochbetagte oder Gestorbene in Verruf bringen könnte. Die Arbeit, die wir uns schuldig sind, ist vor allem eine an uns selbst.«[1]

Diese Arbeit an ›uns selbst‹ ist zum einen Erinnerung an eine Vergangenheit, die nicht vergangen ist – eine Erinnerung im Bewusstsein der *Diskontinuität.* Dies gilt vor allem für die Generation, die zwischen 1950 und 1960 an deutschen Universitäten studiert hat. Einerseits gab es eine »Kontinuität der Nazizeit: Die Universitäten waren voll von Männern, die [...] schon in der Nazizeit gelehrt hatten, und von Jüngeren, die dem Regime [...] gedient hatten«, aber nicht gefragt wurden: »›Was haben Sie im Dritten Reich gemacht?‹ Die Älteren sprachen nicht darüber, und die Mehrheit der jungen wagte nicht zu fragen – ein weiterer Beleg für meine Behauptung, dass sich die Stimmung des zwanzigsten Jahrhunderts zusammenfassen läßt in dem Satz: ›Sie wollten es nicht wissen.‹«[2] Die Problemlage nach 1945 war freilich komplexer, als Fritz Stern sie – erzwungenermaßen ›von außen‹ – wahrnimmt: In der Regel war die Frage nicht, ob man zu fragen ›wagte‹ und wissen ›wollte‹. Zur Normalität an den Universitäten gehörte ein nicht als problematisch empfundener ›gemeinschaftlicher Denkstil‹, der Lehrer und Schüler verband. Die Einsicht »Immer Neues kommt zu Tage und immer anders als zuvor gewußt«[2] ist eine späte Erkenntnis. Sie setzt eine zunächst nicht wachgerufene Aufmerksamkeit und ein zweifach gerichtetes historisches Interesse voraus: die Verknüpfung der Frage nach den Lehrern mit der selbstkritischen Frage »Wer bin ich wie geworden?« In den Anfängen war die deutsche Geschichte hinter die Grenze der vermeintlichen ›Stunde Null‹ des 8. Mai 1945 verlegt; das ›Neu Beginnen‹, nicht aber dessen Voraussetzungen bestimmten die Bewusstseinslage.

Rudolf Vierhaus berichtet: »Alle Historiker in Münster [...] waren bereits vor 1945 als Hochschullehrer tätig. Von ihrer Tätigkeit, ihren Erfahrungen, ihrem Engagement in jener Zeit haben sie allenfalls nebenbei und in Anspielungen gesprochen [...] Wir haben sie nicht danach gefragt. Zwei allgemeine Bemerkungen sind hier angebracht: Die Sprachlosigkeit über das in den ersten Nachkriegsjahren in seinem vollen Umfang erst bekannt werdende Geschehen in der NS-Zeit war die Folge von Betroffenheit, Verlegenheit, wohl auch schlechtem Gewissen, Vergessenwollen und Verdrängung, aber auch der schwierigen Bewältigung des Alltags unter den Bedingungen von Besatzung, Hunger, Wohnungsnot, [...] etc., und auch der Suche nach neuer Sinnorientierung. An den Universitäten waren die Lehrenden stark absorbiert von den Aufgaben des Wiederaufbaus und von ihrem eigenen Bemühen, durch intensive Arbeit in der Lehre, Publikation und Forschung entweder zu beweisen, wie wenig sie vom Nationalsozialismus beeinflußt worden waren, oder aber ihre Verstrickung durch Leistung zu kompensieren.«[4]

Auf die Frage, ob und warum man sich heute für die Beziehung zwischen Philosophen und Nationalsozialismus interessieren solle, gibt es über das persönliche Erkenntnisinteresse hinaus auch allgemeine Antworten.[5] Hermann Lübbes These, die Unterstellung eines Verschweigens der Zeit von 1933–1945 entstamme »der Neigung, ja der politischen Absicht späterer Jahre, die Gründungsgeschichte der zweiten deutschen Demokratie moralisch zu delegitimieren«[6], gehört nicht zu den Antworten, die allgemeine Geltung beanspruchen können. Lübbe fragt in der Absicht, ein Kapitel deutscher Philosophiegeschichte nicht aufzuschlagen: »War man also damals, in den späten vierziger und in den fünfziger Jahren, im Umgang mit der nationalsozialistischen Vergangenheit allzu unsensibel?« Seine Auflösung der Frage hat die Arbeit an der Erinnerung nicht verhindern können: »Das zu unterstellen wäre [...] ein Urteil Spätgeborener, die in empörter Nicht-Akzeptanz ihres nationalen Schicksals, als individuell gänzlich Unbeteiligte doch die Nazi-Erbschaft übernehmen zu sollen, für die Umgangsformen, die nach dem Ende des Nationalsozialismus zwischen Alt-Nazis und jungen Ex-Pimpfen, ja zwischen Alt-Nazis und ehemals verfolgten Remigranten sich herausbildeten, ohne Verständnis sind, und das mit Folgen eines historischen Wirklichkeitsverlustes.«[7]

Derartige selbst auferlegte Frageverbote haben dazu beigetragen, dass eine *kritische Geschichte* der Philosophie im Nationalsozialismus noch nicht geschrieben ist – eine Geschichte, in der die Gleichzeitigkeit und Widersprüchlichkeit von Freiheit und Notwendigkeit im Erkenntnisprozess, von frei zu verantwortender Nähe oder Distanz und sozialen, ökonomischen, politischen und kulturellen Determinanten, von Fortschritten im Wissen und Wissensverlusten durch Verdrängung, von Verbrennung und Exilierung der Alternativen, von produktiven Irrtümern und sterilen Wahrheiten angemessen berücksichtigt wäre. Erst diese Geschichte der Philosophie käme der Wirklichkeit des Philosophierens in Deutschland vor und nach 1933 nahe, in der Kontinuität und Diskontinuität, die Orientierung am Faktischen und die Orientierung an neuen Zielen, das individuelle Erkenntnisinteresse und -vermögen sowie die institutionellen und personellen Potenziale der Philosophie in einer gegebenen politisch-sozialen Situation als Knotenpunkte eines nicht länger verworrenen Netzwerks sichtbar würden. Die epistemische und praktische Tätigkeit der Philosophierenden vollzieht sich in einem vielschichtigen System von Welt- und Wissensbeziehungen, dessen Momente analytisch unterscheidbar, *de facto* aber nicht trennbar sind. Zu diesem System gehören die intellektuelle Subjektivität, der Austausch mit den Lebenden und den Toten, Gründe aus individuellen und kollektiven Interessen, Unparteilichkeit und parteiliche

Zwecke, Überzeugungen in Übergängen und Revisionen und letztlich die mit Geschichte und Zukunft aufgeladenen Bilder der Welt und des Selbst. Auch eine kritische Geschichte wird dies nicht alles berücksichtigen können, aber alles nicht zu berücksichtigen ist unangemessen.

Von einer falschen Prämisse sollte man sich nicht verführen lassen: Philosophische Theorien seien als *Spiegelbilder* gesellschaftlicher Bedingungen zu behandeln. Jenseits eines solchen simplen Determinismus sind in Biografien naive oder fahrlässige Selbsttäuschung, absichtsvoller Selbstbetrug und Betrug, das Ende von Täuschungen und Revisionen sowie hartnäckige Rechtfertigungen des nicht zu Rechtfertigenden zu entdecken. Zu einer kritischen Geschichte gehört waches historisches Bewusstsein gegenüber der Vergangenheit, die selbst als überwundene Stufe ein Horizont ist, in dem und auf den hin sich der Kritiker bewegt. Es ist trivial und muss doch gesagt werden: Es gibt keine exterritoriale Kritik. Deshalb ist die Forderung nach einer Kritik, die sich vom hermeneutischen *principle of charity* leiten lässt, nicht versöhnlerisch; sie zielt auf Aufklärung und stärkt den *sensus communis* – das Selbstdenken, widerspruchsfreie innere Konsistenz und die Perspektive der Alterität – und so die Philosophen und die Philosophie.

1. Zwang und ›Versuchungen der Unfreiheit‹

Im April 1933 heißt es in der ersten Verordnung zur Durchführung des ›Gesetzes zur Wiederherstellung des Berufsbeamtentums‹: »Als nichtarisch gilt, wer von nichtarischen, insbesondere jüdischen Eltern oder Großeltern abstammt. Es genügt, wenn ein Elternteil oder Großelternteil nichtarisch ist«.[8] In § 4 (1) der ersten Verordnung zum ›Reichsbürgergesetz‹ wird im November 1935 oktroyiert: »Ein Jude kann nicht Reichsbürger sein. Ihm steht ein Stimmrecht in politischen Angelegenheiten nicht zu; er kann ein öffentliches Amt nicht bekleiden.«

Bis 1935 haben 22 Philosophen ihren Lehrstuhl verloren. 30 der deutschen Philosophen werden ins Exil gezwungen. Unter ihnen ist zu erinnern an Theodor Wiesengrund (Adorno), Ernst von Aster, Ernst Cassirer, Jonas Cohn, Hans Ehrenberg, Moritz Geiger, Fritz

Heinemann, Dietrich von Hildebrandt, Richard Hönigswald, Max Horkheimer, Richard Kroner, Helmut Kuhn, Arthur Liebert, Karl Löwith, Georg Misch, Helmuth Plessner, Hans Reichenbach, Paul Tillich und Edgar Wind. Für Österreich ist etwa an Otto Neurath und Rudolf Carnap zu erinnern. Vielen von ihnen bleibt auch nach 1945 ihr Bürgerrecht in Deutschland versagt; viele sind noch heute aus der Erinnerung verdrängt.[9]

Von den Philosophen, die in Deutschland geblieben sind, sehen sich viele zum Schweigen veranlasst. Wieder andere schweigen nicht: 1932 unterzeichnen drei Philosophen Aufrufe zugunsten der NSDAP; zur Reichstagwahl 1933 sind es acht. Dem ›Bekenntnis der Professoren an den deutschen Universitäten und Hochschulen zu Adolf Hitler und dem nationalsozialistischen Staat‹ schließen sich im November 1933 unter 1000 Lehrenden 22 Philosophen an, unter ihnen Hans Freyer, Hans-Georg Gadamer, Arnold Gehlen und Joachim Ritter.[10] Mitglieder der NSDAP sind bereits vor 1933 13 Philosophen, 1933 werden es weitere 22 sein, unter ihnen M. Heidegger und E. Rothacker. Nach einer Aufnahmesperre kommen 1937 weitere 18 hinzu, unter ihnen Joachim Ritter, dessen Aufnahmeantrag 1933 wegen seiner ersten ›nicht-arischen‹ Ehe abgelehnt worden war.[11] Die Hälfte der Philosophen, die noch im Amt sind, hatte sich auf die eine oder andere Weise mit dem Nationalsozialismus arrangiert. Das heißt aber auch: eben nur die Hälfte. Einen direkten Zwang zur Mitgliedschaft in der NSDAP hat es nicht gegeben. Indirekter Zwang wirkt beim Bemühen um Existenzsicherung und Karriere.

In diesem Kontext spricht R. Dahrendorf im Blick auf die ›Intellektuellen in Zeiten der Prüfung‹ von ›Versuchungen der Unfreiheit‹ und stellt fest, dass sich viele Intellektuelle »im Jahr 1933 von den Schalmeienklängen des Nationalsozialismus haben betören lassen. Gewiss, die ersten hundert Tage der Hitler-Regierung hatten der ohnehin zerbröselnden deutschen Demokratie den letzten Halt geraubt. Der Reichstagsbrand und seine Erklärungen, das Ermächtigungsgesetz nach der Wahl vom 5. März, das Parteienverbot, die gesetzlich sanktionierte Entfernung von Juden aus dem öffentlichen Dienst deuteten sämtlich auf eine fundamentale Wende. Indes gab es noch viele, die das Ganze für einen Spuk, eine Episode hielten. Noch war das neue Regime keineswegs etabliert. Dennoch wurden ihm von manchen, die es besser wissen konnten, schon große Dinge nach- oder vielmehr vorhergesagt.«[12] Dahrendorf verweist z. B. auf die Äußerung »des als Jude früh schon zur Emigration gezwungenen Frankfurter Soziologieprofessors Karl Mannheim«, der – 1934 in London nach seiner Meinung über Hitler befragt – antwortet: »›We like him.‹ […] Wir mögen ihn, nicht seiner Politik wegen, natürlich nicht, die uns als sehr falsch vorkommt. Aber aufgrund der Tatsache, dass er ein ernsthafter, aufrechter Mann ist, der nichts für sich selber sucht, sondern sich mit ganzem Herzen darum bemüht, eine neue Regierung aufzubauen. Er ist tief aufrichtig, aus einem Stück, und wir bewundern seine Rechtschaffenheit und seine Hingabe«.[12]

Der Politikwissenschaftler und Staatsrechtler Theodor Eschenburg berichtet über »das Korrumpierende an Zeiten der Diktatur, vor allem ›jene Mischung aus Wahrheit und Lüge, in die in diesen Zeiten unvermeidlicherweise alles geriet‹. Er habe es notwendig gefunden, sich anzupassen. »›Ich hatte ja schon der Politik Valet gesagt. Nun hörte ich auch auf zu publizieren.‹ ›Nicht aufzufallen und schon gar nicht zu provozieren, wurde zu meiner Devise.‹ ›Wir alle waren Gegner des Regimes, mussten aber unseres Berufes und des Überlebens willen unser Auskommen mit den Machthabern und ihren Funktionären suchen.‹ Dahinter steckte immer die Angst vor der Gestapo, vor dem Konzentrationslager und noch Schlimmerem, von dem Eschenburg wie viele eine vage Ahnung, aber kein genaues Wissen hatte.«[14]

Die Wahrnehmung eines Zwangs zur Anpassung war nicht auf Intellektuelle in Deutschland beschränkt. Dahrendorf nennt als Beispiel einen der später bedeutendsten liberalen politischen Philosophen, Norberto Bobbio: »Der 25-jährige Dozent Bobbio stand unter Antifaschismus-Verdacht und sah seine Lebenschancen gefährdet. ›Exzellenz‹, schrieb er [am 8. Juli 1935] an den Duce, ›seit meinem Studienbeginn 1928 bin ich Mitglied der Faschistischen Partei und der faschistischen Universitätsgruppe.‹ Mehr noch, ›ich bin in einer patriotischen und faschistischen Familie aufgewachsen.‹ Aktiv sei er als Faschist an der Universität gewesen, indem er eine Studentenzeitung herausgegeben, Reisen organisiert und Vorlesungen über den Marsch auf Rom gehalten habe. Das Studium habe ihn befähigt, ›meine politischen Meinungen zu konsolidieren und meine faschistischen Überzeugungen zu vertiefen.‹ Die Beschuldigung des Antifaschismus ›verletzt mich daher tief und beleidigt mein Bewusstsein als Faschist‹, für das es Zeugen unter den Freunden in der faschistischen Bewegung gebe. Ob infolge des Briefes oder aus anderen Gründen, Bobbios Karriere nahm ihren Gang, und sein Antifaschismus wurde eher noch aktiver. Doch war er von der Veröffentlichung des vergessenen Briefes tief schockiert. ›Eine Diktatur korrumpiert die Seelen von Menschen‹, schrieb er. ›Sie zwingt einem Heuchelei, Lügen und Unterwürfigkeit auf.‹«[15]

Für eine bewusste Parteinahme für den Faschismus in Frankreich kann an Louis Rougier erinnert werden, der unter dem Einfluss Couturats die moderne Logik und den Konventionalismus Poincarés verteidigte; der bedeutendste französische Vertreter des Wiener Kreises – persönlicher Freund Schlicks – plädierte in Schriften zu Ökonomie und Politik für eine Erneuerung des Liberalismus *und* schlug sich auf die Seite der extremen Rechten: Seit 1940 unterstützte er als glühender Anhänger aktiv das Vichy-Regime.[16]

In Deutschland fordern die Nationalsozialisten eine ›nationalsozialistische Wissenschaft‹. Ihre Strategie hat – so Michael Grüttner – folgende Schwerpunkte: Die Ablehnung der Idee einer ›voraussetzungslosen Wissenschaft‹; die Aufhebung der Trennung von Wissenschaft und Leben und die Kritik an zweckfreier Wissenschaft; den Rassenbegriff als Zentrum wissenschaftlicher Forschung; die gegen Spezialisierung gerichtete Forderung nach einer ›ganzheitlichen‹ Wissenschaft und nach Überwindung disziplinärer Grenzen; die Infragestellung des internationalen Charakters der Wissenschaft; und die Forderung, ›das Volkstum‹ stärker zum Gegenstand wissenschaftlicher Forschung zu machen.[17] »Unmißverständlich postulierte etwa der Leiter des NS-Dozentenbundes, Walter Schultze, die Universität müsse ›getragen sein von dem Bewußtsein, daß ihre ganze Arbeit bis in die kleinste Disziplin hinein einen gemeinsamen Urgrund hat, nämlich die nationalsozialistische Weltanschauung. Das Wissen um diesen alles umfassenden Nährboden, auf dem jede Disziplin wachsen muß, das Wissen um eine für alle verpflichtende Weltanschauung ist das Lebensprinzip unserer deutschen Hochschulen‹«.[18] »Für die Wissenschaftler ergab sich daraus eine verwirrende Situation: Einerseits sahen sie sich starkem Druck ausgesetzt, das Weltbild der Nationalsozialisten auch in ihrer wissenschaftlichen Arbeit zu übernehmen. Vor allem Nachwuchswissenschaftler, die bei der Besetzung von Assistentenstellen, bei der Verleihung der Dozentur oder bei Berufungen stets politisch überprüft wurden, hatten ohne Zugeständnisse an die Machthaber nur geringe Aufstiegschancen. Wer seine Distanz zum Regime ungeschminkt zum Ausdruck brachte, mußte alle Hoffnungen auf einen Lehrstuhl begraben oder sogar mit dem Entzug der Lehrbefugnis rechnen. Andererseits zeigte sich die Partei nicht imstande, klare Vorgaben für eine nazistische Umgestaltung der Wissenschaft zu machen.«[19] Angesichts der Konkurrenz nationalsozialistischer Institutionen und persönlicher Fehden um die Definitionsmacht war ein derartiges Konzept nur teilweise durchsetzbar.[20]

3. Nationalsozialistische Philosophie?

Die Generation der um 1900 geborenen deutschen Philosophen hat von 1933 bis 1945 nicht *nicht leben* können. Wie jemand gelebt und gedacht hat, lässt sich nicht ohne Schwierigkeiten aus Veröffentlichungen und archivierten Akten erschließen, weil die Akte nicht den Kontext und die Veröffentlichung nicht, zumindest nicht eindeutig, die Intention offenlegt. Wer ist heute in der Philosophie als Nationalsozialist zu charakterisieren? Ist der folgende Katalog zutreffend, dann hat es in einem strengen Sinne nicht viele Nationalsozialisten unter den Philosophen gegeben: »In der Regel [...] akzeptiert ein Nationalsozialist oder nationalsozialistischer Wissenschaftler alle vier der folgenden Grundsätze: (1) die rassisch-biologische Fundamentaltheorie; (2) das Recht der Gemeinschaft im Gegensatz zur Rechtlosigkeit des Individuums; (3) die rassen- und erbbiologische Bestandsbedrohung des eigenen Volkes vor dem Hintergrund einer Kulturkreistheorie; (4) die Rassen- und Volkswert-Lehre.«[21]

Die Philosophen im Staatsdienst sind seit 1933 auf Staatstreue verpflichtet, keineswegs aber »auf eine offizielle Philosophie«; diese gibt es so wenig wie eine einheitliche NS-Wissenschaft.[22] Wie es nicht *die* Philosophie des Nationalsozialismus gibt, gibt es auch nicht *die* eine Motivation zum Philosophieren im Nationalsozialismus; dies gilt auch für die drei oben Genannten. Bei Motivationen zu bestimmten Auffassungen von Philosophie spielen – neben persönlicher Konkurrenz um institutionellen Einfluss – (i) die unterschiedlichen Quellen und Traditionen, auf die man sich beruft (so etwa auf den Deutschen Idealismus oder auf Nietzsche oder auf frühere rassistische Ideologien), und (ii) die Philosophien, gegen die man sich wendet (etwa Kants Erkenntniskritik, Hegels Logik, der Positivismus, der logische Empirismus …), eine wichtige Rolle. Ob Heidegger oder Krieck, Rothacker oder Baeumler oder Dingler[22] – wer *die* Philosophie des Nationalsozialismus etablieren will, scheitert. Doch nicht wenige verhalten sich zur Faschisierung von Gesellschaft und Staat in dem Bewusstsein, nicht Opfer, sondern Urheber zu sein. So heißt es etwa 1933 im Hauptartikel des *Archivs für Rechts- und Sozialphilosophie*: »die Rechts- und Sozialphilosophie […] wird von den ›neuen revolutionären Ideen‹ keineswegs überrascht, wie etwa mancher ruhige Bürger in seinen vier Wänden betroffen sein mag. Denn sie erkannte in dem Durchbruch nur ihre eigenen Ideen, deren […] Urheber sie insgeheim war.«[24] In seiner Studie ›Philosophie im Deutschen Faschismus‹ bilanziert Wolfgang Fritz Haug, der Großteil der deutschen Philosophen habe sich »in den Nazismus und diesen in sich integriert und sich um ein staatstragendes Verhältnis bemüht«: »Ob Nietzsche- oder Platorezeption, ob Hegeldeutung oder Humanismusdiskussion, ob Phänomenologie oder Wertphilosophie, Ontologie oder Anthropologie: die unterschiedlichen Richtungen […] befleißigten sich, jede auf ihre Weise, den NS und seinen Führer als philosophische Tatsache zu artikulieren, ihm ihre spezifischen Traditionsmächte zuzuführen, ihre Diskurse als verbindende und legitimierende Diskurse anzubieten. Indes hatte der NS keinen Platz für eine besondere philosophische Leitideologie.»[25]

So zutreffend diese Beschreibung im Allgemeinen sein mag, ist doch nach den Individuen, den Philosophierenden, zu fragen, um kein zu großmaschiges Netz über alle zu legen. Es *gibt* Unterschiede zwischen aktiven NS-Ideologen und institutionell Angepassten, deren Philosophieren gleichwohl nicht nationalsozialistisch ist. Zur ersten Gruppe gehört neben Martin Heidegger[26] etwa Arnold Gehlen, der »enthusiastisch auf die Aufforderung des Pressechefs der NSDAP, nach dem praktischen politischen Sieg der nationalsozialistischen Bewegung nun auch deren Weltanschauung ›als gefestigte philosophische Lehre‹ auszubauen«, antwortet und den »Aufbau einer nationalsozialistischen *Philosophie*« fordert, und zwar auf dem Wege der »philosophischen Durcharbeitung der nationalsozialistischen Weltanschauung«.[27] Zur Gruppe der Ideologen gehört zunächst auch Erich Rothacker, der bereits 1932 Mitglied des NSLB wird und 1934 in seiner *Geschichtsphilosophie* schreibt: »Ein rassisch befriedigender Bevölkerungsdurchschnitt ist in dem Rassengemisch einzelner deutscher Stämme erreichbar nur durch die energischste Unterstützung aller eugenischen Maßnahmen durch Formung und Zucht des im äußern und innern noch knetbaren jugendlichen Menschenmaterials im Geiste der rassisch besten Bestandteile einer Erbmasse.«[28] Genannt sei als weiteres Beispiel ideologischer Funktionalisierung Gerhard Lehmann, der 1943 in *Die deutsche Philosophie der Gegenwart* fordert, »den säkularen Abstand, das von Grund auf veränderte Lebens- und Weltgefühl, die weltanschauliche Revolution der Gegenwart zur Geltung zu bringen«.[29] Kritik am Zustand der Philosophie und Hoffnung auf die »Wendung der Gegenwartsphilosophie zum völkisch-politischen Realismus« im »Kampf gegen den politischen Pluralismus«[20] halten sich hier die Waage: »Das positivistische Jahrhundert liegt hinter uns, aber die Fachphilosophie distanziert sich noch gerne von jeder weltanschaulichen Bindung.«[21] Lehmanns eigene These: Die »Sinnphilosophie der Gegenwart ist aktivistisch, realistisch, existenzialistisch – eine Interpretation jenes Daseins im Kriege, das keine Sicherungen kennt als die Kraft der Gemeinschaft und den Willen zum Siege.«[22]

Eine zweite Gruppe bilden diejenigen, die sich – wie z. B. der Heidelberger Neukantianer Heinrich Rickert[24] – zum Nationalsozialismus bekennen, ohne aber ihre Philosophien in ihm aufgehen zu lassen. Die einer dritten Gruppe Zuzurechnenden erbringen ohne explizite ideologische Bekenntnisse die vom Regime erwarteten Beweise politischer Zuverlässigkeit; ihr Philosophieren ist nicht nationalsozialistisch – es ist vor allem nicht rassistisch und antisemitisch –, aber es schleichen sich – zumindest in die Rhetorik – ›völkische‹, ›nordische‹ Zugeständnisse ein. In dieser dritten Gruppe begegnet Joachim Ritter.

Jede Gesellschaft entwickelt in ihrer Zeit die ihr eigene Normalität. Dies gilt auch für die Zeit des Nationalsozialismus. In dieser

Normalität gehen individuelle Überzeugungen in moralische und politische Optionen über – in Zustimmung, in Anpassung, in Verweigerung, in Widerstand. Für das, was als ›normal‹ *galt*, gab es *de facto* keinen universellen moralischen und rechtlichen Maßstab. Nach 1933 konnte sowohl die Anpassung an das kollektiv organisierte rassistische und chauvinistische Überzeugungssystem als auch die Teilhabe an den riskanten Überzeugungen einer widerständigen Gruppe die Funktion der Orientierungssicherung erfüllen. Die freiwillige oder unter Existenzdruck zugestandene Übereinstimmung mit Weltdeutungen und Zukunftsstrategien des NS-Regimes verbürgte die Sicherheit einer politischen und sozialen ›Heimat‹. Dissident sein bedeutete existenzielle Unsicherheit.

»›Zu den schockierendsten und zugleich wichtigsten Erfahrungen bei dem Sichhineinarbeiten in eine uns, den Nachgeborenen, fremde Zeit, gehört die von der Gleichzeitigkeit der Ungleichzeitigkeit, die vom Nebeneinander von Terror und Normalität, von Gewöhnlichem und Sensationellem, von Schlagzeile und Kleingedrucktem, von politischem Leitartikel und Anzeigenprosa, von retuschiertem Propagandafoto und belangloser Reklame, wie sie einem bei der Lektüre von Zeitungen entgegentreten.‹ [...] In ein und derselben Nummer [der *Münchener Abendzeitung* des Jahrgangs 1938] kann man folgendes lesen: ›Die alte Synagoge und der letzte Betsaal der Juden in München ist beseitigt... [...] Letzte Wiederholung: *Das Weib bei fernen Völkern*. Spätvorstellung *Diskretion Ehrensache*.[...] Mit dem kürzlich erfolgten Übergang der Firma Felsenthal & Co, Zigarren- und Tabakfabriken, in deutschen Besitz kann der Arisierungsprozeß in der deutschen Zigarrenindustrie im großen und ganzen als abgeschlossen angesehen werden... [...] Bis jetzt sind in München etwa 1000 Juden verhaftet worden und zwar deshalb, um für alle Fälle Faustpfänder in der Hand zu haben. Dabei hat sich gezeigt, daß jeder von ihnen irgend etwas bereits auf dem Kerbholz hat.‹« Ungleichzeitigkeiten »haben mit der unbesiegbaren Zähigkeit des Alltags zu tun. Wenn es um Wohnungsnot, Liebschaften, Geldsorgen, um das tägliche Mittagessen und um das Waschen der Windeln geht, stoßen Ideologie und Propaganda irgendwann an ihre Grenzen. [...] Um so mehr gilt das für die Überreste der Zivilgesellschaft im Reiche Hitlers. Zahlreiche Nischen haben dort bis in die letzten Jahre des Krieges überlebt.«[25] [...] H.M. Enzensberger schreibt weiter: »Daß es unter den Bedingungen eines solchen Regimes Zonen scheinbarer Normalität gegeben hat, ist allerdings kein Trost; im Gegenteil, es mutet eher unheimlich an. Den Nachgeborenen muß es schwerfallen zu verstehen, wie ungerührt ›unpolitische‹ Lebenswelten im Angesicht des Terrors überwintern konnten. Dem Skandal der Gleichzeitigkeit ist jedoch mit rasch gefällten moralischen Urteilen nicht beizukommen; denn er lässt sich nicht einfach auf die Vergangenheit zurückdatieren. Seine Virulenz ist auch unter heutigen, weit komfortableren historischen Bedingungen nicht erloschen.«[26]

Der nationalsozialistische Staat wurde nicht durch die ›Vorsehung‹, sondern durch Bürger zu dem, was wurde. 1933 bedeutet nicht einfach den Übergang von Moral zu Unmoral, sondern eine – nur teilweise erzwungene – Veränderung der öffentlichen und privaten Moral durch die Exklusion ›der Anderen‹, für welche die moralischen Normen des Rechtsstaats nicht mehr galten. Die scheinbar rechtlich geregelte, tatsächlich aber durch ›gesetzliches Unrecht‹ (G. Radbruch) bestimmte Subsumtion unter Kategorien wie ›Volksfeind‹ oder ›Nicht-Arier‹ entlastete die Mehrheit der Deutschen von moralischen und rechtlichen Skrupeln. Und in diesem Kontext wurden die meisten jüdischen Deutschen erst zu ›Juden‹. »Ich empfand«, schreibt Fritz Stern, »eine ungefähre und nie einfache Übereinstimmung zwischen meiner inneren und äußeren Identität. Es war mir ein unerträglicher Gedanke, dass Hitler mich zum Juden gemacht hatte, indem er die Bindung ans Christentum, die meine Großeltern eingegangen waren, für nichtig erklärte, und gleichzeitig war mir klar, dass es der Nationalsozialismus war, der mir meine Zugehörigkeit zum Judentum bewußt gemacht hatte.«[27]

Die Übergänge in den Nationalsozialismus sind schleichend. Nicht alle stehen dem blind gegenüber; manche sehen früh, was kommen wird. Bereits 1930 beobachtet Harry Graf Kessler: »Das deutsche Bürgertum [...] scheint endgültig im Aussterben, politisch. [...] Der Nationalsozialismus ist eine Fiebererscheinung des sterbenden deutschen kleinen Mittelstandes; dieser Giftstoff seiner Krankheit kann aber Deutschland und Europa auf Jahrzehnte hin verelenden. Zu retten ist diese Klasse nicht; sie kann aber ungeheures neues Elend über Europa bringen in ihrem Todeskampf.«[28] Und 1933 zitiert er einen französischen Beobachter mit der Analyse, »daß ein fundamentaler Unterschied zwischen Deutschland und Frankreich darin bestünde, daß in Frankreich die Idee des ›Rechts‹ (*l'idée du Droit*) im Volk lebendig sei, in Deutschland nicht, und daß daher diese Idee, die in Frankreich automatisch als Bremse wirke, in der Dynamik des deutschen Volks keine Rolle spiele.«[22]

In der Philosophie trennen sich die Wege in Passung, Emigration, Exil und Widerstand. Der Weg, der in der Normalität *dieser* Zeit normal ist, ist – aus unterschiedlichen Gründen – der Weg der Passung. Ein erster Grund ist die *kontextlose Rationalität von Philosophen*; das ›Unpolitische als Wesensmerkmal der deutschen Universität‹ ist hinreichend beschrieben worden.[24] Der Weg der Passung wird dadurch erleichtert, dass das Regime von den Intellektuellen keine völlige Identifizierung verlangt, nicht zuletzt deshalb, weil es *die* kohärente nationalsozialistische Weltanschauung gar nicht gibt. Es kommen auch Renegaten, die aus Sicht der Partei und ihrer Gliederungen aus der Zeit vor 1933 politisch belastet sind, in einflussreiche Positionen. Nach 1945 hat die kontextlose Rationalität erneut Folgen: »Jeder Text, der nicht bloß Propaganda war, sondern wissenschaftlich akademisch argumentierte, wurde sofort als Beweis für Regimeferne interpretiert, obwohl man ebenso gut hätte fragen können, ob nicht darin der Beitrag dieser Wissenschaftler bestand: dem Regime ein rationales Supplement zu verschaffen.«[25] Ein zweiter Grund ist Existenzangst. Im Oktober 1934 erklärt der Hamburger SS-Standartenführer Streckenbach: »Für die unverbesserlichen Fanatiker, die von dem Kommunismus-Marxismus nicht lassen wollen und nie lassen werden, sondern immer wieder für diesen arbeiten werden, gibt es nur ganz klare Maßnahmen, rücksichtslosestes Eingreifen und härteste Bestrafung.«[26] Was dies bedeutet, ist den Zeitgenossen bekannt. Ein dritter Grund, einen Weg in der nun normal werdenden Normalität zu finden, ist die Existenzsicherung, die berufliche Karriere in einer Mangelsituation: Von 67 Ordinariaten in der Weimarer Republik bleiben bis 1938 nur 36 erhalten.

Es gibt verschiedene Formen von Zugeständnissen und Nähen zum NS-System. Michael Grüttner hat sie so unterschieden: »1. Anpassung durch Ausblenden. Diese mildeste Variante der Anpassung bestand darin, bestimmte heikle Themen nicht mehr anzusprechen, Namen von Emigranten und anderen Unpersonen nicht länger zu erwähnen, jüdische Kollegen nur noch selten oder gar nicht zu zitieren. 2. Politisierung nach dem Sandwich-Prinzip. Anpassung beschränkte sich in diesem Fall auf gelegentliche politische Botschaften in Vorworten, Einleitungen oder Zusammenfassungen, ohne daß sich an der Substanz der Arbeit etwas änderte. [...] 3. Begriffliche Anpassung an die LTI (*Lingua Tertii Imperii*), die von Victor Klemperer so eindringlich analysierte Sprache des Regimes. Dazu gehörte das Einsickern von Leitbegriffen wie ›artfremd‹, ›Führer‹, ›Gefolgschaft‹, ›heldisch‹, ›Volkstum‹ oder ›völkisch‹ in wissenschaftliche Publikationen. Eine Beurteilung solcher Prozesse ist oft schwierig, weil sie, wie man von Klemperer lernen kann, keineswegs immer bewußt verliefen. 4. Anpassung im außerwissenschaftlichen Bereich, durch Parteieintritt oder gelegentliche Zeitungsartikel, bei gleichzeitiger Aufrechterhaltung traditioneller Methoden und Standards in wissenschaftlichen Publikationen. Ein solches Verhalten reagierte auf die Erwartungen des Regimes und folgte gleichzeitig dem Grundsatz, Wissenschaft und Politik voneinander zu trennen. 5. Anpassung als Paradigmenwechsel durch die Übernahme der nationalsozialistischen Rassenideologie [...].«[27]

Das NS-Regime bedurfte derer, die ihm Legitimität, juridische Legalität und kulturelle Akzeptanz andienten. Ernst Jünger gehörte zu ihnen. Bereits 1930 war bei ihm zu lesen: »Im gleichen Maße, in dem der deutsche Wille an Schärfe und Gestalt gewinnt, wird für den Juden auch der leiseste Wahn, in Deutschland Deutscher sein zu können, unvollziehbar werden und wird er sich vor seiner letzten Alternative sehen, die lautet: in Deutschland entweder Jude zu sein oder nicht zu sein.«[28] Die Ermordung von Führern der SA beim ›Röhm-Putsch‹ 1934 wurde durch das ›Gesetz über Maßnahmen der Staatsnotwehr‹ vom 3. Juli 1934 nachträglich legalisiert.[29] Intellektuelle Helfershelfer waren bereit, Rechtfertigungen zu liefern – so der Staatsrechtler Carl Schmitt. Unter dem Titel *Der Führer schützt das Recht* schrieb er: »Der Führer schützt das Recht vor dem schlimmsten Mißbrauch, wenn er im Augenblick der Gefahr kraft seines Führertums als oberster Gerichtsherr unmittelbar Recht schafft. [...] Aus dem Führertum fließt das Richtertum. Wer beides voneinander trennen oder gar entgegensetzen will, [...] sucht den Staat mit Hilfe der Justiz aus den Angeln zu heben. [...] Das Verfassungsrecht mußte dann [...] zur Magna Charta der Hoch- und Landesverräter werden. [...] In Wahrheit war die Tat des Führers echte Gerichtsbarkeit. Sie untersteht nicht der Justiz, sondern war selbst höchste Justiz. [...] Alles Recht stammt aus dem Lebensrecht des Volkes. Jedes staatliche Gesetz, jedes richterliche Urteil enthält nur so viel Recht, als ihm aus dieser Quelle zufließt.«[40]

So unterschiedlich Näherungen an den Nationalsozialismus motiviert sein konnten – ein wesentliches Motiv war der Kampf gegen den Liberalismus: »Sie griffen ihn an, weil sie in ihm die Voraussetzung der modernen Gesellschaft sahen, der alles entsprang, was sie fürchteten: die Bourgeoisie, das Manchestertum, der Materialismus, das Parlament und das Parteiwesen, der Mangel an politischer Führung. Außerdem hielten sie den Liberalismus für die Ursache ihres inneren Leidens.«[41]

Die nach 1933 auf unterschiedliche Weise mit dem Regime verbundenen Philosophen waren in ihrem öffentlichen Denken und Handeln mehr *oder* weniger eingeschränkt durch Angepasstheit oder Opposition, durch Zensur und Selbstzensur sowie durch politische und ideologische Vorgaben der NSDAP. Dieses Mehr-*oder*-Weniger zu berücksichtigen ist wichtig, sollen pauschale Urteile vermieden werden. Die Philosophen haben von 1933 bis 1945 unter dem Druck einer im Vergleich zur heutigen pluralistischen Demokratie weitgehend kohärenten Ideologie und Wissenskultur gelebt; aber sie haben unterschiedliche Funktionen (als Institutsdirektoren, Ordinarien, außerplanmäßige Professoren oder Mitarbeiter) in unterschiedlichen Wissens- und Wissenschaftsräumen gehabt. Das politische System hat Verantwortung arbeitsteilig organisiert und Restriktionen bzw. Zugeständnisse, verbunden mit Sanktion oder Gratifikation, unterschiedlich verteilt. Es gab ein deutliches Angebundenheitsgefälle von den Institutionen der NSDAP oder der SS hin zu Universitäten in der ›Provinz‹. Zu berücksichtigen sind auch politische Aufmerksamkeitsunterschiede gegenüber wissenschaftlichen Disziplinen, die für ›strategisch‹ und ideologisch wichtig oder weniger wichtig erachtet wurden. Manche Philosophen haben ihr Fach für wichtiger gehalten, als es in der Sicht der nationalsozialistischen Führung war.

4. *Zu diesem Buch*

Rekonstruktionen von Philosophien in ihrer Geschichte sind nicht ohne Voraussetzungen. Diese Aussage ist trivial nur für den, der weiß, dass ›die Geschichte selbst‹ ebenso wenig spricht wie ›die Dinge selbst‹ sprechen. Die Voraussetzungen von Rekonstruktionen ergeben sich nicht ›aus der Sache selbst‹, sie werden *hergestellt*. In der Historiografie wird Geschichte zur Sprache *gebracht*. Wer als Historiker ein Philosophieren in seiner Zeit rekonstruiert, beabsichtigt Verstehen. Um zu verstehen, interpretiert er. Verstehen und Interpretation drängen sich nicht ›von der Sache selbst‹ auf. Jede Interpretation steckt den Raum des Verstehens und die historische Zeit als Möglichkeitsbedingungen und Grenzen des *Wissen-Könnens* ab.

Eine wesentliche Voraussetzung des Verstehens, Interpretierens und ›Wissens‹ ist in Bezug auf den Nationalsozialismus die Einsicht, dass das Philosophieren nach 1933 nicht alternativlos war. Zur Wahl stand mehr als nur die NS-Ideologie. Philosophen hatten die Wahl zwischen verschiedenen Wegen, so etwa zwischen Idealismus und Rationalismus, Phänomenologie und Positivismus, Logik und Hermeneutik etc. Mit der Wahl waren Überzeugungen und Perspektiven verbunden, welche die Aufmerksamkeit, die Wahrnehmung und die Erkenntnis leiteten. Jede Wahl war zugleich ein Filter für Weltsichten und moralische Einstellungen. Mit dem je gewählten Denkweg waren nicht nur individuelle, sondern auch kollektive Identitäten verbunden. Oswald Schwemmer betont zu Recht, »dass vor aller Individualisierung zunächst ein kollektiver Besitz symbolischer Traditionen besteht, der einen gemeinsamen Bestand grundlegender Einstellungen garantiert […], so dass man tatsächlich von einer kollektiven Identität reden kann, nämlich dem wechselseitigen Bestätigungsverhältnis der symbolischen Traditionen, gemeinsamen Praktiken und Einstellungen, die in einer Gesellschaft bestehen.«[48]

Die Beiträge in diesem Buch zu Universität, Wissenschaft und Philosophie im Nationalsozialismus, zum Untergang des Neukantianismus im ›Dritten Reich‹ und zu O. Becker, M. Heidegger, E. Rothacker, J. Ritter und K. Schlechta einerseits und andererseits zu H. Arendt und K. Jaspers sowie zum Wiener Kreis – sie stehen für

Alternativen, die es gegenüber dem Nationalsozialismus gegeben hat – zeigen, dass das wechselseitige Bestätigungsverhältnis der symbolischen Traditionen, gemeinsame Praktiken und Einstellungen nicht schicksalhaft zu Uniformität geführt haben. Zu unterscheiden und sich zu unterscheiden war nicht unmöglich. Dies ist zu berücksichtigen, wenn es um das Verstehen dessen geht, was nicht vergessen und verdrängt werden darf. Zur nachträglichen Entschuldigung ist das Verstehen weder aufgerufen noch berufen. Das Verstehen-Können ist auch keine Alternative zu kantischer Kritik. Lehren ziehend, wird man im Interesse des Schutzes der Menschenwürde die moralische Norm nicht aufgeben, auf deren Grundlage Hannah Arendt gefordert hat, »daß Menschen auch dann noch Recht von Unrecht zu unterscheiden fähig sind, wenn sie wirklich auf nichts anderes mehr zurückgreifen können als auf das eigene Urteil, das zudem unter solchen Umständen in schreiendem Gegensatz zu dem steht, was sie für die einhellige Meinung ihrer gesamten Umgebung halten müssen«.[49]

Für uns Heutige steht vor dem moralischen Urteil die Analyse der externen und internen Bedingungen des Denkens und Handelns an. Moralische Urteile über Individuen sind durchaus möglich, aber es ist eine Grenze zu beachten: Individuen sind nur für das verantwortlich, was sie selbst denkend und handelnd beeinflussen können.

Nicht anders als die Vereinten Nationen ist auch die UNESCO eine Antwort auf die Gräuel des Nationalsozialismus, des Faschismus und des Militarismus und auf die damit verbundenen Unrechtserfahrungen. 1946 kam es in Vorbereitung der 1. Generalversammlung der UNESCO zu einem Treffen bekannter Intellektueller, Philosophen wie Alfred Ayer und Jean-Paul Sartre, Wissenschaftler und Schriftsteller, die eine Programmatik für eine humane Welt entwarfen.[50] Julian Huxley, der erste UNESCO-Generaldirektor, brachte das Programm auf die Formel: »Die allgemeine Philosophie der UNESCO muss ein universeller wissenschaftlicher Humanismus sein.«[51]

Die Beiträge zu diesem Buch sind entstanden als Vorträge anlässlich des von der Deutschen Abteilung ›Menschenrechte und Kulturen‹ des europäischen UNESCO-Lehrstuhls für Philosophie (Paris) in Bremen im November 2007 unter dem Titel *Vergessen?*

Verdrängt? Erinnert? Philosophie im Nationalsozialismus organisierten *UNESCO-Welttages der Philosophie.* Zusätzlich aufgenommen wurden die Beiträge von Volker Böhnigk und Jens Thiel. Die Vorträge waren und die erweiterten Beiträge sind weder der politischen Polemik noch der moralisierenden Kritik gewidmet. Es geht um die Frage nach den Bedingungen der Möglichkeit des Philosophierens im Nationalsozialismus, um Aufklärung und die Arbeit des Differenzierens sowie um Verantwortung.

Anmerkungen

1 H. F. Fulda, [Einführung zu] Schwerpunkt: Nationalsozialismus und Philosophie. In: *Deutsche Zeitschrift für Philosophie* 47 (1999), S. 205 f.

2 F. Stern, *Fünf Deutschland und ein Leben. Erinnerungen.* Aus d. Engl. v. F. Griese, München [7]2007, S. 350 f.

3 R. Koselleck, Die Diskontinuität der Erinnerung. In: *Deutsche Zeitschrift für Philosophie* 47 (1999), S. 215.

4 Interview mit Rudolf Vierhaus zum Thema: ›Neubeginn und Entwicklung der deutschen Geschichtswissenschaft in den 1950/60er Jahren‹. http://hsozkult.geschichte.hu-berlin.de/BEITRAG/interview/vierhaus.htm. Internet-Abfrage 20.11.2008.

5 Ich nehme hier Perspektiven zur Philosophiegeschichtsschreibung auf aus H.J. Sandkühler, Der Philosoph, die Philosophie und die Kritik. Reflexionen über Entwicklungen, Zustände und das Mögliche. In: *Wahrheiten und Geschichten. Philosophie nach '45*, Köln 1985, S. 26–44.

6 H. Lübbe, Affirmationen. Joachim Ritters Philosophie im akademischen Kontext der zweiten deutschen Demokratie. In: U. Dierse (Hg.), *Joachim Ritter zum Gedenken*, Stuttgart 2004, S. 90 f.

7 H. Lübbe, Deutschland nach dem Nationalsozialismus 1945–1990. Zum politischen und akademischen Kontext des Falles Schneider alias Schwerte. In: *Vertuschte Vergangenheit. Der Fall Schwerte und die NS-Vergangenheit der deutschen Hochschulen.* Hg. v. H. König / W. Kuhlmann, München 1997, S. 190.

8 W. Stuckart/ H. Globke (Hg.), *Kommentare zur deutschen Rassengesetzgebung*, Bd. 1, München/Berlin 1936, S. 260. Vgl. J. Walk (Hg.), *Das Sonderrecht der Juden im NS-Staat*, Heidelberg/ Karlsruhe 1981.

9 Vgl. A. Kamlah, Die Vertreibung von Philosophen durch den Nationalsozialismus – ausgewählte biographische Studien/ H. J. Sandkühler, Republikanismus im Exil – Ernst Cassirer. In: *Bremer Philosophica* 1996/5.

10 Vgl. T. Laugstien, *Philosophieverhältnisse im deutschen Faschismus*, Ber-

lin 1990, S. 202. Das ›Bekenntnis der Professoren‹ ist insofern ein nur begrenzt aussagefähiges Dokument, als (i) nur an den Universitäten Hamburg und Marburg, die beide nicht als NS-Hochburgen galten, größere Teile des Lehrkörpers unterzeichneten, (ii) unter den Unterzeichnern auch später aus politischen oder rassistischen Gründen Entlassene waren und (iii) an mehreren Universitäten offensichtlich keine Unterschriften gesammelt wurden, so in Berlin, München, Kiel, Greifswald, Königsberg oder Tübingen.

11 So in der Abschrift eines Gutachtens des Reichsicherheitsdienstes über Joachim Ritter, vom 25. Mai 1940, UAJ, Bestand U Abt. IV, Nr. 25.

12 R. Dahrendorf, *Versuchungen der Unfreiheit. Die Intellektuellen in Zeiten der Prüfung*, München ²2006, S. 16.

13 Ebd., S. 17.

14 Ebd., S. 108.

15 Ebd., S. 105.

16 P. Engel, Vies parallèles: Rougier et Cavaillès. In: *Philosophia Scientiæ*, 10 (2), 2006, S. 1–30.

17 Vgl. M. Grüttner, Die nationalsozialistische Wissenschaftspolitik und die Geisteswissenschaften. In: H. Dainat/ L. Danneberg (Hg.), *Literaturwissenschaft und Nationalsozialismus*, Tübingen 2003, S. 16.

18 Ebd., S. 13. W. Schultze, Rede vom 21. Januar 1938 in Kiel. In: *Dokumente der Deutschen Politik. Reihe: Das Reich Adolf Hitlers*, Bd. 6, Teil 2, Berlin 1941, S. 634.

19 Ebd., S. 19.

20 Vgl. M. Grüttner, Das Scheitern der Vordenker. Deutsche Hochschullehrer und der Nationalsozialismus. In: *Geschichte und Emanzipation. Festschrift für Reinhard Rürup*. Hg. v. M. Grüttner/ R. Hachtmann/ H.-G. Haupt, Frankfurt a.M./New York 1999, S. 458–481.

21 V. Böhnigk, *Kulturanthropologie als Rassenlehre. Nationalsozialistische Kulturphilosophie aus der Sicht des Philosophen Erich Rothacker*, Würzburg 2002, S. 11; vgl. den Beitrag von Böhnigk in diesem Band; vgl. auch ders., *Kant und der Nationalsozialismus. Einige programmatische Bemerkungen über nationalsozialistische Philosophie*, Bonn 2000.

22 Laugstien 1990, S. 185.

23 Vgl. H. Dingler, Zur Philosophie des Dritten Reiches (1934). In: *Hugo Dingler, Gesammelte Werke*. Werke auf CD-ROM. Im Auftrag der Hugo-Dingler-Stiftung, Aschaffenburg, hg. v. U. Weiß unter Mitarbeit v. S. Jeltsch und Th. Mohrs, Berlin 2004. Vgl. zu Dingler U. Weiß, Sicherheitstraum und Systemwille: Ein einleitender Essay. (Ebd.)

24 Zit. n. W.F. Haug, Philosophie im Deutschen Faschismus. In: ders. (Hg.), *Deutsche Philosophen 1933*, Berlin 1989, S. 5–28, hier S. 7.

25 Ebd.; vgl. hierzu G. Wolters, Der ›Führer‹ und seine Denker. Zur Philosophie des ›Dritten Reichs‹. In: *Deutsche Zeitschrift für Philosophie* 47/2 (1999).

26 Vgl. G. Leaman, *Heidegger im Kontext. Gesamtüberblick zum NS-Engagement der Universitätsphilosophen*, Hamburg 1993. Vgl. jetzt v. a. Emmanuel Faye, *Heidegger. Die Einführung des Nationalsozialismus in die Philosophie*, Berlin 2009, und den Beitrag von Faye in diesem Band.

27 A. Gehlen, Der Idealismus und die Gegenwart. In: *Völkische Kultur* 3 (1935), S. 324; ders., Noch einmal: Der Idealismus und die Gegenwart. In: ebd., S. 561 f. Zit. n. W. Rügemer, *Philosophische Anthropologie und Epochenkrise*, Köln 1979, S. 89.

28 Zit. nach E. Piper, *Alfred Rosenberg*, München 2005, S. 211.

29 G. Lehmann, *Die deutsche Philosophie der Gegenwart*, Stuttgart 1943, S. VIII.

30 Ebd., S. 8.

31 Ebd., S. IX.

32 Ebd., S. 24.

34 Vgl. H. F. Fulda, Heinrich Rickerts Anpassung an den Nationalsozialismus (Zum 27. Januar 1998). In: *Deutsche Zeitschrift für Philosophie* 47 (1999); vgl. den Beitrag von Fulda in diesem Band.

35 H. M. Enzensberger, *Hammerstein oder Der Eigensinn*, Frankfurt/M. 2008, S. 242.

36 Ebd., S. 246.

37 Stern 2007, S. 239.

38 Harry Graf Kessler, *Tagebücher 1918–1937*, hg. v. W. Pfeiffer-Belli, Frankfurt a. M./Leipzig 1996, S. 678.

33 Ebd., S. 760.

34 Vgl. W. Abendroth, Das Unpolitische als Wesensmerkmal der deutschen Universität, In: *Universitätstage 1966. Veröffentlichung der Freien Universität Berlin. Nationalsozialismus und die deutsche Universität*, Berlin 1966.

35 P. Schöttler, Einleitende Bemerkungen. In: ders. (Hg.), *Geschichtsschreibung als Legitimationswissenschaft 1918–1945*, Frankfurt/M. 1997, S. 16 f.

36 In: H. Timpke (Hg.), *Dokumente zur Gleichschaltung des Landes Hamburg 1933*, Frankfurt/M. 1964, S. 305.

37 Grüttner 2003, S. 26 f.

38 E. Jünger, Über Nationalismus und Judenfrage. In: *Süddeutsche Monatshefte* 27 (1930), S. 844 ff.

39 Der einzige Artikel des Gesetzes lautete: »*Die zur Niederschlagung hoch- und landesverräterischer Angriffe am 30. Juni, 1. und 2. Juli 1934 vollzogenen Maßnahmen sind als Staatsnotwehr rechtens.*«

40 C. Schmitt, Der Führer schützt das Recht. In: *Deutsche Juristen-Zeitung* 1934, Sp. 945–950.

41 Stern 2007, S. 278 f.

48 O. Schwemmer, *Kulturphilosophie. Eine medientheoretische Grundlegung*, München 2005, S. 259.

49 H. Arendt, *Eichmann in Jerusalem. Ein Bericht von der Banalität des*

Bösen. Aus dem Amerikanischen v. B. Granzow. Mit einem einleitenden Essay v. H. Mommsen, Leipzig 1990, S. 65 f.

50 Zur Geschichte der UNESCO vgl. P. Vermeren, *La philosophie saisie par l'UNESCO*, Paris: UNESCO, 2003.

51 Ebd., S. 38.

Universität und Wissenschaft in der nationalsozialistischen Diktatur

Die Universitäts- und Wissenschaftsgeschichte des Dritten Reiches war lange Zeit ein eher tabuisiertes Thema und ist erst seit den 1980er Jahren intensiv erforscht worden. Während ältere Publikationen noch behaupteten, die Universitäten seien zwischen 1933 und 1945 im Kern ›gesund‹ geblieben, hat die neuere Forschung ganz überwiegend darauf hingewiesen, dass die Beziehungen zwischen dem Regime und der Wissenschaft enger gewesen sind, als lange Zeit angenommen wurde. Trotz starker antiintellektueller Ressentiments war auch die nationalsozialistische Diktatur auf wissenschaftliches Expertenwissen angewiesen und hat es für ihre Zwecke genutzt. Die neuere Forschung hat daher von der Vorstellung Abschied genommen, der Nationalsozialismus sei ›wissenschaftsfeindlich‹ gewesen. Tatsächlich sind die materiellen Aufwendungen für die wissenschaftliche Forschung nach 1933 sogar deutlich gestiegen.[1] Allerdings profitierten von dieser Entwicklung weniger die Universitäten, sondern vor allem außeruniversitäre Forschungseinrichtungen wie die Kaiser-Wilhelm-Gesellschaft (die Vorläuferin der heutigen Max-Planck-Gesellschaft), deren Etat zwischen 1933 und 1945 erheblich aufgestockt wurde.

1. Universitäten vor der nationalsozialistischen Machtübernahme

Die Mehrzahl der deutschen Universitätslehrer stand dem Projekt einer demokratischen Republik ablehnend oder zumindest stark distanziert gegenüber. Die meisten Hochschullehrer trauerten dem untergegangenen Bismarckreich nach und erblickten in der Weimarer Republik hauptsächlich das »beschämende Ergebnis eines verlorenen Krieges« – so formulierte es rückblickend der Jurist Wolfgang

Kunkel.[2] Wie Max Weber schon im Sommer 1918 zum Ausdruck brachte, steckte hinter dem »Gezeter« gegen die gleichmacherische Demokratie vor allem die »Angst um das Prestige der eigenen Schicht, des Diplom-Menschentums«.[3] Mit der antirepublikanischen Haltung verknüpft war ein weit verbreiteter Antisemitismus, der sich vor allem bei Berufungen bemerkbar machte. Allerdings war dies kein ›eliminatorischer‹ Antisemitismus im Sinne Goldhagens. Denn trotz erwiesener Benachteiligung spielten Juden bis 1933 eine bedeutende Rolle im Hochschulwesen. In Preußen gehörten vor 1933 etwa 9% aller Hochschullehrer der jüdischen Religionsgemeinschaft an – darunter zahlreiche bedeutende Wissenschaftler und nicht wenige Nobelpreisträger. Auffällig ist aber, dass die meisten jüdischen Hochschullehrer über den Status eines Privatdozenten oder nichtbeamteten außerordentlichen Professors nicht hinauskamen, während im eigentlichen Kernbereich des Lehrkörpers, unter den Ordinarien, die Zahl der Juden auf einen relativ kleinen Kreis beschränkt blieb.[4]

Vor 1933 hatten sich nur wenige Hochschullehrer der NSDAP angeschlossen. Parteipolitisch neigten die Hochschullehrer vor allem zu den Deutschnationalen oder zur nationalliberalen Deutschen Volkspartei. Allerdings bestanden erhebliche Unterschiede zwischen eher liberalen Universitäten – darunter Heidelberg – und nationalkonservativen Hochburgen wie z. B. Tübingen oder Rostock. Als Gruppe gehörten die Hochschullehrer daher zu jenen traditionellen Eliten, die einen signifikanten Beitrag zur Zerstörung der Weimarer Republik leisteten, ohne jedoch am Aufstieg des Nationalsozialismus zur Massenbewegung in nennenswerter Weise beteiligt gewesen zu sein.

Ein anderes Bild bot die Studentenschaft, die sich zu einem sehr frühen Zeitpunkt und mit besonderem Enthusiasmus dem Nationalsozialismus zugewandt hat. Unter den Studierenden, so könnte man es pointiert formulieren, fand die ›Machtergreifung‹ bereits eineinhalb Jahre vor 1933 statt.[5] Schon bei den Wahlen für die Allgemeinen Studentenausschüsse (AStA) von 1931 avancierte der Nationalsozialistische Deutsche Studentenbund (NSDStB) an den meisten deutschen Hochschulen zur stärksten politischen Kraft. 1931 entschieden sich an den Universitäten insgesamt 44,6% aller studentischen Wähler für die nationalsozialistischen Listen. Seit diesem Jahr kontrollierte der NSDStB folgerichtig auch die Dachorganisation der Studierenden, die Deutsche Studentenschaft. 1932 betrug der nationalsozialistische Stimmenanteil sogar 49,1%. Ähnlich sah es an den Technischen Hochschulen aus. Da die Wahlbeteiligung im Schnitt zwischen 60% und 80% lag, lässt sich aus solchen Ergebnissen durchaus ein Einblick in die politische Haltung eines großen Teils der Studentenschaft gewinnen.[6]

Anfang der 30er Jahre befanden sich die deutschen Hochschulen in einer schweren Krise. Erst vor diesem Hintergrund wird die relativ reibungslose Gleichschaltung der Hochschulen von 1933/34 verständlich. Dies war *erstens* eine finanzielle Krise. Allein zwischen 1930 und 1932 wurden die staatlichen Aufwendungen für die Universitäten um mehr als ein Drittel gekürzt. Sie war zum *zweiten* eine Legitimationskrise, hervorgerufen durch eine zunehmende Kritik, gerade auch von studentischer Seite, an der ›Lebensabgewandtheit‹ der Hochschulen und der zunehmenden Aufsplitterung der Wissenschaft. *Drittens* handelte es sich um eine Krise des wissenschaftlichen Nachwuchses. Etwa seit der Jahrhundertwende hatte sich in den Lehrkörpern der Universitäten der Anteil der nichtbeamteten Hochschullehrer fast kontinuierlich erhöht. Im Sommersemester 1932 standen von mehr als 5.000 Professoren und Privatdozenten nur 45% in einer beamteten Stellung. Die übrigen 55% hatten oft nur ein relativ kärgliches Auskommen und wenig Hoffnung, dass sich daran in Zukunft viel ändern würde. Von den Privatdozenten und nichtbeamteten außerordentlichen Professoren der Philosophischen Fakultäten konnte nach Berechnungen des Hochschulverbandes Anfang der 30er Jahre nur etwa ein Drittel darauf hoffen, jemals einen Lehrstuhl zu erhalten, an den Medizinischen Fakultäten war es sogar nur ein Siebtel.[7] Im wissenschaftlichen Nachwuchs dominierte daher Anfang der 1930er Jahre das Gefühl, einen Lebensweg eingeschlagen zu haben, der sich als Sackgasse erwiesen hatte. Der Marburger Privatdozent Erwin Wiskemann hat dieses Lebensgefühl seiner wissenschaftlichen Generation im Oktober 1932 auf dem Danziger Hochschultag beschrieben: »Wir können [...] feststellen, dass selbst dort, wo das Einkommen gesichert ist, oder es jedenfalls für den Moment noch ausreichend ist, dass der Einzelne nicht mehr auszukommen glaubt. Es schwebt über ihm nicht nur die ganze Ungewissheit der allgemeinen Lage, nicht nur das Krisenhafte dieses Generationsumbruchs, sondern in ganz konkreter Weise steht er unter dem Eindruck des Nichtmehrvorwärtskommens. Die Barrieren sind vor ihm irgendwie zu. Bei uns ist es doch heute so, dass zahlreiche Lehrstühle nicht einmal mehr besetzt werden, dass eine Aussicht für den Nichtordinarius nicht mehr vorhanden ist.«[8]

2. Nationalsozialistische Hochschul- und Wissenschaftspolitik

Anfang 1933 fühlte sich in der NSDAP niemand für Wissenschaft zuständig, und auch eine Organisation nationalsozialistischer Wissenschaftler existierte damals noch nicht. Die Kultusministerien wurden in der Regel von ehemaligen Lehrern oder Studienräten wie Bernhard Rust (Preußen) oder Hans Schemm (Bayern) übernommen, die mit dem Universitätsbetrieb nicht wirklich vertraut waren. Dieses Vakuum nutzte der NS-Studentenbund, der 1933/34 versuchte, auf eigene Faust eine ›nationalsozialistische Hochschulrevolution‹ zu inszenieren. Durch ihre vehementen Attacken gegen die ›reaktionären‹ und ›verkalkten‹ Professoren erhielt die Phase der ›Machtergreifung‹ an den Hochschulen den Charakter eines Generationskonfliktes, der die traditionellen Hierarchien zeitweise außer Kraft setzte: »Wir sehen uns mit genau derselben Frechheit, wie einst als SA-Leute auf der Straße, heute im Hörsaal um und entscheiden, ob ein Professor bleiben kann oder nicht. Kriterium wird sein: Jener Mann kann nicht mehr Professor sein, weil er uns nicht mehr versteht [...] Wir Jungen haben die Hochschule in der Hand und können daraus machen, was wir wollen«, erklärte ein Leipziger Studentenfunktionär im Juni 1933.[9] Erst seit 1934/35 ging der Einfluss der Studentenfunktionäre wieder deutlich zurück.

Wissenschaftspolitik gehörte zu jenen Politikbereichen, für die Hitler sich nicht interessierte, in die er daher nur selten eingriff. Selbst wenn bedeutsame Entscheidungen an Hitler herangetragen wurden, reagierte er oft mit Indifferenz. Seine wenigen wichtigen wissenschaftspolitischen Entscheidungen traf Hitler meist dann, wenn unterschiedliche Staats- und Parteistellen sich in internen Konflikten festgebissen hatten und aus eigener Kraft keinen Ausweg mehr fanden. Sofern Hitler aus eigenem Antrieb Initiativen im

Bereich der Wissenschaftspolitik ergriff, handelte es sich häufig um die Verwirklichung persönlicher Neigungen von drittrangiger Relevanz.

Die wichtigsten Institutionen nationalsozialistischer Wissenschaftspolitik entstanden erst zwischen 1934 und 1936: das Reichserziehungsministerium (REM), die Hochschulkommission der NSDAP, der Nationalsozialistische Deutsche Dozentenbund (NSDDB) und das Amt Wissenschaft in der Dienststelle Rosenberg. Keine dieser Einrichtungen war im NS-Staat ein erstrangiger Machtfaktor. Das REM litt vor allem unter der geringen Reputation des Ministers Bernhard Rust, der auf der Rektorenkonferenz von 1943 als »mißratener Treuhänder der Wissenschaft« verspottet wurde.[10] Bei Rosenbergs ›Amt Wissenschaft‹, das zunächst von dem Philosophen Alfred Baeumler geleitet wurde, handelte es sich jahrelang faktisch um einen Einmannbetrieb, der erst seit 1938 langsam ausgebaut wurde und sich im Wesentlichen auf die Geisteswissenschaften beschränkte. Der NSDDB unter Leitung des Reichsdozentenführers Walter Schultze verfügte in der Parteihierarchie und an den Hochschulen ebenfalls nur über ein geringes Ansehen und hatte an wissenschaftspolitischen Konzepten wenig anzubieten. Bei personalpolitischen Entscheidungen besaßen die Dozentenbundführer dagegen erhebliches Gewicht und konnten akademische Karrieren verhindern oder zumindest verzögern.[11] Innerhalb der Wehrmacht hat vor allem die Forschungsabteilung im Heereswaffenamt Einfluss auf wissenschaftspolitische Entscheidungen ausgeübt. Der Leiter der Forschungsabteilung, Erich Schumann, war für seine guten Beziehungen zum REM bekannt. Einige andere Organisationen wie der NS-Lehrerbund oder die ›Dozentenschaften‹ spielten nur in den Anfangsjahren eine gewisse Rolle. In der SS gab es mehrere Einrichtungen, die sich mit Wissenschaftspolitik beschäftigten, darunter die SS-Forschungsgemeinschaft ›Ahnenerbe‹, die im Krieg für Menschenversuche verantwortlich war, bei denen der Tod der Versuchspersonen von vornherein geplant war.[12] Wie im Dritten Reich üblich wurden die Kompetenzen dieser verschiedenen Institutionen nicht klar voneinander abgegrenzt. Das unvermeidliche Ergebnis waren erbitterte Machtkämpfe zwischen den verschiedenen für Wissenschaftspolitik zuständigen Staats- und Parteistellen, die teilweise bis in die Kriegsjahre hinein andauerten. Selbst die gemeinsame Zugehörigkeit zur SS milderte solche Konflikte keineswegs: Die Tatsache, dass das Amt Wissenschaft des REM von hochrangigen SS-Führern geleitet wurde, hat den SS-Brigadeführer und Reichsdozentenbundführer Walter Schultze nicht daran gehindert, sich bei zahlreichen Anlässen über die »Wissenschaftsarbeit« des Ministeriums zu beschweren, die nach seiner Ansicht »ohne jede nationalsozialistische Ausrichtung« war.[13] Noch im März 1943 klagte Heinrich Härtle, ein Wissenschaftspolitiker aus dem Amt Rosenberg, dass »auf wissenschaftlichem Gebiete die Desorganisation und der Ressortstreit [...] noch größer ist als auf anderen Gebieten«.[14]

Einigkeit herrschte unter den nationalsozialistischen Hochschulpolitikern immer dann, wenn bestimmte hochschulpolitische Maßnahmen sich eindeutig aus eingeschliffenen Feindbildern ergaben. Zu diesen Maßnahmen gehörte die Vertreibung jüdischer oder politisch unliebsamer Hochschullehrer und Studenten sowie die Beseitigung demokratischer Strukturen – soweit man davon an den Hochschulen sprechen konnte – zugunsten des Führerprinzips. Dem entsprach auch eine Personalpolitik, bei der neben dem Kriterium der Leistung fortan die politische Gesinnung und die ›Rasse‹ eine entscheidende Rolle spielen sollten. Alle wichtigen personalpolitischen Entscheidungen wurden seit 1933 mit einer politischen Überprüfung der Kandidaten verknüpft. Wer nicht den Eindruck erweckte, dem Regime mindestens loyal gegenüberzustehen, hatte keine Chance zu reüssieren.

Die traditionelle Struktur der deutschen Hochschulen ist dementsprechend bereits 1933 von den Kultusministerien per Runderlass liquidiert worden. Die bisherigen Entscheidungsgremien (Senate und Fakultäten) wurden weitgehend entmachtet. Stattdessen avancierten nunmehr die Rektoren zu ›Führern‹ der Hochschulen, die Dekane zu ›Führern‹ der Fakultäten. Wahlen von Rektoren oder Dekanen entfielen fortan. In der Realität blieb die Figur des scheinbar allmächtigen Führer-Rektors aber weitgehend eine Fiktion.[15] Zum einen zeigten die örtlichen Funktionäre des NS-Dozentenbundes und des NS-Studentenbundes oft wenig Bereitschaft, sich dem Rektor unterzuordnen, sondern bildeten faktisch Nebenregierungen, was zu häufigen Konflikten Anlass gab. Zum anderen mischten sich neben dem Reichserziehungsministerium, dem der Rektor offiziell unterstand, auch örtliche Parteistellen (vor allem die Gauleiter) immer wieder in die Rektoratsgeschäfte ein. Klare Hierarchien bestanden daher an den Hochschulen nur auf dem Papier. In der Praxis hatte die Umstrukturierung der Hochschulen nach der ›Machtergreifung‹ vor allem zwei Konsequenzen: 1. eine Verlagerung der Entscheidungsbefugnisse von den Hochschulen zur Staats- und Parteibürokratie und 2. eine partielle Entmachtung der Ordinarien, die bis 1933 die Universitäten beherrscht hatten.

Schließlich wurde auch die Forderung nach einer neuen nationalsozialistischen Wissenschaft erhoben. Was das genau bedeutete und wie eine nationalsozialistische Philosophie, Germanistik oder Physik auszusehen hatte, darüber bestanden allerdings lange Zeit nur unklare und häufig widersprüchliche Vorstellungen. Zudem konnten sich die zuständigen Staats- und Parteistellen nicht darüber einigen, wer von ihnen dazu berufen sein sollte, die Wissenschaft im Sinne des Regimes auszurichten und zu lenken.

3. Die Säuberungspolitik und ihre Folgen

Die Vertreibung unerwünschter Hochschullehrer begann mit dem ›Gesetz zur Wiederherstellung des Berufsbeamtentums‹ vom 7. April 1933[16], dessen Geltungsbereich auch auf alle nichtbeamteten Hochschullehrer ausgedehnt wurde. Dieses Gesetz richtete sich sowohl gegen Juden und andere ›Nichtarier‹ als auch gegen politische Gegner des Nationalsozialismus, die nicht die Gewähr dafür boten, »jederzeit rückhaltlos für den nationalen Staat« einzutreten (§ 4). Allerdings wurden verschiedene Ausnahmeregelungen in das Gesetz eingefügt: Ehemalige ›Frontkämpfer‹ und Angehörige gefallener Soldaten blieben zunächst ebenso von Entlassungen verschont wie Hochschullehrer, die schon vor dem Ersten Weltkrieg zu Beamten ernannt worden waren. Gemäß der spezifischen Dynamik des NS-Regimes waren diese Ausnahmeregeln aber nur von kurzer Dauer. Bereits zwei Jahre später startete eine zweite Entlassungswelle: Das Reichsbürgergesetz vom 15. September 1935 befahl die Entlassung der letzten jüdischen Beamten, die vom Berufsbeamtengesetz noch verschont geblieben waren.[17] Eine dritte Entlassungswelle fiel in die Jahre 1937/38. Diesmal traf es »jüdische Mischlinge« und jene Hochschullehrer, deren Ehepartner als Juden oder

»Mischlinge« galten. Ausnahmen wurden nur gemacht, wenn »eine strenge Prüfung ergeben hat, dass der Beamte nicht nur fachlich besonders tüchtig, sondern auch wegen besonderer Zuverlässigkeit, wegen schwerer Kriegsbeschädigung oder wegen besonderer Verdienste um die Partei oder sonstiger Verdienste der Belassung im Amte [...] würdig ist.«[18] Auf diese Weise überstanden etwa vier Dutzend Hochschullehrer den Säuberungsprozess, obwohl sie als ›jüdisch versippt‹ oder als ›Mischlinge‹ eingestuft worden waren.[19] Eine vierte und letzte Entlassungswelle fiel in das Jahr 1939: Verschiedene Privatdozenten und nichtbeamtete Professoren verloren die Venia legendi, als die neue Reichshabilitationsordnung vom 17. Februar 1939[20] eine erneute politische und fachliche Überprüfung der Nichtordinarien in Gang setzte. Nach Kriegsbeginn kam es an den deutschen Hochschulen nur noch relativ selten zu weiteren Entlassungen. Dagegen wurden die Universitäten in den besetzten Gebieten, vor allem im Osten, teilweise mit großer Brutalität ›gesäubert‹.[21]

Insgesamt sind zwischen 1933 und 1945 18–19% des Lehrkörpers der deutschen Universitäten entlassen wurden. Bei etwa 80% der Entlassenen standen antisemitische Motive im Vordergrund, d.h., es handelte sich um Juden bzw. um Wissenschaftler, die (teilweise) jüdischer Herkunft waren oder um Hochschullehrer, deren Ehefrauen ›Nichtarierinnen‹ waren. Die restlichen 20% waren Angehörige der Linksparteien, Opfer des ›Kirchenkampfes‹, liberale und konservative Regimegegner sowie Homosexuelle. Weiter offenbart die Statistik erhebliche Unterschiede zwischen jenen Hochschulen, die aufgrund der Entlassungen mehr als ein Drittel ihres Lehrkörpers verloren (Berlin, Frankfurt), und anderen, die nur marginal von der Säuberungspolitik betroffen waren (Tübingen, Rostock), weil sie schon vor 1933 darauf Wert gelegt hatten, keine Juden zu habilitieren oder zu berufen.[22]

Im Lehrkörper der Universitäten provozierte dieser massive Eingriff nur schwache Reaktionen. Zwar setzten sich die Fakultäten in einer Reihe von Einzelfällen für bedrohte Hochschullehrer ein – insbesondere, wenn es sich um herausragende Wissenschaftler und beliebte Kollegen handelte, deren Lage nicht aussichtslos erschien.[23] Hingegen scheiterte die Initiative des Hamburger Rektors Leo Raape, der auf der Rektorenkonferenz am 12. April 1933 in Wiesbaden vorschlug, grundsätzlich gegen die Entlassung jüdischer Hochschullehrer zu protestieren. Die Mehrheit der versammelten Magnifizenzen lehnte diesen Vorschlag als ›gefährlich und aussichtslos‹ ab. Zudem teilten einige der anwesenden Rektoren ganz offensichtlich die nationalsozialistische Kritik an der angeblichen ›Verjudung‹ der Universitäten. Unter ihnen war der Rektor der Berliner Universität, Eduard Kohlrausch, der Raapes Vorschlag mit folgenden Worten zurückwies: »Wir haben eine schwere Schuld auf uns geladen, wir haben viele Riegel nicht vorgeschoben, die man hätte vorschieben können. Die Verjudung ist gekommen, weil man sich nicht entgegengestellt hat.«[24] Der Freiburger Rektor Josef Sauer kommentierte das Ergebnis der Diskussion in seinem Tagebuch: »Die Judensperre hat leider zu keiner grundsätzlichen Haltung geführt. Es wurde viel von der Würde der Hochschulen gesprochen, aber in keiner Weise diese auch zum Ausdruck gebracht [...]. Das Gefühl der Ohnmacht lastet schwer auf unserer Tagung; würdevolle Haltung wäre allein der Schritt der sieben Göttinger gewesen. Eine große Entscheidungsstunde hat uns erbärmlich klein gesehen.«[25]

Die Folgen der Massenentlassungen lassen sich in drei Punkten zusammenfassen:

Erstens: ein wissenschaftlicher Substanzverlust. Zwar rechtfertigt eine Entlassungsquote von 18–19% es nicht, von einer ›geistigen Enthauptung Deutschlands‹ zu sprechen, wie in älteren Arbeiten manchmal zu lesen ist. Allerdings gibt es gute Gründe anzunehmen, dass der durch die Entlassungen verursachte Verlust an wissenschaftlicher Substanz deutlich höher war, als die schiere Zahl der vertriebenen Wissenschaftler vermuten lässt. Insbesondere Ute Deichmann und Klaus Fischer zeigen in ihren Arbeiten zur Geschichte der Physik, Biologie und Chemie, dass wissenschaftliche Spitzenkräfte unter den emigrierten Wissenschaftlern weit überproportional vertreten waren. Nur ein Beispiel: Unter den 26 deutschen Atomphysikern, die vor 1933 weltweit am häufigsten zitiert wurden, haben 13 Personen (also 50%) Deutschland nach 1933 verlassen.[26]

Zweitens: Für viele Zeitgenossen stand beim Blick auf die Folgen der Entlassungen indes nicht der wissenschaftliche Substanzverlust im Vordergrund, sondern ein ganz anderer Aspekt, nämlich die Auswirkungen, die die Entlassungen auf den akademischen Arbeitsmarkt in Deutschland hatten. Aus der Perspektive der zahlreichen in ungesicherten Verhältnissen lebenden Wissenschaftler, die Anfang der 30er Jahre noch guten Grund hatten, sich als ›verlorene Generation‹ zu fühlen, eröffnete sich mit den 1933 einsetzenden Massenentlassungen gewissermaßen eine zweite Chance, und viele waren offensichtlich fest entschlossen, sie zu nutzen. Schon aus diesem Grund war eine geschlossene Abwehrreaktion der deutschen Hochschulen gegenüber den Massenentlassungen unrealistisch. Max Planck, der sich für eine ganze Reihe bedrohter Kollegen einsetzte, hat diesen Zusammenhang im Juli 1933 illusionslos formuliert. Als Otto Hahn ihm vorschlug, eine möglichst große Zahl prominenter Professoren zusammenzubringen, um gegen die Behandlung der jüdischen Kollegen zu protestieren, antwortete Planck: »Wenn heute 30 Professoren aufstehen und sich gegen das Vorgehen der Regierung einsetzen, dann kommen morgen 150 Personen, die sich mit Hitler solidarisch erklären, weil sie die Stellen haben wollen«.[27]

Eine *dritte* Folgewirkung der Entlassungen ist darauf zurückzuführen, dass die Emigranten, die Deutschland nach 1933 verließen, bevorzugt in die USA oder nach Großbritannien gingen und damit Deutschlands zukünftige Kriegsgegner stärkten. Erstaunlicherweise ist diese Entwicklung in den entscheidenden Jahren zwischen 1933 und 1935 an den Schalthebeln nationalsozialistischer Politik nicht als ein Problem wahrgenommen worden. Das änderte sich erst 1942/43. Zu diesem Zeitpunkt ließ sich nicht mehr leugnen, dass die Wehrmacht auf waffentechnisch zentralen Forschungsfeldern, insbesondere in der Radartechnik, gegenüber den Alliierten ins Hintertreffen geraten war. Im Zuge der Debatte über die Ursachen dieser Entwicklung wurden nun auch die Massenentlassungen der Anfangsjahre mit anderen Augen gesehen. Selbst ein Mann wie Hermann Göring mutierte 1942 angesichts der prekären Kriegslage zum Pragmatiker und kritisierte bei der Neugründung des Reichsforschungsrates die rigoros-antisemitische Entlassungspolitik der vergangenen Jahre, die fähige Wissenschaftler nur deshalb vertrieben hatte, weil sie als ›Halbjuden‹ oder als ›jüdisch versippt‹ klassifiziert worden waren.[28]

Zu diesem Zeitpunkt ahnte noch niemand in Deutschland, in welchem Ausmaß einige Emigranten tatsächlich an militärisch brisanten Forschungen beteiligt waren, weil in Berlin bis 1945 keine Informationen über das größte militärische Forschungsprojekt der

Alliierten vorlagen, den Bau der amerikanischen Atombombe. Tatsächlich waren es die aus Deutschland vertriebenen Physiker Albert Einstein, Leo Szilard und Eduard Teller, die das Atombombenprojekt der USA in Gang brachten, indem sie den amerikanischen Präsidenten überhaupt erst auf das militärische Potenzial der Atomenergie hinwiesen. Angetrieben von dem Albtraum, Hitler könne als erster über die Atombombe verfügen, beteiligten sich darüber hinaus zahlreiche Emigranten in führender Position an den Forschungen, die schließlich zur Entwicklung der ersten Atombombe führten.[29]

Fazit: Mit der Entlassung zahlreicher bedeutender Wissenschaftler haben die Nationalsozialisten das wissenschaftlich-militärische Potenzial der Alliierten gestärkt und damit zur Niederlage der Achsenmächte im Zweiten Weltkrieg beigetragen.

4. Hochschullehrer im Dritten Reich

Die Reaktion der Hochschulen auf den Nationalsozialismus war weitgehend bestimmt durch die Generationszugehörigkeit und den eigenen Status innerhalb der Hochschule. Je geringer der akademische Status und je jünger die Hochschulangehörigen waren, desto früher und intensiver erfolgte die Hinwendung zum Nationalsozialismus. Im Umkehrschluss folgt daraus: Je älter und etablierter sie waren, umso distanzierter verhielten sie sich gegenüber der NSDAP. Zwar gehörten zu jenen Wissenschaftlern, die sich 1933 öffentlich für das NS-Regime erklärten, auch renommierte Ordinarien wie Martin Heidegger oder Carl Schmitt. Die Masse der neuen Parteigenossen rekrutierte sich aber aus dem Kreis der Assistenten, Privatdozenten und außerordentlichen Professoren. Dieser Zusammenhang war schon für die Zeitgenossen so evident, dass bald von einer »Privatdozentenkrankheit« gesprochen wurde.[30]

Wichtiger noch: Der wissenschaftliche Nachwuchs war nicht nur unter den Parteimitgliedern, sondern auch unter den politischen Aktivisten weit überproportional vertreten: »Die aktiven Nationalsozialisten sind fast ausschließlich auf den Kreis der jüngeren Dozenten beschränkt«, urteilte der frisch zum Nationalsozialismus konvertierte Jurist Carl Schmitt 1934 in einem unveröffentlichten

Bericht über die Lage der Juristischen Fakultäten.[31] Dies lag nicht nur daran, dass die vor 1933 ausgesprochen miserablen Karrierechancen der Nachwuchskräfte sich aufgrund der Massenentlassungen schlagartig verbesserten. Vielmehr scheint die Begeisterung für den Nationalsozialismus unter den jüngeren, nicht etablierten Hochschullehrern deutlich größer gewesen zu sein als unter den Ordinarien. Dazu hat gewiss auch das öffentliche Auftreten der NSDAP beigetragen, die sich 1933 noch als eine Art Jugendbewegung gegen das ›Versagen‹ der älteren Generation gebärdete. Anders die etablierten Hochschullehrer, die Ordinarien: Für sie bedeutete die nationalsozialistische ›Machtergreifung‹ eine erhebliche Einbuße ihrer traditionellen Machtposition, einerseits zugunsten des Rektors und der Dekane, andererseits zugunsten der Ministerialbürokratie und der Partei. Wenn man von den entlassenen Hochschullehrern einmal absieht, waren die Ordinarien die eigentlichen Verlierer der ›Machtergreifung‹ an den Universitäten.

Dennoch haben sich in den folgenden Jahren auch viele der etablierten Professoren dem Regime zugewandt. Vor allem die außenpolitischen Erfolge des Regimes trieben zahlreiche Professoren, die sich zunächst abwartend oder skeptisch verhalten hatten, dem Nationalsozialismus in die Arme. 1938, nach dem Anschluss Österreichs und der erfolgreichen Beendigung der ›Sudetenkrise‹ hatten die Nationalsozialisten und ihre Bündnispartner fast alles erreicht, wovon das nationalistische Bürgertum seit 1919 träumte. Ein ehemals liberal-konservativer Hochschullehrer wie der Historiker Percy Ernst Schramm notierte im Oktober 1938: »80 Millionen – ohne Blutvergießen. Das konnte weder Bismarck noch die Jungfrau von Orléans, sondern nur jemand der beider Fähigkeiten vereinigte. Man ist zu erfüllt, um wieder an die Arbeit zu gehen [...] Nun ist 1938 also doch das große Jahr unseres Lebens, über das kein weiteres uns hinausheben kann«.[32]

Auf den Ausbruch des Zweiten Weltkrieges reagierten Hochschullehrer und Studenten – ebenso wie die deutsche Bevölkerung insgesamt – zunächst sehr zurückhaltend. Anders als 1914 war 1939 von Kriegsbegeisterung an den Hochschulen wenig zu spüren. Angesichts der unübersehbaren Risiken, die mit diesem Krieg verbunden waren, herrschte vielfach eher ein Gefühl der Beklommenheit. Der Chemiker Adolf Butenandt (später Nobelpreisträger und Präsident der Max-Planck-Gesellschaft) empfand die Nachricht vom Kriegsbeginn als Schock und sinnierte in einem Brief an seine Eltern »voller Entsetzen« über das, »was möglicherweise noch kommen« könnte. Umso stärker war jedoch der Enthusiasmus nach den ersten großen militärischen Erfolgen der Wehrmacht, insbesondere nach dem Sieg über Frankreich im Frühjahr 1940. Während Butenandt noch »zwischen Jubel und stillem Händehalten« schwankte und auf ein schnelles Kriegsende hoffte[33], ließen andere ihren Emotionen freien Lauf: »Welch eine Wendung durch Gottes Führung« frohlockte Ende Mai 1940 der Erlanger Theologe Hermann Strathmann. Für Strathmann, der vor der ›Machtergreifung‹ noch eine scharfsinnige Kritik am Nationalsozialismus aus deutschnational-christlicher Perspektive veröffentlicht hatte[34], vollzog sich 1940 ein »Geschehen von schier mythischer Größe«. Die »größten politischen Hoffnungen der Deutschen wollen sich erfüllen [...]. Und wir sehen in dem Führer den Mann, den uns Gott geschenkt hat, dies Werk zu vollstrecken.«[35] Auf viele zunächst skeptische Hochschullehrer scheint der Feldzug gegen Frankreich 1940 eine ähnliche Wirkung gehabt zu haben wie die Reichsgründung von 1871 und die ihr vorausgegangenen militärischen Siege auf das liberale Bürgertum der Generation von 1848. Die enthusiastische Reaktion des alten Liberalen Friedrich Meinecke gibt eine Ahnung von der Breite dieses Stimmungswandels: »Freude, Bewunderung und Stolz auf dieses Heer müssen zunächst auch für mich dominieren. Und Straßburgs Wiedergewinnung! Wie sollte einem da das Herz nicht schlagen. Es war doch eine erstaunliche, und wohl die größte positive Leistung des 3. Reiches, in vier Jahren ein solches Millionenheer neu aufzubauen und zu solchen Leistungen zu befähigen [...] Ich will [...] in Vielem, aber nicht in Allem umlernen«, schrieb Meinecke im Juli 1940 an einen Kollegen.[36]

Insgesamt hat sich unter dem Eindruck der Erfolge des Regimes offensichtlich auch ein größerer Teil der zunächst kritischen Professoren dem Nationalsozialismus bis 1939/40 angenähert. Diese Entwicklung führte jedoch nicht zu einer vorbehaltlosen Identifikation mit dem NS-Staat. Abschreckend wirkten insbesondere die häufigen Eingriffe der Parteigliederungen, zunächst des NSDStB, später vor allem des NSDDB, in das Innenleben der Universitäten. In der zweiten Kriegshälfte, als der Einfluss des NSDDB deutlich zurückging, konnte das Unbehagen über diese Politik sogar ziemlich offen artikuliert werden. Auf der Salzburger Rektorenkonferenz im August 1943 attackierte der Freiburger Rektor Wilhelm Süss, NSDAP-Mitglied seit 1937, in kaum verhüllter Weise die Funktionäre des NS-Dozentenbundes als »Totengräber der Wissenschaft«, die mit ihren »einseitigen« politischen Beurteilungen manchen fähigen Wissenschaftler von den Hochschulen vertrieben hätten: »Wie oft ist über der Diskussion um die politische Beurteilung die Fachleistung des Betreffenden ganz übersehen worden! Hätten die Beurteiler selbst stets ein genügendes inneres Verhältnis zu produktiver wissenschaftlicher Arbeit gehabt oder hätten sie wenigstens immer wirkliche Achtung vor wissenschaftlicher Leistung besessen, so hätten sie vermutlich oft größere Zurückhaltung geübt, ehe sie ein negatives Urteil abgegeben hätten.«[37]

Für zusätzliche Enttäuschung sorgten der Anti-Intellektualismus des Regimes und die damit verknüpfte Abwertung der akademischen Berufe. Selbst überzeugte Nationalsozialisten wie der Berliner Germanist Franz Koch konnten nicht die Augen vor der Tatsache verschließen, dass das Renommee der Hochschullehrer sich seit 1933 drastisch verringert hatte. Im November 1939 artikulierte Koch seine tiefe Enttäuschung über diese Tatsache in einer vertraulichen Denkschrift, die unter dem Titel ›Schweigen hieße Verrat‹ an verschiedene Parteistellen verschickt wurde. Darin hieß es unter anderem: »Die Autorität der Universität, im weiteren Sinne der Wissenschaft ist zerstört, der Wissenschaftler, der Professor gilt, indem man ihn [...] zum ›Intellektuellen‹ stempelt, geradezu grundsätzlich als anfechtbare Erscheinung«. Der Professor, so heißt es weiter, werde mit »Abgunst und Mißtrauen betrachtet, in der Öffentlichkeit immer wieder angegriffen, allzu selten geschützt und verteidigt, [...] niemals anerkannt«.[38] Zwar bemühten sich das REM, der Sicherheitsdienst (SD) der SS und andere Einrichtungen des NS-Staates um einen Abbau antiintellektueller Ressentiments innerhalb der NSDAP. Aber noch im Juli 1942 insistierte der Leiter des Amtes Wissenschaft im REM, Rudolf Mentzel, bei einer internen Besprechung, es sei »dringend notwendig, dafür einzutreten, dass die akademischen Berufe tatsächlich ehrliche, anständige Berufe sind, die sich mit dem eines Handarbeiters durchaus messen können«.[39]

Obwohl die nationalsozialistischen Hochschulpolitiker große Schwierigkeiten hatten, genauer zu definieren, welche Art von Wissenschaft sie haben wollten, so war doch eines klar: Die Repräsentanten des Regimes forderten eine Wissenschaft, die für den NS-Staat, für die ›Volksgemeinschaft‹ von Nutzen sein sollte. Charakteristisch für diese Einstellung war ein Artikel, den die SS-Zeitung ›Das Schwarze Korps‹ 1936 veröffentlichte: »Der tote Wissenskrempel des liberalistischen Jahrhunderts nützt weder dem Volk noch dem Staat, und wir haben keine Lust, noch länger die Anmaßung einiger bezahlter Staatsdiener zu dulden, die unter Berufung auf eine angebliche Eigengesetzlichkeit der Wissenschaft das Recht fordern, auch weiterhin Dinge treiben zu dürfen, die das Volk nicht interessieren und ihm daher auch nichts nützen.«[40]

Dieser Forderung entsprach die gezielte Aufwertung von Disziplinen, die aus der Sicht des Regimes besonderen Nutzen versprachen. Davon profitierten insbesondere Fächer wie Volkskunde, Vor- und Frühgeschichte, Wehrwissenschaft sowie Rassenhygiene und Eugenik. Alle diese Fächer waren auch vor 1933 schon in universitären Lehrveranstaltungen präsent gewesen, aber erst nach 1933 wurden sie durch die Einrichtung von Lehrstühlen an zahlreichen Hochschulen institutionalisiert.[41] Aus fiskalischen Gründen erfolgte dieser Institutionalisierungsprozess in der Regel durch die Umwidmung bereits bestehender Lehrstühle, die infolge der Massenentlassungen oder aus Altersgründen frei geworden waren. So wurden die Professuren von Ernst Cassirer (in Hamburg) und Traugott K. Oesterreich (in Tübingen) in Lehrstühle für Rassenbiologie umgewandelt, während das Ordinariat von Karl Jaspers (Heidelberg) nach seiner Entlassung als Lehrstuhl für Wehrpolitik und Wehrwissenschaft genutzt wurde.[42]

Diese Umschichtungsprozesse waren mit einer deutlichen Tendenz zur Abwertung der geisteswissenschaftlichen Disziplinen gekoppelt. Bereits 1938 sprach das Sicherheitshauptamt der SS in einem internen Lagebericht von einer »Zurückdrängung der Geisteswissenschaften«, die sich aus der Konzentration auf den Vierjahresplan und auf »wehrtechnische Aufgaben« ergeben habe.[43] Der Blick auf die Hochschulstatistik bestätigt diese Aussage. Zwischen

1931 und 1938 sank die Zahl der planmäßigen Professoren in den geisteswissenschaftlichen Disziplinen von 486 auf 439. Das war ein Rückgang von 9,7%, während die Zahl der planmäßigen Professoren in den medizinischen Fakultäten nur um 2,6% zurückging, in den naturwissenschaftlichen Fächern um 4,2%.[44] 1940 sprach der nationalsozialistische Pädagoge Ernst Krieck sogar von dem weit verbreiteten Glauben, »dass die Geisteswissenschaften zugrunde gehen«.[45] Die Philosophie scheint von dieser Entwicklung überproportional stark betroffen gewesen zu sein. Neueren Berechnungen zufolge verlor das Fach nach der ›Machtergreifung‹ an den Hochschulen des ›Altreichs‹ 31 ordentliche und außerordentliche Lehrstühle – und dies bei einer Gesamtzahl von nur 67 Ordinariaten im Jahre 1933.[46]

Wer als Wissenschaftler unter Druck stand, seine Nützlichkeit unter Beweis zu stellen, konnte dies prinzipiell auf zwei Wegen tun, als Ideologe oder als Experte. Wie die neuere Forschung gezeigt hat, bestand unter Wissenschaftlern eine große Bereitschaft, alles zu unterstützen, was von den Zeitgenossen als ›Wiederaufstieg Deutschlands‹ wahrgenommen wurde. Naturwissenschaftler und Techniker hatten daher in der Regel keine Probleme damit, sich als Experten für den Vierjahresplan oder für die Rüstungsforschung zur Verfügung zu stellen, jedenfalls so lange dabei die Autonomie der Forscher respektiert wurde. Neben dezidierten Anhängern des Regimes befanden sich unter ihnen nicht wenige Wissenschaftler, die politisch eher farblos waren oder dem Regime sogar mit Distanz gegenüberstanden: Paul Harteck beispielsweise, der Hamburger Ordinarius für Physikalische Chemie, galt als ›politisch indifferent‹. Im Sommer 1943 wurde er von einem nationalsozialistischen Kollegen wegen ›Äußerungen zersetzender Art‹ sogar als Staatsfeind denunziert. 1945 gehörte er zu den wenigen Hamburger Professoren, die politisch als völlig unbelastet galten, weil er weder der NSDAP noch einer anderen nationalsozialistischen Organisation angehört hatte. Gleichwohl arbeitete Harteck seit 1937 als Berater für chemische Kampfstoffe eng mit dem Heereswaffenamt zusammen. Im April 1939 machten Harteck und sein Assistent Wilhelm Groth die Wehrmacht in einem Schreiben an das Heereswaffenamt auf die militärischen Einsatzmöglichkeiten der gerade entdeckten Atomspaltung aufmerksam. Harteck trug dadurch wesentlich dazu bei, das deutsche Atomenergieprojekt in Gang zu bringen, zu dessen führenden Köpfen er bis 1945 gehörte.[47] Offensichtlich galt die Forschung im Dienste der Wehrmacht auch für Hochschullehrer, die der Partei fernstanden, als eine selbstverständliche ›vaterländische Pflicht‹, deren Erfüllung nichts Anrüchiges hatte. Auch professionelle und persönliche Interessen spielten dabei eine Rolle: Wer militärisch relevante Forschungen betrieb, konnte auf massive materielle Förderung hoffen und hatte zudem eine gute Chance, den Krieg uk-gestellt auf relativ ruhige Weise zu überstehen. Und schließlich gingen viele Naturwissenschaftler »so ganz und gar in ihrer Arbeit auf, daß es ihnen gleichgültig ist, unter welchem Regime und in welchem Land sie arbeiten«, wie Friedrich Glum, bis 1937 Generaldirektor der Kaiser-Wilhelm-Gesellschaft, rückblickend notierte.[48]

Die ideologische Anpassung an das Regime war dagegen aus Sicht der meisten Hochschullehrer problematischer, weil sie dem traditionellen Grundsatz widersprach, Wissenschaft und Politik voneinander zu trennen. Das war einer der Gründe, warum die meisten Naturwissenschaftler sich gegenüber den Bemühungen nationalsozialistischer Kollegen, eine ›Deutsche Physik‹, eine ›Deutsche Chemie‹ oder eine ›Deutsche Mathematik‹ ins Leben zu rufen, zurückhaltend oder ablehnend verhielten. Selbst die einflussreichste dieser Gruppierungen, die von den Nobelpreisträgern Johannes Stark und Philipp Lenard geführte ›Deutsche Physik‹, verfügte Ende 1939 auf dem Höhepunkt ihres Einflusses nur über sechs von insgesamt 81 Lehrstühlen für Physik in Deutschland.[49]

Dennoch haben sich viele Wissenschaftler dem Regime auch ideologisch angepasst. Im Bereich der Geisteswissenschaften lassen sich sechs verschiedene Formen der Anpassung unterscheiden:

1. Anpassung durch Ausblenden. Diese mildeste Variante der Anpassung bestand darin, bestimmte heikle Themen nicht mehr anzusprechen, Namen von Emigranten und anderen Unpersonen nicht länger zu erwähnen, jüdische Kollegen nur noch selten oder gar nicht zu zitieren.

2. Politisierung nach dem Sandwich-Prinzip. Anpassung beschränkte sich in diesem Fall auf gelegentliche politische Botschaften in Vorworten, Einleitungen oder Zusammenfassungen, ohne dass sich an der Substanz der Arbeit etwas änderte.

3. Begriffliche Anpassung an die Lingua Tertii Imperii (LTI), die von Victor Klemperer so eindringlich analysierte Sprache des Regimes. Dazu gehörte das Einsickern von Begriffen wie ›artfremd‹, ›Führer‹, ›Gefolgschaft‹, ›heldisch‹, ›Volkstum‹, oder ›völkisch‹ in wissenschaftliche Publikationen. Eine Beurteilung solcher Prozesse ist oft schwierig, weil sie, wie man von Klemperer lernen kann, keineswegs immer bewusst verliefen.[50]

4. Anpassung im außerwissenschaftlichen Bereich, durch Parteieintritt oder gelegentliche Zeitungsartikel, bei gleichzeitiger Aufrechterhaltung traditioneller Methoden und Standards in wissenschaftlichen Publikationen. Ein solches Verhalten reagierte auf die Erwartungen des Regimes und folgte gleichzeitig dem Grundsatz, Wissenschaft und Politik voneinander zu trennen.

5. Anpassung als Paradigmenwechsel durch die Übernahme der nationalsozialistischen Rassenideologie. Ein solcher Schritt war dort, wo er gemacht wurde, ein Bruch mit der wissenschaftlichen Tradition. Zwar existierte ein Rassismus mit antisemitischer Stoßrichtung an den Hochschulen auch schon vor 1933. Dabei handelte es sich aber um ein Ressentiment, nicht um ein wissenschaftliches Konzept.

6. Eine bewusste Unterordnung der Forscher unter die Politik des Regimes. Hierzu gehörten jene Teile der ›Ostforschung‹ oder ›Westforschung‹, die darauf gerichtet waren, die expansionistische Politik des Regimes mit wissenschaftlichen Mitteln zu unterstützen, sowie Publikationen, die darauf abzielten, den Krieg zu legitimieren oder die Kriegsgegner zu diskreditieren. Auch bei der Plünderung von Bibliotheken, Museen oder Archiven in den von der Wehrmacht eroberten Teilen Europas haben Geisteswissenschaftler sich den Machthabern in größerer Zahl zur Verfügung gestellt.[51]

Schon jetzt kann als gesichert gelten, dass es kaum einen Geisteswissenschaftler gab, der sich nicht in der einen oder anderen Weise dem Regime angenähert hat. Lassen sich doch sogar in den Veröffentlichungen von Hochschullehrern wie Werner Krauss oder Kurt Huber, die aktiv am Widerstand gegen die Diktatur beteiligt waren, Zugeständnisse an das Regime auffinden.[52] Andererseits blieben die Anpassungsleistungen in den Geisteswissenschaften deutlich hinter den Erwartungen des Regimes zurück. Reichserziehungsminister Rust behauptete 1936 sogar, »was heute noch in der Geisteswissenschaft lebe, das sei von gestern und vorgestern«.[53] Offenkundig ist zudem, dass die verschiedenen hier skizzierten Spielarten von Anpassung differenziert beurteilt werden müssen. In einigen Fällen blieb Anpassung ein Oberflächenphänomen, in anderen war zumindest das Bestreben spürbar, den Kernbereich geisteswissenschaftlicher Forschung von Zugeständnissen an das Regime freizuhalten. In vielen Fällen ging die Mitwirkungsbereitschaft von Geisteswissenschaftlern jedoch eindeutig an die Substanz. Dazu gehörte insbesondere eine erhebliche Bereitschaft, die aggressive Expansionspolitik des Regimes zu rechtfertigen und zu unterstützen. Hier befand man sich auf vertrautem Terrain, da solche Arbeiten an die chauvinistische Professorenliteratur des Ersten Weltkriegs anknüpfen konnten. In massierter Form äußerte sich diese Bereitschaft im ›Kriegseinsatz der Geisteswissenschaften‹, den Paul Ritterbusch seit 1940 im Auftrag des REM organisierte. Mit dem Kriegseinsatz sollten die Geisteswissenschaften, so das offizielle Konzept, »der weltanschaulichen und politischen Zielsetzung des Krieges Fundament und Gehalt« geben und die Überlegenheit des deutsches Geistes unter Beweis stellen. Im Rahmen dieses interdisziplinären ›Gemeinschaftswerkes‹ erschienen zwischen 1941 und 1944 insgesamt 43 Monographien und 24 Sammelbände mit über 300 beteiligten Wissenschaftlern aus 12 verschiedenen Disziplinen – von den Altertumswissenschaften bis zum Völkerrecht. Die Einladungen zur Teilnahme waren breit gestreut, so dass neben dezidierten Nationalsozialisten auch Gegner des NS-Regimes wie Werner Krauss einbezogen wurden. Dementsprechend haben sich keineswegs alle Beiträge den offiziellen Zielen des ›Kriegseinsatzes‹ untergeordnet. So blieben die im Rahmen des Kriegseinsatzes erstellten Publikationen »weitgehend frei von aktivem Antisemitismus, wenn man auch einen passiven Antisemitismus im Verschweigen der Leistungen der ›jüdischen‹ Kollegen erblicken muss«, wie der beste Kenner des Themas, Frank-Rutger Hausmann, urteilt.[54]

Die Frage, inwieweit der nationalsozialistische Rassismus nach 1933 in den Geisteswissenschaften Fuß gefasst hat, lässt sich naturgemäß nur schwer präzise beantworten. Fallstudien weisen darauf hin, dass die nationalsozialistische Rassenideologie zwar in allen Disziplinen präsent war, sich aber in der Regel nicht zum dominanten Paradigma entwickelte. So kam eine Analyse der *Historischen*

Zeitschrift (HZ), des führenden Fachorgans der deutschen Historikerzunft, zu dem Ergebnis, dass von den zwischen 1933 und 1943 publizierten Aufsätzen 44 (15,6%) die Rassenideologie vertraten und die Geschichte zur Legitimation nationalsozialistischer Politik einsetzten. Weitere 80 Aufsätze (28,9%) zeichneten sich durch eine ›partielle Identität‹ mit dem Nationalsozialismus aus. Dabei handelte es sich um Arbeiten, die nationalsozialistische Leitbegriffe und Interpretationsmuster in die geschichtswissenschaftliche Analyse integrierten, ohne dabei jedoch – im Gegensatz zur ersten Gruppe – auf die nationalsozialistische Rassendoktrin zurückzugreifen. Mehr als die Hälfte der *HZ*-Aufsätze zeigte keine Spuren der NS-Ideologie, einige wenige (etwa 5%) offenbarten sogar oppositionelle Tendenzen.[55] Der nationalsozialistische Rassenbegriff, so resümiert eine neue Überblicksdarstellung, wurde »in keinem Fach zu einem wirklich tragenden Element des *mainstream* [...]. Gleichwohl bildete der Rassismus nach 1933 eine feste Position im wissenschaftlichen Spektrum«.[56]

Im Extremfall entwickelten Wissenschaftler sich zu geistigen Wegbereitern oder sogar zu Planern und Tätern der nationalsozialistischen Vernichtungspolitik. Das bekannteste Beispiel ist der im Auftrag Himmlers unter Leitung des Agrarwissenschaftlers und Raumplaners SS-Oberführer Konrad Meyer erarbeitete ›Generalplan Ost‹ – eine Art »Masterplan für die verbrecherische Volkstumspolitik der SS in Osteuropa«.[57] Faktisch handelte es sich um den Versuch, Hitlers schon Jahre vorher erhobene Forderung nach einer rücksichtslosen »Germanisierung« neuen »Lebensraumes« im Osten[58] mit den Mitteln der Wissenschaft planerisch umzusetzen. Der Plan sah vor, innerhalb von 25 Jahren fast fünf Millionen Deutsche im Westen der Sowjetunion anzusiedeln. Die eingesessene slawische oder jüdische Bevölkerung sollte vertrieben, versklavt oder ermordet werden. Aufgrund der sich rapide verändernden Kriegslage konnte der Generalplan Ost jedoch nur in Ansätzen verwirklicht werden.

Schon bald nach Kriegsende ist die Beteiligung von Wissenschaftlern an den Medizinverbrechen des Regimes bekannt geworden. Dabei handelte es sich zum einen um eine Gruppe von Medizinern – darunter insbesondere Professoren der Psychiatrie wie Carl Schneider (Heidelberg), Max de Crinis (Berlin) und Berthold

Kihn (Jena) –, die an der Vorbereitung der Euthanasiepolitik beteiligt waren und später als Gutachter über Leben und Tod zahlreicher Psychiatriepatienten entschieden. Zum anderen müssen in diesem Zusammenhang jene Mediziner erwähnt werden, die Lagerhäftlinge als Material für wissenschaftliche Experimente mit manchmal tödlichem Ausgang missbrauchten.[59] Diese Experimente sind lange Zeit als ›Pseudo-Wissenschaft‹ etikettiert worden, obwohl die meisten dieser ›Pseudowissenschaftler‹ durchaus die herkömmlichen akademischen Qualifikationsnachweise (Promotion, Habilitation) vorlegen konnten. Tatsächlich waren solche Menschenversuche aber vielfach Ausdruck eines genuin wissenschaftlichen Forscherdranges, weil bestimmte Probleme der Forschung – etwa die Frage nach der Wirksamkeit neuer Medikamente – auf diesem Wege am einfachsten und präzisesten gelöst werden konnten – anders als bei Tierversuchen, deren Ergebnisse sich nie mit Sicherheit auf Menschen übertragen lassen. Was diejenigen, die solche Humanexperimente durchführten, von anderen Wissenschaftlern unterschied, war nicht die wissenschaftliche Qualifikation, sondern die Bereitschaft, ethische Regeln zu verletzten, die bislang der medizinischen Forschung Grenzen gesetzt hatten. Einige dieser Experimente gehören zu den grauenhaftesten Kapiteln der Wissenschaftsgeschichte. Vor diesem Hintergrund stellt sich heute in der Auseinandersetzung über den Umgang mit der Geschichte des Nationalsozialismus nicht nur die Frage, wie in Zukunft die Freiheit der Wissenschaft gesichert werden kann, sondern auch die Frage nach den Grenzen einer Wissenschaft, die menschliches Leben nicht nur erleichtern, sondern auch bedrohen kann.

1 M. Grüttner, Wissenschaftspolitik im Nationalsozialismus. In: *Geschichte der Kaiser-Wilhelm-Gesellschaft im Nationalsozialismus*, Bd. 2, hg. v. D. Kaufmann, Göttingen 2000, S. 577.

2 W. Kunkel, Der Professor im Dritten Reich. In: *Die deutsche Universität im Dritten Reich. Eine Vortragsreihe der Universität München*, München 1966, S. 107.

3 M. Weber, Parlament und Regierung im neugeordneten Deutschland. In: *Max Weber, Gesamtausgabe*, Abteilung I, Bd. 15, Tübingen 1984, S. 593.

4 M. Grüttner, Die deutschen Universitäten unter dem Hakenkreuz. In: *Zwischen Autonomie und Anpassung. Universitäten in den Diktaturen des 20. Jahrhunderts*, hg. v. J. Connelly und M. Grüttner, Paderborn 2003, S. 69.

5 A. Faust, *Der Nationalsozialistische Studentenbund*, 2 Bde., Düsseldorf 1973.

6 M. Grüttner, *Studenten im Dritten Reich*, Paderborn 1995, S. 496 f.

7 M. Grüttner, Machtergreifung als Generationskonflikt. Die Krise der Hochschulen und der Aufstieg des Nationalsozialismus. In: *Wissenschaften und Wissenschaftspolitik. Bestandsaufnahme zu Formationen, Brüchen und Kontinuitäten im Deutschland des 20. Jahrhunderts*, hg. v. R. vom Bruch und B. Kaderas, Stuttgart 2002, S. 339–353.

8 Stenographischer Bericht der Arbeitssitzungen des VII. Deutschen Hochschultages vom 5. bis 7. Oktober 1932, in: BA Berlin R 8088/86, Bl. 306 f.

9 E. Klemt, Wir wollen die politische Hochschule. In: *Die Leipziger Studentenschaft*, Nr. 2, 21.6.1933, S. 26.

10 H. Heiber, *Universität unterm Hakenkreuz*, Teil II, Bd. 1, München 1992, S. 315.

11 A. C. Nagel, ›Er ist der Schrecken überhaupt der Hochschule‹ – Der Nationalsozialistische Deutsche Dozentenbund in der Wissenschaftspolitik des Dritten Reiches. In: *Universitäten und Studenten im Dritten Reich*, hg. v. J. Scholtyseck und C. Studt, Berlin 2008, S. 115–132.

12 Vgl. M. Kater, *Das ›Ahnenerbe‹ der SS 1935–1945. Ein Beitrag zur Kulturpolitik des Dritten Reiches*, Stuttgart 1974.

13 W. Schultze an den Leiter der Reichskanzlei, H. H. Lammers, 19.3.1941. In: *Bundesarchiv Berlin* R 43 II 941 Bl. 6.

14 H. Härtle, Geistige Kriegführung (MS), 4.3.1943, S. 3. In: *Bundesarchiv Berlin* NS 8/241 Bl. 72.

15 H. Seier, Der Rektor als Führer. Zur Hochschulpolitik des Reichserziehungsministeriums 1934–1945. In: *Vierteljahrshefte für Zeitgeschichte*, 12 (1964), S. 105–146.

16 Reichsgesetzblatt I 1933, S. 175 ff. Zum Berufsbeamtengesetz vgl. H. Mommsen, *Beamtentum im Dritten Reich*, Stuttgart 1966; S. Mühl-Benning-

haus, *Das Beamtentum in der NS-Diktatur bis zum Ausbruch des Zweiten Weltkrieges. Zu Entstehung, Inhalt und Durchführung der einschlägigen Beamtengesetze*, Düsseldorf 1996.

17 Reichsgesetzblatt I 1935, S. 1146. Zum Reichsbürgergesetz vgl. C. Essner, *Die ›Nürnberger Gesetze‹ oder die Verwaltung des Rassenwahns 1933–1945*, Paderborn 2002.

18 Runderlass des REM, 19.4.1937. In: *Bundesarchiv Berlin* R 4901/309 Bl. 255.

19 Vgl. die Namenslisten in: *Bundesarchiv Berlin* R 4901/312 Bl. 417 ff.

20 Vgl. *Die deutsche Hochschulverwaltung. Sammlung der das Hochschulwesen betreffenden Gesetze, Verordnungen und Erlasse*, hg. v. G. Kasper u. a., Bd. 2, Berlin 1943, S. 18 ff.

21 Vgl. *Universitäten im nationalsozialistisch besetzten Europa*, hg. v. D. Langewiesche (=Geschichte und Gesellschaft, 23, 1997, H. 4).

22 M. Grüttner/ S. Kinas, Die Vertreibung von Wissenschaftlern aus den deutschen Universitäten 1933–1945. In: *Vierteljahrshefte für Zeitgeschichte*, 55 (2007), S. 123–186.

23 Beispiele in: H. Böhm, *Von der Selbstverwaltung zum Führerprinzip. Die Universität München in den ersten Jahren des Dritten Reiches (1933–1936)*, Berlin 1995, S. 121 ff.; R. Schottlaender, *Verfolgte Berliner Wissenschaft*, Berlin 1988, S. 85 ff.

24 Heiber 1992, S. 296 f.

25 Eintrag vom 12.4.1933, zit. in: E. Seidler, *Die Medizinische Fakultät der Albert-Ludwigs-Universität Freiburg im Breisgau*, Berlin 1991, S. 308. Der Hinweis auf die ›sieben Göttinger‹ bezieht sich auf 7 Göttinger Professoren, die 1837 öffentlich gegen den Bruch der Landesverfassung durch den König von Hannover protestierten und deswegen aus ihren Ämtern entlassen wurden.

26 U. Deichmann, *Biologen unter Hitler. Porträt einer Wissenschaft im NS-Staat*, erw. Ausgabe, Frankfurt/M. 1995, S. 47 f; dies., *Flüchten, Mitmachen, Vergessen. Chemiker und Biochemiker in der NS-Zeit*, Weinheim 2001, S. 138 f.; K. Fischer, Die Emigration von Wissenschaftlern nach 1933. Möglichkeiten und Grenzen einer Bilanzierung. In: *Vierteljahrshefte für Zeitgeschichte*, 39 (1991), S. 541 f.

27 O. Hahn, *Mein Leben*, München 1968, S. 145.

28 N. Hammerstein, *Die Deutsche Forschungsgemeinschaft in der Weimarer Republik und im Dritten Reich. Wissenschaftspolitik in Republik und Diktatur 1920–1945*, München 1999, S. 384 f.

29 R. Rhodes, *Die Atombombe oder die Geschichte des 8. Schöpfungstages*, Nördlingen 1988.

30 C. Jansen, *Professoren und Politik. Politisches Denken und Handeln der Heidelberger Hochschullehrer*, Göttingen 1992, S. 243.

31 C. Schmitt, Bericht über die Entwicklung der Reichsfachgruppe Hoch-

schullehrer im BNSDJ und die Verhältnisse an den rechts- und wirtschaftswissenschaftlichen Fakultäten während des Wintersemesters 1933/34, 1.5.1934, S. 3. In: *Staatsarchiv Hamburg Hochschulwesen* II Aa 38/2.

32 Zit. in: J. Grolle, *Der Hamburger Percy Ernst Schramm – ein Historiker auf der Suche nach der Wirklichkeit*, Hamburg 1989, S. 33.

33 W. Schieder, Spitzenforschung und Politik. In: *Adolf Butenandt und die Kaiser-Wilhelm-Gesellschaft. Wissenschaft, Industrie und Politik im ›Dritten Reich‹*, hg. v. W. Schieder und A. Trunk, Göttingen 2004, S. 44 f.

34 D. Strathmann, *Nationalsozialistische Weltanschauung*, Nürnberg 1931.

35 [D.] Str[athmann], Welch eine Wendung durch Gottes Führung! In: *Theologische Blätter*, 19. Jg. (1940), S. 172.

36 F. Meinecke, *Ausgewählter Briefwechsel.* hg. v. L. Dehio und P. Classen, Stuttgart 1962, S. 364.

37 W. Süss, Die gegenwärtige Lage der deutschen Wissenschaft und der deutschen Hochschulen. Referat, gehalten auf der Rektoren-Konferenz in Salzburg am 26.8.1943. In: *Bundesrchiv Berlin* R 43 II/942b Bl. 76 ff.

38 Schweigen hieße Verrat. In: *Bundesarchiv Berlin* R 43 II 940b Bl. 28 ff.

39 Besprechung über Maßnahmen zur Behebung der Nachwuchsnot in den akademischen Berufen am 17. Juli 1942 im Reichserziehungsministerium. In: *Bundesarchiv Berlin* R 4901/12622 Bl. 462 RS.

40 Geschichte – richtig gesehen. In: *Das Schwarze Korps*, Folge 50, 10.12.1936, S. 6.

41 Vgl. Grüttner 1995, S. 161 ff.

42 C. Tilitzki, *Die deutsche Universitätsphilosophie in der Weimarer Republik und im Dritten Reich*, Teil 2, Berlin 2002, S. 850 f.

43 Jahreslagebericht des Sicherheitshauptamtes 1938. In: *Meldungen aus dem Reich. Die geheimen Lageberichte des Sicherheitsdienstes der SS*, hg. v. H. Boberach, Herrsching 1984, Bd. 2, S. 89.

44 C. von Ferber, *Die Entwicklung des Lehrkörpers der deutschen Universitäten und Hochschulen 1864–1954*, Göttingen 1956, S. 195 ff. Für die Jahre 1938–1945 liegen noch keine Zahlen vor.

45 Ernst Krieck an den Reichserziehungsminister, 4.9.1940. In: *Generallandesarchiv Karlsruhe* 235/2245.

46 Tilitzki 2002, S. 851.

47 M. Renneberg, Zur Mathematisch-Naturwisssenschaftlichen Fakultät der Hamburger Universität im ›Dritten Reich‹. In: *Hochschulalltag im ›Dritten Reich‹*, Teil III, hg. v. E. Krause u. a., Berlin/Hamburg 1991, S. 1060, 1074; M. Walker, *Die Uranmaschine. Mythos und Wirklichkeit der deutschen Atombombe*, Berlin 1990, S. 21, 30 f., 156 f.

48 F. Glum, *Zwischen Wissenschaft, Wirtschaft und Politik*, Bonn 1964, S. 555.

49 A. D. Beyerchen, *Wissenschaftler unter Hitler. Physiker im Dritten Reich*, Köln 1980, S. 232 f.

50 V. Klemperer, *LTI. Notizbuch eines Philologen*, 3. Aufl., Leipzig 1968, S. 232 ff.

51 A. Heuss, *Kunst- und Kulturgutraub. Eine vergleichende Studie zur Besatzungspolitik der Nationalsozialisten in Frankreich und der Sowjetunion*, Heidelberg 2000.

52 P. Petersen, Wissenschaft und Widerstand. Über Kurt Huber (1893–1943). In: *Die dunkle Last. Musik und Nationalsozialismus.* hg. v. B. Sonntag u. a., Köln 1999, S. 111–129. Zu Huber auch: R. Schumann, *Leidenschaft und Leidensweg: Kurt Huber im Widerspruch zum Nationalsozialismus*, Düsseldorf 2007, S. 35 ff. Zu Krauss vgl. P. Jehle, *Werner Krauss und die Romanistik im NS-Staat*, Hamburg 1996, S. 135 ff.

53 Die totale geistige Umgestaltung. In: *Berliner Tageblatt*, Nr. 102, 29.2.1936.

54 F.-R. Hausmann, *›Deutsche Geisteswissenschaft‹ im Zweiten Weltkrieg. Die ›Aktion Ritterbusch‹ (1940–1945)*, 3., erw. Ausgabe, Heidelberg 2007, S. 23, 45.

55 U. Wiggershaus-Müller, *Nationalsozialismus und Geschichtswissenschaft. Die Geschichte der Historischen Zeitschrift und des Historischen Jahrbuchs 1933–1945*, Hamburg 1998, S. 95 ff., 141 ff., 203 ff., 221 ff., 265 ff.

56 J. Eckel, *Geist der Zeit. Deutsche Geisteswissenschaften seit 1870*, Göttingen 2008, S. 74.

57 I. Heinemann, Wissenschaft und Homogenisierungsplanungen für Osteuropa. Konrad Meyer, der ›Generalplan Ost‹ und die Deutsche Forschungsgemeinschaft. In: *Wissenschaft – Planung – Vertreibung. Neuordnungskonzepte und Umsiedlungspolitik im 20. Jahrhundert*, hg. v. I. Heinemann und P. Wagner, Stuttgart 2006, S. 63. Siehe auch: *Vom Generalplan Ost zum Generalsiedlungsplan*, hg. v. C. Madajczyk, München 1994.

58 A. Wirsching, *Man kann* nur Boden germanisieren. Eine neue Quelle zu Hitlers Rede vor den Spitzen der Reichswehr am 3. Februar 1933. In: *Vierteljahrshefte für Zeitgeschichte*, 49 (2001), S. 517–550.

59 *Vernichten und Heilen. Der Nürnberger Ärzteprozess und seine Folgen*, hg. v. A. Ebbinghaus und K. Dörner, Berlin 2001; *Man, Medicine, and the State. The Human Body as an Object of Government Sponsored Medical Research in the 20th Century*, hg. v. W. U. Eckart, Stuttgart 2006.

Philosophie im Nationalsozialismus

1. Ein noch immer heikles Thema

Keine Periode der Philosophiegeschichte ruft im Kollegenkreis und darüber hinaus noch immer derart starke Emotionen hervor wie die Geschichte der Philosophie in Deutschland in den Jahren 1933–1945. Ich kann dazu aus eigener Erfahrung drei Episoden beitragen, an denen freilich nur das Exemplarische sichtbar werden soll: Obwohl ich als Wissenschaftsphilosoph und Wissenschaftshistoriker mich nur ganz am Rande mit der Philosophie im Nationalsozialismus befasse und in den letzten zehn Jahren nur zwei Arbeiten zum Thema publiziert habe, erreichten mich

(1) ein auf den 6. März 2002 datiertes Einschreiben eines deutschen Philosophie-Ordinarius, der mich unter Androhung einer Strafanzeige nach »§ 189 StGB in Verbindung mit § 194 Abs. 2 StGB und § 77 Abs. 2 StGB« zu »1. (einem) spezifizierten Widerruf« meiner Äußerungen über seinen Vater[1] und »2. (zu einer) spezifizierte[n] Erklärung und deren Veröffentlichung« bewegen wollte. Was immer die angeführten Paragraphen des Strafgesetzbuchs beinhalten mögen: Meine Antwort war kurz und verwies erstens auf die grundsätzliche Problematik der Klärung philosophisch-begrifflicher Fragen durch die Justiz und zweitens darauf, dass der Kollege, der im übrigen sein berufliches Leben im wesentlichen der Auslegung philosophischer Texte gewidmet hat, den meinen nur sehr ungenau gelesen hatte. Das hatte auch der Herausgeber der *Information Philosophie*, eines populären und viel gelesenen philosophischen Informationsblatts, der sich dann prompt dem auch an ihn ergangenen Widerrufsbegehren beugen zu müssen glaubte.

(2) In einem 2004 publizierten Bonner Vortrag[2] hatte ich mich unter dem Titel *Vertuschung, Anklage, Rechtfertigung* mit der so genannten Vergangenheitsbewältigung der deutschen Philosophen nach dem Krieg beschäftigt. Dabei hatte ich gegenüber einem weit-

hin bekannten und von mir geschätzten Kollegen bemerkt, dass es sachlich geboten gewesen wäre, wenn er auf seine 1944 im Alter von 16 Jahren – wenn auch möglicherweise ohne sein Wissen oder Einverständnis – erfolgte Aufnahme in die NSDAP hingewiesen hätte, als er sich mit reichlicher Süffisanz darüber ausließ, wie ein angeblich dem politischen Moralismus verfallener Großdenker linker Provenienz – der Kontext suggeriert eindeutig J. Habermas –, als man ihm Jahrzehnte später eine von ihm in seiner HJ-Zeit erteilte schriftliche Verwarnung wegen Fehlens im Erste-Hilfe-Unterricht überreichte, dieses *Corpus delicti* unverzüglich verschlungen habe. Im erwähnten Bonner Vortrag habe ich diese unwahre und lächerliche Geschichte in ihren Hintergründen aufgeklärt. Sie wurde erneut von Joachim Fest in seiner Autobiographie *Ich nicht* aufgewärmt.[3] Auf Grund einer erfolgreichen Klage von Habermas musste die entsprechende Passage aus Fests Buch entfernt werden. Die freundliche, wenn auch scharfe Antwort des philosophischen Kollegen auf meine Bemerkung, es wäre angemessen gewesen, seine eigenen historischen Karten aufzudecken, wenn er andere kritisiere, soll hier nicht im Detail vorgestellt werden. Seine Empfehlung, meine Arbeiten zur Philosophie im Nationalsozialismus einzustellen, möchte ich jedoch nicht vorenthalten: »Ich lese Sie ja gern«, schreibt der Kollege, »aber über Ernst Mach zum Beispiel ungleich lieber.« Auffallend und merkwürdig ist übrigens seine Prognose, dass »das Interesse an Ihrer Bonner Rede, wie ich vermuten möchte, sich in Grenzen halten werde«, tatsächlich eingetreten ist. Er hatte mir außerdem geschrieben: »Sollte ich […] um eine Stellungnahme zu Ihren Darlegungen gebeten werden, so werde ich mir erlauben, darauf mit der Zuleitung einer Kopie dieses Briefes an Sie zu reagieren.« Bisher hat keine einzige deutsche Tageszeitung meine ›Bonner Rede‹ zur Kenntnis genommen.

(3) Im November 2006 brachte das politische Lifestyle-Magazin *Cicero* einen groß herausgestellten Beitrag mit dem Titel ›Vergesst Habermas!‹. Verfasser war der frühere FAZ-Redakteur Jürgen Busche, der im Artikel selbst als »Publizist und Verfasser eines biographischen Essays über Helmut Kohl« firmiert. Busche wärmte noch einmal – unter Verweis auf Fest – die Zettel-Verschluckgeschichte auf. Meine Aufklärung der ganzen Angelegenheit wird von Busche so dargestellt: »erst 2004 ging ein Philosoph aus Konstanz,

Gereon Wolters, der vorgab, das Spezialverhältnis der deutschen Philosophie zum Nationalsozialismus, zumal nach dessen Ende zu untersuchen, mit Verve daran, dem Gerücht das Beschämende zu nehmen. […] Was er generell dazu anmerkt, ist hochtrabend und fehlerhaft, was er zu diesem oder jenem Hochschullehrer anführt so tendenziös und durch Auslassungen irreführend.«[4] Es versteht sich von selbst, dass Busche dem Leser nicht den geringsten Beleg für diese Qualifikationen meiner ›Bonner Rede‹ liefert: ein Exempel für Schmierenjournalismus.

Ich denke, diese drei Begebenheiten im Kontext meiner beiden Publikationen zeigen zur Genüge, wie sehr die Philosophie des Nationalsozialismus und die Philosophen dieser Zeit, oder besser: ihre Darstellung und Bewertung, nach wie vor die Gemüter bewegen.

Andererseits ist viel von ›Historisierung‹ die Rede. In historisierender Perspektive erscheint der Untersuchungsgegenstand als ein Ereignis der Vergangenheit in einem doppelten Sinne: Auf der objektiven, der Gegenstandsseite, ist das untersuchte historische Geschehen zu einem gewissen Abschluss gelangt, während auf der subjektiven Seite, der Seite des Historikers, eine Zugangsweise typisch ist, die nicht mehr durch den Untersuchungsgegenstand selbst entscheidend vorgeprägt ist. Man könnte hier, beim historisierenden Historiker, von Unbefangenheit reden, der Schwester der Objektivität.

Es kann nicht verwundern, dass die Historisierung des Nationalsozialismus bis heute nicht abgeschlossen ist. Zu unfassbar und zu nahe schienen und scheinen noch immer den direkt oder indirekt Betroffenen seine Verbrechen, als dass man – selbst in seinen nichtverbrecherischen Bereichen – darüber mit der gleichen Unbefangenheit und ohne moralische Empörung hätte schreiben können wie, sagen wir, über die südfranzösischen Katharer des 13. Jahrhunderts und ihre Vernichtung in einem inquisitorischen Kreuzzug.[5] Eine solche Historisierung, so wünschenswert sie vom Gesichtspunkt der Geschichtswissenschaft sein mag, ist für den Nationalsozialismus in der allgemeinen Geschichte erst teilweise gelungen. Die gleiche Einschränkung gilt auch für die Philosophiegeschichte. Fast alle Arbeiten zur Geschichte der Philosophie im Nationalsozialismus sind aus einer engagierten Perspektive entstanden, sei es die inzwischen stark zurückgetretene marxistische Sicht der Welt, sei es die an den universalistischen Werten von Humanität und Liberalität orientierte bürgerlich-demokratische.

Ich kenne nur ein Werk, das unter Berufung auf Martin »Broszats vorsichtiges Plädoyer für eine ›Historisierung‹ des Dritten Reiches« mit dem klaren Anspruch der kompletten Historisierung der Philosophie im Nationalsozialismus auftritt. Es ist Christian Tilitzkis im Jahre 2002 in Berlin erschienenes, geradezu monumentales, auf breiten Archivstudien beruhendes zweibändiges Werk *Die deutsche Universitätsphilosophie in der Weimarer Republik und im Dritten Reich*, das als Berliner Dissertation bei Karlfried Gründer und Ernst Nolte entstanden ist. In der Einleitung kritisiert Tilitzki die »auf dem sprachlichen Niveau von Agitprop-Broschüren« agierende marxistische »Philosophiegeschichte im Zeichen der Parteilichkeit« ebenso wie den »volkspädagogischen Gebrauch der Zeitgeschichte« durch die Linksliberalen.[6] Er selber schließt sich jenen Historikern an, die »das Defizitäre eines primär moralisierenden Umgangs mit der jüngsten deutschen Geschichte« beklagen und den »Abschied vom vorherrschenden ›forcierten Geschichtsbewusstsein‹« verlangen.[7] Dabei ist ihm klar, dass man hier »vielfach revisionistische Bereitschaft zeigen [muss], um die Quellen auch gegen ideologisch durchgesetzte zeitgeschichtliche Auffassungen des Kontextes zu interpretieren«.[8] Hier eine (unvollständige) Liste solcher »ideologisch durchgesetzte[n] zeitgeschichtliche[n] Auffassungen«, die »neuerdings« durch allerdings erst »schwache Forschungstendenzen« einer »Revision« entgegengehen: (1) Im Kontext eines neu erwachenden »Interesse[s] an den außenpolitischen Determinanten deutscher Politik nach 1918« soll »ein so brisantes Thema« wie dasjenige des »jüdischen Anteil[s] an bolschewistischer Herrschaftspraxis« endlich aufgerollt werden. (2) Sodann ist jene nach den Worten Gründers »komische Anglomanie« zu überwinden, »die aus hysterischer Furcht, die westdeutsche ›Verankerung im Westen‹ könne sich lockern, auch ›Überflüssiges und Dürres‹ aus der angelsächsischen Philosophie rezipierte, ›in dem gleichen Gehorsam, mit dem man einst die Weisungen der Militärregierungen befolgte‹ und das schon Wünsche nach einer zweiten Reeducation wecke, um den Deutschen ihre eigene Tradition zu erschließen«.[9] Ferner gibt es (3) offenbar nicht jene »fast dogmatisch behauptete deutsche ›Alleinschuld‹« am zweiten Weltkrieg[10], denn z. B. »[d]en Anteil Roosevelts oder den des US-Rüstungskapitals an der Vorgeschichte des II. Weltkriegs zu erforschen, dies könnte die politische Festschreibung der [für Tilitzki offenbar nicht gegebenen] deutschen ›Alleinschuld‹ erodieren lassen.«[11]

Stattdessen stellt sich Tilitzki in die Nachfolge seines Lehrers Nolte, in dessen Werk »die globale Dimension der Auseinandersetzung zurück[gewonnen wird], in die das Deutsche Reich und seine Intellektuellen verwickelt waren. Für die Philosophiegeschichte zwischen 1918 und 1945 eröffnet er damit nicht mehr zu ignorierende Perspektiven: Wer die deutschen Positionen als politisch legitime in einem Weltbürgerkrieg akzeptiert, der verlässt den ›Germanozentrismus‹, der wissenschaftsgeschichtlich bisher den Ton angibt.«[12]

Ich kann Tilitzkis Thesen hier nicht im Detail diskutieren, sondern möchte nur festhalten, dass er dem von ihm – bei seinen Gegnern – nicht zu Unrecht kritisierten ›volkspädagogischen Gebrauch‹ einen anderen, ebenfalls normativen Gebrauch gegenüberstellt: den *apologetisch-entlastenden Gebrauch* der Zeitgeschichte. Dieser apologetisch-entlastende Gebrauch baut – ganz in der Nachfolge Noltes – auf teilweise bizarren bzw. bizarr interpretierten historischen Annahmen auf. Konkret: (1) Auch Juden sind Täter, (2) die Deutschen müssen sich in Überwindung alliierter *reeducation* wieder ihrer eigenen großen historischen Tradition besinnen, (3) die Alliierten tragen eine erhebliche Mitschuld am zweiten Weltkrieg. Diese ›revisionistische‹ Agenda bedeutet natürlich Entlastung für Deutschland – ein Kollektivsubjekt – und damit auch für jene Deutschen, die sich in besonderer Weise als individuelle Ausprägungen dieses Kollektivsubjekts begreifen und offenbar darunter gelitten haben, dass man die Juden immer nur als Opfer zu sehen gezwungen war, während sie doch in Wirklichkeit zu den Tätern der Bolschewistischen Revolution gehörten[13] und Antijudaismus – unter dem Stichwort ›Geschichte als Interaktionsfeld‹ – also auch als eine Art antibolschewistische präventive Selbstverteidigung zu sehen sei. Diese Rehabilitation eines gewissen Antijudaismus ist nach Tilitzki auf eine denkwürdige Weise an die Überwindung des reedukativen Amerikanismus geknüpft: »Damit dies geschieht [d.h. damit der Antijudaismus der Nazizeit im Kontext des Verständnisses von Geschichte als Interaktionsfeld eine ihm eigene Rationalität erhält], ist genau so auf ein baldiges Ende jener ›komischen Anglomanie‹

zu hoffen […].«[14] Und deren Überwindung würde auch den »Weg frei« machen,[15] um endlich von der ›Alleinschuld‹ am 2. Weltkrieg loszukommen.

Ob dieser entlastende Gebrauch der Zeitgeschichte der historischen Arbeit angemessener ist als der volkspädagogische, wird sich weisen müssen. Seine historische Basis scheint mir jedoch bezüglich der Kriegsschuldfrage geradezu abenteuerlich, auch wenn feststehen mag, dass der von Hitler vom Zaun gebrochene Krieg hier oder dort erfreut zur Kenntnis genommen wurde, speziell auf amerikanischer Seite. Prospektive Kriegsgewinnler gibt es immer.

Im Kontext der Entlastung ist auch die Perspektive zu sehen, unter der Tilitzki die Verstrickung deutscher Philosophen in den Nationalsozialismus betrachtet: Im Grunde vertraten sie gegen den westlichen und bolschewistischen Universalismus »das Ideal des ›eigenständigen Volkes‹ (Max Hildebert Boehm) als Integrationsinstanz zwischen Individuum und Menschheit sowie als Aktionszentrum im Pluriversum der Völker ein Maximum utopischer Energien […] und, soweit es schließlich von Nationalsozialismus aufgenommen wurde, jene auf eine ›alternative Moderne‹ (Sieferle) gerichteten ›heilsgeschichtlichen Phantasien‹ von der weltgeschichtlichen Mission der Deutschen […], die eine ›politische Religion‹ auszeichnen und die das ›Geheimnis der geistigen Ausstrahlung des Nationalsozialismus‹ bergen. Von dem fasziniert gewesen zu sein war dann kein Indiz atavistischer, nationalen ›Sonderwegen‹ geschuldeter Rückständigkeit, sondern, wenn man die Berechtigung heilsgeschichtlicher Konzepte und ihre Übertragung auf die Politik anerkennt, eher ein Zeugnis dafür, dass das Gros der deutschen Denker sich ›philosophisch auf der Höhe der Zeit‹ [Wolfgang Bialas] befunden habe.«[16]

Das ist ein erstaunliches Urteil, wenn man *erstens* bedenkt, dass Tilitzki keine normativen oder sonstigen Argumente für die ›Anerkennung‹ der Übertragung heilsgeschichtlicher Konzepte auf die Politik liefert. Ich bin vielmehr der Überzeugung, dass deren Nicht-Anerkennung und Bekämpfung damals wie heute das Gebot der Stunde wäre. *Zweitens* sprechen in *konsequenzialistischer Perspektive* gegen das heilsgeschichtlich motivierte »Ideal des ›eigenständigen Volkes‹ als Integrationsinstanz zwischen Individuum und Menschheit sowie als Aktionszentrum im Pluriversum der Völker«

die brutalen Konsequenzen, die es hervorgebracht hat. Schon die Faszination der Partikularität, die bei Tilitzki so viel Verständnis findet, scheint mir ein Irrweg zu sein. Auf diesem hat die deutsche Philosophie schon vor 1933 und insbesondere danach den vor allem durch Kant vorgegebenen aufklärerischen Universalismus gleichen menschlichen Seins, gleicher Erkenntnisform und gleicher Rechte verlassen und ist letztlich – bei aller Bildung bei einigen ihrer Vertreter – im miefigen Partikular-Sumpf des Völkischen gelandet.

Merkwürdig und für den Leser erfreulich ist, dass Tilitzkis engagiert revisionistisches *Programm* in der Durchführung des Werks selbst dann eigentlich keine bedeutende Rolle spielt. Es fällt allerdings auf, wie wenig Beachtung bei ihm die Opferperspektive findet, konkret: das Schicksal jener Philosophen, für die – als Juden zum Beispiel – im deutschen Rayon seines philosophischen Pluriversums kein Platz war und die aus den Universitäten entfernt oder ermordet wurden.[17] Im Übrigen weckt das Wort »Pluriversum«[18] die durchaus irreführende Assoziation von prinzipiell gleichberechtigten Zugängen zur philosophischen Wahrheit. So aber verstanden die Naziphilosophen das Ideal des ›eigenständigen Volkes‹ nicht: Die deutsche Sicht auf die Welt besitzt konstitutionellen Vorrang vor allen anderen. Wiefern man sich damit ›auf der Höhe der Zeit‹ befunden haben soll, vermag ich nicht zu sehen.

Mein eigener Ansatz bei der Untersuchung der Philosophie des Nationalsozialismus erfolgt vor allem aus zwei Perspektiven: Mein Interesse gilt *erstens* nicht so sehr der Naziphilosophie als solcher, sondern vielmehr der Rolle der Philosophie, insbesondere ihrer besonderen intellektuellen Anfälligkeit, in politischen Transformationsprozessen. Hier ist der Übergang vom Kaiserreich zu Weimar, von Weimar zum Nationalsozialismus und von dort in die Bundesrepublik bzw. die DDR nur ein Beispiel. Mein dahinter stehendes systematisches Interesse betrifft die Objektivität des philosophischen ebenso wie des wissenschaftlichen Denkens ganz allgemein.[19] *Zweitens* ist meine Untersuchung der Philosophie des Nationalsozialismus – ohne zu moralisieren – dem aufklärerischen Ideal des Universalismus verpflichtet. Ohne dies hier begründen zu können, möchte ich nur darauf hinweisen, dass ein solcher Ansatz die Basis der Objektivität der neuzeitlichen Wissenschaft und zugleich der

Menschenrechte bildet. Auffallend ist, dass dieser Universalismus ein geistiges Gegengift gewesen zu sein scheint, dass verhindert hat, dass Philosophen zu Naziphilosophen wurden.

2. Philosophie und Philosophen im ›Dritten Reich‹[20]

Vorweg sei gesagt: Verbrecherische Schurken finden wir unter ihnen nicht, anders als bei z. B. Juristen und Medizinern. ›Auschwitz‹ wurde nicht von Philosophen betrieben. Die Praxisferne der Philosophie hat manchmal eben auch Vorteile.

Betrachten wir die deutsche Philosophie zwischen 1933 und 1945, dann fällt sofort ins Auge, dass wir keinen einzigen philosophischen Märtyrer in ihr finden, will sagen: Niemand wurde wegen seiner philosophischen Lehrmeinungen ermordet. Der Nationalsozialismus war im Wesentlichen philosophisch indifferent. Ich kenne auch im Übrigen keinen Philosophen, den seine *philosophischen* Lehrmeinungen auch ›nur‹ ins Gefängnis oder ins Konzentrationslager gebracht hätten.[21] Das unterscheidet den Nationalsozialismus vom anderen blutigen Totalitarismus des vergangenen Jahrhunderts, dem Kommunismus. Der Kommunismus verstand und versteht sich wesentlich als eine philosophisch inspirierte Bewegung und zielt auf eine wesentlich philosophisch begründete Staatsform. Abweichende philosophische Meinungen führten wegen ihrer tatsächlichen oder vermeintlichen politischen Implikationen nicht selten zu Haft oder Lager. Die Schöpfer des Kommunismus besaßen eine mehr oder weniger große Affinität zur Philosophie. Karl Marx beispielsweise wird füglich unter die Großen der Philosophiegeschichte gerechnet. Engels und Lenin waren philosophische Köpfe, und *cum grano salis* kann dies sogar von Stalin gelten.

Nichts dergleichen bei den führenden Nationalsozialisten: Adolf Hitler – ein gescheiterter Kunstmaler, Hermann Göring – ein erfolgreicher Luftwaffenoffizier, Heinrich Himmler – ein wirrer Diplomlandwirt, Joseph Goebbels – ein gescheiterter Schriftsteller, aber immerhin mit einem germanistischen Doktortitel versehen, der ›Intellektuelle‹ des Regimes. So formulierte es sarkastisch der Dresdener Romanistik-Ordinarius Viktor Klemperer, der trotz seiner jüdischen Abstammung durch Verkettung einer Reihe glücklicher Zufälle das ›Dritte Reich‹ innerhalb desselben überlebte.[22]

Eine nationalsozialistische Philosophie im Sinne grundlegender philosophischer Vorgaben seitens der Politik hat es nicht gegeben. Das Interesse führender Nationalsozialisten an der Philosophie war gering. Gadamer bringt dies in einem Interview sehr schön auf den Punkt[23]: »das war ihnen [d.h. den Nazis] völlig wurscht, was wir machten. Studenten, das war gefährlich. Denn das sind Tausende gewesen. Aber diese paar Professoren, völlig wurscht. Diese Intellektuellen, was die da so im Koppe haben. So sind wir doch eingeschätzt gewesen! [...] die Rolle der Philosophen, da kann ich nur sagen, die wirklichen Nazis hatten doch überhaupt kein Interesse an uns.«

Dennoch war eine gewisse Kompatibilität mit Hitlers so genannter ›Weltanschauung‹ unerlässlich. Diese besteht im Wesentlichen aus drei Basisüberzeugungen und drei daraus hergeleiteten Imperativen. Das alles umschließende, vereinigende Band schließlich ist der Antisemitismus.

Die *erste* Basisüberzeugung drückt – modern gesprochen – die Reduktion von Individualität auf Ethnizität aus. Die Zugehörigkeit zu einem bestimmten Volk bzw. einer bestimmten ›Rasse‹ wird hier zur zentralen Dimension der Identität der Person.[24] Die *zweite* Basisüberzeugung besteht in der nicht weiter begründeten Annahme, die sogenannte arische sei die kulturell höchststehende und damit wertvollste Rasse und habe ihrerseits im deutschen Volk ihren historischen Kulminationspunkt gefunden. Die *dritte* Basisüberzeugung schließlich besteht im Verständnis der Weltgeschichte als eines auf Vernichtung bzw. Versklavung zielenden Kampfes der Rassen gegeneinander um Lebensraum.[25]

Die Basisüberzeugungen stellen in Hitlers Augen biologische bzw. historische Tatsachen dar. Aus ihnen leitet er – ganz im Sinn des naturalistischen Fehlschlusses vom Sein auf das Sollen oder von Tatsachen auf Normen – drei Imperative ab: *Erstens* die schon angesprochene Verpflichtung der Deutschen zur ›Reinerhaltung‹ der Rasse; *zweitens* die Pflicht zum Kampf gegen den ›Marxismus‹ bzw. die ›Sozialdemokratie‹ und *drittens* schließlich ist für ›den‹ Deutschen *Antiparlamentarismus* geboten.

Juden werden in *Mein Kampf* in jeder Hinsicht dehumanisiert[26]: Sie seien ungewaschen und stänken, sie organisierten die Produktion von Schundliteratur und Prostitution, sie seien konstitutionelle Lügner und »Drückeberger« im Weltkrieg, sie seien Feiglinge und Pazifisten, drängten aber Deutschland gleichzeitig in den Krieg gegen »natürliche« Verbündete.[27] Von Juden wird in *Mein Kampf* überwiegend in Kategorien aggressiver medizinischer Metaphorik geredet: Parasiten, Krebsgeschwür, Pestilenz, Gift usw.: »Völker, die sich als Drohnen in die übrige Menschheit einzuschleichen vermögen, um diese unter allerlei Vorwänden für sich schaffen zu lassen, können selbst ohne jeden eigenen, bestimmt begrenzten Lebensraum Staaten bilden. Dies trifft in erster Linie zu bei dem Volke, unter dessen Parasitentum besonders heute die ganze ehrliche Menschheit zu leiden hat: dem Judentum.«[28]

›Antisemitismus‹ – das Wort bedeutet für Hitler nicht bloß *Gegnerschaft*, sondern vielmehr *Vernichtung* der Juden. Die Vernichtung der Juden ergibt sich für Hitler so als eine metaphysisch begründete Pflicht: »Siegt der Jude mit Hilfe seines marxistischen Glaubensbekenntnisses über die Völker dieser Welt, dann wird seine Krone der Totenkranz der Menschheit sein, dann wird dieser Planet wieder wie einst vor Jahrmillionen menschenleer durch den Äther ziehen. [...] So glaube ich heute im Sinne des allmächtigen Schöpfers zu handeln: Indem ich mich der Juden erwehre, kämpfe ich für das Werk des Herrn.«[29]

Dieser sehr geraffte Überblick über die Weltanschauung des ›Führers‹ macht klar, dass (1) die nationalsozialistische Politik bereits über ein eigenständiges, nicht der traditionellen Philosophie entnommenes Werte- und Orientierungssystem verfügte. Ich möchte dies den »weltanschaulichen Diskurs des ›Führers‹« nennen.[30] Dass (2) somit der Universitätsphilosophie im ›Dritten Reich‹ ein ziemlich weiter, nicht ideologisch besetzter Spielraum blieb und dass (3) eine sich aus den Quellen traditioneller Philosophie speisende, eigentliche Naziphilosophie, wenn es sie denn überhaupt geben sollte, nach 1933 erst noch aufzubauen war. Verbindliche Vorgaben dafür gab es nicht, abgesehen vom Erfordernis einer gewissen Kompatibilität mit dem soeben grob skizzierten, durch den ›Führer‹ selbst vorgegebenen weltanschaulichen Diskurs.

Nirgendwo wird der philosophische Neuaufbruch des Jahres 1933 so deutlich wie in einem Satz des wohl profiliertesten Naziphilosophen, Alfred Baeumler, aus dem Jahre 1948: »Ich hielt die nähere

Bestimmung des geistigen Gehalts des Nationalsozialismus für eine Aufgabe der besten Geister der Nation.«[31]

Dieser Umstand erklärt, dass unmittelbar nach der ›Machtergreifung‹ beinahe ein Gerangel der ›besten Geister‹ darum einsetzte, wer mit welchen Ideen dazu bestimmt war, die gewissermaßen authentische und offizielle Philosophie des Regimes, den offiziellen philosophischen Diskurs zu repräsentieren.[32] Dieser Diskurs verlangte natürlich zumindest Kompatibilität, besser aber Konvergenz bzw. Komplementarität mit dem vorgegebenen weltanschaulichen Diskurs.

Für meine Zwecke – und nicht nur dafür – empfiehlt sich eine Einordnung der Denker im Reich des ›Führers‹ in drei Gruppen.[33] Ich möchte sie plakativ ›Nazis‹, ›Opportunisten‹ und ›Aufrechte‹ nennen.[34] Bei dieser Eingruppierung ist völlig klar, dass *erstens* innerhalb der einzelnen Gruppen gewissermaßen ein Gradient der Zugehörigkeitsberechtigung existiert, der von ›gerade noch‹ bis ›voll dazugehörend‹ reicht, und dass es *zweitens* fließende Übergänge zwischen den Gruppen gibt. Es mag eben im Einzelfall beispielsweise nicht eindeutig entscheidbar sein, wann Opportunismus in aktives und intentionales Engagement für den Nazismus umschlägt. An der Schnittstelle zwischen Opportunismus und aufrechter Haltung wiederum mag im Einzelfall schwer zu unterscheiden sein, ob noch widerwilliges Mitmachen oder schon echter Widerstand vorliegt. Drittens schließlich ist zu bedenken, dass es in dem zwölfjährigen Jahrtausend auch individuelle Entwicklungen, persönliche Ambivalenzen und partielle Divergenzen gab. Mancher mag am 30. Januar 1933 gejubelt haben, weil er immer schon »gegen Weimar [...], gegen Versailles, gegen den ›undeutschen Liberalismus‹«[35] gewesen war, hat aber dann doch im Laufe der Jahre eingesehen, dass der Nationalsozialismus eben doch nicht die richtige Alternative darstellte. Pointiert gesagt: Die Gleichung ›einmal Nazi, immer Nazi‹ gilt keineswegs. Oder es gab eine Art doppelte Loyalität wie vielleicht bei dem hingerichteten Kurt Huber, von dem noch zu reden sein wird.

Nun zur Charakterisierung der Gruppen. Für die Kategorie ›Naziphilosoph‹ bietet sich zunächst eine einfache Operationalisierung an: Man betrachte als Naziphilosophen alle diejenigen, die Mitglied der Nazipartei waren. Ein Blick auf die Liste der philosophischen ›Parteigenossen‹ (im Nazijargon ›Pgs‹) des ›Führers‹ zeigt jedoch, dass nicht alle dort Verzeichneten ernsthaft auch als des ›Führers‹ Denker gelten können.[36]

So sind, soweit mir bekannt, etwa die Beiträge zu einer eigentlichen Naziphilosophie von ›Parteigenossen‹ wie Heinz Heimsoeth, Gottfried Martin, Joachim Ritter oder Vinzenz Rüfner[37] recht unbedeutend, wenn überhaupt existent. Andererseits gibt es Philosophen, die ich als philosophische Nazis betrachte, die aber auf der Liste der Parteigenossen fehlen: z. B. der Husserl-Schüler Oskar Becker, der in Bonn lehrte und 1964 verstorben ist und mit dem sich der Beitrag Hogrebes in diesem Band befasst, oder Wilhelm Kamlah, den später so verdienstvollen Mitbegründer der Erlanger Schule. Das Kriterium der Parteimitgliedschaft ist also gleichzeitig zu eng und zu weit. Ich schlage deshalb zwei andere Kriterien vor, von denen eines zur Kennzeichnung eines Philosophen als Naziphilosophen hinreichen soll: (1) Politische Aktivität (nicht: bloße Mitgliedschaft) in wichtigen Naziorganisationen bzw. parteikonforme Tätigkeit in Regierungs- und Verwaltungsstellen; und (2) Publikationen oder sonstige Äußerungen, die sich als Beiträge zur Naziideologie verstehen lassen, insbesondere solche, die eine Vorrangstellung der ›arischen‹ Rasse oder ein Recht Deutschlands auf Eroberung von ›Lebensraum‹ vertreten.[38] In diesem Sinne sind z. B., um nur einige der Prominentesten zu nennen, Alfred Baeumler, Oskar Becker, Arnold Gehlen, Martin Heidegger, Ernst Krieck, Erich Rothacker und Helmut Schelsky, mindestens zeitweise, Naziphilosophen.

Als ›Aufrechte‹ möchte ich diejenigen bezeichnen, die in keiner Weise bereit waren mitzumachen, weder institutionell noch intellektuell. Diese Gruppe ist naturgemäß nicht groß. Sie reicht – ohne Anspruch auf Vollständigkeit – von dem Sozialdemokraten Ernst von Aster in Gießen, der gleich 1933 entlassen wurde[39], und Theodor Litt in Leipzig, der sich 1937, »des Kampfes müde«[40], emeritieren ließ und nach dem Krieg noch einmal für sieben Jahre reaktiviert wurde, über den sozialdemokratisch orientierten Katholiken und Pazifisten Aloys Wenzl[41] zu dem ebenfalls katholischen Hans Pfeil in Würzburg.[42] In Wien ist der logische Empirist Victor Kraft zu nennen, in Münster Heinrich Scholz, der als Theologieordinarius zur mathematischen Logik übergewechselt war[43], und in Heidelberg war Karl Jaspers ein Mann ohne Kompromisse. Zur Gruppe der Aufrechten zähle ich auch nicht-jüdische Emigranten wie den Wissenschaftsphilosophen Carl Gustav Hempel. Die zahlreichen jüdischen Emigranten rechne ich – trotz ihres oft schweren Schicksals – aus definitorischen Gründen nicht unter die ›Aufrechten‹, weil sie bei dem Versuch ›aufrecht‹ zu bleiben ihr Leben riskiert hätten.[44] Zuletzt ist hier der einzige deutsche Philosoph zu nennen, der seinen Widerstand mit dem Leben bezahlte: der schon erwähnte Kurt Huber.

Zu meiner Kategorisierung ein *Caveat*: Es handelt sich hier nur um eine deskriptive Typisierung zum Zwecke der Ordnung von Vielfalt. Freilich hat diese Typisierung – wie alleine schon die Bezeichnungen suggerieren – auch eine moralische Dimension.[45] Zur moralischen Beurteilung sind jedoch zusätzliche, über das Deskriptive hinausgehende Abwägungen erforderlich, die hier nicht geleistet werden können und sollen. Der deskriptiv gleiche Akt der opportunistischen Teilnahme an einem Dozentenlager etwa erhält unterschiedliche moralische Qualität, je nachdem er z. B. unternommen wurde von einem begüterten Privatgelehrten oder, sagen wir, von einem am Hungertuch nagenden Familienvater.[46] Selbst ein Eintritt in die Nazipartei muss nicht *eo ipso* moralisch verwerflich sein. Das im Regelfall Verwerfliche dieses Aktes muss – jedenfalls in konsequenzialistischer Perspektive – möglicherweise abgewogen werden gegen moralisch Wichtiges, das vielleicht dadurch erreicht wurde. Des Weiteren ist bei moralischer *Beurteilung* stets, und so auch hier, vor *Überheblichkeit* zu warnen: Niemand von uns weiß, wo er oder sie damals gestanden hätte. Wenn ich einen Philosophen in unserem Zusammenhang als einen ›Opportunisten‹ bezeichne, bedeutet dies kein moralisches Gericht. Die historische Erfahrung legt vielmehr nahe, dass fast alle von uns sich opportunistisch arrangiert hätten. Ich frage mich, ob auch nur ein Einziger von uns sich unter den ›Aufrechten‹ befände, wenn wir bei entsprechender Vorgeschichte dem gleichen Druck und der gleichen Versuchung ausgesetzt wären wie unsere Kollegen vor 60–80 Jahren.[47]

3. *Opportunisten und Nazis*

Die größte Gruppe bilden zweifellos die ›Opportunisten‹. Als solche bezeichne ich diejenigen Philosophen, die keine ›Nazis‹ im oben präzisierten Sinne waren, aber sich auch nicht dem Regime umfassend verweigerten wie die ›Aufrechten‹. Es waren alle diejenigen, die wegen bestimmter persönlicher Vorteile, insbesondere der Sicherung und des Ausbaus ihrer beruflichen Existenz, *gegen ihre wirklichen Überzeugungen* äußere Kompromisse unterschiedlichster Art schlossen oder deren philosophische Diskurse in nicht allzu starker Weise gegen den weltanschaulichen Diskurs des Führers konvergierten. Als Paradebeispiel für äußere Kompromisse kann hier Hans-Georg Gadamer gelten. In seinen *Philosophischen Lehrjahren* bekennt er: »Ich wollte zwar meine akademische Existenz in Deutschland retten, aber auf der anderen Seite keine politischen Konzessionen machen, die mich das Vertrauen meiner Freunde aus der äußeren oder inneren Emigration kosten konnten. Daher kam für mich ein Eintritt in eine Parteiorganisation nicht in Betracht. Schließlich fand ich einen Weg, mit dem ich am Ende Erfolg hatte. Es gab damals eine Art politischer Schulungskurse für angehende Privatdozenten, die für jede Habilitation verlangt wurden. Ich meldete mich für meine ›Rehabilitation‹ freiwillig zu einem solchen ›Lager‹, Dozentenakademie genannt, und kam im Herbst 1936[48] einige Wochen nach Weichselmünde bei Danzig.«[49] Gadamers kluge Rechnung ging bekanntlich auf.

Kommen wir nun zu einem Philosophen, der – jedenfalls zeitweise – unsere Nazi-Kriterien erfüllt. Man beachte aber, dass das völkische Paradigma (vgl. Abschn. 4), also die These, dass die ethnische Zugehörigkeit das Denken bestimmt, keineswegs eine Erfindung der Nazis war. Es prägte lange vor 1933 nicht selten das philosophische Denken, und das vermutlich nicht nur in Deutschland. Als Beispiel eines (mindestens vorübergehenden und punktuellen) Vertreters des völkischen Paradigmas finden wir z. B. Helmuth Plessner.[50] Freilich unterscheidet sich die Rolle des völkischen Paradigmas bei Plessner von seiner Rolle bei Heidegger, Rothacker oder Wilhelm Kamlah: Bei Plessner ist kein Volk und kein völkisches Paradigma vor dem anderen ausgezeichnet. Jedes Volk ist gewissermaßen ›unmittelbar zu Gott‹. Die Vertreter des völkischen Paradigmas im Rahmen der Philosophie des ›Dritten Reiches‹ sehen das anders: Die deutsche Sicht auf die Welt ist verbindlich.

Der Pfarrerssohn und Heideggerschüler Wilhelm Kamlah ist neben dem Logiker und Wissenschaftsphilosophen Lorenzen Begründer der so genannten ›Erlanger‹ auch ›Erlangen-Konstanzer

Schule‹. Er gehört so zu den wirkungsmächtigsten Philosophen der Nachkriegszeit. Zu seinen Schülern zählen Philosophen wie Peter Janich, Kuno Lorenz, Jürgen Mittelstraß und Christian Thiel. Das Programm der Erlanger Schule folgt der Maxime ›vernünftigen‹, d. h. über seine eigene Logik aufgeklärten Redens.

Doch auch bei Kamlah gibt es unvernünftige, unaufgeklärte Anfänge[51]: Es handelt sich um seine 1940 erschienene Habilitationsschrift *Christentum und Selbstbehauptung*. Es ist ein in ernstem Ton und kenntnis- und inhaltsreich geschriebenes Werk zur frühchristlichen Eschatologie und Augustinus' *De civitate Dei*. Das Buch hätte sich eigentlich eher für eine theologische als für eine philosophische Habilitation geeignet. Allerdings versteht Kamlah es als eine Art irgendwie wehmütigen Abschieds vom Christentum. Das Christentum hat in Kamlahs Sicht bei der Aufgabe versagt, eine sich ausschließlich in politisch-nationaler ›Selbstbehauptung‹ manifestierende, echte Geschichtlichkeit zu ermöglichen. Eine solche Geschichtlichkeit stellt für ihn einen unverzichtbaren Grundzug menschlicher Existenz dar. Der Grund für dieses Manko des Christentums ist die unaufhebbar ungeschichtliche, weil eschatologische Dimension des Christentums: Die Erwartung des Reiches Gottes entwertet die gegenwärtige Welt und das politische Handeln in ihr. Auf das individuelle Heil ausgerichtete ›radikale Vereinzelung‹ sowie Passivität und Leidensbereitschaft sind die charakteristischen Einstellungen des Christen zur politischen Welt.

Echte Geschichtlichkeit ist für Kamlah, in einem – auch wenn er nicht erwähnt wird – ganz offensichtlich von Carl Schmitt inspirierten[52] heideggerisierenden Tremolo einer germanischen Vormoderne, dagegen als ein ›Miteinander‹ bestimmt: »Geschichtliches Sein ist also ein miteinander sich Behaupten gegen die unheimlichen Mächte der Fremde und der Vernichtung als ein miteinander Teilhaben an dem heimisch Vertrauten, an Wohnstatt und Nährland, an Kult und Recht, Sitte und Sprache und so fort. [...] Nach dem Verhältnis von Verantwortung und Geborgenheit haben die Geschlechter und Lebensalter jeweils ihren geschichtlichen Stand. Der Frau und zumal dem Kinde gebühren Schutz und Behütung. Der Mann tritt [...] vor an die Grenze, um deren Last mit zu übernehmen. [...] Die Abwehr an der Grenze widersteht dem Feind. [...] zur Fremde gehören die Fremden, deren Sein als menschliches Sein wie unser Sein verstanden wird und die darum nicht schlechthin dem Unbekannten und Unvertrauten zugehören. Die Gefahr, die von der Fremde droht, wenn die Fremden zu Feinden werden, ist nicht allein die Vernichtung, sondern zugleich und zuvor die Unterwerfung. […] Wenn bisher von Geschichtlichkeit die Rede war, so war damit immer politische Geschichtlichkeit gemeint.«[53]

Geschichtliches Sein des Menschen (des Mannes?) erschöpft sich jedoch nicht in seinem ›Einsatz‹ an der ›Grenze‹ gegen das ›Fremde‹, denn »[d]as Sein des Einzelnen ist als wesentlich geschichtliches zugleich wesentlich *leiblich.* […] So gehört denn zu ursprünglicher Geschichtlichkeit ferner wesentlich die leibliche Gemeinsamkeit des *Blutes.* […] Das miteinander Teilhaben am gleichen Blut hat den Vorrang vor dem miteinander Teilhaben am gleichen Land [dies dürfte an die Adresse der Juden gerichtet sein, G.W.] oder Ähnlichem mehr, denn es geht hier um etwas, was wir nicht allein haben, sondern so unaufhebbar und unverlierbar haben, dass wir es zugleich in eigentümlicher Weise *sind.* Daher vollzieht sich die geschichtliche Selbstbehauptung als die Zeugung eines Geschlechts aus dem andern. […] In der Gemeinsamkeit des Blutes wird eine Weise der Gemeinsamkeit vorgefunden, die durch Gesellung nicht hergestellt werden kann und die auch da noch bleibt, wo sie verleugnet wird. Die Möglichkeit solcher Verleugnung erweist, dass sich ein ursprüngliches Wir noch nicht behauptet durch den naturhaften Bestand des Blutes als solchen, sondern erst durch das Bekenntnis des Einzelnen zu seinem Wir.«[54]

So viel zum »Ideal des ›eigenständigen Volkes‹ als Integrationsinstanz zwischen Individuum und Menschheit sowie als Aktionszentrum im Pluriversum der Völker« (Tilitzki) bei Wilhelm Kamlah. Keine Frage, dass solche politische Geschichtlichkeit im Sinne arischer Leiblichkeit und deutscher Selbstbehauptung im Kampf gegen den Feind an der Grenze keinen rechten Ort im Christentum hat. Andererseits soll Geschichtlichkeit eine unhintergehbare und unaufgebbare Dimension des Menschlichen sein. Die Konsequenz aus diesem Dilemma ist für Kamlah eindeutig: In der »Frage Christentum oder Selbstbehauptung [soll] in wissenschaftlicher Besinnung zugunsten der Selbstbehauptung entschieden werden […] mit der Absicht, den Aufbau einer neuen Lehre von einer adeligen

Selbstbehauptung in der Auseinandersetzung mit dem Christentum zu fördern.«[55]

4. Philosophisch günstige und ungünstige Zustände: Aufrechte

Wenden wir uns nun der gewiss komplexen und kontroversen Frage zu, welche *philosophischen* Umstände die Konversion von Philosophen zu Naziphilosophen begünstigt haben könnten.

Es sind, ganz im Sinne von Tilitzkis partikularisierender Pluriversumskonzeption zwei sich in Deutschland immer stärker artikulierende, philosophische Konzeptionen, die den philosophischen Diskurs bereits im Ersten Weltkrieg prägen. Nicht als ob diese Konzeptionen *per se* nationalsozialistisch gewesen wären. Sie waren lediglich mit jener politischen Dynamik besonders kompatibel, ja ihr kongenial, die 1933 Deutschland ergriff. Es handelt sich um (1) die methodologische Idee der Synthese und (2) das völkische Paradigma.

In der Tat: Man findet kaum ein philosophisches Buch der Weimarer und auch der Nazizeit, in dem nicht von Synthese, Ganzheit, Zusammenschau und dergleichen die Rede ist, wenn es um die adäquate philosophische Methode geht. Philosophie versteht sich als rettende Integration der disparaten Teile eines ursprünglichen Ganzen.

In engem Zusammenhang mit der Synthese steht das völkische Paradigma.[56] Immer mehr Philosophen der unterschiedlichsten Provenienz sind nun überzeugt, dass alles Denken von der jeweiligen ethnischen Zugehörigkeit bestimmt ist. Man kann sagen, dass es keinen Naziphilosophen gibt, der nicht mindestens das völkische Paradigma vertreten hätte.

Zum Schluss zu einer Frage, die der Frage nach den für Naziphilosophie günstigen Umständen komplementär ist: Gab es philosophische Konzeptionen, die eher verhinderten, dass aus Philosophen Naziphilosophen wurden? Ich meine – nicht wenige werden dies heftig bestreiten –, dass es solche philosophischen Konzeptionen gegeben hat. Es sind universalistische Konzepte in Erkenntnistheorie und Ethik. Hier je ein Beispiel:

(1) Man kann sagen, dass die Ausbeutbarkeit einer Philosophie im nazistischen oder in einem anderen totalitären Sinn umso leich-

ter ist, je geringer ihr Streben nach Intersubjektivität und Objektivität. Man sieht dies z. B. bei dem Erlanger Philosophen Rudolf Zocher, einem Ontologen, der gewissermaßen ein Gegenprogramm zum völkischen Paradigma anbot.[57] In seiner *Philosophischen Grundlehre* von 1939 schreibt Zocher: »Die eigentümliche Objektivität des Forschers sowohl in psychologischer Hinsicht als ›intellektuelle‹ Isolierung gegenüber ›emotionalen‹ Einflüssen wie auch in soziologischer Beziehung als Freihaltung der rein forschenden Einstellung von praktischen Gesichtspunkten aller Art, die das Gemeinschaftsleben in Staat und Gesellschaft nahelegt, um hier nur zwei leicht faßbare Momente herauszugreifen [...] soll auch für die Philosophie bestehen.«[58]

Der von Zocher als einem einsamen Forscher angemahnte Geist der Objektivität hat keine philosophische Richtung so geprägt wie den logischen Empirismus. Hier tritt zusätzlich noch eine besondere Sensibilität für Fragen gelungener wissenschaftlicher Erklärung und empirischer Testbarkeit hinzu, der beispielsweise die gesamte Rassentheorie der Nazis nicht genügen konnte. So mag es dann auch nicht erstaunen, dass man unter den logischen Empiristen keinen einzigen Nazi oder Stalinisten findet.

(2) Als Beispiel für sogar universalistisch motivierten *Widerstand* sei Kurt Huber angeführt. Das Parteimitglied Huber stand der Naziideologie längst nicht in allen Punkten feindlich gegenüber. In seinem Schlusswort vor dem Volksgerichtshof sagte er unter anderem: »Was ich bezweckte [...] [war] Rückkehr zu klaren, sittlichen Grundsätzen, zum Rechtsstaat, zu gegenseitigem Vertrauen von Mensch zu Mensch, das ist nicht illegal, sondern umgekehrt die Wiederherstellung der Legalität. Ich habe mich im Sinne von Kants kategorischem Imperativ gefragt, was geschähe, wenn diese subjektive Maxime meines Handelns ein allgemeines Gesetz würde. Darauf kann es nur eine Antwort geben: Dann würden Ordnung, Sicherheit, Vertrauen in unser Staatswesen, in unser politisches Leben zurückkehren.«[59]

Kurt Huber war kein großer Philosoph. Aber er hat am meisten philosophisch Recht behalten – und hat am teuersten dafür bezahlt.

1 G. Wolters, Der Führer und seine Denker: zur Philosophie des ›Dritten Reichs‹. In: *Deutsche Zeitschrift für Philosophie* 47 (1999), S. 27–64 (rev. und erw.: Philosophie im Nationalsozialismus: der Fall Oskar Becker. In: J. Mittelstraß/A. Gethmann-Siefert (Hg.), *Die Philosophie und die Wissenschaften. Zum Werk Oskar Beckers*, München 2002, S. 27–64).

2 G. Wolters, *Vertuschung, Anklage, Rechtfertigung. Impromptus zum Rückblick der deutschen Philosophie aufs ›Dritte Reich‹*, Bonn 2004.

3 J. Fest, *Ich Nicht. Erinnerungen an eine Kindheit und Jugend*, Reinbek [3]2006, S. 342 f.

4 J. Busche, Hat Habermas die Wahrheit verschluckt? In: *Cicero. Magazin für politische Kultur*, Nov. 2006, S. 72–77, S. 75.

5 So wie etwa mein verehrter, kürzlich verstorbener Konstanzer Kollege, der Mediävist Arno Borst, in seiner Katharer-Dissertation von 1953 (*Die Katharer*, Stuttgart 1953, S. 52): »Das Interesse der Forschung wendet sich mehr und mehr, von der allgemeinen Betrachtung über die Jahrhunderte hinweg, der Untersuchung im einzelnen zu, um Wesen und Geschichte der Katharer aus ihrer eigenen Art und ihrer eigenen Zeit zu erklären.« Das ist Historisierung pur. Der Forscher hat bezüglich seines Gegenstands keine eigene Agenda. Weder betreffen ihn persönlich die Ereignisse, etwa in dem Sinne, dass der Onkel als Inquisitor gewirkt hätte, noch dass die Mutter auf dem Scheiterhaufen geendet wäre, noch möchte er seine Forschungsergebnisse zu tagespolitischen Zwecken nutzbar machen.

6 Ch. Tilitzki, *Die deutsche Universitätsphilosophie in der Weimarer Republik und im Dritten Reich*, Berlin 2002, S. 20, 17, 19.

7 Ebd., S. 22.

8 Ebd., S. 22 f.

9 Ebd., 23. Die Zitate in ›‹ stammen von Gründer.

10 Ebd., S. 27.

11 Ebd., S. 24, Anm. 33. Schon in Anm. 14 (S. 19 f.) heißt es in offensichtlich tadelndem Ton: »in einem Geleitwort zu Zapata 1995 geht – umstandslos Fritz Fischer folgend – [Wolfgang F.] Haug davon aus, dass es 1939 um einen zweiten deutschen ›Anlauf‹ zur Eroberung der ›Weltherrschaft‹ gegangen sei; die zeithistorisch unbedarfte Zapata selbst spricht permanent von ›Eroberungskrieg‹«. Ausführlich, aber nicht eben überzeugend, zum Thema dann S. 1094 f.

12 Ebd., S. 28.

13 Fairerweise muss gesagt werden, dass Tilitzki – im Blick auf den großen Umfang, in dem »Juden in der Sowjetunion auch Opfer des bolschewistischen Terrors waren« – die »wohlfeile« Unterstellung zurückweist, »mit der [von ihm geforderten] Erforschung ihrer Täterrolle würden die gewaltsamen Re-

aktionen [!] legitimiert«, die man gegen sie ergriffen habe. (Ebd., S. 23) Bei den – reichlich euphemistisch ausgedrückt – ›gewaltsamen Reaktionen‹ steht Tilitzki – so scheint es – die Vernichtung der europäischen Juden vor Augen. Diese wiederum beschreibt er als »Reaktion« auf die Täterrolle »der Juden« in der bolschewistischen Revolution. Wenn diese Reaktion durch die gleichzeitige Opferrolle der Juden im bolschewistischen Terror auch nicht ›legitimiert‹ ist, so ist doch zu fragen, welchen historischen Erkenntnisgewinn der ›revisonistische‹ Blick auf die jüdische Täterrolle im Bolschewismus bringen soll. Offenbar soll er dazu dienen, die nationalsozialistische deutsche Täter- oder besser Mörderschaft aus deren Perspektive als ›Reaktion‹ zu begreifen und sie damit erst richtig zu verstehen. Wenn sich ein solches Bewusstsein bei den Mördern nachweisen ließe, wäre dessen historische Aufarbeitung gewiss von großer Wichtigkeit. Sie müsste jedoch bei einer Geschichtsschreibung, die diesen Namen verdiente, (a) auf ihre in meinen Augen mehr als zweifelhafte faktische Angemessenheit überprüft werden und (b) von einer systematischen Analyse des Arguments des Präventivmords begleitet werden. Eine solche Analyse müsste auf die logische und moralische Unhaltbarkeit jeder kollektiven Verfolgung aufmerksam machen. Geschichte und die Wissenschaft von ihr stellen – auch wenn Letztere nicht moralisieren sollte – keinen moralfreien Raum dar.

14 Ebd., S. 23.

15 Ebd.

16 Ebd., S. 1168. Ähnlich wird ebd., S. 29 der Nationalsozialismus als »Verteidiger der Partikularität […], des Pluriversums der Völker und Kulturen, das gegen amerikanische und sowjetische Entwürfe der ›Weltzivilisation‹ stand«, eingeschätzt.

17 Als emblematisch dafür kann die lakonische Nennung des Sterbeorts im kurzen Lebenslauf von Otto Selz (ebd., S. 350, Anm. 614) gelten: »Otto Selz, geb. 1881 München – gest. 1943 Auschwitz […]«. Ähnliches für Benrubi (ebd., S. 434, Anm. 392).

18 Über neukantianisch-wertphilosophische Wurzeln der Pluriversumskonzeption vgl. ebd., S. 480 ff.

19 Hier ist daran zu erinnern, dass es neben manchen anderen auch nationalsozialistische Varianten sogar der Physik (›Deutsche Physik‹) und Mathematik (›Deutsche Mathematik‹) gegeben hat.

20 Die folgende Darstellung schließt sich im Wesentlichen an Wolters 1999/2002 an.

21 Eine Ausnahme waren natürlich Marxisten, da deren *philosophische* Positionen Teil der bedeutendsten *politischen* Gegenprojekte zum Nationalsozialismus bildeten, nämlich des Sozialismus oder des Kommunismus. Diese Klarstellung geht auf V. Böhnigk, *Kant und der Nationalsozialismus*, Bonn 2000, S. 52 f. zurück.

22 V. Klemperer, *Ich will Zeugnis ablegen bis zum Letzten. Tagebücher 1939–*

1945, 2 Bde., Berlin [9]1997, Bd. I, S. 157. Unter dem 14. Oktober 1934 notiert er in seinem Tagebuch: »Der Propagandaminister zeichnet immer ›*Dr.* Goebbels‹. Er ist der Gebildete in der Regierung, d. h. der Viertelgebildete unter Analphabeten. Merkwürdig verbreitet ist die Meinung von seiner geistigen Potenz; man nennt ihn oft den ›Kopf‹ der Regierung. Welche Bescheidenheit der Ansprüche.« Klemperers Tagebücher sind im Übrigen eine einmalige und unersetzliche Quelle für ein über abstrakte Begriffe hinausgehendes Verständnis der nationalsozialistischen Judenverfolgung innerhalb Deutschlands. In ausführlichen und minutiösen Einträgen schildert der mit einer ›Arierin‹ verheiratete, vollkommen assimilierte, protestantische Jude Klemperer die zahlreichen einzelnen Stufen der Entrechtung der Juden bis hin zum Verlust des Rechts auf Leben.

23 H.-G. Gadamer, ›... die wirklichen Nazis hatten doch überhaupt kein Interesse an uns‹. Hans-Georg Gadamer im Gespräch mit Dörte von Westenhagen. In: *Das Argument* Nr. 182 (1990), S. 543–555, Zitat S. 551.

24 Interessant ist hier Hitlers Ausbeutung des Objektivitätsprestiges der Wissenschaft. Seine Ausführungen über ›Rasse‹ und ›Art‹ – offenbar macht er keinen Unterschied zwischen diesen beiden Begriffen – werden im Ton der Mitteilung gesicherter wissenschaftlicher Resultate vorgetragen. Dass hier ein wesentlicher Unterschied besteht – Rassen lassen sich problemlos kreuzen, Arten hingegen nicht –, scheint Hitler nicht zu bemerken. Darauf verweist auch schon E. Jäckel, *Hitlers Weltanschauung. Entwurf einer Herrschaft*, Stuttgart [3]1986, S. 99 f.

25 »Was wir heute an menschlicher Kultur, an Ergebnissen von Kunst, Wissenschaft und Technik vor uns sehen, ist nahezu ausschließlich schöpferisches Produkt des Ariers. Gerade diese Tatsache aber läßt den nicht unbegründeten Rückschluß zu, daß er allein der Begründer höheren Menschentums überhaupt war, mithin den Urtyp dessen darstellt, was wir unter dem Worte ›Mensch‹ verstehen. Er ist der Prometheus der Menschheit, aus dessen lichter Stirne der göttliche Funke des Genies zu allen Zeiten hervorsprang [...] Man schalte ihn aus – und tiefe Dunkelheit wird vielleicht schon nach wenigen Jahrtausenden sich abermals auf die Erde senken, die menschliche Kultur würde vergehen und die Welt veröden«. (A. Hitler, *Mein Kampf*, München 1934, 116.–118. Aufl., S. 317 f.). Oder kürzer: »Würde man die Menschheit in drei Arten einteilen: in Kulturbegründer, Kulturträger und Kulturzerstörer, dann käme als Vertreter der ersten wohl nur der Arier in Frage«. (Ebd., S. 318).

Den welthistorischen Vorrang der deutschen Kulturträger hat J.G. Fichte mehr als ein Jahrhundert früher als der ›Führer‹ in seinen *Reden an die deutsche Nation* schon ganz ähnlich gesehen: »Ist in dem, was in diesen Reden dargelegt worden, Wahrheit, so seyd unter allen neuen Völkern ihr es, in denen der Keim der menschlichen Vervollkommnung am entschiedensten liegt, und denen der Vorschritt in der Entwickelung derselben aufgetragen ist. Gehet ihr in dieser Eurer Wesenheit zu Grunde, so geht mit euch zugleich alle

Hoffnung des gesammten Menschengeschlechtes auf Rettung aus der Tiefe seiner Uebel zu Grunde. [...] Auch uns ist die gesammte Oberfläche der Erde recht wohl bekannt, und alle Völker, die auf derselben leben. Kennen wir denn nun ein solches, dem Stammvolke der neuen Welt [d.h. den Deutschen] ähnliches Volk, von welchem sich die gleichen Erwartungen fassen liessen? Ich denke, jeder, der nur nicht bloss schwärmerich meint und hofft, sondern gründlich untersuchend denkt, werde diese Frage mit Nein beantworten müssen«. (J. G. Fichte, *Reden an die deutsche Nation* [1808], in. I. H. Fichte (Hg.), *Werke*, Bd. VII, Berlin 1971, S. 499).

26 Dies geschieht auf fast jeder Seite von *Mein Kampf*. Eine illustrative Konzentration findet man z. B. ebd., S. 65 ff.

27 Z. B. gegen Russland, ebd., S. 162.

28 Ebd., S. 165.

29 Ebd., S. 69 f. (Hervorhebung im Original), S. 234 heißt es ähnlich (ganzer Text im Original hervorgehoben): »Für was wir zu kämpfen haben, ist die Sicherung des Bestehens und der Vermehrung unserer Rasse und unseres Volkes, die Ernährung seiner Kinder und Reinhaltung des Blutes, die Freiheit und Unabhängigkeit des Vaterlandes, auf dass unser Volk zur Erfüllung der auch ihm vom Schöpfer des Universums zugewiesenen Mission heranzureifen vermag«.

30 Die Diskursterminologie wird gewinnbringend auch von H. D. Sluga, *Heidegger's Crisis: Philosophy and Politics in Nazi Germany*, Cambride Mass. 1993, verwendet.

31 M. Baeumler/ H. Brunträger/ H. Kurzke (Hg.), *Thomas Mann und Alfred Baemler. Eine Dokumentation*, Würzburg 1989, S.194. Tilitzki 2000, S. 545–583 und S. 935–1006 widmet Baeumler als einzigem Philosophen eigene Kapitel seines Werks.

32 Freilich hatten manche von denen, die zu des ›Führers‹ Denkern zu avancieren beabsichtigten, nicht bedacht, dass der ›Führer‹ ein ausgesprochener Intellektuellen- und Professorenverächter war. In *Mein Kampf* ist stets nur von »sogenannten Intellektuellen« die Rede, und oft betont Hitler, wie er es mit seiner analytischen Intuition besser gewusst habe als alle Professoren zusammengenommen. Diesen Antiintellektualismus hat der Nationalsozialismus über weite Strecken beibehalten.

33 Ähnlich z. B. H. Heiber, *Universität unterm Hakenkreuz. Teil I: Der Professor im Dritten Reich. Bilder aus der akademischen Provinz*, München 1991, S. 155 f.

34 Tilitzki 2002, S. 1165, Anm. 6 nennt diesen Vorschlag »grob und letztlich unpraktikabel«. Das mag in seinem eigenen Interpretationsraster tatsächlich so sein. In meiner auf die Rolle der Philosophie in politischen Transformationsprozessen konzentrierten, universalistischen Perspektive liefert er jedoch eine zwar immer noch grobe, aber doch sehr praktikable Einteilung.

35 Heiber 1991, S. 156.

36 Ich beziehe mich auf die Liste bei G. Leaman, *Heidegger im Kontext. Gesamtüberblick zum NS-Engagement der Universitätsphilosophen*, Hamburg 1993, S. 104 f.

37 Zu Rüfner vgl. C. Schorcht, *Philosophie an bayerischen Universitäten 1933–1945*, Erlangen 1990, S. 284–290 und S. 333–343.

38 Gegen diese beiden Kriterien wendet Tilitzki 2002, S. 1165, Anm. 6 ein, dass »die vorherrschenden Ambivalenzen im persönlichen und publizistischen Engagement deutscher Philosophen [...] so gewiss nicht erfasst« würden. Dem ist zuzustimmen. Freilich scheint mir eine solche grobe Einteilung um den Preis der Nichterfassung auch von mir bemerkter ›vorherrschender Ambivalenzen‹ durchaus vertretbar und sogar geboten.

39 Zu v. Aster vgl. H.M. Baumgartner, Unbeirrbarkeit und Würde der Philosophie. Zum Gedächtnis des 100. Geburtstags von Ernst von Aster. In: *Zeitschrift für philosophische Forschung* 35 (1981), S. 259–263.

40 Heiber 1991, S. 148.

41 Zu Wenzl vgl. Schorcht 1990, S. 207–215 und S. 363–371.

42 Zu Pfeil vgl. Schorcht 1990, S. 280–284 und S. 360–363.

43 Zu Scholz vgl. V. Peckhaus, Moral Integrity in a Difficult Period: Beth and Scholz. In: *Philosophia Scientiae* 3 (1998/99), S. 151–173.

44 An dieser Stelle stand in früheren Fassungen: »weil sie nur um den Preis ihres Lebens Gelegenheit gehabt hätten, sich als ›aufrecht‹ zu erweisen: wären sie geblieben, dann wären sie umstandslos ermordet worden«. Hiergegen wendet Tilitzki 2002, 1065, Anm. 6 zu Recht ein, dass »die nach den Nürnberger Gesetzen als Juden geltenden Philosophen Dessoir, Kafka, Jacoby, Pichler und Hoffmann im Reich, Utitz und Plessner im ›Protektorat‹ bzw. in den besetzten Niederlanden bis 1945 überlebten, andere wie Hoffmann, Hönigswald, Misch, Cohn und Kroner erst zwischen 1939 und 1941 das Land verließen, während ›jüdisch Versippte‹ wie Jaspers, Goedeckemeyer, Oesterreich oder Landgrebe ebenfalls mit ihren Ehepartnern ausharrten und überlebten«.

45 Mündliche Bemerkungen von Friedrich Fulda (Heidelberg) haben zu einer Klärung dieses Punktes beigetragen.

46 Im Extremfall mag sogar Opportunismus moralisch geboten sein. Dies wäre dann der Fall, wenn z. B. durch opportunistisches Verhalten Menschenleben gerettet würden. Freilich sehe ich unter deutschen Philosophen niemanden, der solches oder Ähnliches für sich beanspruchen könnte.

47 Dabei brauchen wir für eine Antwort nicht einmal von der verblichenen DDR zu reden. Es reicht, die beiden einzigen nennenswerten politischen Herausforderungen meiner Generation zu betrachten. Zwei Dinge kommen hier in den Blick. Ich meine auf der einen Seite die Berufsverbote und alles, was mit ihnen an Bespitzelung und dergleichen zusammenhängt und zusammenhing – wenn ich richtig im Bilde bin, ist mir als Beamten des Landes Baden-Württemberg im übrigen sogar per Erlass nach wie vor der öffentliche Gebrauch des Wortes ›Berufsverbot‹ zur Bezeichnung des sogenannten Radikalenerlasses

untersagt. Auf der anderen Seite erinnern die Formen des studentischen Protests jener Zeit gegen ›reaktionäre‹ Professoren wie auch die zuweilen fehlende Verteidigung der Lehrfreiheit durch Kollegen und Universitäten bedenklich an den Terror der Nazistudenten in der Spätzeit der Weimarer Republik gegen ›Demokraten‹, ›Liberale‹ und Juden sowie an das ›Verständnis‹ bzw. die offene Unterstützung, mit denen ihnen Professoren und Universitätsleitungen entgegenkamen.

48 Leaman 1993, S. 40, spricht von »Herbst 1935«.

49 H.-G. Gadamer, *Philosophische Lehrjahre. Eine Rückschau*, Frankfurt/M. 1977, S. 56.

50 H. Plessner, Macht und menschliche Natur. Ein Versuch zur Anthropologie der geschichtlichen Weltsicht [1931]. In: *Zwischen Philosophie und Gesellschaft. Ausgewählte Abhandlungen und Vorträge*, Bern 1953.

51 Ich folge Wolters 2004, S. 40 ff. Tilitzki 2002, S. 872, nennt Kamlahs Karriere »geradezu ›systemwidrig‹«. Das ist sicher nicht falsch, da Kamlah wegen einer jüdischen Großmutter seiner Frau als ›jüdisch versippt‹ galt.

52 Die Nichterwähnung von Schmitt ist um so erstaunlicher, als das Fremder/Feind-Konstrukt einen wesentlichen Bestandteil von Schmitts *Der Begriff des Politischen* ausmacht. Dort heißt es beispielsweise: »Den extremen Konfliktsfall können daher nur die Beteiligten selbst unter sich ausmachen; namentlich kann jeder von ihnen nur selbst entscheiden, ob das Anderssein des Fremden im konkret vorliegenden Konfliktsfalle die Negation der eigenen Art Existenz bedeutet und deshalb abgewehrt oder bekämpft wird, um die eigene, seinsmässige Art von Leben bewahren.« (C. Schmitt, *Der Begriff des Politischen. Text von 1932 mit einem Vorwort und 3 Corollarien*, Berlin 1987, S. 27).

53 W. Kamlah, *Christentum und Selbstbehauptung. Historische und philosophische Untersuchungen zur Entstehung des Christentums und zu Augustins ›Bürgerschaft Gottes‹*, Frankfurt/M. 1940, S. 9 f.

54 Ebd., S. 14 f. Auf merkwürdige Weise erinnern die letzten Sätze an die katholische Lehre vom *character indelibile*, den manche Sakramente, wie z. B. die Taufe, in der Seele des Getauften zurücklassen: Die Taufe macht einen zum Christen, wie das ›Blut‹ einem zum Arier macht. Die Verwirklichung echten Christen- wie Ariertums erfolgt jedoch erst im Bekenntnis‹: hier im Bekenntnis zum arischen ›Wir‹, dort im Bekenntnis zu Christus und seiner Kirche. Dass Kamlah von ›Blut‹ statt von dem an sich üblichen ›Rasse‹ spricht, mag mit seiner ›jüdischen Versippung‹ zu tun haben.

55 Ebd., S. 5. Interessant sind übrigens die Änderungen in der zweiten, nach dem Krieg erschienenen Auflage des Werkes (vgl. dazu Wolters 2004).

56 Ich denke mir, dass es die Köpfe so beherrschte wie vor einem Vierteljahrhundert das Paradigma des ›Klassenstandpunkts‹ weite Teile der bundesrepublikanischen Studentenschaft.

57 Zu Zocher vgl. Schorcht 1990, S. 101–105 und S. 354–359. Das Zitat dort S. 355.

58 Zitat nach Schorcht 1990, S. 356.

59 Zitat aus L. Poliakov/ J. Wulf (Hg.), *Das Dritte Reich und seine Denker. Dokumente*, Berlin 1959, S. 123.

– Hans Friedrich Fulda –

Krise und Untergang des südwestdeutschen Neukantianismus

Vorbemerkung

Das Vorliegende ist die zweite Fortsetzung eines Aufsatzes über Rickert anno 1933.[1] Der Aufsatz hat Zustimmung gefunden und produktive Rezeption erfahren.[2] Es ist daran auch Kritik geübt worden,[3] zu welcher ich in einer ersten Fortsetzung Stellung genommen habe,[4] hier aber weder Neues sagen noch einen zweiten Aufguss präsentieren will. Meine seinerzeitigen Ausführungen zu Rickert hingegen muss ich eingangs noch einmal kurz zusammenfassen (1.), um verständlich zu machen, warum und wie ich in produktiver Verarbeitung der Kritik mein Thema ausdehnen möchte (2.): Nicht mehr nur Heinrich Rickert, sondern die gesamte südwestdeutsche Schule des Neukantianismus soll in Betracht gezogen werden; und nicht nur ihre kurze Existenz unter dem Nationalsozialismus ist auf Krisenerscheinungen hin zu beleuchten, sondern auch die viel längere Vorgeschichte dazu. Nur so lässt sich an dieser Philosophie begreifen, wie ein Teil ihrer Anhänger mehr oder weniger tief hinabgeglitten ist in den Abgrund des Nationalsozialismus, ohne davor von Kantischer Philosophie bewahrt zu werden, auf die man sich doch berief – und wie Rickert sich verblüffenderweise dem Nationalsozialismus angenähert hat, während andere, die seine Gesinnungsgenossen und Freunde waren, sich von ihrem Schulhaupt, z. T. aber auch von Grundüberzeugungen der Neukantianer, schroff abgekehrt haben.

Die akademisch-philosophische ›Schule‹, die mich hier interessiert, hat ihr Ende zur gleichen Zeit wie der in Deutschland herrschende Nationalsozialismus gefunden. Es sollte daher zumindest erwogen werden, ob diese Koinzidenz mehr als bloß ein Zufall war. Um zu verstehen, was der Koinzidenz in der philosophischen Gedankenentwicklung vorherging und für sie bedeutungsvoll wurde, ist daher am Ende das Schicksal in den Blick zu nehmen, das der Kantischen Rechts-, Staats- und Politikphilosophie bei den Neukantianern und unter ihnen speziell den Südwestdeutschen widerfuhr (3.). Haben diese sich ihr Schicksal vielleicht zu einem erheblichen Teil selbst bereitet? Vor allem die verhängnisvollen Folgen eines durch eigene Gedankenarbeit heraufbeschworenen Übels müssen, wenn sie bestehen und es ums Thema ›Philosophie im Nationalsozialismus‹ geht, an den Neukantianern zu denken geben.

Während der 1930er Jahre gab es in Deutschland zahlreiche akademische Lehrer der Philosophie, die vom Nationalsozialismus nicht zu Opfern gemacht worden sind und ihm auch keinen Widerstand leisteten. Einige haben zur Herrschaft der Nazis, zur Beschönigung von deren Ideologie oder zur Willfährigkeit der Deutschen gegen beide durch äußeres Handeln beigetragen. Aber wenn sich *Philosophie* mit dieser traurigen Tatsache beschäftigt, sollte vorrangig die Frage interessieren, was in der Vorgeschichte des Unheils Fatales mit dem philosophischen Denken geschehen ist und ob Spuren der Fatalität nicht selbst noch in unserem gegenwärtigen Philosophieren wirksam sind. Wenn es um Philosophie – und sei's auch eine im Nationalsozialismus – zu tun ist, so interessiert nicht in erster Linie die Geschichte einer Partei, Parteidiktatur und Partei-Ideologie, nicht Alltags-, Sozial-, Mentalitäts- oder Universitätsinstitutionen- und Karrieren-Geschichte, sondern trivialerweise vor allem Philosophie.

1.

Im Aufsatz über Rickert anno 1933 sollte am *einzelnen, möglichst konkret genommenen Fall* eines nicht sehr schockierenden, aber meinem philosophischen Interesse nahestehenden, kompromittierenden Verhaltens nachgewiesen werden, welchen verhängnisvollen Zusammenhang 1933 Defizite und Fehlentwicklungen in einem Denken, das immerhin Kants kritisches Werk fortzusetzen behauptete, mit zeitweiser Zustimmung zu Hitlers Herrschaft hatten und wie (schon damals erkennbare) philosophische Irrtümer beim 70-jährigen, führenden Kopf dieses Denkens Nachgiebigkeit gegenüber der verbrecherischen Ideologie der Nazis förderten und deklariertermaßen – als nicht zuletzt aus philosophischen Gründen gefordert – beitrugen zur Anpassung an die historische Situation, die mit der Dominanz der nazistischen »national-politischen Kulturziele« gegeben war.[5]

Für den beabsichtigten Nachweis des mich interessierenden Zusammenhanges stützte ich mich, was die *politische Option* Rickerts betrifft, auf ein vertrauenswürdiges, privates Zeugnis Hermann Glockners, das durch eigene, berufliche Äußerungen Rickerts bestätigt wird. Es besagt, dass Rickert, der durch die ganzen Jahre der Weimarer Republik hindurch ein standhafter, politisch interessierter Demokrat war und die Nazis bis 1933 völlig ablehnte, sich in diesem Jahr durch die Erfolge Hitlers ›umstimmen‹ ließ. Das Umgestimmt-werden hatte einen für Rickert wichtigen *philosophischen Hintergrund.* Als Beleg dafür diente mir zum einen ein Hinweis in derselben Notiz Glockners: Rickert habe sich damals suggeriert, im Grunde sei Fichte der erste Nationalsozialist gewesen, da er sowohl deutscher Nationalist war als auch Sozialist gewesen sei. Fichte nämlich war für Rickert schon längst der wichtigste Gewährsmann in Sachen Sozialphilosophie und Philosophie der Nation sowie Politik. Dass zwischen Rickerts philosophischen Überzeugungen und der von Glockner festgehaltenen politischen Umstimmung Rickerts zu Beginn der Naziherrschaft ein Motivationszusammenhang bestand, beweist auch die Rickert'sche Vorlesung über Fichte aus dem Wintersemester 1933/34. Ihr Wortlaut lässt keinen Zweifel daran, dass die ›nationale Erhebung‹ von 1933 bei Rickert Sympathie, ja Zustimmung findet und dass sie der Anlass für ihn ist, ohne zur Lehre verpflichtet zu sein nun eine Vorlesung über Fichte zu halten. Im Gegensatz zu seinen sonstigen Lehrgepflogenheiten widmet Rickert sich dem Stoff seiner Vorlesung gleich eingangs nicht desengagiert-theoretisch, sondern mit eigenem praktischem Interesse. Einer Veröffentlichung aus dem Jahr 1934 kann man entnehmen, dass er sich hierzu in seiner – überwissenschaftlich-philosophischen und praktischen – Überzeugung durch die ›Forderung des Tages‹ verpflichtet glaubt. Außerdem aber legt er seinen Studenten gegenüber großen Wert auf die Feststellung, über Fichtes nationalen Sozialismus aus Überzeugungen heraus zu sprechen, die sein ganzes Leben durchziehen, nicht aber aus Opportunismus. Er bringt damit zum Ausdruck, dass er sich, was das Grundsätzliche an der Verbindung von Nationalismus und Sozialismus angeht, schon lange vor vielen neubekehrten Nazis unter seinen Hörern in der Nähe zum Nationalsozialismus befindet, also von ihnen sich über das gegenwärtige Geschehen und seine Bedeutung nicht belehren lassen muss.

Der Zusammenhang zwischen philosophischen Gedanken und einer Zustimmung zu Hitlers Herrschaft, den die Zeugnisse unverkennbar machen, ist freilich noch interpretations- und präzisierungsbedürftig. Aber schon so unterbestimmt wie bis jetzt registriert schließt er einen Rekurs auf die üblichen Muster zur Erklärung von Gefügigkeit gegenüber der Nazi-Diktatur aus: Bei Rickert handelt es sich anno 1933 weder um plötzliche politische Erregtheit eines bisher Unpolitischen, der weiterhin ahnungslos bleibt, noch um die Blindheit eines im politischen Frühjahrstaumel ›Märzgefallenen‹, noch um einen Fall von Tarnung zum Schutz persönlicher Interessen, noch um einen typischen Abschied von Weimar ›auf dem Mittelweg nach rechts‹ – also nicht um jenen Antiparlamentarismus, welchen gegen Anfang der 1930er Jahre viele ursprünglich liberale Demokraten sowie Vernunftrepublikaner in sich aufkommen ließen. Die Zustimmung zu Hitler erfolgt bei Rickert anno 1933 ja in Besinnung auf eine philosophisch fundierte, weltanschauliche Grundüberzeugung, die längst besteht. Das verbietet auch, wenn man Rickert als Philosophen und akademischen Lehrer einigermaßen ernst nimmt, die Zuschreibung bloß persönlicher oder gar eigensüchtiger Motive. Ebenso wenig erlaubt es die Unterstellung eines übermäßigen Bedürfnisses, im ›Kampf ums Dabeisein‹ ja nicht zu kurz zu kommen. Darum zurück in den Kontext philosophischer Lehre!

Rickert bekennt sich in seiner Fichte-Vorlesung ausdrücklich zur Maxime, als Hochschullehrer nicht vom Katheder herab zu politischem Tagesgeschehen Stellung nehmen zu wollen, womit Max Webers Wertfreiheitsforderung selbst in der Philosophie möglichst weitgehend Rechnung getragen werden soll. Wenn er nun trotzdem Fichte vor seinen Hörern mit der von den Nazis inszenierten, aber von großen Teilen der Öffentlichkeit begeistert aufgenommenen ›nationalen Erhebung‹ zusammenbringt und sich zu ihr bekennt, kann er sich dazu nur berechtigt fühlen, weil diese Erhebung in seinen Augen nicht bloß Tagesgeschehen ist, sondern einen epochalen Einschnitt markiert oder ihrem Sinne nach jedenfalls markieren sollte. Der Einschnitt muss in seinen Augen sogar so gewaltig und so unumgänglich sein, dass er alles Verwerfliche, was die Regierung bereits in ihren ersten 100 Tagen unternimmt, ihm, dem Philosophen und akademischen Lehrer, als bloßes Tagesgeschehen nebensächlich macht. Wie also versteht sich aus der gedanklichen Perspektive Rickerts, dass zwischen dessen Philosophie und der 1933 plötzlich bekundeten Affinität zur politischen Option der Nazis ein Zusammenhang besteht, der auf die Forderung hinausläuft, sich an nationalpolitische Kulturziele der Nazis anzupassen und für sie zu wirken – im Mahlstrom des von der neuen Regierung entfesselten Unheils? Wie lässt sich dies von uns begreifen, ohne dass damit ein falsches Bedürfnis verspäteter moralischer Empörung bedient oder aber ›Entsorgung‹ der Vergangenheit betrieben wird? Wie lässt sich daraus Einsicht in philosophische Irrtümer gewinnen?

Mein Versuch, diese Fragen zu beantworten, machte vor allem auf leicht verderbliche Substanzen in Rickerts Wert- und Weltanschauungslehre aufmerksam. Beide Lehren sollten eine Sache theoretisch-wissenschaftlicher Erkenntnis sein; sie sollten aber auch die Irrationalität miteinander im Streit liegender Weltanschauungen dämpfen, indem sie am Ende in eine ›überwissenschaftlich‹-philosophische, jedoch mit wissenschaftlicher Erkenntnis verträgliche, von ihr nahegelegte ›metaphysische‹ Weltanschauung hinüberführten. Ergänzend hierzu legte sich Rickert diese eigene philosophische Weltanschauung mithilfe seiner Interpretation des Goethe'schen ›Faust‹ zurecht, die in eine nationalistisch-aktionistische Deutung von Fausts Ende auslief.[6] Von Schaudern angesichts der präfaschistischen Verblendung des alten Faust, der angesichts der Hindernisse gegen seine Volksbeglückungspläne es leid wird, gerecht sein zu sollen, und die verbrecherische Ermordung von Philemon und Baucis duldet, ja nahelegt, während sich seine totalitäre Herrschaft über die Lemuren bereits in *vanitas* auflöst (wie zehn Jahre nach 1933 die zur planmäßigen Vernichtung des europäischen Judentums übergegangene, vor dem eigenen Ende stehende Naziherrschaft) – davon findet sich bei Rickert, dem Philosophen sozialethischer Werte, keine Spur.

Den Grund hierfür sah ich in Defekten der Rickert'schen Wertphilosophie: Schon in deren einseitig theoretischem Erkenntnisanspruch, der gegen Deformationen des praktischen Bewusstseins keinen zureichenden Schutz bot und der praktisch wirksamen Berichtigung solcher Deformationen keine deutliche Sprache verlieh. Darüber wird unten mehr zu sagen sein. Vor allem aber verwies ich seinerzeit auf Rickerts Präferenz für die eigene Nation (als den angeblich umfassendsten aller derjenigen Werte, welche an Gütern persönlichen Gegenwartslebens haften) – vor den Werten von Zukunftsgütern (zu denen auch die Menschheit und das Recht gehören). Denn diese Präferenz entscheidet über die Synthese von Werten und Gütern zu komplexen, wertbehafteten Kulturgebilden; und in solcher Synthese erhält das Gut, an welchem der Wert ›Nation‹ haftet, die ›Kulturnation‹ nämlich und die patriotische Liebe zu diesem Gut, sogar eine religiöse ›Weihe‹. Damit wurde es philosophisch nahegelegt, Forderungen, die mit der universalistischen Idee des Rechts und der Menschheit verbunden sind, *in concreto* den Verpflichtungen unterzuordnen, die wir aufgrund der Zugehörigkeit zu einer bestimmten Nation haben. Die Unterordnung wurde sogar verstärkt dadurch, dass die überwissenschaftlich-philosophische Weltanschauung, die Rickert im Lauf der 1920er Jahre verdeutlichte, ausdrücklich vor allem eine nationale Bedeutsamkeit anstreben sollte. Im politikphilosophischen Teil dieser Weltanschauung wurde nun propagiert, den Rechtsstaat nicht nur weiterzuentwickeln und durch Intensivierung von Sozialpolitik zu stärken, sondern ihn zum nationalen Sozialstaat ›umzubilden‹.

Zeugnisse für Rickerts Einstellung zu spezielleren politischen Problemen, welche die Weimarer Republik umtrieben, liegen auf derselben Linie. Wenn man sie zusammennimmt mit den angedeuteten philosophischen Lehrgehalten, so muss man feststellen, dass Rickert anfangs der 1930er Jahre nicht umhin kann, der ›nationalsozialistischen Bewegung‹ mindestens sieben Punkte zugute zu halten:

1. den radikalen Nationalismus mit anti-kosmopolitischen Implikationen und einer vage religiösen Überhöhung des Wertes der Nation sowie der Vaterlandsliebe;

2. die Verpflichtung der Politik auf einen pointiert nationalen Kulturstaat;

3. eine überlegene Legitimation der deutschen Kulturnation vor anderen Nationen;

4. die Überzeugung, dass die Kultur der Deutschen gefährdet ist und sich vor schlimmen Folgen der Gefährdung nur bewahren lässt, wenn sowohl die Wissenschaft insgesamt als auch der überwissenschaftliche Teil der Philosophie in Dienst genommen werden für eine Stärkung der nationalen Einheit;

5. die antiliberalistische, den Rechtsstaat tangierende Forderung, einen Sozialstaat auszubilden, der die Arbeit staatlich organisiert, die Güterproduktion in Deutschland vom Weltmarkt abkoppelt und die Wirtschaft auf Autarkie umstellt;

6. die Einschätzung, der erste Weltkrieg sei nicht eine europäische Katastrophe gewesen, sondern nur eine nationale Herausforderung, das Versailler Friedensdiktat hingegen sei ein schmachvolles, den Deutschen angetanes Unrecht, zumal der Vorwurf, am Krieg schuld gewesen zu sein, in der Hauptsache nicht den Deutschen zu machen sei;

7. die Forderung, Deutschland solle aus dem Völkerbund austreten.

Die genannten Punkte zusammen mussten in Rickerts Augen schon selbst einen starken Grund bilden, der auf parlamentarischem Weg an die Macht gekommenen Regierung unter Hitler nach dessen Wahlerfolgen und angesichts der Zustimmung, die er 1933 fand, Kredit zu geben. Die Punkte waren – vielleicht mit Ausnahme des letzten – keine neu gebildeten Bestandteile von Rickerts Überzeugungen. Aber seit jüngster Zeit kamen drei weitere, von überwissenschaftlicher Philosophie gestützte Gründe für eine Annäherung Rickerts an die Nazis hinzu:

1. Parallel zur extremen Polarisierung der radikalen Parteien und zur Brutalisierung ihrer Kampfweisen erscheint Rickert in der Endphase der Weimarer Republik die gesamte deutsche Kultur durch Zersplitterung in Extreme existenziell bedroht und eine Katastrophe für sie nur dadurch abwendbar, dass das Kulturleben vorübergehend diktatorisch herrschender politischer Autorität unterworfen wird. Zumindest hält Rickert dies im Verhältnis zu einer Fortdauer der Zersplitterung für das kleinere Übel. War doch eine zeitlich befristete Diktatur bereits im alten Rom erprobtes Mittel zur Rettung der Republik gewesen.

2. Der Beginn der Diktatur markiert als ›Erhebung‹ zur nationalen Einheit einen epochalen Einschnitt. Nun legt der nationale Staat

vor allem durch seine Regierung fest und bekräftigt durch inszenierte Akklamation der Massen, was ›Forderung des Tages‹ ist.

3. Als Übergang aus der Zersplitterung zur politischen Tat und Einheit einer sich neu homogenisierenden Nationalkultur ist die von den Nazis entfesselte Aufbruchstimmung etwas, wovon man sich mitreißen lassen darf. Nach Rickerts Interpretation hat ja schon der blinde Aktionismus des sterbenden Faust die Deutschen auf dergleichen eingestimmt.

Indem Rickert diese zusätzlichen Gründe berücksichtigte, die ebenfalls in seiner Weltanschauungsphilosophie und philosophischen Weltanschauung wurzelten, aber erst durch Anwendung auf die Situation am Ende der Weimarer Republik aktualisiert worden sind, kam er – gemäß der geforderten Anpassung an die historische Situation vorwiegend national-politischer Kulturziele – zu seiner eigenen Anpassung an den soeben zur Herrschaft gelangten Nationalsozialismus. Einher damit gingen das Verstummen früherer Rickert'scher Kritik an rassistischer Ideologie[7] sowie vor allem eine auffällige Passivität gegenüber dem nun massiv persönliche Rechte verletzenden Antisemitismus sowie dem Antiparlamentarismus und militant gegen alle Linken verfahrenden Zelotismus der Nazis. Mindestens bis 1934 hielt diese beschönigende und sich anbiedernde Attitüde an. Ich habe auch kein Dokument gefunden, das belegt, dass Rickert sie vor seinem Tod 1936 noch revidiert hat.

2.

Was ist zu meiner hier in Kurzfassung wiedergegebenen Deutung von Rickerts kompromittierendem Verhalten anno 1933 zu sagen? Es wurde dagegen vorgebracht, nicht eine systematisch-konzeptionelle Schwäche begründe diesen Mangel von Rickerts Sozialethik, sondern nur die extreme Sonderstellung, die Rickert der »ethnisch-kulturell bestimmten Gemeinschaft der Nation« zuspricht.[8] Darauf wird noch zurückzukommen sein.[9] Zuvor aber bedarf es der eingangs angekündigten Ausweitung des Themas in personeller und zeitlicher Hinsicht. Den Anstoß hierzu verdanke ich Kaegis mir nicht einleuchtendem Versuch, eine Erklärung für Rickerts Verhalten 1933 und 1934 zu finden.[10] Der Versuch stützte sich auf die

Feststellung, dass die südwestdeutsche Wertphilosophie während der 1920er Jahre bei der jüngeren, um 1900 oder gar danach geborenen Generation stark an Ansehen verloren hatte, insbesondere im Konkurrenzverhältnis zu neueren Tendenzen wie derjenigen der deskriptiven Phänomenologie Husserls, der philosophischen Anthropologie, der Existenzphilosophie und der Heidegger'schen Fundamentalontologie. Kaegi deutet diese unbestreitbare Tatsache als Anzeichen für eine Krise im ganzen, zur Philosophie Rickerts gehörenden Umkreis. Um wirklich beurteilen zu können, was diese Deutung taugt, sollte man sich ein Bild davon machen, wie der südwestdeutsche, wertphilosophische Neukantianismus insgesamt mit Herausforderungen im philosophischen – aber auch im politischen – Bereich umgegangen ist und in welchen Punkten er sich dabei als krisenresistent, in welchen aber als krisenanfällig erwiesen hat. Unter anderem darum muss man personell über Rickert hinausgehen und den betrachteten Zeitraum über 1933 ausdehnen – sowohl auf die Jahrzehnte davor als auch auf die Jahre danach.

Das Bild, das sich so ergibt, spricht in meinen Augen nicht für die von Kaegi angenommene Krisenursache, sondern bringt eine viel ältere Herausforderung in den Blick, die 1933 höchst akut, ja krisenträchtig wurde und in der sich Philosophisches von Anfang an mit Politischem vermischte. Ich verzichte zugunsten von Wichtigerem auf alle Details und beschränke mich auf drei Bemerkungen zu den strukturellen Zusammenhängen:

1. Wer das Ganze des südwestdeutschen Neukantianismus vor Augen hat, kann nicht umhin festzustellen, dass dessen Lehre in Konfrontation mit Herausforderungen durch neue Impulse philosophischer Orientierung, Fragestellung oder Interessenbildung stets eine enorme *Verarbeitungs- und Integrationskapazität* bewies. Man denke nur an Windelbands und Rickerts aufgeschlossene Haltung zu Emil Lasks Verstärkung der Fichte-Rezeption und an Windelbands ganz ähnliche Einstellung zu den kurz nach 1900 in seinem Umkreis aufkommenden Tendenzen, einen neuen Hegelianismus zu begründen. Die aus dem Kreis der Südwestdeutschen hervorgegangenen Anhänger dieses Neuhegelianismus wurden auch von Rickert weiterhin als zur eigenen Schule gehörig betrachtet. Richard Kroner ist dafür das prominenteste Beispiel. Für Rickert verließ die

Zugehörigkeit zu den südwestdeutschen ›Neukantianern‹ erst, wer allen Anspruch auf wissenschaftliche Philosophie und alle Bemühung um sie aufgab, jeglicher Orientierung am kantisch-nachkantischen, aber wertphilosophisch interpretierten Idealismus absagte (wie z. B. Hans Ehrenberg, schon vor dem ersten Weltkrieg)[11] oder sich einer dezidiert vereinseitigten Philosophie verschrieb – sei es zugunsten des historischen, möglichst eng ausgelegten Kant (wie Julius Ebbinghaus gegen Ende der 1920er Jahre)[12], sei es zugunsten einer Reduktion der Philosophie auf ein einzelnes Fachgebiet, z. B. die kulturanthropologisch-philosophische Weltanschauung und Reflexion der Geisteswissenschaften (wie Erich Rothacker),[13] oder auf eine außerwissenschaftliche Interessenrichtung, z. B. die der Existenzphilosophie (wie Erich Frank).[14] Doch Grenzüberschreitungen in einer dieser Richtungen und die damit einhergehenden personellen Verluste an Nachwuchs markierten angesichts der relativ großen Schülerzahl keine Bestandskrise der ganzen Strömung – ebenso wenig wie innerhalb der ›Schule‹ aufbrechende Differenzen. Ganz dasselbe gilt für die jüngeren, von außen kommenden Herausforderungen durch die deskriptive Phänomenologie, die philosophische Anthropologie, die Existenzphilosophie und die Fundamentalontologie: Gerade der alte Rickert hat sich noch 1934 bemüht, solche Impulse in den affirmativ auf Kant bezogenen Kritizismus der ›Heidelberger Tradition‹ zu integrieren und zu zeigen, wie dies möglich ist.[15] Auch im Hinblick auf diese Integrationsbemühungen kann für die Zeit um 1933 keine Rede davon sein, dass Rickerts Variante des Neukantianismus sich in einer Krise (mit entsprechendem Krisenbewusstsein) befunden habe.[16] Man beachte in diesem Zusammenhang auch, dass Max Webers Soziologie-Programm, das sich auf Rickerts Wertbeziehungslehre und auf Teile von Rickerts Wertsystematik stützte, in der akademischen Fachwelt eine ungeschmälerte Autorität besaß und dass die von Anfang an noch breiter auf der südwestdeutschen Wertlehre basierende ›Rechtsphilosophie‹ Gustav Radbruchs gerade erst, d. h. 1932, in einer stark erweiterten Auflage erschienen war,[17] ohne dass darin die Abhängigkeit von Lask und von Rickerts Wert- und Weltanschauungswissenschaft im mindesten problematisiert worden wäre oder der Verfasser sich deswegen ins Abseits manövriert hätte.

2. Dem breiten innerphilosophischen Toleranzspielraum entsprach eine sehr große *Bandbreite politischer Einstellungen* und Affinitäten unter den Anhängern der südwestdeutschen Schule. Das Spektrum reichte ursprünglich, d. h. vor der Jahrhundertwende und bis zum ersten Weltkrieg, von einer kaisertreuen, Bismarck über alles stellenden Gesinnung (z. B. bei Windelband)[18] zu den (Berliner) Freisinnigen und den südwestdeutschen Liberalen (bei Rickert[19] und Jonas Cohn[20]), aber auch zu den politisch Indifferenten. Im Weltkrieg und danach verbreiterte sich das Spektrum sowohl nach rechts wie nach links: Bruno Bauch war (und blieb) im Kern deutschnational, wenngleich er keiner Partei angehörte und beitreten wollte,[21] während Gustav Radbruch in der Weimarer Zeit SPD-Mitglied und als solches mehrmals Justizminister in Koalitionsregierungen war.[22] Hans Ehrenberg (wenn man ihn seiner Anfänge wegen hier noch in Betracht ziehen darf) war bis nahe ans Kriegsende heran dezidiert national, militaristisch und bellizistisch, schlug sich dann aber abrupt auf die Seite pazifistisch sozialistischer Soldatenräte.[23] Arnold Ruge hingegen, um das andere Extrem zu erwähnen, entwickelte sich zu einem aggressiven Antisemiten und beteiligte sich 1923 an Hitlers und Ludendorffs Münchener Putschversuch, dem sog. Marsch zur Feldherrnhalle.[24] Georg Mehlis, der mit Kroner zusammen den ›Logos‹ herausgab, aber wegen Homosexualität seine Freiburger Dozentur aufgeben musste, ging nach Italien und tat von dort seine Sympathie für den Faschismus kund.[25] Andere, wie insbesondere Rickert und Jonas Cohn, blieben liberal. Glockner war zeitlebens aller Beschäftigung mit Politik abgeneigt und machte erst nach 1933, in der Folge seiner (wegen politisch opportuner Universitätsreformbestrebungen) von akademischen Nazis befürworteten Berufung auf eine Professur in Gießen,[26] aus dem Gefühl beruflicher Verantwortung heraus Versuche, in die Partei zu kommen, die ihn jedoch bis zum Schluss nicht bei sich aufnahm.[27] Der bis 1933 ebenso unpolitisch gewesene Assistent und engste Adlatus Rickerts, August Faust, wurde aus den mit Rickert geteilten philosophischen Gründen nach der Märzwahl 1933 buchstäblich über Nacht zum Nationalsozialismus bekehrt, widmete ihm von da an leidenschaftlich all seine Kraft (obwohl er erst 1937 in die Partei aufgenommen wurde) und gab sich 1945, als diese Sache seines Lebens verloren war, im belagerten Breslau selbst den Tod.[28] Der jüng-

ste akademisch noch in Erscheinung getretene Rickert-Schüler, Franz Böhm, entdeckte in sich einen vehement chauvinistischen Anti-Cartesianismus, wurde aus politischer Überzeugung Soldat und starb 1946 in russischer Kriegsgefangenschaft.[29] Keine all dieser weit divergierenden politischen Optionen ist jemals, soweit ich sehe, vom Schulhaupt als mit Prinzipien der südwestdeutschen Wertphilosophie unvereinbar erklärt worden. Auch die evidenten Spannungen zwischen diesen Optionen trieben für sich genommen den südwestdeutschen ›Neukantianismus‹ nicht in eine seine Existenz bedrohende Krise.

3. Das Gegenteil, *Krisenträchtigkeit* also, gilt für eine *Verbindung*, welche die nationalsozialistischen oder dem Nationalsozialismus affinen unter diesen Optionen mit einer *philosophischen Kontroverse über den Begriff der Nation* bekamen. Diese Kontroverse hatte Bruno Bauch 1916 unbedachterweise vom Zaun gebrochen.[30] Angesichts der Bedeutsamkeit, welche bei den Südwestdeutschen der Nation zugesprochen wurde, und in Anbetracht der praktischen Folgen, welche sich daran knüpften, konnte es tatsächlich schon im ersten Weltkrieg dringend geboten erscheinen, den Inhalt des Begriffs ›Nation‹ auszubuchstabieren. Doch beim Versuch, dies zu tun und damit zugleich deutschnationalen Erwartungen zu entsprechen, hatte Bruno Bauch es zum ersten Mal innerhalb der ›Schule‹ unternommen, den Nationbegriff, den Rickert vom Begriff des Volkes zu unterscheiden wusste, *völkisch* zu grundieren: durch das angebliche *constitutivum* einer natürlichen, ethnisch gebundenen, gemeinsamen Abstammung – womit die jüdischen Mitglieder der deutschen Bevölkerung (und der südwestdeutschen Neukantianismus-Schule) aus der Zugehörigkeit zur deutschen Kulturnation hinausdefiniert wurden.[31] Nicht genug damit: Allen, die zu diesem Teil der Deutschen gehörten – also z. B. Hermann Cohen und Ernst Cassirer, Jonas Cohn und Richard Kroner –, wurde vom Mitherausgeber der Kantstudien (der Bauch bis dahin war) durch die Blume einer Stellungnahme zu Äußerungen im ›Panther‹ bescheinigt, sie könnten die Werke der deutschen Kultur, also z. B. diejenigen Kants, nicht wirklich, nicht aus dem Innersten heraus verstehen und sich nicht ›unserem‹ Vaterland mit der gebotenen Liebe hingeben.[32]

Bezeichnend für die Windelband-Rickert-Schule aber und ein zusätzlicher Skandal in dieser Angelegenheit war, dass anders als

Cohen und Cassirer keiner von den Südwestdeutschen dagegen protestierte – außer dem nicht mehr zu ihnen gehörenden Hans Ehrenberg.[33] Keiner präzisierte im Rahmen der Wertphilosophie den Unterschied von Volk und Nation hinreichend, um solchen vorgeblich bloß theoretischen, tatsächlich aber praktisch und politisch höchst brisanten Unsinn im Namen der Schule zu verwerfen. Auch Rickert ist einer Stellungnahme hierzu ausgewichen. Das musste ab 1933, angesichts der sofort beginnenden Judenverfolgungen, für den Zusammenhalt im südwestdeutschen Neukantianismus verhängnisvoll werden: Verbunden mit öffentlich bekundeter Forderung einer Anpassung an die nun herrschenden nationalpolitischen Kulturziele, verbunden auch mit offenem Bekenntnis zum Nationalsozialismus im nächsten Umkreis Rickerts sowie mit dessen Zustimmung zur ›nationalen Erhebung‹ wirkte Rickerts Schweigen zur Entrechtung und Vertreibung jüdischer deutscher Staatsbürger äußerst brüskierend, zumal sie einherging mit dem Verstummen früherer Kritik an rassistischer Ideologie und dem Unterlassen jeglicher Verteidigung der Menschenrechte (d.h. der Rechte von Menschen als solchen, nicht aber als Mitgliedern irgend einer Gemeinschaft). Die ihrer Ämter beraubten, in die Emigration gedrängten jüdischen Kollegen – wie z.B. Jonas Cohn und Richard Kroner – konnten nicht umhin, das Verstummen und Verschweigen zu verstehen als indirekt auch gegen sie selbst, die angeblichen ›jüdischen Freunde‹ und Gesinnungsgenossen gerichtet – kurz: als antisemitische Feindseligkeit oder Feigheit;[34] und sie mußten sich – schon aus Selbstachtung – von allem Zusammenhang mit Rickert lossagen, trotz dessen hilfloser Beteuerung, er sei ›der Alte geblieben‹. In der Emigration hörte Kroner endgültig auf, ein Neukantianer zu sein. Jonas Cohn, auf den das nicht zutrifft, hatte in der Emigration keine Chance, erfolgreich für die Fortpflanzung der Schule zu wirken. Als er zu Beginn des Jahres 1947 trotz allem nach Deutschland zurückkehren und hier seine Arbeit fortsetzen wollte, starb er mit 77 Jahren.

Der in Deutschland verbliebene Teil der Schule verlor nach Rickerts Tod (1936) schon 1942 Georg Mehlis und Bruno Bauch, 1945 Arnold Ruge und August Faust, 1946 Franz Böhm und 1949 Gustav Radbruch. Die weitere Nachkriegszeit überlebten nur Eugen Herrigel (bis 1955), Rudolf Zocher (bis 1976) und Hermann Glockner (bis 1979). Jüngere Schüler, die als noch dem südwestdeutschen Neukantianismus zugehörig wissenschaftlich aufgefallen wären, hatten sie alle nicht. Von den drei zuletzt genannten war Eugen Herrigel zu kraftlos, um etwas bewirken zu können; Glockner war das im Grunde ebenfalls, vor allem aber war er durch sein unsägliches, deutschtümelndes Auftreten als Herausgeber der Nachfolgezeitschrift zum ›Logos‹ diskreditiert[35] und als der Lebensphilosophie nahestehender, pantragistischer Neuhegelianer kaum noch ein Repräsentant des südwestdeutschen Neukantianismus. So blieb nur der ausschließlich mit Fragen im genuin theoretischen Gegenstandsbereich der Philosophie befasste Rudolf Zocher. Wie aber eine einzelne Schwalbe noch keinen Sommer macht, so macht auch der vereinzelte Hinterbliebene einer einst imposanten philosophischen Strömung keine ›Schule‹ mehr. Alle 13 über das Jahr 1933 hinausreichenden Lebensläufe, die ich mit meiner Kurzinformation über die ›Südwestdeutschen‹ berührt habe, waren engstens ins Schicksal verflochten, das der Nationalsozialismus über Europa gebracht hat. Die philosophische Sache, um die es ihnen ging, ist im Nationalsozialismus untergegangen oder, soweit die Lebensläufe die Unheilsjahre überdauerten, unfruchtbar geworden. Da sage noch einer, Philosophie und Nationalsozialismus hätten im südwestdeutschen Neukantianismus nichts miteinander zu tun gehabt! Eher müsste man sagen: In ihm seien beide durch einen mit philosophischem Erkenntnisanspruch auftretenden, angeblich bloß theoretischen, in Wahrheit aber aggressiven deutsch-völkischen Nationalismus einiger Anhänger und aufgrund eines nicht ausgetragenen Konflikts darüber zur Verquickung miteinander verdammt gewesen, schon lange bevor der Nationalsozialismus in Deutschland an die Macht kam. Das Verhängnis, das im südwestdeutschen Neukantianismus waltete, hat diesen durch Mittäterschaft, Nachgiebigkeit und vor allem durch intellektuelle Widerstandslosigkeit prominenter Anhänger mit dem Nationalsozialismus verstrickt. Freilich hat es ihn auch geschädigt durch angetanes Unrecht, das insbesondere Richard Kroner, Jonas Cohn und Gustav Radbruch widerfuhr.

3.

Wichtiger als das im vorhergehenden Abschnitt Verhandelte ist für wirkliche Einsicht etwas Zusätzliches, woraus sich bei den südwestdeutschen Neukantianern die intellektuelle Widerstandslosigkeit gegen den Nationalsozialismus und die Anfälligkeit für ihn in philosophischer Hinsicht ergaben. Zu fragen ist dabei nicht nur, durch welche philosophischen Gedanken Rickert für die von den Nationalsozialisten inszenierte ›nationale Erhebung‹ geneigt gemacht wurde und sich einige seiner jüngeren Anhänger dem Faschismus oder Nationalsozialismus auslieferten. Die Frage ist vielmehr auch: Warum wurden solche Anfälligkeitspotenziale nicht von prinzipiellen (zum kantischen Erbe gehörenden) Überzeugungen in Schach gehalten? Was für ein Verständnis von *Philosophie, Recht* und *Politik* hat im Denken der Südwestdeutschen Neukantianer die Tradition des genuin kantischen Kritizismus so korrumpiert, dass sie am Ende mit Zustimmung zu Hitlers Herrschaft vereinbar schien oder gar zur Bereitschaft beitrug, aktiv an ihr mitzuwirken, ohne dass die so Denkenden um der eigenen Selbsterhaltung willen dazu genötigt gewesen wären? War hierbei nicht auch, mit anderen Worten, ein ›entstellter Kantianismus‹ – oder vielmehr: *entstellter Kant* im Neukantianismus – am Werk?

Christian Krijnen, der dieser Frage insbesondere in Bezug auf Bruno Bauch, kurz aber auch bezüglich Rickerts nachgegangen ist,[36] bemerkt dazu grundsätzlich, dass (1) sich vor allem an den *Grundlagen* einer Philosophie deren ›Nähe‹ zu einer politischen Bewegung und ihrem Herrschaftssystem bemisst, dass (2) die *Ausgestaltung* des Prinzipiellen zum ganzen Gedankengefüge nur mittelbar und zweitrangig relevant ist für die Frage, um die es geht, und dass (3) die sich bei Repräsentanten einer Philosophie findenden *Anwendungen* von Gedanken auf konkrete, zeitgenössische gesellschaftliche oder politische Verhältnisse in der Regel kaum bedeutsam sind für die Einschätzung des Sachgehalts und Wertes, welcher der betreffenden Philosophie zu- oder abzusprechen ist.[37] Der Grundsatz verdient meines Erachtens uneingeschränkte Zustimmung nur, wenn er in allen drei Punkten ergänzt bzw. präzisiert wird: (1) Üble oder bösartige gesellschaftliche bzw. politische Entwicklungen und Ereignisse, sofern sie nicht bloß ephemer sind, stellen eine Philosophie nicht nur vor die Frage, in welcher relativen Nähe oder Ferne zu ihr sie sich vollziehen. Sie nötigen auch dringend dazu, die dem Praktischen geltenden Teile dieser Philosophie mit der Frage zu konfrontieren, in welchem Umfang und Stärkegrad ihre *Grundlagen* Potenziale für Widerstand gegen solche Entwicklungen und Ereignisse enthalten; bzw. ist umgekehrt zu fragen, ob die Philosophie-Prinzipien den einen oder anderen Grad von Anfälligkeit für das Hinnehmen, Beschönigen oder gar Befördern solcher Ereignisse und Entwicklungstendenzen involvierten. (2) Der jeweilige Grad, in welchem Bestandteile der *Ausgestaltung* einer Philosophie für die hier interessierende Frage relevant sind, hängt ab vom Stärke- bzw. Schwächegrad einer dem Prinzipiellen der Philosophie innewohnenden Tendenz, die Prinzipien gerade mit den vorliegenden Bestandteilen der Ausgestaltung zu verbinden, nicht aber, statt mit diesen, mit ihnen entgegengesetzten. (3) Nur für sich genommen ist es nahezu irrelevant, *wie* Philosophen ihre abstrakten Gedanken *anwenden* auf konkrete gesellschaftliche oder politische Gegebenheiten und Veränderungen ihrer Zeit. Durchaus nicht irrelevant aber ist es zur Erkenntnis der den Gedanken von ihren Befürwortern zugeschriebenen Tragweite. Man erkennt hieran vielmehr die Gedanken und ihre Reichweite wie den Baum an seinen Früchten; und umso weniger gleichgültig ist dabei dasjenige, *woran* man erkennt, je enger damit einer der ersten beiden Punkte in der Perspektive der Anwendenden verbunden ist. Bei einer Philosophie, die – von jüngeren Zeitströmungen herausgefordert – gerade ihre Aktualität betonen möchte und sich eine wichtige Rolle im zeitgeschichtlichen Kontext zuspricht, dürfte der Grad enger Verbindung durchaus erheblich sein. Insbesondere aber ist die Relevanz von Anwendungen abstrakter philosophischer Gedanken auf konkrete Zeiterscheinungen nicht unabhängig vom Grad des Übels und der Bösartigkeit, den man diesen Erscheinungen zuschreiben muss, bzw. vom Grad der Dringlichkeit, ihnen zu widerstehen.

Auch mit diesen Qualifikationen bleibt ein Vorrang für Punkt (1). Aber die Punkte (2) und (3) sind nicht mehr so nebensächlich wie nach Krijnens Urteil; und schon die angegebene Ergänzung zu Punkt (1) erlaubt nicht mehr Krijnens wohlwollende Beantwortung der Frage, ob man es beim Südwestdeutschen Neukantianismus (noch dazu demjenigen Bruno Bauchs) mit einem entstellten Kantianismus zu tun hat oder nicht. Am wenigsten Neukantianismus-freundlich muss die Antwort für den Prinzipienbereich der Ansätze zur Philosophie des *Rechts* und der *Politik* ausfallen. Mindestens *acht Schritte zunehmender Entstellung* der genuin kantischen Position haben die Südwestdeutschen der Potenziale zur intellektuellen Abwehr des Nationalsozialismus beraubt, die im kantischen Erbe enthalten waren, insbesondere aber derjenigen Potenziale, welche Kants Philosophie des Rechts und der Politik enthielt. Keiner der acht Schritte, die je für sich schon hochgradig problematisch waren, bestand selber in einer übertriebenen Wertschätzung des Nationalen, während alle zusammen zu solcher Wertschätzung mächtig beigetragen haben. Das soll nun in gröbsten Umrissen skizziert werden.

1. Ein höchst folgenreicher, das Prinzipiellste betreffender Schritt, der die *ganze*, systematisch abgehandelte *praktische Philosophie* kantischer Provenienz entstellte und zu einer *bloß theoretischen* Philosophie *des Praktischen* machte, wurde schon von Hermann Cohen vollzogen,[38] aber soweit ich sehe von allen mit Rechtsphilosophie befassten südwestdeutschen Neukantianern übernommen, wenn auch mit Modifikationen, die noch zu berücksichtigen sein werden. Der Schritt bestand darin, die praktische Philosophie mit ihrem grundlegenden, *wissenschaftlich*-philosophischen Teil ins Schema einer Analytik (irgendwie ›reiner‹) theoretischer Vernunft pressen zu wollen. Nicht nur die theoretische, sondern auch die ganze, wissenschaftlich traktierbare praktische Philosophie sollte zu einer theoretischen Philosophie des Praktischen gemacht und nach dem Muster einer an der *Kritik der reinen Vernunft* abgelesenen, für fachwissenschaftliche Erkenntnis von Naturgegenständen entworfenen *Grundlegung* abgehandelt werden: reduziert auf eine Analytik der *erkenntnislogischen* Grundlagen von jeweiligen *Fach*wissenschaften oder Fachwissenschaftengruppen; also ohne Metaphysik, aber unter Voraussetzung des ›Faktums‹ der jeweiligen Fachwissenschaften, d. h. im uns interessierenden Fall: der Wissenschaften positiven Rechts und der Politikwissenschaft.[39]

Im Gegensatz dazu stützte sich Kant für die Aufklärung über unsere gesamte praktische Vernunft auf seine ›*Kritik der praktischen Vernunft*‹. Er war von dieser aus (dem systematischen Entwurf nach) übergegangen zu einer kritisch fundierten *philosophia practica uni-*

versalis[40] mit einem darin enthaltenen und durch die zweite Kritik gerechtfertigten »obersten Prinzip der gesamten Sittenlehre« – als einer *ratio cognoscendi* ebenso von Freiheit, die autonome, reine praktische Vernunft ist, wie auch von praktischen Gesetzen und von wahrer Gewissheit, den Forderungen solcher Gesetze entsprechen zu können. Die reine praktische Vernunft ist als solche Wille, der frei ist. Seine Freiheit aber besteht nicht nur in intelligibler Kausalität und Autonomie der sein Innerstes ausmachenden reinen praktischen Vernunft, sondern in einem wohlgeordneten *ensemble* weiterer Bestimmungen, die dann auch der (vom Willen präzise unterscheidbaren) Willkür zukommen und an die sich erst damit eine Vielzahl rechtlicher Bestimmungen von Freiheit anschließen. Nur aus so begriffener Freiheit ergeben sich – durch die *Kategorien der Freiheit* – im Bereich jeweiliger Willkürspielräume für Objekte der beurteilenden und handelnden Betätigung praktischer Vernunft überhaupt die konstitutiven Bestimmungen und unter ihnen – bei Betätigung sinnlich bedingter und reiner praktischer Vernunft – je spezifische Modalitäten und Beurteilungsdimensionen solcher Willensbestimmungsobjekte. Obwohl sie sich auch ins Formenraster von allgemeinsten Urteilsmodalitäten einfügen lassen, sind die Objektmodalitäten der Willensbestimmung daher viel komplexer als die theoretischen, zumal sie sich auch noch nach fundamentalen Unterschieden zwischen praktischen Gesetzen als entweder *obligatorischen* (d.h. gebietenden oder verbietenden) oder aber *Erlaubnis*gesetzen spezifizieren, wofür es im Bereich von Gegenständen unter Naturgesetzen kein *pendant* gibt. Außerdem sind die Begriffe für Objekte der Willensbestimmung dadurch selbst schon *normativ* bestimmte (d.h. Begriffe von je bestimmt Gutem bzw. Wohl und von ihren disqualifizierenden Gegensätzen). So kann im Weiteren – als Begriff eines durch reine praktische Vernunft Bewirkten (sowie einer als Gegenstück zu einem solchen praktischen Objekt im Subjekt für derartiges Bewirken vorauszusetzenden Freiheit und Persönlichkeit) – ein ebenfalls normativ bestimmter Begriff gebildet werden, der »Vernunftbegriff«, d.h. *Idee* ist. Dieser Begriff hat also auch denjenigen Gegenstand (bzw. jenes von ihm bezeichnete Subjekt), wovon der bloße Begriff schon einer ist; und er hat dies natürlich wiederum als Begriff *von* normativ Bestimmtem. So ist z.B. die Idee der Gerechtigkeit als »Idee der richterlichen Gewalt«[41]

Idee eines normativ bestimmten Gegenstandes praktischer Vernunft, wovon schon der bloße Begriff der Gerechtigkeit und ihrer Spezifikationen[42] ein normativ bestimmter ist. Gar nicht zu bilden hingegen wäre von einem Begriff mit bloß deskriptiv bestimmtem Gehalt aus, als welchen manche den Begriff positiven Rechts verstanden haben,[43] ein Begriff, der eine praktische Idee ist – wie die Idee des (vollständig wirksam gewordenen, ganzen) Rechts oder die Idee der Gerechtigkeit.

Zusätzlich zu allem, was die Unterscheidung von theoretischer und praktischer Erkenntnis, von Bestimmtheitsmodalitäten ihrer Gegenstände sowie von Begriffen dieser und Ideen dazu betrifft, enthält die kantische Kritik der praktischen Vernunft auch einen Ansatz, ausgehend von spezifischen Modalitäten der Gegenstände reiner praktischer Vernunft (nämlich denjenigen, welche den Gegensatz des Notwendigen und Zufälligen für die Gegenstandsbestimmungen reiner praktischer Vernunft spezifizieren) im Bereich der gegenständlichen Bestimmungen praktischer Vernunft überhaupt und in Ausrichtung auf Willensbestimmung aus reiner praktischer Vernunft prinzipiell zu unterscheiden zwischen Gutem, das (im juridischen Sinne) *recht* ist (im Gegensatz zu *unrecht* im selben Sinn) und solchem, das *ethisch gut* (im Gegensatz zu *böse* in diesem Sinn) ist.[44]

Im Kontrast zu all diesen wichtigen Subtilitäten der Prinzipien kantisch-praktischer Philosophie haben die Neukantianer nicht zufällig vergleichsweise krude Begriffe von praktischer Erkenntnis und von deren spezifischen Arten sowie Gegenständen entwickelt, insbesondere aber schlechte Begründungen von Ethik und Rechtslehre – und das selbst da, wo sie einen engen Schulzusammenhang bildeten wie die Marburger sowie die Südwestdeutschen, und obwohl sie dabei einen sehr intensiven, gelehrt philosophiehistorisch erarbeiteten Bezug zur kantischen Philosophie herstellten, wie sogleich Hermann Cohen und später Bruno Bauch.[45]

Für sich genommen mag der Kontrast, der schon durch den angedeuteten Ansatz zwischen kantisch kritischer Rechtsphilosophie und dem Neukantianismus besteht, als einer erscheinen, der nicht jeden angeht, sondern von nur schulphilosophischem Interesse ist. Man sollte aber nicht vergessen, dass sich ineins mit Cohens antikantischer Einstellung zu den bis jetzt berücksichtigten Punkten die systematische Bearbeitung praktischer Fragen in der Philosophie – und die systematisch-philosophische Beteiligung am öffentlichen Diskurs über solche Fragen – schwerpunktmäßig auch im Fall der Rechtslehre auf eine *inner-akademische Funktion* der Philosophie für die Fachwissenschaften und deren Grundlagen verengte.[46] Mit der gesuchten Nähe zu den Fachwissenschaften und der Forderung, die Philosophie müsse sich vorrangig wissenschaftlichen Aufgaben dieser Art widmen, also im Kern selbst Fachwissenschaft wie andere Fachwissenschaften sein, wurde nicht nur ein (im Ernstfall leider sehr schwacher) Damm gegen die ideologische Indienstnahme der Philosophie für partikuläre gesellschaftliche Interessen und gegen das ausufernde Befriedigen weltanschaulicher Bedürfnisse errichtet. Der Damm hat die Philosophie auch spezifischer Möglichkeiten der Aufklärung und Selbstaufklärung über praktische Erkenntnis beraubt und Probleme von allgemeinem öffentlichem Interesse ausgegrenzt. Schon indem sich die neukantianische Philosophie in ihren zu Schulen ausgebildeten Richtungen nicht ganz zu Unrecht dem Verdacht aussetzte, ein bloß akademisches Unterfangen in innerakademischen Auseinandersetzungen zu sein, schwächte sie ihre Chancen, auf den öffentlichen Diskurs über jedermann angehende Fragen einwirken zu können, und frustrierte Erwartungen, die in dieser Hinsicht an sie gerichtet waren.

Vor allem aber verbanden sich mit dieser Engführung systematisch-philosophischer Arbeit weitere Schritte in der Entfernung von Kant. Von zwei solchen, die dem bis jetzt verhandelten in der ganzen Gradation am nächsten liegen, muss nun die Rede sein. Sie waren ebenso problematisch wie antikantisch und wurden in der Folge vermutlich noch verhängnisvoller als der erste Schritt, obwohl das Schicksal, das Cohen mit ihnen über die praktische Philosophie des Neukantianismus brachte, erst durch zusätzliche Faktoren ganz übel wurde.

2. Aus dem genuin kantischen Ansatz ergibt sich ein *Rechtsbegriff* und ein allgemeines *Prinzip* für das unter ihn Fallende, wodurch das Recht nicht schon durch sich selbst auf Willenszwecke ausgerichtet wird.[47] Dagegen wird das Recht im gesamten Neukantianismus (der Südwestdeutschen so gut wie der Marburger Variante) *durchgängig finalisiert* gedacht.[48] Damit aber wird es potenziell totalitär, da man Willens*ziele*, die über das äußere Handeln hinaus-

gehen, nur in innerer Selbstgesetzgebung, nicht aber im äußeren Verhältnis zur Willkür anderer gebieten und durch äußeren Zwang dem Gebot entsprechend durchsetzen kann. Beim Versuch aber, dies trotzdem zu leisten, wird das Recht überfordert und zugleich in seiner Substanz korrumpiert, so dass seine Herrschaft am Ende zu willkürlicher äußerer Einmischung ins Innerste von Menschen verkommen muss. Nicht genug damit: Um diesem Teufel in der Rechtsphilosophie keinen Raum zu geben, haben ihm die meisten Neukantianer mit Beelzebub Einhalt zu geben versucht.[49] Das war ihr nächster Schritt der Entstellung kantischer Rechtslehre:

3. Außer von Stammler wurde das Recht bei den Neukantianern nicht nur finalisiert, sondern vor allem auch *ethisiert*, d. h. nicht erst unter höchst speziellen Bedingungen seiner Ausübung durch Ethisches angereichert, sondern bereits in seinen fundamentalsten Prinzipien, ja in der Bestimmung seines Begriffs unter ethische Prinzipien gestellt, und das sowohl durch konstitutive Ausrichtung auf *ethische Ziele* als auch durch ethisch-praktische *Fundierung*. Die Rechtsphilosophie wurde gänzlich in eine als umfassend verstandene philosophische Ethik integriert.[50] Im Gegensatz dazu hat Kant mit seiner Rechtslehre alle Mühe darauf verwandt, den Rechtsbegriff und die elementarsten Prinzipien des Rechts sowohl von jeder ethischen Bestimmung und Ausrichtung auf ethische Zwecke als auch von ethischen Rechtfertigungsgründen freizuhalten. Anders als die Neukantianer war er dadurch imstande, das Recht mit Nachdruck und Erfolgsaussicht sowohl gegen diejenigen zu verteidigen, die es wegen angeblich in ihm gehegter, aber vermeintlich abzulehnender kosmopolitischer Ideale diffamierten, als auch gegen die anderen, die es überdies nationalethischen Zielsetzungen und Imperativen untergeordnet wissen wollten. Die Neukantianer hingegen haben die Versuchung zum Letzteren und Hilflosigkeit gegen das Erstere durch ein weiteres Abgehen von Kant gefördert.

4. Kant hatte nicht nur den Begriff des Rechts gerechtfertigt und definiert, ohne dafür die Voraussetzung einer schon bestehenden sozialen oder gar rechtlichen *Gemeinschaft* zu machen; er hatte auch die elementarsten Prinzipien des Rechts von einer solchen Voraussetzung frei gehalten und darum das so in seinem elementaren Gehalt systematisch erschlossene Recht sinnvollerweise ›Privatrecht‹ genannt. Die *ratio* dieses Vorgehens war, dass eine *philosophische*

Erkenntnis des *Rechts*, wenn sie wirklich eine solche sein soll, nicht von einer sozialen Gemeinschaft oder Rechtsgemeinschaft ausgehen darf. Sie muss von der Selbsterkenntnis individueller praktischer Vernunft überhaupt und ihrer zunächst allemal sinnlich bedingten Tätigkeit aus zur Einsicht in die Notwendigkeit von Recht als spezifischer, in Autonomie gründender praktischer Normen, Befugnisse und Pflichten gelangen und im Fortgang solcher Einsicht die bereits hierzu gehörigen elementaren Rechtsprinzipien aufdekken. Erst von diesen aus lässt sich in ihr dann zu rechtlichen Gründen kommen, von Rechtsprinzipien bestimmte soziale Gemeinschaften und unter ihnen schließlich auch Rechtsgemeinschaften bilden sowie für ihre Erhaltung durch Recht und Politik sorgen. Nichts dergleichen haben die Neukantianer beachtet. Angesichts ihres Ausgangs vom Faktum der Rechtswissenschaften als Fachwissenschaften positiven Rechts und mit dem Programm, den Rechtsbegriff und die Bestimmung des unter ihn Fallenden auf erkenntnislogische Grundlagen solcher Wissenschaften (oder der in ihren Gegenständen verwirklichten Werte) zu begrenzen, haben sie vielmehr allesamt und fast unvermeidlicherweise ihren Begriff von Recht überhaupt unter die Voraussetzung einer bereits bestehenden sozialen Gemeinschaft oder sogar Rechtsgemeinschaft gestellt. Die vorrangig kulturelle Finalisierung sowie meistenteils Ethisierung des Rechts war dabei ein zusätzlicher, in diese Richtung treibender Faktor.

Bereits mit ihrem Ansatz waren sie unfähig, rechtliche Gründe dafür auszumachen, dass Menschen aus einem nicht-rechtlichen Zustand (der durchaus nicht nur ein historischer oder fiktiver ›Naturzustand‹ ist) in einen rechtlichen, rechtsgemeinschaftlichen und schließlich politischen Zustand überzugehen haben; dass sie also juridisch verpflichtet sind, die entsprechenden Gemeinschaften zu bilden, zu erhalten, in sie, wenn sie schon bestehen, einzutreten und die praktischen Fragen der Möglichkeit und der Bedingungen rechtlichen Eintritts in sie sowie Austritts aus ihnen rechtlich zu regeln, die prinzipielle Regelung aber nicht der bloßen Willkür (und sei es eines Gesetzgebers) oder der Natur (und sei es derjenigen einer völkischen Abstammungsgemeinschaft) zu überlassen oder sie der hochtrabenden Unbestimmtheit ethischer Zielsetzungen anheimzugeben. Der Beginn der Rechtsphilosophie mit einer Gemeinschaftsvoraussetzung erlaubte auch nicht, in einer jeden Gemeinschaft latent angelegte rechtliche Konflikte zwischen Forderungen der Gemeinschaft an ihre individuellen Mitglieder und Rechtsansprüchen der Letzteren zu minimieren und dafür Prinzipien aufzudecken, die im Gang der Rechtserkenntnis schon der Gemeinschaft und ihrer Bildung vorausgehen; sowie für die Bearbeitung solcher Konflikte, wenn sie auftreten, Verfahren zu entwickeln, welche sie rechtlich auflösbar machen, ohne von vorneherein der Erhaltung der betreffenden Gemeinschaft und Wahrung ihrer Interessen vor den Interessen der Einzelnen unbedingten Vorrang einzuräumen.

Vor allem aber erlaubte die Gemeinschaftsvoraussetzung für alles Recht keine rechtsphilosophische Einsicht mehr in Gründe für elementare juridische Rechte, die dem Einzelnen nicht erst als einem Mitglied einer sozialen Gemeinschaft zukommen, sondern bereits als einem Menschen und ganz unabhängig davon, ob er überhaupt einer sozialen Gemeinschaft oder der betreffenden, fürs Recht vorausgesetzten angehört oder nicht. Sie erlaubte m. a. W. keine Verteidigung von *Menschenrechten* im eigentlichen Sinn – oder höchstens eine ethische, die keine rechtliche Verbindlichkeit von Menschenrechten einsichtig machen kann, sondern alle Befugnisse und Pflichten aus diesen Rechten ins Sozialethische umbiegen muss. So wurde es möglich, solche Rechte mit Verweis auf die Gemeinschaftsvoraussetzung zu bestreiten oder ihren Bestand, wenn sie seitens der Gemeinschaft eingeräumt waren, mit Verweis auf höhere ethische und kulturelle Zwecke der Gemeinschaft außer Kraft zu setzen. Für die 1933 aus der Gemeinschaft der Deutschen Ausgegrenzten ließ ein so entstellter Kant nichts Gutes mehr erwarten; ebenso wenig für den Auf- und Ausbau internationalen Rechts und für die Verteidigung von Weltbürgerrechten.

Darum muss schon jetzt, noch bevor *specifica* der *Südwestdeutschen* und ihrer Rechtsphilosophie in Betracht kamen, eine höchst betrübliche *Zwischenbilanz* gezogen werden: Die in den herausgehobenen Schritten wirksamen Faktoren der Entstellung Kants boten keine aussichtsreiche Perspektive mehr für eine grundsätzliche Beurteilung und Bekämpfung der heraufziehenden gesellschaftlichen und etatistischen Totalitarismen. Zu revidieren ist also bereits aus diesem Grund Eike Bohlkens Urteil, nicht eine systematisch-konzeptionelle Schwäche begründe den Mangel von Rickerts Sozialethik, sondern nur die Sonderstellung, die darin der ethisch-kulturell bestimmten Gemeinschaft der Nation zugesprochen wird.[51] Vielmehr ist der zu behebende Defekt tief in prinzipiellen Mängeln verankert, für deren Beseitigung z. T. der gesamte schulmäßige Neukantianismus revidiert werden müsste.

Andere grundsätzliche Mängel, welche die Wirkung der bisher genannten Kant-Entstellungen noch verstärkten, waren für die Südwestdeutschen spezifisch. Von ihnen, denen auch Chr. Krijnen zu wenig Aufmerksamkeit gewidmet hat, muss nun noch die Rede sein.

5. Das fundamentalste Charakteristikum der Südwestdeutschen bestand in einer *wertphilosophischen* Deutung des bereits im ersten der angegebenen Schritte verfolgten Programms und, zu dessen Ausführung, in der Aufdeckung einer *Wertsystematik*, um die sich vor allem Rickert und Jonas Cohn verdient machten.[52] Im eingangs erwähnten Aufsatz habe ich ausgeführt, was es mit dieser Wertsystematik für eine als Weltanschauungslehre verstandene Philosophie auf sich hatte und wie Rickert dadurch zu einer entschiedenen Präferenz zugunsten der Nation vor allen anderen wertverwirklichenden Kulturbereichen kam.[53] Das hat vielleicht zum erwähnten Irrtum Eike Bohlkens beigetragen. Daher gilt es jetzt auf prinzipielle Mängel aufmerksam zu machen, die für den Bereich des Praktischen mit der wertphilosophischen Fundierung systematischer Philosophie verbunden sind. Sie bildeten, wie mir scheint, die kräftigste Wurzel für die intellektuelle Widerstandslosigkeit der Südwestdeutschen gegenüber dem Nationalsozialismus im Überschwang seines Herrschaftsbeginns.

Da objektive Werte den, der von ihnen in Anspruch genommen ist, vor Aufgaben stellen, haben *Erlaubnis* gebende praktische Normen in einer wertphilosophischen Perspektive kaum eine Chance, angemessen berücksichtigt zu werden. Sie wurden von den wertphilosophisch arbeitenden Neukantianern auch so gut wie nicht beachtet. Für das Recht aber – bereits als Menschenrecht – sind sie fundamental.[54] Vor allem aber enthält eine Systematik *objektiver*, theoretisch zu erkennender Werte für sich genommen keinerlei Prinzipien, nach denen im Fall (wirklicher oder scheinbarer) Kollision zwischen der praktischen Forderung aus einem bestimmten Wert und der Forderung aus einem anderen der eine von beiden (oder die ganze Wertklasse des einen) erkennbarer Weise als vorrangig vor dem anderen zu beachten, die Forderung des anderen aber in diesem Fall zurückzustellen ist (oder prinzipielle Unterschiede im Grad der Verbindlichkeit von Forderungen aus Werten der einen oder anderen Art bestehen). Eine Strategie zur Lösung oder Auflösung solcher praktischen Probleme kann nur von der subjektiven (›noetischen›) Seite des Verhaltens zu den objektiv systematisierten Werten erhofft werden. Zu ihr aber haben für den Bereich *praktischer* Erkenntnis die Südwestdeutschen de facto kaum etwas beigetragen,[55] aber auch schwerlich Gewichtiges beitragen können. Denn schon der oben bezeichnete erste Schritt der Kant-Entstellung lässt für die Bestimmung von Prioritäten unter den zu systematisierenden und zu verwirklichenden Werten nur eine theoretische Rangordnung zu, und diese zeichnet bei Rickert subjektiv sogar im Bereich des Praktischen genau diejenigen Werte aus, die sich im Gut der je eigenen Nation des Wertenden konkretisieren. Keinen Platz findet Kants Konzept, in konkreten Fällen den Schein von Kollisionen durch praktische Erkenntnis aufzulösen[56] und eine praktische Philosophie zu lehren, die das Auftreten von wirklichen Konflikten nach Kräften vermeidet und die scheinbaren, wenn sie auftreten, auflösbar macht. Auf solche Einsicht aber wäre es angekommen. Daß sie ausblieb, ließ z. B. Radbruch für den Fall eines Widerstreits zwischen den idealen Rechtswerten Gerechtigkeit, Rechtssicherheit und Zweckmäßigkeit nur die verlegene Auskunft übrig, in einem solchen Fall entscheide das Einzelgewissen.[57]

6. Während die wertphilosophische Ausrichtung dem Neukantianismus der Südwestdeutschen schon durch den Lotzeschüler Windelband gegeben wurde, war Rickerts Werk nicht nur die Ausarbeitung eines Wertsystems und einer systematischen Weltanschauungslehre, sondern vorrangig zu beiden auf der Basis dessen, was der späte Rickert »Ontologie« nannte, eine neue Deutung des erstmals von Kant vertretenen *Primats der praktischen Vernunft* und der darin enthaltenen Lehre von der *Autonomie* derselben.[58] Auch diese Beiträge zum vermeintlich kritizistischen ›Hinausgehen‹ über Kant waren für die Rechtsphilosophie ein großer Verlust, so sinnvoll sie im Hinblick auf eine allgemeine Wertlehre und umfassende Wertsystematik erscheinen mussten.

Für Kant bestand der Primat reiner praktischer Vernunft vor der theoretischen spekulativen Vernunft darin, erster Bestimmungsgrund für die Verbindung beider und als solcher einsichtig zu sein, nachdem deren Prinzipien zuvor je für sich systematisch erkannt waren. Die Autonomie hingegen war für ihn eine des Willens als reiner praktischer Vernunft. Sie bestand nicht nur in der Auszeichnung solcher Vernunft, sich (als dem Willensvermögen) selber das praktische Gesetz zu geben, sondern – gerechtfertigt durch die zweite Kritik – in der begrifflich damit verbundenen Auszeichnung des Willens (als eines reinen), sich gemäß diesem Gesetz (und seinen Spezifikationen in vielen praktischen Gesetzen) zu Objekten und willentlichen Handlungen zu bestimmen. Rickert dagegen setzte den Primat praktischer Vernunft, um den es ihm ging, an den Anfang einer umfassenden Lehre von Freiheit (als einer Freiheit des urteilend-erkennenden Subjekts) zum urteilenden Bejahen eines Werts (oder den Wert verwirklichenden Gutes) und zum Verneinen des Unwerts (einschließlich des Wertes des Wahren und Unwerts des Falschen). Der Primat der (nur noch so genannten) praktischen Vernunft sollte bereits in solcher Freiheit bestehen, ohne dass für sie der alte metaphysische Gegensatz von Erscheinung und Ding an sich noch in Betracht kam. Auch dieser Freiheit (freien Stellungnehmens zu Werten bzw. Unwerten) wurde nun in einem umfassendsten Sinne schon Autonomie zugesprochen, wobei Autonomie verstanden wurde als begriffliche Verbindung von Selbstbestimmung des urteilend-erkennenden Subjekts zu irgendeinem Gesetz oder Wert, wonach dabei geurteilt wird, mit der Befolgung dieses Gesetzes bzw. Verwirklichung des Werts um des darin fürs Subjekt implizierten Sollens willen.

Die Folge war, dass nun von diesem verallgemeinerten Autonomiebegriff aus fürs Praktische (im engeren Sinn der Willensbestimmung zu Handlungen mit äußeren Willenszwecken) ein neuer, spezifischerer Begriff von Autonomie gebildet werden musste, für den aber die sorgfältige kantische Analyse der praktischen Vernunft (schon infolge des ersten der oben bezeichneten Schritte) nicht mehr zur Verfügung stand. Als das spezifizierende Moment glaubte Rickert nur ein praktisches Ich in einer Wir-Gemeinschaft ausmachen zu können, womit die zwischenmenschliche Gemeinschaft schon zur Voraussetzung aller philosophischen Ethik gemacht wurde. Er kam auf diesen Gedanken wohl unter Fichtes Einfluss; aber er versuchte ihn zu rechtfertigen, mit Rückverweis auf die im kantischen Kategorischen Imperativ der Sittlichkeit geforderte Verallgemeiner*barkeit* von individuellen Handlungsmaximen, indem er die praktische Möglichkeit grundlos umdeutete in die Wirklichkeit einer bestehenden Gemeinschaft aus Mitgliedern mit so übereinstimmenden Maximen; und er behauptete sogleich von solcher Gemeinschaft, ohne welche der Mensch als solcher angeblich nicht wollend tätig ist, sie sei notwendig eine *besondere*, für die dann paradigmatisch und als Regelfall das Volk oder die Nation oder deren politisch organisierter *status*, also der Staat, angegeben werden. So kommt es hier aus ganz grundsätzlichen, aber sehr unzulänglichen Kant-kritischen Erwägungen und Verbesserungsabsichten zu einer ungeheuren Engführung von Wertlehre, Finalisierung, Ethisierung und Fixierung des Rechts auf eine vorausgesetzte je besondere Gemeinschaft, und mit dieser Engführung werden die genuin kantischen, fundamentalen Prinzipien des Rechts ausgemerzt.[59] Das Eigentümliche kantisch begriffener praktischer Autonomie, Willkürfreiheit und Rechtsbegründung versinkt im harmonisierenden Brei des ›Wir‹,[60] dem sich allzu leicht ein aggressiv ausgrenzendes ›Ihr‹ beigesellt. Die Fundamente der kantischen Rechtslehre werden unsichtbar, während sie in vorhergehenden neukantianischen Entwürfen der Rechtsphilosophie wenigstens noch zu Irritationen und tieferem Nachdenken Anstoß geben mochten.

7. Auch die Finalisierung und Ethisierung des Rechts verband sich in der wertphilosophischen Variante des Neukantianismus mit zusätzlichen, Kant entstellenden Faktoren, die zur Korrumpierung des Rechtsbewusstseins beitragen mussten. Bei den Marburgern waren ihre für das Rechtsbewusstsein verderblichen Folgen trotz der Gemeinschaftsvoraussetzung für alles Recht wenigstens noch in Schranken gehalten: Bei Stammler bereits dadurch, dass die Ethisierung unterblieb und die Rechtsphilosophie sich vor allem, wenn auch mit fragwürdigem Ergebnis, um einen formalen Begriff des Rechts bemühte, die Idee richtigen Rechts hingegen mit sittlichen Ideen (einer Tugendlehre und Gewissensmoral) nur parallelisierte, aber auch davon (sowie von einem sozialen und kulturellen Ideal) abgrenzte.[61] Cohens entschiedene, zur Finalisierung hinzutretende Ethisierung des Rechts hingegen gebot der Missbrauchsgefahr we-

nigstens insofern Einhalt, als sie unmissverständlich ausgerichtet war auf Gerechtigkeit, Humanität und internationalen Frieden, wobei die Bezugnahme auf deren Idee aber nicht festgemacht wurde an Konkretisierung in einer je spezifischen nationalen Kultur. Zudem bekämpfte Cohen den Nationalismus als ärgsten, nur durch Humanität abzuwehrenden Feind aller Kräfte, »von deren Regsamkeit der Fortschritt des Staats abhängt«. Kollisionen zwischen praktischen Forderungen und Befugnissen sollten in der Humanität immerhin eine Richtschnur für ihre Bearbeitung haben.[62] Nachdrücklich betonte Cohen auch, dass es ohne das Menschenrecht kein Recht des Staates als Staates der Gerechtigkeit gibt.[63]

Das wurde anders bei den Südwestdeutschen, wenn auch nicht einheitlich, sondern in zahlreichen, variierenden Auffassungen von Recht und Staat. Jonas *Cohn*, obwohl durchaus Wertphilosoph und an einem umfassenden System von Werterkenntnissen interessiert, stand den inhaltlichen Intentionen Cohens, von denen soeben die Rede war, am nächsten. Auch ihm schien das Recht als solches ausgerichtet auf die weiteste für Menschen mögliche Gemeinschaft und ihre Werte, d.h. die Werte der Menschheit.[64] Er begann seine Ausführungen über Recht mit Hinweis auf den Eigenwert des personfähigen Wesens und die grundsätzliche Gleichberechtigung eines jeden Selbst; er bemühte sich sogar um die Wiedereinführung des Konzepts eines (ideal geltenden) Vernunftrechts und um dessen Unterscheidung von ethisch bestimmter Sittlichkeit, wenngleich ihm das Vernunftrecht als auf ethische Werte gegründet galt. Aber sein Begriff von Recht (als geltender Gesellschaftsregelung, deren ›Werte der Verbundenheit‹ ihre Erfüllung in Gemeinschaftswerten finden) blieb sehr vage; sein Rekurs auf Vernunftrecht war ohne alle Begründung und ließ eine Spezifikation der Prinzipien von Instantiierungen dieses Rechtsbegriffs und von wichtigsten Rechtsgebieten vermissen, in welche verschiedene der Instantiierungen fallen. Beim Eingehen auf die ›praktische Wirklichkeit‹ wurde die Prinzipienebene rasch wieder verlassen und trat sogleich der Staat an die Stelle regelnder Gesellschaft in Ausrichtung auf umfassende Gemeinschaft.[65] So waren dann auch Cohns Versuche, typische Konflikte zwischen den Individuen und der Gemeinschaft namhaft zu machen und ihre Überwindbarkeit aufzuweisen, nicht mehr als gut gemeinte Bemühungen um Ausgleich von Gegensätzen ohne erkennbare Begründung und gerechtfertigte Problemlösungsstrategie.[66] Beispielhaft und richtungweisend für andere unter den Südwestdeutschen waren Cohns späte, fast desultorische rechtsphilosophische Ausführungen ohnehin nicht. Ähnliches gilt für den frühen Beitrag zur Rechtsphilosophie, den die südwestdeutschen Neukantianer dem Staatsrechtler Georg *Jellinek* verdankten, bei dem sich eine spezifisch wertphilosophische Bearbeitung von Rechtsfragen gar nicht findet.[67]

Anders verhielt es sich mit Emil *Lask*s Entwurf einer philosophischen Rechtswertbetrachtung von 1905.[68] Lask bemühte sich, neben dem individualethischen einen eigenartigen, ›sozialen‹ Werttypus auszuzeichnen und für ihn eigenständig soziale Endzwecke auszumachen, deren Mittel das Recht ist.[69] Dieser Entwurf bekam für die Rechtsphilosophie der Südwestdeutschen exemplarische Bedeutung. Aber Lask blieb damit in den Anfängen stecken. Sonst hätte er wohl eingesehen, dass man den Eigenwert irgendeines besonderen Rechtszwecks nicht bestimmen kann, ohne zuvor den eigenen Charakter und Wert des Rechts, das diesen Zweck hat, erkannt zu haben. Auch eine deutliche Abgrenzung der Rechtswerte von anderen sozial- oder gemeinschaftsethischen Werten brachte Lask nicht zustande. So erstaunt es nicht, wenn sein Lehrer Wilhelm *Windelband* sich nicht weiter darum bemühte, für das nach seiner Auffassung ohnehin von vorneherein ethisierte, daher in einer Ethik der ›Willensgemeinschaften‹ abzuhandelnde Recht den Rechtswert wenigstens in deren Zwecken durch einen von anderen höchsten sozialethischen Zwecken abgegrenzten Bereich auszuzeichnen. Für Windelband war Recht seinem allgemeinen Begriff nach nur noch ein System von Normen, die eine staatlich geordnete Willensgemeinschaft für ihre Untertanen festsetzt als das (von ihr bestimmte) *Minimum* an Pflichten aller zur Erfüllung der gemeinsamen Kulturaufgaben, wobei sie durch obrigkeitliche Gewalt gegen jegliche Verletzung Zwang androht und ausübt sowie durch richterliche Gewalt in strittigen Fällen Entscheidungen herbeiführt. Zugleich sollte der Nationalstaat als Kulturstaat zwischen den divergierenden Interessen der Gesamtheit und der Individuen einen Ausgleich schaffen; aber weder er selbst noch das Recht sollte dabei Selbstzweck sein, sondern *nur* Mittel für die Aufgabe einer im Wesen der Menschen angelegten, von ihnen zu schaffenden Kultur.[70] In einem Zwangsmittel zu so vagen Zwecken ließ sich alles Mögliche, Übles wie Erhabenes, unterbringen. Nicht mehr bedacht worden ist, dass das Recht mit dieser umfassenden Kulturfunktion in grotesker Weise überfordert sein und mitsamt dem erhabenen Zweck in sein Gegenteil umschlagen könnte. Dass es nicht gelungen war, das Recht über seine Zwecke von anderen Zwecken, insbesondere aber ethischen Zwecken abzugrenzen, legte zudem den Versuch nahe, die Abgrenzung gar nicht mehr im Zweck vorzunehmen, sondern dem Recht von vorneherein nur den Charakter eines unerlässlichen Mittels (wenn auch mit irgendwie eigenen Rechtszwecken) für die Verwirklichung unbedingter, höchster kultureller Zwecke zuzusprechen. So wirkte Windelband im Grunde für eine *relativistische* Deutung des Rechtswerts.

Ausdrücklich einen Relativismus des Rechtswerts vertreten und Jellinek sowie Max Weber zugesprochen hat aber erst Gustav *Radbruch.*[71] Nach ihm gibt es aufgrund theoretischer Erkenntnis drei ursprünglich letzte Werte bzw. Wertklassen – die der Sittlichkeit, der Schönheit und der Wahrheit. Im Verhältnis zu ihrer Verwirklichung hat das Recht nur den Charakter eines Mittels. Seine Idee ist spezifischer Wert der Gestaltung und Regelung des Gemeinschaftslebens, und aus ihr wird der Rechtsbegriff ohne Rekurs auf Erfahrung ›abgeleitet‹. Alles, was unter ihn fällt, also Recht ist, leitet seine Geltung aus der Geltung der Sittlichkeit ab, gilt also nur dadurch, dass die sittliche Persönlichkeit es sich als ethische Norm aneignet. Seine Geltung wird ihm nur vom Gewissen verliehen. Sie kann aber ihrem Inhalt nach von äußerer Autorität ›heteronom‹ übernommen werden. Nur gibt es für den Inhalt dann keine eigene Pflicht und Verpflichtungsweise neben der ethischen und ist dafür auch keine Freiheit vorauszusetzen.[72] In einigen Einzelheiten konnte sich Radbruch für die umrissenen Behauptungen auf den Text der kantischen Rechtslehre berufen. In anderem dagegen, insbesondere in den Begründungen, war er damit meilenweit von Kant entfernt. Schlimmer wirkte sich aus, dass aufgrund des Relativismus infolge einer Pluralität gleichwertiger Rechtszwecke (Gerechtigkeit, Rechtssicherheit, Zweckmäßigkeit) mit der Folge zwischen ihnen bestehender Antinomien redlicherweise gelehrt werden musste, in Fällen des Widerstreits entscheide das Einzelgewissen.[73] Für die Geltung des Rechts aber sollte es geboten sein, Normenkollisionen – sowie

Widerstreite zwischen Rechtsanschauungen – um der Rechtssicherheit willen im Sinne der überwiegenden Macht zu entscheiden. »Die Rechtsphilosophie marschiert, wie der liebe Gott, mit den stärkeren Bataillonen«.[74] M. a. W.: Von einer angeblich bloß theoretischen Erkenntnis, welche ein Mittel doch bestenfalls als tauglich oder untauglich erkennen kann und dies höchstens so gut, als vorab schon der Zweck identifiziert und erkannt ist, bekam das Recht nur noch den relativen Wert eines Mittels zugebilligt. Trotzdem aber und obwohl das ihre Kompetenz überstieg, sprach diese Erkenntnis alles Recht in der Rechtswirklichkeit uneingeschränkt den Händen der politischen Gewalt zu und stellte grundsätzliche Entscheidungen über das Recht – zur ›Auswahl‹ unter Alternativen – den individuellen Gewissen der Funktionäre solcher Gewalt anheim. Allen Übrigen aber wurde kaum eine andere Alternative gelassen als die, an jenen Entscheidungen und ihren Folgen durch Gleichschaltung eigener Gewissenseinstellung mitzuwirken oder sich – aus Gewissensgründen – der so in der Person ihrer herrschenden Funktionäre und Führer wertenden sowie Wertpräferenzen setzenden Rechtsgemeinschaft zu verweigern.[75]

Heinrich Rickert hat sich, was das Recht betrifft, nicht um die Frage nach dessen spezifischer ›Wertform‹ bemüht und überhaupt sein Rechtsverständnis in großer Unbestimmtheit belassen. Wo seine systematische Wertlehre von Recht redete, ließ sie aber keinen Zweifel daran, dass dieses Thema grundsätzliche Behandlung im Kontext sozialethischer Prüfung und Beurteilung von Verbänden, wie z. B. Familie und Staat, finden und das zu beurteilende Recht dabei gedacht werden sollte als letztlich angelegt auf Förderung der moralischen Autonomie aller Individuen und als deren sittlicher Vervollkommnung dienend. Aufs Ganze gesehen verblieb Rickert also in der Perspektive Windelbands und Radbruchs, das Recht als einen dem Ethischen ein- und seinen Prinzipien untergeordneten Faktor gemeinschaftlich zu schaffender und zu fördernder Kultur zu betrachten.[76] Durch seine stark von Fichte geprägte Staats- (und Politik-)Auffassung[77] legt Rickert die Vermutung nahe, daß er auch mit seinem Rechtsverständnis eher Fichte als Kant verpflichtet war.[78] Wenn es sich so verhalten sollte, wäre bei Rickert der nach Radbruchs Meinung bloß heteronome Charakter von Rechtsforderungen herabgesunken zu dem einer bloß technisch-praktischen Nötigung (wenngleich zu sittlichen Zwecken).

Aus Rickerts großer Unbestimmtheit in diesem Punkt scheinen jüngere Anhänger des südwestdeutschen Neukantianismus, die sich eingehender als das Schulhaupt mit Rechtsphilosophie befassten, Konsequenzen gezogen zu haben. Julius *Binder*, der philosophisch ein Schüler des Rickert-Freundes Paul Hensel war, reagierte 1915 in seiner umfangreichen Auseinandersetzung mit Stammler indirekt auch auf Rickert, indem er zunächst einen formalen Rechtsbegriff exponierte, der als konstitutiv (wie eine Kategorie) für jeden positiven Rechtsinhalt gedacht war, aber auch alles Recht von der (dem Kategorischen Imperativ der Sittlichkeit unterstehenden) Moral – als einem anderen Gebiet der Wirklichkeit angehörig – abheben und mit anderen Aufgaben als denen der Sittlichkeit verbinden sollte.[79] Die Rechtsidee hingegen sollte (als Inbegriff des Inhalts rechtlicher Aufgaben) eine rein theoretische Funktion erfüllen und dabei ebenfalls von der sittlichen Idee verschieden sein, also sich weder in einem Unterordnungs- noch in einem Identitätsverhältnis zu ihr befinden. Eben dadurch sollte sie instand setzen, die einzelnen empirischen Rechtsbegriffe deutlich von allen Moralbegriffen zu unterscheiden. Einzig in der sittlichen Freiheit des Einzelnen (als einem durch Normierung ausgezeichneten Gut, das von der Rechtsordnung geschützt wird) sollten sich beide Gebiete berühren.[80] So war das Recht weder nur als ethisches Minimum (Windelband) gedacht noch nur als Mittel zur Verwirklichung ursprünglich letzter Werte (Radbruch), noch hinsichtlich seiner Wertform in der Rickert'schen Unbestimmtheit belassen. Infolge der Abgrenzung von allem normativ Sittlichen war nun jedoch alles, was Recht ist, wesentlich heteronom bestimmt. Das Gesetz, unter dem das juridisch Rechte sich des Näheren ergibt, war daher kein Gesetz der Freiheit mehr. Es gehörte sogar zur Idee des Rechts, dass sich die Gesellschaft auf Kosten des Einzelnen durchsetze; und das Recht war nun so ursprünglich wie wesentlich eine soziale Institution, innerhalb deren der Einzelne seine Persönlichkeit »aus den Händen der mit ihm verbundenen Genossen« empfängt. Von Rechtspflichten im kantischen Sinn konnte genau genommen gar nicht die Rede sein.

Zehn Jahre später wurden von Binder dieser durchaus antikantischen Position nur noch die beiden Gedanken hinzugefügt, das

Recht sei seiner Idee nach ein Zwang des Einzelnen zur Gemeinschaft. Dieser Zwang aber findet nicht wie bei Kant eine juridische Rechtfertigung darin, dass rechtliche Befugnis zu seiner Anwendung besteht und dass unter Verzicht, von der Befugnis Gebrauch zu machen, Recht unter Menschen überhaupt keinen Bestand haben könnte. Der Zwang sollte vielmehr nur eine sittliche Rechtfertigung haben, und die sollte darin liegen, dass ohne ihn Gemeinschaft und Kultur nicht möglich wäre (womit die auf Kultur gerichtete Finalisierung doch wieder bestätigt war). Die Grundlage dafür aber sollte nun eine Vernunft sein, die nicht nur Zweck der in Gemeinschaft Zusammenlebenden sei, sondern auch substanzielle Voraussetzung des Staats und der Rechtsordnung,[81] womit sich der Übergang zu einem Neuhegelianismus vollzog, der in Rechtsdingen genau so antihegelisch war wie der Neukantianismus antikantisch.

Bruno *Bauch*, direkter Schüler Windelbands, scheint sich für sein Rechtsverständnis Anregung außer bei Fichte unter anderem auch bei Binder verschafft zu haben.[82] Ganz anders als Binder aber unternimmt er keine Anstrengung, das Recht sowohl seinem Begriff als auch seiner Idee nach von allem (anhand des Kategorischen Imperativs zu beurteilenden) Sittlichen abzugrenzen. Ohne Bedenken ordnet er es wie Windelband und Rickert dem Gegenstand einer Ethik ein. Die Rechtfertigung dafür soll sein, dass die Idee des Rechts objektiv in der Idee der (sittlichen) Pflicht gründe und dass alles Recht in seinem tiefsten Sinn (wie bei Radbruch) Recht *auf* Pflichterfüllung sei (also nicht wohlbegrenzte Befugnis für die Willkür). Insofern sind für Bauch die Rechtsgesetze eines Staats Freiheitsgesetze, Staat und Nation hingegen sind die sozialen ›Verbände‹, unter deren Titel das Recht innerhalb einer Sozialethik abzuhandeln ist. Insbesondere auf der Verbindung von Staat und Nation liegt nun der Akzent: Nur in Wechselbeziehung aufeinander finden beide angeblich die Erfüllung ihres eigenen Sinnes und ihrer Aufgabe. Die Regelung, die der Staat durch das Recht zu leisten hat, sei ›zugleich‹ – d.h. das Recht grotesk überfordernd – echte Gliederung des Lebens der Nation zum Ganzen. Dem einzelnen Menschen könne seine Bestimmung zu konkreten Aufgaben und Zielen, »die allein dem Leben Sinn zu geben vermögen«, allein in der Nation werden, als der »konkrete Gemeinschaft werdenden Gesellschaft«.

Sache des Staats sei es, im Interesse der Menschheit die Sonderbestimmung der Nation zu wahren.

Mit solchem Interesse der Menschheit konnten sich auch Nazis einverstanden erklären. Das ganze Bauch'sche Verständnis aber von Recht, Rechtszwang als Zwang zur Gemeinschaft, Staat und Nation als Ort überhaupt möglichen Sinnes im Leben wird der »entgeisteten Staatsauffassung in den selber entgeisteten demokratischen Parteienstaaten« entgegengesetzt.[83] Dass unter Voraussetzung so ›wissenschaftlich-philosophischen‹ Rechtsbewusstseins die Drachensaat der Massenmobilisierung aufgegangen war und auch philosophischerseits begrüßt werden wollte, ist nicht mehr erstaunlich. Denn die ohnehin von derartigen Mobilisierungen ausgehende Suggestion wurde nun dadurch verstärkt, dass der anfängliche, für die Überzeugungskraft einer kulturphilosophischen Rechtslehre erforderliche Optimismus spätestens nach 1918 in eine sehr düstere Prognose für die eigene Kultur umgeschlagen war, nun aber wieder angebracht erscheinen sollte. Bauch beschleicht selbst im Jahr 1935 nicht die geringste Sorge, dass ein so auf Nationalkultur eingeschworenes Recht wie das von ihm konzipierte aberwitzigen, die menschenrechtlichen Grundlagen allen Rechts zerstörenden, nationalistischen Kulturanstrengungen der Nazis untergeordnet werden könnte und dass diese es dazu missbrauchen würden, wo immer sich das durch hinlänglich erhabene und ferne ›ethische‹ Ziele beschönigen ließe.

Wie groß diese Gefahr war, wird deutlich, wenn man registriert, dass die südwestdeutschen Rechtsauffassungen nicht nur von den Prinzipien der kantischen Rechtslehre fast nichts mehr übrig behielten, sondern auch von denen einer Finalisierung des Rechts sowohl in der (das Ethische ausgrenzenden) Version Stammlers als auch in der (pointiert ethischen, auf internationalen Frieden ausgehenden) Cohens; denn von Letzterer unterschieden sie sich nicht nur hinsichtlich der versuchten Begründungen, sondern vor allem auch durch Vernachlässigung des fundamentalen rechtsbegrifflichen Gehalts der Cohen'schen Lehre von juristischer Person und selbstbewusst rechtlich bestimmtem, willentlichem Handeln. Gerade aber in diesem, vom Privatrecht artikulierten begrifflichen Gehalt hatte Cohen den »Wert und Segen der Rechtsformen und Formeln« gelegen gesehen.[84]

8. In den Grundbestimmungen enthielten die sieben bisher markierten Kant entstellenden Schritte sich einer besonderen Auszeichnung des Werts der je eigenen Nation. Doch auch so prinzipiell genommen schon mussten sie sich verhängnisvoll auf das Rechtsverständnis auswirken, das dann freilich durch einen am Ende hinzukommenden nationalistischen Faktor, vor allem aber durch seine völkische Deutung zusätzlich die Gefahr von Hilflosigkeit und Pervertierung heraufbeschwor. Akut aber wurde diese Gefahr nicht nur durch die Zeitumstände am Ende der Weimarer Republik, sondern – schon viel früher – durch einen weiteren Schritt der Kant-Entstellung. Er betrifft das Verhältnis von *Staat*, *Politik* und *Philosophie*, sofern sie innerhalb des Staats zur Politik Stellung nimmt.[85]

Kant hatte seinen Begriff von *Politik* durch drei wohl erwogen ins Verhältnis zueinander gesetzte, normative definitorische Merkmale bestimmt. Nach dem *ersten*, mit lexikalischem Vorrang zu berücksichtigenden *definiens* ist Politik *ausübende Rechtslehre*.[86] Das Recht, dessen Lehre Politik nach diesem *definiens* ›ausüben‹ soll, ist dabei durchaus nicht ausschließlich das vom Staat geschaffene oder jedenfalls durch Gesetzgebung eigens rechtskräftig gemachte positive, sondern auch das von der Philosophie hinsichtlich seiner Prinzipien aufzuklärende und zu rechtfertigende Vernunftrecht. Das Ausüben seiner Lehre aber besteht nicht schon im Lehren dieser Lehre selbst, das es bei Abstraktionen belässt, sondern in der Betätigung ihrer Inhalte durch Anwendung des Allgemeinen und seiner Besonderungen auf konkrete, rechtlich zu qualifizierende und zu behandelnde, praktische Fälle und Situationen. Es erfordert also vor allem (reflektierend und bestimmend) Betätigen von Urteilskraft – und das sowohl zur Beurteilung als auch zu einem der Beurteilung entsprechenden äußeren Handeln. Die das Politische am Ausüben ausmachende Spezialität liegt nicht nur in Handlungen (und Beurteilungen von Handlungen) des *Staat*s bzw. einzelner seiner Organe und Gewalten. Vielmehr umfasst es zusätzlich dazu auch rechtlich qualifizierte und weiterzubestimmende Handlungen von Einzelnen, die dem Staat angehören und untergeben sind, sofern diese Handlungen aus vernunft- oder positivrechtlichen Gründen – und vielleicht zudem aus einer von den Einzelnen selbst zu gewinnenden Einsicht heraus – zur gemeinsamen Errichtung, Erhaltung und beständigen Reform der Verfassung der Staatsgewalten beitragen sollten. Schließlich aber geht die ausübende Rechtslehre nach kantischem Verständnis über ihre Betätigung innerhalb eines einzelnen Staates weit hinaus und betrifft auch die Lehre rechtlicher Prinzipien für Verhältnisse zwischen einzelnen Staaten sowie in Bezug auf das Wechselverhältnis zwischen ihnen und ihnen nicht angehörenden, fremden Rechtspersonen, d. h. deren Weltbürgerrecht. Im Verhältnis zu all diesen Bereichen und den in ihnen gestellten Aufgaben hat die Politik beim Ausüben von Rechtslehre ihre ›Staatsweisheit‹. So eng sind eine umfassende philosophische Staatslehre und die Philosophie der Politik (hinsichtlich des ersten *definiens*) miteinander verzahnt. Nichts auch nur einigermaßen damit Gleichwertiges findet sich bei den südwestdeutschen Neukantianern.

Allerdings tritt bei Kant zum ersten definitorischen Merkmal des Politikbegriffs ein *zweites*, wonach Politik auch *›Staatsklugheitslehre‹* ist, sofern sie für alle im Staat das allgemeine (öffentliche sowie private) Wohl der Bürger und Staatsuntertanen zu besorgen und die dafür verantwortlichen Einzelpersonen sowie Staatsorgane tätig sein zu lassen hat. Dieses gegenüber dem ersten nachgeordnet zu berücksichtigende *definiens* hat aber seinerseits noch die Berücksichtigung eines *dritten* zur Voraussetzung: dass sich die so das allgemeine Wohl besorgenden Personen und politischen Instanzen ihrerseits das zu allen rechtlichen Forderungen hinzukommende *ethische Ziel* setzen, nicht vorrangig den Anteil eigenen Wohls darin zu bedienen, sondern jeweils das *vom eigenen Wohl unterschiedene* im Ganzen dessen, worauf die Betätigung von Staatsklugheit hinarbeitet. Nur so löst Politik ihr Staatsklugheitsproblem.

Philosophie, deren Abstraktionen etwas zu dem beitragen können, was als Politik ausübende Rechtslehre und recht verstandene Staatsklugheitslehre ist, nimmt sich mit ihrem Beitrag nicht heraus, den Staat und die in ihm politisch Verantwortlichen (beim Betätigen von Staatsweisheit und ihr untergeordneter Staatsklugheit) zu belehren.[87] Ohne die Autorität des Staats und der in ihm die Verantwortung Tragenden zu schmälern oder gar zu fordern, dass »der Staat den Grundsätzen des Philosophen vor den Aussprüchen des Juristen den Vorzug einräumen müsse«, überlässt sie es den in diesem Handlungsbereich Tätigen, auf den Philosophen zu hören oder nicht, wenn man ihn nur öffentlich sprechen lässt. Eben dadurch aber bewahrt sie ihre Eigenständigkeit gegenüber den Staatsautoritäten, aber auch den Völkern,[88] anstatt sich deren Imperativen und Aufgaben mit einer von ihr selbst betätigten, angeblich von wissenschaftlich philosophischer Weltanschauungslehre nahegelegten ›Weltanschauung‹ auszuliefern oder in scheinbarem Verzicht auf wirkliche Praxis die theoretische Autorität einer Fachwissenschaft für sich in Anspruch zu nehmen.

Auch von diesen subtilen kantischen Grundsätzen der Politik und der Philosophie im Verhältnis zu ihr haben die südwestdeutschen Neukantianer nichts bewahrt. An die Stelle des Konzepts einer Politik als ausübender Rechtslehre ist bei ihnen Fixierung aufs Nationale und auf eine nationale Kulturkrise getreten sowie die Aufgabe, die Krise mit Rechtsmitteln zu überwinden. Der Diagnose zufolge war die Krise zurückzuführen auf entfesselte Pluralität von individuellen Wertpräferenzen und Konflikte zwischen Forderungen verschiedener Wertbereiche, insbesondere aber zwischen extrem individualistischen und extrem universalistischen (oder kollektivistischen) Einstellungen.[89] Staatlicher Rechtspolitik musste also die Aufgabe zufallen, durch drakonische Maßnahmen die wachsende Zersplitterung des Lebens in der modernen Welt zu begrenzen und notfalls durch eine Diktatur die Einheit zu erzwingen, deren die Kultur zur Erfüllung ihrer ›geschichtlichen Aufgabe‹ bedurfte. Dass das Recht dadurch auf ein technisches Instrument zur Ausübung von (auf den Kulturzweck gerichteter Herrschaft) reduziert wurde, scheint nicht weiter aufgefallen zu sein.

Soweit die südwestdeutschen Neukantianer sich als Philosophen *expressis verbis* zum Thema Politik äußerten, geschah dies meines Wissens ausschließlich in Anlehnung an die staats- und nationalphilosophischen Schriften Fichtes.[90] Doch deren schlimme, Kant ein weiteres Mal entstellende Wirkung – vom Fichte-Jubiläumsjahr 1862 an – ist ein Kapitel für sich, das hier auf sich beruhen kann. Denn die *Wurzel des Übels* lag nicht in einer Anlehnung an Fichtes politische Philosophie. Wer als Philosoph die bösen Geister des Nationalismus nicht durch Prinzipien seiner Rechtslehre bannt, der kann nicht mehr verhindern, dass sie sich auf dem Feld seiner Sozialethik und Lehre von der Politik breit machen und da ihre makabren Tänze aufführen. So kann bereits hier – endlich – das unheilvolle Werk der neukantianischen Kant-Entstellung (in Sachen Rechtsphilosophie) als ein Ganzes überblickt werden:

Als kurzes *Fazit* ergibt sich aus dem Rückblick unmittelbar, dass die Wurzel des Übels auch wesentlich tiefer reichte als das Bewusstsein einer Kulturkrise, welche die südwestdeutschen Neukantianer registrierten und welche in ihren Augen letztlich nur durch nationalistische Kompensationen zu bewältigen war. Es kann daher nicht angehen, sich für eine Kulturphilosophie der Gegenwart von Rikkerts Konzept einer solchen leiten zu lassen und daran nicht mehr zu korrigieren als die Überbetonung nationaler Kulturwerte. Die Wurzel des Übels war vielmehr eine von weit her kommende Deformation des philosophischen Rechtsverständnisses, die schon mit grundlegenden Prinzipien des Neukantianismus begonnen hatte und durch dessen Wendung ins Wertphilosophische verstärkt wurde. Die Verstärkung kulminierte in der (für die Südwestdeutschen spezifischen) kulturalistischen Finalisierung des Rechts und einer entsprechenden, aufs national Kulturelle eingekrümmten Auffassung von Politik sowie politischer Philosophie. Die fatalen Triebe aber, die dieser Wurzel entsprossen, waren *nemesis divina*[91] für philosophische Sünden, die schon lange vor 1933 begangen worden waren und in der Rechtsphilosophie zum Teil bis heute nicht gesühnt sind. Immer noch, z. B., vertreten wohlmeinende Experten die Meinung, das Recht und seine elementarsten Bestimmungen, wie z. B. die Definition des Rechts und die Menschenrechte, hätten ihr Fundament in ethischen Werten unserer (von den meisten bejahten) Kultur.[92] Der Fluch dieser Sünden bestand auch durchaus nicht nur in extremem Nationalismus. Schlimm genug war z. B. schon, dass sich – zusätzlich zum rechtsphilosophischen Relativismus – in kultur- und rechtspolitischen Grundentscheidungen, deren sich die Philosophen annehmen wollten, große Unsicherheit ausbreiten musste und dass dies angesichts wenig überzeugender Entscheidungsgründe die Alternative ›Fatalismus und Dezisionismus oder Häretismus‹ heraufbeschwor. Häretismus war das Schicksal derjenigen, welche den südwestdeutschen Idealismus schon vor 1933 verlassen hatten und ab 1933 vertrieben wurden. Einem Fatalismus oder Dezisionismus hingegen mussten sich diejenigen verschreiben, die dem Verweis auf vorwaltende national-kulturelle Imperative in prinzipiellen Rechtsproblemen vielleicht misstrauten, auf jeden Fall aber auf dem Boden wertphilosophischer Rechtsbetrachtung verharren wollten oder aber von vorneherein eine ursprüngliche Einheit von nationalem Ethos und Grundlagen allen Rechts annahmen.

Auch die Fachjuristen unter den südwestdeutschen Neukantianern wussten dagegen, wie sich gezeigt hat, keinen überzeugenden Rat. Die Quintessenz des Mangels ihrer Rechtslehre und Philosophie des Staats sowie der Politik ist in drei Sätzen zusammenzufassen: In krassem Gegensatz zu Kant lässt sich unter Voraussetzung der südwestdeutschen Wertlehre dem Recht der Menschen (als einem Recht im strengen Sinn) mit allen seinen vernunftbegründeten Forderungen kein unbedingter, vor allen übrigen praktischen Werten unumstößlich zu respektierender Wert zusprechen und wird ihm auch de facto – selbst vom bedeutendsten Rechtsphilosophen dieser Schule – nur ein funktionaler Wert, der Wert eines bloßen Mittels zur Erlangung von Gütern zugesprochen, die unbedingte Werte verwirklichen.[93] So wird dem Recht am Ende auch nur eine auf solche Güter relative Rechtfertigung zuteil. Bei derartigem Verständnis der prinzipiellen Zusammenhänge aber hängt das Nähere dann von den unbedingten nationalen Kulturwerten und nicht von durch Recht begrenzten politischen Zielsetzungen oder Imperativen ab. Wenn die Letzteren mit hinlänglich erhabenen ethischen Zielsetzungen erfolgreich verbrämt werden können, werden Überzeugungen von richtigem Recht bis in die Prinzipien hinein disponibel und es lässt sich beim Vorwalten nationalpolitischer Kulturziele mancher Rechtsverstoß, ja die vorübergehende Sistierung und Korrumpierung allen Rechts gegenüber hinlänglich Stigmatisierten mit trotziger Selbstgerechtigkeit gutheißen oder mit tiefem menschlichem Mitgefühl für den Betroffenen hinnehmen. Das vor allem hat die südwestdeutschen Neukantianer in der nationalsozialistischen Diktatur intellektuell gelähmt und sie zur Sympathie mit ihr verführt. Deshalb musste von ihren philosophischen Sünden hier die Rede sein.

Wer ein guter südwestdeutscher Neukantianer sein wollte und Rickert als Philosophen so hoch verehrte wie August Faust, mochte sich von all diesen Sünden verblendet sogar sagen, es sei seine verdammte individualethische Pflicht und Schuldigkeit, als deutscher Philosoph sein Schicksal mit dem der Nazis auf Gedeih und Verderb zu verknüpfen, notfalls aber mit ihnen ›heroisch‹ unterzugehen.[94] Wer hingegen das Jahr 1945 überlebte und durch die erfahrene Katastrophe belehrt die Insuffizienzen der südwestdeutsch-neukantianischen Rechtsphilosophie zu erkennen begann, musste sich bei noch ausreichend vergönnter Lebenszeit auch eingestehen, dass ihnen nicht wirklich beizukommen war durch Detailkorrekturen – z. B. in Form der Einführung von neuen Tatbeständen wie ›gesetzliches Unrecht‹ und ›übergesetzliches Recht‹.[95] Die Revision hätte vielmehr eine entschiedene Abkehr von der neukantianischen Philosophie des Praktischen insgesamt, insbesondere jedoch von derjenigen des Rechts verlangt und eine erneute Rückbesinnung auf Kant geboten – doch nun auf einen zumindest in diesem Bereich der Philosophie unentstellten. Der wert- und kulturphilosophische Neukantianismus des Praktischen überhaupt ist mit dem Nationalsozialismus zu Recht untergegangen und nur noch als Anregungspotenzial für Spezialstudien brauchbar. Über den hier unternommenen Deutungsversuch hinaus bestünde deshalb der wichtigste philosophische Beitrag zur heutigen Beschäftigung mit dem Neukantianismus im Nationalsozialismus darin, die Entstellungen Kants in umgekehrter Richtung zur Anordnung, in welcher sie entstanden waren und oben bezeichnet wurden, Schritt für Schritt wieder zu beseitigen.

Den Anfang, den diese revidierende Rückbesinnung nehmen sollte, hat Kant bereits 1795 durch eine unmissverständliche Warnung bezeichnet:[96]

»Beides, die Menschenliebe und die Achtung fürs *Recht* der Menschen ist Pflicht; jene aber nur *bedingte*, diese dagegen *unbedingte*, schlechthin gebietende Pflicht, welche nicht übertreten zu haben derjenige zuerst völlig versichert sein muss, der sich dem süßen Gefühl des Wohltuns überlassen will. Mit der Moral im ersteren Sinne (als Ethik) ist die Politik leicht einverstanden, um das Recht der Menschen ihren Oberen preiszugeben: aber mit der in der zweiten Bedeutung (als Rechtslehre), vor der sie ihre Knie beugen müsste, findet sie es ratsam, sich gar nicht auf Vertrag einzulassen, ihr lieber alle Realität abzustreiten und alle Pflichten auf lauter Wohlwollen auszudeuten; welche Hinterlist einer lichtscheuen Politik doch von der Philosophie jener ihrer Maximen leicht vereitelt werden würde, wenn jene es nur wagen wollte, dem Philosophen die Publizität der seinigen angedeihen zu lassen.«

Dass es mit solcher Publizität unter der Nazi-Herrschaft vorbei, aber mit der Hinterlist lichtscheuer, das Knie vor der Moral als Rechtslehre nicht mehr beugender Politik ernst war, konnte man von Beginn des Jahres 1933 an sehen, ohne Philosoph zu sein. Wer als Philosoph daraus nicht von Anfang an seine Konsequenzen zog, konnte sich dazu nur von einer so unkantischen wie unzulänglichen Philosophie, die er vertrat, berechtigt fühlen. Wenn er diese Philosophie zudem für einen Kantianismus ausgab, mag man sich fragen, ob er die Hinterlist (einer verheimlichten Maxime), von der Kant sprach, nicht sogar in ein ›lichtscheu‹ nur noch ›politisches‹ Verhalten zum Ursprung der Tradition praktischer Philosophie hineingetragen hatte, aus der er selber einmal gekommen war. Wo aber wäre in Deutschland während der dreißiger Jahre des vorigen Jahrhunderts eine Philosophie des Rechts und der Politik gewesen, von der aus man der Nazi-Politik hätte intellektuellen Widerstand besser leisten können als mit dem Neukantianismus, wenn man auf seinen genuin kantischen Ursprung zurückzugehen vermocht hätte? Doch dazu war leider nicht einmal Julius Ebbinghaus in der Lage.[97]

Anmerkungen

1 H. F. Fulda, Heinrich Rickerts Anpassung an den Nationalsozialismus. In: *Deutsche Zeitschrift für Philosophie*, 1999, S. 253–269.

2 Z. B. bei E. Bohlken, *Grundlagen einer interkulturellen Ethik. Perspektiven der transzendentalen Kulturphilosophie Heinrich Rickerts*, Würzburg 2002a, S. 216 ff.

3 D. Kaegi, Philosophie. In: W.U. Eckart, V. Sellin, E. Wolgast (Hg.), *Die Universität Heidelberg im Nationalsozialismus*, Heidelberg 2006, S. 321–349.

4 H.F. Fulda, Krise und Untergang des südwestdeutschen Neukantianismus im ›Dritten Reich‹. In: H.J. Sandkühler (Hg.), *vergessen? verdrängt? erinnert? philosophie im nationalsozialismus.* schriftenreihe der deutschen abteilung des europäischen UNESCO-lehrstuhls für philosophie (Paris), Bremen 2008, S. 75–90.

5 Die Belege zu Ausführungen des vorliegenden Abschnitts findet man im eingangs erwähnten Aufsatz.

6 Ihre Pointe wurde übrigens in einer marxistischen Variante von Georg Lukács übernommen und mit einem Bekenntnis zum Stalinismus verbunden.

7 Vgl. H. Rickert, *Grundprobleme der Philosophie*, Tübingen 1934a, S. 167: Es solle nicht bestritten werden, dass dem, was man »Rasse« nennt, »als Be-

dingungsgut Bedeutung auch für das Kulturleben zukommt«. Diese kompromisslerische Äußerung aus dem Jahr 1934 darf man hinter Rassismus-kritischen Passagen von 1921 nicht verschwinden lassen (vgl. H. Rickert, *System der Philosophie*, Tübingen 1921, S. 323).

8 Bohlken 2002a, S. 219. Eine Einschränkung dieses Urteils hat Bohlken inzwischen vorgenommen, indem er Rickerts und Lasks Auffassung von Rechtswerten kritisierte und geltend machte, Rickert bleibe die Antwort auf die Frage nach dem Eigenwert des Rechts schuldig (E. Bohlken, Personale und transpersonale Sittlichkeit. Der Wertbegriff des Rechts in der Rechtsphilosophie Emil Lasks und Heinrich Rickerts. In: R. Alexy u. a. (Hg.), *Neukantianismus und Rechtsphilosophie*, Baden-Baden 2002b, S. 288, 294 f.).

9 Siehe unten, Abschn. 3.

10 Kaegi 2006, S. 335.

11 H. Ehrenberg, *Die Parteiung der Philosophie. Studien wider Hegel und die Kantianer*, Leipzig 1911.

12 Vgl. J. Ebbinghaus, Kantinterpretation und Kantkritik. In: *Deutsche Vierteljahrsschrift für Literaturwissenschaft und Geistesgeschichte*. Bd. II, 1924, S. 80–115. Wieder in: Ders., *Gesammelte Schriften*. Bd 3: *Schriften zur theoretischen Philosophie und Philosophiegeschichte*. Hg. v. H. Oberer/ G. Geismann, Bonn 1990, S. 3–38

13 Erich Rothacker war 1920/21 Assistent am Philosophischen Seminar in Heidelberg. Aber er war eigentlich kein Schüler Rickerts. Er hatte 1912 bei Heinrich Maier (in Tübingen) promoviert und sich 1920 (in Heidelberg) bei ihm habilitiert. (Vgl. dazu Chr. Tilitzki, *Die deutsche Universitätsphilosophie in der Weimarer Republik und im Dritten Reich*, 2 Bde., Berlin 2002, S. 263 ff.)

14 Vgl. Tilitzki 2002, S. 259 f., 162. Promoviert hatte Frank bei Windelband. Seine Habilitation aber (1923) förderte vor allem Jaspers, der ihn auch nach Marburg empfahl, wo Frank 1928 Heideggers Nachfolger und 1935 wegen jüdischer Herkunft von der ersten Entlassungswelle zur angeblichen Wiederherstellung des Berufsbeamtentums erfasst wurde.

15 Vgl. dazu Rickerts umfangreiche Abhandlung, Die Heidelberger Tradition und Kants Kritizismus. In: H. Schwarz (Hg.), *Deutsche systematische Philosophie nach ihren Gestaltern*, Bd. 2, Berlin 1934b, S. 237–301.

16 Kein Indiz für eine Krise der Rickert'schen Philosophie oder gar für das Bewusstsein einer solchen waren gelegentliche Verstimmungen Rickerts wegen verbaler Zusammenstöße mit Jaspers. Auch eine von Glockner festgehaltene, für diesen jedenfalls deprimierende, trübe Stimmungslage Rickerts im Januar 1933 scheint mir kein solches Indiz zu sein. Denn sie bestand angesichts der vorübergehenden Gefahr, Rickerts Lehrstuhl werde nicht widerbesetzt, sondern von der Fakultät Sparzwängen der Regierung geopfert werden. (Vgl. zum einen H. Glockner, *Heidelberger Bilderbuch. Erinnerungen von Hermann Glockner*, Bonn 1969, S. 102, 188–198; zum anderen: *Glockner-Nachlaß* im Archiv der Stadt Fürth. Abt. 2. Nr. 9. Tagebucheintrag vom 15. 1. 1933.)

17 G. Radbruch, *Rechtsphilosophie*, Leipzig [3]1932. Wieder in: Ders., *Gesamtausgabe*, hg. v. A. Kaufmann, Heidelberg 1993, Bd. 2, S. 206–450.

18 Eine solche Gesinnung lassen zumindest Windelbands Entwicklung in den Jahren 1878/79 und kurz nach Kriegsbeginn die vorbehaltslose Solidarisierung mit dem Kaiser in dem auch von Windelband unterzeichneten Zeitungs-Aufruf (4. 10. 1914) ›An die Kulturwelt‹ vermuten. (Vgl. zum einen K. Chr. Köhnke, *Entstehung und Aufstieg des Neukantianismus. Die deutsche Universitätsphilosophie zwischen Idealismus und Positivismus*, Frankfurt/M. 1993, S. 426 f., 432 f.; zum anderen P. Hoeres, *Krieg der Philosophen. Die deutsche und die britische Philosophie im Ersten Weltkrieg*, Paderborn 2004, S. 127 f.)

19 H. Glockner, der seit 1921 in Rickerts Haus wohnte und nach eigenem Zeugnis »an der Parteipolitik der damaligen Jahre [...] gar keinen Anteil« nahm, ließ sich für seine Wahlentscheidungen von Rickert beraten und wählte dann »demokratisch oder Deutsche Volkspartei« (*Glockner-Nachlaß*. Abt. 1. Nr. 3. Vgl. Glockner 1969, S. 176 ff.; Tilitzki 2002, S. 325).

20 Jonas Cohn war DDP-Mitglied. (Vgl. Tilitzki 2002, S. 134 f.; M. Heitmann, Jonas Cohn, Philosoph, Pädagoge und Jude. Gedanken zum Werdegang und Schicksal des Freiburger Neukantianers und seiner Philosophie. In: W. Grab/ J. H. Schoeps (Hg.), *Juden in der Weimarer Republik*, Stuttgart/Bonn 1986, S. 179–199.)

21 Vgl. Bruno Bauchs Beiträge zur alldeutschen Monatsschrift *Der Panther* (hg. v. A. Ripke; 4. Jg, 1916, S. 477–484, 741–746, 917–921, 1945–1048) und Bauchs Selbstdarstellung (in: R. Schmidt, *Die Philosophie der Gegenwart in Selbstdarstellungen*, Leipzig 1929, Bd VII, S. 1–42; insbes. S. 38). Ferner: Ders., Persönlichkeit und Gemeinschaft. In: *Beiträge zur Philosophie des Deutschen Idealismus*, 2. Bd., 1921; Kultur und Nation. In: *Schriften zur politischen Bildung*, hg. v. d. Gesellschaft ›Deutscher Staat‹, Reihe X. H. 7, Langensalza 1929. Und zuletzt Bauchs Hauptwerk *Grundzüge der Ethik*, Stuttgart 1935, S. 222–233.

22 Vgl. die vierte Auflage von 1950 der *Rechtsphilosophie*, Stuttgart, hg. v. E. Wolf, *Einleitung des Herausgebers*, S. 44–57.

23 Vgl. Hoeres 2004, S. 473–475; G. Brakelmann, *Hans Ehrenberg. Ein judenchristliches Schicksal in Deutschland*, Bd. 1, *Leben, Denken und Wirken 1883–1932*, Waltrop 1997.

24 Siehe Hoeres 2004, S. 445 f.; Tilitzki 2002, S. 512 ff.

25 Tilitzki 2002, S. 74.

26 Grund für die Protektion, die Glockner vor allem seitens des Heidelberger Rektors Ernst Krieck erfuhr, scheinen seine deutsch-völkischen Vorschläge zur Universitätsreform gewesen zu sein, die einigen Nazis zupass kamen und wohl auch ein Konkurrenzunternehmen zu Heideggers universitätspolitischen Rektors-Aktivitäten bilden sollten (zu Glockners Vorschlägen vgl. Gedanken über den Einbau einer Deutschen Körperschaft in unsere Universitäten. In: *Volk im Werden*, u.ö., 1933; ders., Die Philosophie in der geistigen

Bewegung des neuen Deutschlands. In: *Literaturbericht.* Völkische Kultur 1934. Ebd. auch *Krisis und Aufbau in der Philosophie*). Als Parteigänger der Nazis dürfte sich Glockner mit seinen verblasenen Ideen ebenso wenig verstanden haben, wie sich Rickert mit der Einleitung in seine Fichte-Vorlesung als ein solcher verstand – und ebenso wenig, wie beide mit diesen Beiträgen den Parteibonzen schon als zu ihrer ›Bewegung‹ gehörig galten.

27 So nach Glockners eigenem Bekunden in einem Lebenslauf vom 2.8.1945. (Vgl. oben Fußnote 16.)

28 Vgl. Glockner 1969, S. 240–245, und den Beitrag von R. Klibansky in *Unispiegel* (der Universität Heidelberg) 6/88, 3, sowie Tilitzki 2002, S. 324–326, und K. Cramer, August Faust über Fichte im Jahr 1938. In: J. Stolzenberg (Hg.), *Wissen, Freiheit, Geschichte. Die Philosophie Fichtes im 19. und 20. Jahrhundert. Fichte-Studien,* 2009,

29 Siehe F. Böhm, Mythos, Philosophie und Wissenschaft. In: *Zeitschrift für deutsche Kulturphilosophie* 3 1936, Nr. 1, S. 57–94, sowie ders., *Anticartesianismus. Deutsche Philosophie im Widerstand,* Leipzig 1938. Vgl. Martin Hailer, Franz Böhms »Deutsche Philosophie«. Über den Versuch einer erkenntnistheoretischen Grundlegung des »Nationalsozialismus«. In: *Das Argument* 209, Berlin 1995, S. 325–334. So machte jeder von den drei jüngsten der engen Rickert-Schüler, wie auch Rickert selbst, sich einen eigenen, sonderbaren Philosophen-Reim auf die berufliche und ›kulturelle‹ Verantwortung, die seiner Meinung nach den Philosophen mit dem ›Umsturz‹ zugefallen war. Die angemessene Kennzeichnung und gerechte Beurteilung ihres Verhältnisses zum Nationalsozialismus wird dadurch schwieriger als im Fall vieler anderer. Sollte es aber für das Verhältnis, das die drei zwischen 1895 und 1903 Geborenen sich zum Nationalsozialismus gaben, wirklich ein purer Zufall gewesen sein, dass sie alle Rickert-Schüler waren? (Zu den genannten Personen vergleiche man auch S. Köberle, Auswirkungen der nationalsozialistischen ›Machtergreifung‹ und ›Gleichschaltung‹ am Philosophischen Seminar der Uni Heidelberg. In: *Knapp daneben. Zeitschrift am Philosophischen Seminar der Universität Heidelberg,* H. 2 1992, S. 5–30.)

30 B. Bauch, Vom Begriff der Nation. In: *Kant-Studien* 21 1917, S. 139–162; vgl. ders, Brief an Frau Dr. Ripke-Kühn. In: *Der Panther.* 4 1916, S. 742–746. Und ders., Mein Rücktritt von den ›Kant-Studien‹. In: *Der Panther,* 1917, S. 148–154; P. Hoeres 2004, S. 232–237.

31 Wie schockierend das auf jüdische Mitbürger im Kreis der Neukantianer gewirkt hat, kann man an Hermann Cohens Reaktion ermessen (vgl. Hoeres 2004, S. 232 ff.). Man muss es aber auch vor dem Hintergrund der Tatsache sehen, dass das preußische Kriegsministerium im Herbst 1916 eine Zählung der Juden im Heer und der aus welchen Gründen auch immer zurückgestellten jüdischen Kriegsdienstpflichtigen anordnete. (Vgl. dazu J. Rosenthal, *Die Ehre des jüdischen Soldaten. Die Judenzählung im Ersten Weltkrieg und ihre Folgen,* Frankfurt/M. 2007.) Eineinhalb Jahre zuvor hatten die Südwestdeut-

schen mit Emil Lask, der aus dem Ostjudentum stammte und Ende Mai 1915 in den Karpaten gefallen war, den Begabtesten aus ihrer jüngeren Generation (der nach 1875 Geborenen) verloren. Bruno Bauch aber replizierte nun in *Der Panther* auf die Kritik, die dort beiläufig an ihm in einem wüst antisemitischen, hauptsächlich gegen Cohens *Logik der reinen Erkenntnis* (1902) polemisierenden ›Briefwechsel‹ (zwischen Frau Dr. Lenore Ripke-Kühn und einem »hochverehrten Herrn Geheimrat«) geübt wurde. Er stimmte dabei der Tendenz dieser Briefschreiber ausdrücklich zu und versuchte nur, ein ihn selbst betreffendes, »geradezu tragisches Mißverständnis« aufzuklären, vorab und nebenbei aber auch sich für seine Person von einem »triebhaft blinden und grundsatzlos öden Antisemitismus« freizusprechen (ebd., S. 477–484, 741–746) – nicht ohne Hinweis auf seinen bereits außerhalb der Kantstudien (Berlin 1916) veröffentlichten Vortrag über den Begriff der Nation, den *Der Panther* denn auch prompt in Auszügen noch einmal veröffentlichte (S. 917–921). Der nicht ›triebhaft blinde‹, nicht grundsatzlos öde‹, sondern strategische und prinzipielle, auf Entfernung der Juden aus dem Zusammenleben mit den Deutschen und aus Deutschland zielende Antisemitismus ist in diesen und weiteren Schriften Bruno Bauchs manifest.

32 Vgl. 1916, *Der Panther*, S. 744–746; 1917, *Kant-Studien* 21, S. 141, 143 f., 147 f.

33 Weltkrieg, Geschichtsstaat und Judenfrage. In: *Nord und Süd*. Hg. v. Ludwig Stein. Jg. 42, 1971, S. 260–273.

34 Hinzu kam, dass ein Beitrag Cohns für die Festschrift zu Rickerts 70. Geburtstag (1933) zurückgewiesen wurde und Rickert, vom Verfasser darüber in Kenntnis gesetzt, schriftlich dazu nicht Stellung nehmen wollte. Er erklärte Cohn gegenüber nur brieflich, er sei für ihn »von tiefem menschlichem Mitgefühl erfüllt« (vgl. dazu Grab/Schoeps 1986, S. 197). So wenig Gründe fand Rickert in den Prinzipien seiner Philosophie, sich von antisemitischen Machenschaften der eigenen Anhänger zu distanzieren. Zu Kroner vgl. H. Glockner, *Kurzer Lebenslauf* 1945 (*Glockner-Nachlaß*, S. o. Fußnote 16).

35 Vgl. H. Glockner, »Deutsche Philosophie«. In: *Zeitschrift für Deutsche Kulturphilosophie*, Bd 1, 1934/35, S. 3–39, sowie das Vorwort der Herausgeber Glockner und Larenz zu diesem an die Stelle des *LOGOS* tretenden Periodicum.

36 Siehe Chr. Krijnen, Entstellter Kantianismus? Zum Problem der Konkretisierung des Guten in Bruno Bauchs Ethik. In: M. Heinz/ G. Gretic (Hg.), *Philosophie und Zeitgeist im Nationalsozialismus*, Würzburg 2006, S. 251–268.

37 Ebd., S. 252.

38 Zur hochgradig unplausiblen Begründung dieses Schrittes vergleiche man H. Cohen, *Kants Begründung der Ethik*, Berlin ²1910 (1877), S. 129 sowie VIII.

39 Vgl. z. B. H. Rickert, *Die Grenzen der naturwissenschaftlichen Begriffsbildung*, Tübingen 1902, S. 728 ff.; H. Cohen, *Ethik des reinen Willens*, Berlin 1904,

S. 61 f.; E. Lask, Rechtsphilosophie (1905). In: ders., *Gesammelte Schriften*, hg. v. E. Herrigel, Tübingen 1923, Bd. 1, S. 283 ff. Nach Cohens Auffassung sollte der Rechtswissenschaft für die Sozial-, Geistes- und Kulturwissenschaften gemäß einer so gearteten philosophischen Erkenntnis des Praktischen sogar eine analoge Rolle zu derjenigen der Mathematik in der Grundlegung der exakten Wissenschaften zukommen.

40 Vgl. den Untertitel zu Abschnitt IV der *Einleitung* in Kants *Metaphysik der Sitten.*

41 I. Kant, *Metaphysik der Sitten. Erster Teil. Metaphysische Anfangsgründe der Rechtslehre.* Königsberg 1797 (im folgenden Nachweise mit den Seitenzahlen der Akademie-Ausgabe in [ ]), [334,2]

42 Ebd., § 36, § 41.

43 Z. B. R. Stammler, *Lehrbuch der Rechtsphilosophie*, Berlin/Leipzig 1922, § 49 f.

44 Näheres und Begründendes hierzu enthält mein Aufsatz: Notwendigkeit des Rechts unter Voraussetzung des Kategorischen Imperativs der Sittlichkeit. In: *Jahrbuch für Recht und Ethik*. Bd. 14, 2006, S. 167–213. Für das Erkenntnisverfahren, dem Kant in *Metaphysische Anfangsgründe der Rechtslehre* folgt, wäre der vage Neukantianer-Ausdruck ›Transzendentale Methode‹ eine irreführende Camouflage. Zu meiner Interpretation dessen, was das Methodische betreffend im exemplarischen Fall des ersten Hauptstücks dieses Werks vor sich geht, vgl.: Erkenntnis der Art, etwas Äußeres als das Seine zu haben. In: *Immanuel Kant: Metaphysische Anfangsgründe der Rechtslehre* (Reihe ›Klassiker auslegen‹), Berlin 1998, S. 87–115

45 Vgl. Cohen [1]1877, [2]1910, insbes. S. 14 ff.; 161, 214 f.; 226 f.; 390 ff.; B. Bauch, *Immanuel Kant*, Berlin/Leipzig 1917, S. 305 ff., 355 ff.

46 Gleichwohl war Cohen persönlich sehr stark für Fragen von öffentlichem Interesse aufgeschlossen und in Sachen allgemein bedrängender gesellschaftlicher sowie menschheitlicher Probleme engagiert.

47 Recht ist nach kantischer Auffassung seinem Begriff nach nur Inbegriff von Bedingungen, unter denen Willkür (in äußeren Handlungen) mit der Willkür anderer (beim Einfluss haben auf diese) nach einem allgemeinen Gesetz der Freiheit vereinigt werden kann. Nicht aber muss Recht gemäß diesem Begriff selbst schon aufs Willensziel solcher Vereinigung ausgerichtet sein; und demgemäß ist nach dem allgemeinen Rechtsprinzip eine jede äußere Handlung juridisch recht, welche zu ihrem Teil die im Rechtsbegriff markierten Bedingungen erfüllt. Damit eine Handlung juridisch recht sei, muss sie überhaupt nicht auf irgendwelche Zwecke ausgerichtet sein, und sei einer derselben derjenige, die im Rechtsbegriff markierten Bedingungen zu erfüllen (vgl. Kant 1797, § § B und C).

48 Am deutlichsten kommt das in R. Stammlers Rechtsdefinition zum Ausdruck: Recht, ganz im allgemeinen, sei ein »unverletzlich selbstherrlich verbindendes Wollen«, das als Wollen eo ipso auf einen Zweck festgelegt ist: den-

jenigen, »verbindend« das Wollen mehrerer als Mittel derselben für einander zu bestimmen, also mit deren Wollen auch die zu diesem beim einen und anderen gehörigen Zwecke zu verbinden (vgl. Stammler 1922, §§ 31, 36, 41, 46 u. insbes. 47).

49 Soweit ich sehe, hat sich dem nur Stammler verweigert – zum großen Verdruss Cohens, der deutlich sah, welchem Teufel sich Stammler damit verschrieb. (Vgl. Cohen 1904, S. 64, 214, 386.)

50 Z. B. in Cohen 1904 und in Rickerts philosophischer Lehre von den Sitten und der Sittlichkeit (vgl. Rickert 1921, S. 330 ff.). Dass Rickert sich fürs Spezifische einer solchen Rechtslehre nicht interessierte, ändert nichts an diesem Befund. Es zeigt nur einmal mehr, wie abwegig es ist, den Grund möglicher Totalitarismus- und speziell Nazismus-Anfälligkeit des Neukantianismus in einem »wertblinden Formalismus« von Rechtsphilosophie zu sehen. Diese Rechtsphilosophie war vielmehr in ihren fundamentalen Bestimmungen nicht ›formal‹ genug und war insbesondere bei den Südwestdeutschen viel zu wertfixiert. (Vgl. zur näheren Kritik an dieser antiformalistischen Erklärung von Totalitarismus-Anfälligkeit J. Rückert, Kant-Rezeption in juristischer und politischer Theorie … des 19. Jahrhunderts. In: M. P. Thompson (Hg.), 1991, *John Locke und/and Immanuel Kant. Historische Rezeption und gegenwärtige Relevanz.* Berlin, S. 182 ff.)

51 S. o. den Kontext zu Fußnote 2!

52 Vgl. Rickert 1921, S. 353 ff.; ders., Vom System der Werte. In: 1913, *LOGOS.* Bd. 4, S. 295–327; J. Cohn, *Wertwissenschaft,* Stuttgart 1932.

53 Fulda 1999, S. 260–265.

54 Vgl. Kants »allgemeines Rechtsprinzip« in § C von Kant 1797 sowie das »angeborene Recht« (ebd., [237 f.]).

55 Zeuge dessen und dabei keiner Voreingenommenheit gegen Rickert verdächtig ist Chr. Krijnen in *Nachmetaphysischer Sinn,* Würzburg 2001, S. 546–555, insbes. 554 f.; vgl. S. 566 ff., insbes. Fußnote 204, und 584–586.

56 Kant 1797, [224].

57 Radbruch [4]1950, S. 181.

58 Vgl. H. Rickert 1934b, S. 237–301; insbes. S. 271 ff., 278 ff.

59 Die vielleicht in Ausrichtung auf ein theoretisch zu erkennendes Wertesystem noch verzeihlich erscheinenden Mängel der Begründung und des nur scheinbar Begründeten hätten spätestens behoben werden müssen im Übergang von der allgemeinen Weltanschauungslehre zu einer wahrhaft praktischen Philosophie, die Rickert nur in eine durch solche Weltanschauungslehre nahegelegte überwissenschaftlich-philosophischen Weltanschauung selbst platzieren konnte. Für das darin Mangelnde aber liefern alle südwestdeutschen Neukantianer nicht einmal einen Entwurf.

60 Statt einer Einsicht in das Problem, wie sich aus Rickert'sch verstandener praktischer Autonomie der Begriff einer Rechtslehre und ein unter ihm gedachter Inbegriff von äußeren Gesetzen gewinnen lässt, die von den prakti-

schen Gesetzen innerer Selbstgesetzgebung eines jeden verschieden, aber damit verträglich und ebenfalls Gesetze praktischer Autonomie sind, findet man zur Lösung dieses Problems bei allen Südwestdeutschen, die sich mit Rechtsphilosophie befasst oder die kantische Rechtsphilosophie interpretiert haben, nur noch in Wortkargheit versteckte Sophismen. Als einen beredten Ausdruck für den harmonistischen Brei des Wir, in den sich bereits pränazistische Töne mischen, nehme man Bruno Bauchs *Persönlichkeit und Gemeinschaft. Vortrag, gehalten auf der Jahresversammlung der Deutschen Philosophischen Gesellschaft am 16. Mai 1921*; insbes. S. 10–12. Die nicht zitierwürdigen Töne dieses repräsentativen Vortrags aus dem Jahre 1921 lassen sogar an der uneingeschränkten Wahrheit der Auffassung Cassirers zweifeln, dass die Nazi-Ideologie nicht von philosophischen Denkern gemacht wurde. *Mit*gemacht zu haben scheinen gewisse Denker an der Fabrikation zentraler Ingredienzien der Nazi-Ideologie mindestens.

61 Vgl. Stammler 1922, §§ 85–96.

62 Cohen 1904, Kap 15 u. 16; insbes. S. 594–596; 385 f., 411.

63 Ebd., S. 582.

64 Cohn 1932, § 91.

65 Ebd., S. 350–352.

66 Ebd., S. 610–613.

67 G. Jellinek, *Allgemeine Staatslehre*, Berlin 1900. Bis 1913 noch zweimal neu aufgelegt und bis 1928 fünfmal in der dritten Auflage neu gedruckt. Für unverstellt kantische Rechtsphilosophie war auch Jellinek ein schlechter Gewährsmann. Beispielsweise behauptete er (ebd., 3. Aufl., S. 218), Kant habe eine *ethische* Rechtfertigung des Staats vor dem Individuum gegeben; mit Hinweis auf Aristoteles wird dann versichert, die Frage nach dem Grund des Staats falle im Wesentlichen zusammen mit der Frage nach dem Grund des Rechts (S. 227); alles Privatrecht sei Sozialrecht und sei zudem nur auf der Basis des öffentlichen Rechts möglich, das öffentliche Recht aber dem Privatrecht gegenüber ganz selbstständig (S. 384 f.). In verfassungsmäßigen Garantien von Grundrechten vermag Jellinek nur den Niederschlag einer rechtsgeschichtlichen Entwicklung zu erkennen, nicht aber einen von dieser Geschichte unabhängigen Rechtsgrund solcher Rechte (S. 374f; 409 ff.).

68 E. Lask, Rechtsphilosophie (1905). In: ders., *Gesammelte Schriften*, hg. v. E. Herrigel, Tübingen 1923, Bd. 1, S. 275–332.

69 Ebd., S. 292.

70 Vgl. z. B. W. Windelband, *Einleitung in die Philosophie,* Tübingen 1914, S. 301 ff., insbes. 323, 325, 327–331.

71 Radbruch [1]1914, S. 24 ff.

72 Ebd., S. 29–74.

73 Radbruch [4]1950, § 9, S. 181.

74 Radbruch [1]1914, S. 173 f.

75 G. Jellinek hatte noch entschieden Kritik an der Auffassung von Staats-

zweck als einer Verwirklichung der Sittlichkeit geübt und gefordert, zwischen exklusiv staatlichen und bloß subsidiär staatlichen Funktionen zu unterscheiden. Diese Kritik und Differenzierung ist nun dem Bewertungsrelativismus zum Opfer gefallen.

76 Eike Bohlken hat einen Versuch unternommen, aus Rickerts sozialethischen Ausführungen einen zu ihnen gehörigen Rechtsbegriff zu destillieren. Danach soll in Rickerts Augen Recht seinem allgemeinen Begriff nach »Medium überpersönlicher Verteilungsgerechtigkeit« sein (Bohlken 2002b, S. 297). Was aber ist dann mit der *iustitia tutatrix* und der *iustitia commutativa*? (Vgl. Kant 1797, § 41) Gehören sie nicht ebenso sehr wie die *iustitia distributiva* zur Idee des Rechts, auf die dessen Begriff (als der eines gemeinschaftlichen Mediums) angelegt sein muss?

77 Vgl. z. B. H. Rickert, Die philosophischen Grundlagen von Fichtes Sozialismus. In: *LOGOS* XI, 1922/23, S. 149 ff., insbes. 156–177.

78 Jedenfalls hat Rickert nie den Unterschied, ja Gegensatz zwischen dem Rechtsbegriff Kants und demjenigen in Fichtes *Grundlage des Naturrechts* (1796) markiert und sich dabei eindeutig gegen Fichte ausgesprochen. Nach Fichtes Auffassung (seit 1796) ist das Recht gar keine direkte Folge der Autonomie reiner praktischer Vernunft, sondern nur ein System besonderer, auf theoretischer Freiheit beruhender, technisch-praktischer Regeln zur Durchsetzung von Zwecken in Gemeinschaft miteinander lebender endlicher Vernunftwesen. Die Begründungs-Substanz der kantischen Rechtslehre ist darin völlig verkannt und die Rechtslehre verkehrt in deren Gegenteil – in die Lehre von einer Spezialfunktion sinnlich bedingter, technisch-praktischer Vernunft.

Soweit es sich für die Südwestdeutschen ebenso verhält, verschwören sich bei ihnen die schlimmsten, von Kant abführenden Faktoren einer philosophischen Rechtsauffassung geradezu. Sie schwächen das Kant'sche Konzept praktischer Vernunft-Autonomie und den sich aus ihm ergebenden universalistischen Charakter des Rechts zugunsten einer partiellen technischen Funktion – einer Funktion des Rechts für je besondere Kulturwerte und ihre Verwirklichung im (angeblichen, aber niemals zu überblickenden und zu erkennenden) Dienste der Menschheit.

79 J. Binder, *Rechtsbegriff und Rechtsidee*, Leipzig 1915, S. 60 f.

80 Ebd., S. 195 ff.

81 J. Binder, *Philosophie des Rechts*, Berlin 1925, S. 359 ff.

82 Vgl. z. B. die Schrift, die Bauch als sein Hauptwerk betrachtete: *Grundzüge der Ethik*, Stuttgart 1935, S. 217, 220.

83 Ebd., 213 ff.; zur Vorbereitung der Polemik gegen die Parteienstaaten vgl. man Bauchs Aufsatz von 1925: Fichte und der deutsche Staatsgedanke. In: *Schriften zur politischen Bildung*. Hg. v. d. Gesellschaft ›Deutscher Staat‹, Langensalza, S. 16–18, 21 f.

84 Cohen 1904, S. 117; vgl. S. 215 ff. und insges. Kap. 2–5.

85 Erst damit kommt eigentlich der dritte der von Krijnen bezeichneten, oben von mir präzisierten Punkte verbunden mit dem zweiten, aber ohne das Erfordernis zu erneuter Berücksichtigung des ersten ins Spiel.

86 Siehe I. Kant, *Zum ewigen Frieden. Ein philosophischer Entwurf*, Königsberg 1795, Anhang I, 1. Absatz. Vgl. dazu V. Gerhardt, *Immanuel Kants Entwurf ›Zum ewigen Frieden‹. Eine Theorie der Politik*, Darmstadt 1995, S. 156 ff.

87 Vgl. Kant 1795, *Zweiter Zusatz* (zum zweiten Abschnitt der ganzen Schrift).

88 Wie, z. B., Rickert sein ›überwissenschaftliches‹ Philosophieren dieser Eigenständigkeit beraubt hat, zeigen die letzten Partien seiner *Grundprobleme der Philosophie* (Rickert 1934a, S. 222–233).

89 Windelband 1914, S. 326 ff.

90 Vgl. Rickert 1922/23, S. 149–180; ders., Die allgemeinen Grundlagen der Politik Fichtes. In: *Zeitschrift für deutsche Kulturphilosophie* 4, 1938, S. 1–24; Bauch 1925, S. 5–41.

91 Vgl. verwandte Beispiele solcher nemesis, die Carl von Linné gesammelt hat: 1981, *Nemesis Divina*. Nach der schwedischen Originalausgabe herausgegeben von Wolf Lepenies und Lars Gustafsson, München/Wien.

92 Als hätten sie allein damit nicht so sandigen Boden unter sich wie die Rechte von inhaftierten, des Terrorismus Verdächtigen auf Guantanamo!

93 Zum Thema ›Menschenrechte vor 1945‹ vergleiche man Radbruch [4]1950, S. 71 f., 161, 226, 289, 300, 303, 351.

94 Vgl. dazu Cramer in Stolzenberg 2009 und Bauchs schwärmerische Lobrede, bei Fichte sei die »germanische Heldenethik« auf ihren philosophischen Ausdruck gebracht (Bauch 1925, S. 16).

95 Radbruch [4]1950, S. 347–357.

96 Kant 1795, drittletzter Absatz.

97 Vgl. Fulda 2006, S. 175 f.

Der Nationalsozialismus in der Philosophie

Sein, Geschichtlichkeit, Technik und Vernichtung in Heideggers Werk

Der Beginn des 21. Jahrhunderts stellt eine Wende in der Publikationsgeschichte der Werke Martin Heideggers dar. Im Jahr 2001 nämlich erschienen die Texte der allerersten Lehrveranstaltungen, die er im ›Dritten Reich‹ hielt. Unter dem noblen Titel *Sein und Wahrheit* stellt der Doppelband 36/37 der Gesamtausgabe die Vorlesung des Sommersemesters 1933 ›Die Grundfrage der Philosophie‹ und die Vorlesung des Wintersemesters 1933–34 ›Vom Wesen der Wahrheit‹ zusammen. Inwiefern ist dies eine Wende?

Es handelt sich einerseits um Heideggers explizitestе nationalsozialistische und hitleristische Lehrveranstaltungen: Man entdeckt, dass er sich nicht darauf beschränkt, seine nationalsozialistischen Thesen über das Sein, die Wahrheit und die Geschichtlichkeit des germanischen Volkes in politischen Reden vorzustellen, sondern dass er sie in seine Vorlesungen einfügt, um sie an seine Studenten unter dem Deckmantel der ›Philosophie‹ weiterzugeben. Um eine Wende geht es andererseits, weil er nicht nur völkische und rassistische Positionen lehrt, sondern ausdrücklich zur Vernichtung aufruft und einen exterminatorischen Willen erkennen lässt. Beide Vorlesungen lassen sich nicht leicht zusammenfassen; es ist unerlässlich, sie in Gänze zu lesen. Heidegger vermischt zwei Sprachebenen miteinander: Nämlich auf der einen Seite für die Vorlesung im Sommersemester 1933 einen wohl zuvor verfassten, einigermaßen schulmäßigen Diskurs über das Metaphysikkonzept in der Moderne, von Descartes zu Baumgarten, Kant und Hegel, und für das Wintersemester 1933–34 eine schon vorher gehaltene Vorlesung über das platonische Höhlengleichnis. Auf der anderen Seite wählt er radikalstes nationalsozialistisches Pathos, das sich in abrupten Behauptungen äußert.

1. Eine exterminatorische Lehre

Heidegger gibt in seiner Vorlesung ›Vom Wesen der Wahrheit‹ seinen Studenten das Ziel vor, »die Grundmöglichkeiten des urgermanischen Stammeswesens auszuschöpfen und zur Herrschaft zu bringen«.[1] Es folgt eine radikale Interpretation des *polemos* (Kampf), verstanden als »das Stehen gegen den Feind«. Vorgeblich Heraklit verpflichtet, gründet sie sich tatsächlich auf Carl Schmitt. Dieser hatte Heidegger seinen Text *Der Begriff des Politischen* in der 1933er Ausgabe zugeschickt, die in der Hanseatischen Verlagsanstalt erschienen und dem Tagesgeschmack angepasst worden war. Heidegger hatte ihm am 22. August 1933 mit einem zustimmenden Brief geantwortet, in welchem er darauf hinwies, dass er seit Jahren eine neue Deutung des heraklitischen *polemos* bereithalte.[2] Diese Deutung stellt er in seiner Vorlesung dar: »Der Kampf als Stehen gegen den Feind, deutlicher: das Durchstehen in der Auseinandersetzung. Feind ist derjenige und jeder, von dem eine wesentliche Bedrohung des Daseins des Volkes und seiner Einzelnen ausgeht. Der Feind braucht nicht der äußere zu sein, und der äußere ist nicht einmal immer der gefährlichere. Und es kann so aussehen, als sei kein Feind da. Dann ist Grunderfordernis, den Feind zu finden, ins Licht zu stellen oder gar erst zu schaffen, damit dieses Stehen gegen den Feind geschehe und das Dasein nicht stumpf werde. Der Feind kann in der innersten Wurzel des Daseins eines Volkes sich festgesetzt haben und dessen eigenem Wesen sich entgegenstellen und zuwiderhandeln. Um so schärfer und härter und schwerer ist der Kampf, denn dieser besteht ja nur zum geringsten Teil im Gegeneinanderschlagen; oft weit schwieriger und langwieriger ist es, den Feind als solchen zu erspähen, ihn zur Entfaltung zu bringen, ihm gegenüber sich nichts vorzumachen, sich angriffsfertig zu halten, die ständige Bereitschaft zu pflegen und zu steigern und den Angriff auf weite Sicht mit dem Ziel der völligen Vernichtung anzusetzen«.[3]

Was Heidegger schreibt, entspricht dem, was der Gestapo als neue Mission anvertraut war: der ›Gegnerforschung‹. Es handelt sich um den auf die innerste Wurzel des germanischen Volkes gepfropften Feind, den es zu identifizieren gelte, um ihn gänzlich zu zerstören, somit den Gegner der nationalsozialistischen Revolution, von dem in den Vorlesungen laufend die Rede ist, aber ebenso und vor allem handelt es sich um den im deutschen Volk assimilierten Juden. Dies hatte Ernst Jünger bereits 1930 in seinem Text ›Der Nationalismus und die Judenfrage‹ vorweggenommen.

Der Ausdruck ›völlige Vernichtung‹ wurde ebenfalls von der deutschen Studentenschaft der Universität Freiburg in einem am 8. Mai 1933 veröffentlichten Aufruf verwendet: »Die deutsche Studentenschaft ist entschlossen, den geistigen Kampf gegen die jüdisch-marxistische Zersetzung des deutschen Volkes bis zur völligen Vernichtung durchzuführen. Als Sinnbild dieses Kampfes gelte *die öffentliche Verbrennung* des jüdisch-marxistischen Schrifttums am 10. Mai 1933. Deutsche, sammelt euch zu diesem Kampf! Bekundet die Kampfgemeinschaft auch öffentlich. [...] Das Feuer der Vernichtung wird uns zugleich zur lodernden Flamme des begeisterten Ringens um den deutschen Geist, die deutsche Sitte und den deutschen Brauch.«[4]

Die Verantwortung des Professor Heidegger besteht darin, dass er das, was als Aufruf zur Vernichtung der deutschen Juden verstanden werden konnte, existentiell zu veredeln suchte. Indem er dieselben mörderischen Ausdrücke verwendete wie die deutsche nationalsozialistische Studentenschaft, deren Leiter ihm nahestehen, zeigt er seinen Studenten, worauf er sie hinweist. In diesem Zusammenhang ist zu bedenken, dass es sich um eine 1933 gehaltene und erstmals 2001 veröffentlichte Vorlesung handelt. Die von Heidegger bis ins Detail geplante Veröffentlichung eines derartigen Textes nach seinem Tod, ohne irgendeine Selbstkritik oder irgendein Bedauern, führt mich zu der Behauptung, dass die Frage nach dem Bezug zwischen Heidegger und dem Nationalsozialismus in Wirklichkeit *zwei Fragen* enthält.

Zunächst stellt sich selbstverständlich die Frage nach ›Heidegger im Nationalsozialismus‹, das heißt nach dem, was er während des Dritten Reiches tat, schrieb und lehrte. In dieser Hinsicht ist bereits Wesentliches geleistet worden. Hugo Ott hat in den 1980er Jahren nachgewiesen, daß die von Heidegger 1945 vorgelegte Selbstrechtfertigung seines Rektorats ein Text ist, in dem jeder Satz eine Auslassung oder eine Lüge enthält.[5] Nach ihm hat Victor Farías im dritten und wichtigsten Teil seines Buches *Heidegger und der Nationalsozialismus* gezeigt, daß Heidegger weit davon entfernt war, nach seinem Rücktritt vom Rektorat auf Distanz zum Regime zu gehen, sondern sich erneut engagiert hat, sogar noch kompromittierender, beispielsweise durch seine aktive Teilnahme – zusammen mit Rosenberg, Schleicher, Rothacker und Schmitt – an einem Ausschuss für Rechtsphilosophie der Akademie für Deutsches Recht, der von Hans Franck geleitet[6], damit beauftragt war, die künftigen Nürnberger Gesetze zu legitimieren. Es muss auch an die Arbeiten von Bernd Martin erinnert werden, die die aktive Teilnahme Heideggers an der Ausarbeitung der neuen Universitätsverfassung aufweisen, deren Ziel die Einführung des Führerprinzips in die deutsche Universität war.[7] Ebenso ist zu erinnern an Claudia Schorcht, die die von einer gewissen Beunruhigung zeugenden Reaktionen der Münchner Universität entdeckt und veröffentlicht hat, Reaktionen, die geäußert wurden, als Heidegger im September 1933 vom Minister dorthin berufen wurde: Die Münchner Stellungnahmen beurteilten Heidegger als »politisch zu extrem« und bemerkten, mit seiner »exstatischen Sprache« und »mit solchen Phrasen könne den Studenten keine Philosophie geboten werden«.[8]

Doch trotz der genannten Arbeiten muss gesagt werden, dass die Archive noch keineswegs ausgeschöpft sind; Forschung ist weiterhin nötig. Es bleibt eine zweite, ergänzende Frage zu klären; sie betrifft unmittelbar die Philosophie. Es geht darum herauszufinden, wie weit Heideggers Einführung radikal nationalsozialistischer Positionen in sein Werk reicht: Seit wann, wie weit und bis wann? Die Frage betrifft nicht nur die *Philosophie im Nationalsozialismus*, sondern auch den *Nationalsozialismus in der Philosophie* bzw. das, was als solche ausgegeben wird, denn ich denke nicht, dass es eine *Philosophie* geben kann, die radikal rassistisch und exterminatorisch ist, wie die Heidegger'sche Lehre in der erwähnten Vorlesung.

2. ›Sein‹ als Deckname

Die Untersuchung der Frage des Nationalsozialismus in Heideggers Denken sollte in jedem Falle schon weit vor 1933 ansetzen. Der Briefwechsel mit seiner Frau Elfride zeigt z. B., dass er 1930 den *Völkischen Beobachter* kauft und liest und dass er sich in der Ausrichtung der Zeitung selbst wiedererkennt.[9] Für seinen radikalen Antisemitismus und sein Projekt einer Herrschaft der germanischen Rasse findet man den explizitesten Ausdruck bereits 1916 – also vor der bolschewistischen Revolution von 1917 und dem Versailler Vertrag von 1918: »Die Verjudung unsrer Kultur u. Universitäten ist allerdings schreckerregend u. ich meine die deutsche Rasse sollte noch soviel innere Kraft aufbringen um in die Höhe zu kommen.«[10]

Dass Heidegger gewisse Dinge vor 1933 nicht öffentlich hat sagen können, ist Tatsache, doch ist bezeichnend, daß er Carl Schmitt gegenüber erwähnt, er habe seine *polemos*-Deutung »seit Jahren« fertig. Ein langer Text, erschienen am 3. Mai 1933 in ›Der Alemanne. Kampfblatt der Nationalsozialisten Oberbadens‹, bestätigt, dass »er seit Jahren die Partei Adolf Hitlers in ihrem schweren Ringen um Sein und Macht aufs wirksamste unterstützte, daß er stets bereit war, für Deutschlands heilige Sache Opfer zu bringen, und daß ein Nationalsozialist niemals vergebens bei ihm anpochte«.[11]

Weiterhin ist es kein Zufall, dass es im zitierten Satz um ein »Ringen um das Sein« geht. Wir finden in der Tat bei Heidegger das Wort ›Sein‹ mehrfach im Umkreis des hitlertreuen Nationalsozialismus. Es ist daher nötig, sich mit der Frage zu beschäftigen, die am meisten zu Heideggers Reputation als ›Denker‹ beigetragen hat, eben mit der ›Frage nach dem Sein‹. Allgemein ist man der Ansicht, er habe mit seiner Thematisierung des ›Seins‹ und der ontologischen Differenz zwischen Sein und Seiendem ein philosophisches Fundamentalmotiv entdeckt. Gleichwohl beweist eine genaue Analyse seiner Schriften, dass es sich sehr weitgehend um ein geliehenes Motiv handelt. So lässt er sich wörtlich von seinem ehemaligen theologischen Lehrer Carl Braig inspirieren, ohne dies jedoch jemals anzugeben. Wenn Heidegger zu Beginn von *Sein und Zeit* bemerkt: »Das Sein ist definitorisch aus höheren Begriffen nicht abzuleiten und durch niedere nicht darzustellen«[12], dann kopiert er, was Braig bereits 1896 in *Vom Sein. Abriß der Ontologie* formuliert hatte: »Aus höhern Begriffen ist der des Seins nicht ableit- und aus niedrigern ist er nicht darstellbar.«[13] Der Unterschied des Seins und des Seienden erscheint bei Braig in einem als Motto vorangestellten Zitat aus Bonaventura.[14]

In Wirklichkeit ist die radikale Unbestimmtheit des Seins, im Hinblick auf jede begriffliche Bestimmtheit und jede empirische Existenz, eine tradierte These der Scholastik, der sie auch dazu dient, die Beziehung des Schöpfers zu seinen Geschöpfen zu denken. Jedoch hatte sich der weitgehend von Schelling und Hegel beeinflusste Braig, der den jungen Heidegger mit beiden bekannt machte, von dieser These gelöst. Heidegger wird sich mit einer beängstigenden Geschicklichkeit auf die Unbestimmtheit des Seins stützen, um für sich eine Position des Herausragens, der Radikalität und des Rückzugs zu beanspruchen.

Besonders aufschlussreich ist in dieser Hinsicht ein erstaunlicher Brief an Kurt Bauch, einen engen Freund Heideggers, Professor für Kunstgeschichte an der Freiburger Universität, der zur selben Zeit wie er, am 1. Mai 1933, in die NSDAP eingetreten war. Folgendes schreibt er ihm am 1. August 1943: »Was du über das ›Sein des Seienden‹ sagst ist richtig. Es ist eine Formel, für mich oft ein Deckname, aber auch eine wirkliche crux der Philosophie. [...] Hinter der Formel, die ja eine ›Unterscheidung‹ enthält, verbirgt sich etwas wesentliches.«[15]

In der Tat hat sich Heidegger mit dem Unterschied von Sein und Seiendem einen festen Halt in der Philosophie verschafft. Dies erfolgt indes dadurch, dass er sich des Unterschieds als einer ›Formel‹ oder gar als eines ›Decknamens‹ bedient, um etwas ganz anderes vorzubringen. Er hat mehrfach durchblicken lassen, worauf er hinweist. Als Beleg dient die Vorlesung über Hölderlins ›Germanien‹ vom Wintersemester 1934–35, in der er ausruft und im herausgegebenen Text unterstreicht: »*Das ›Vaterland‹ ist das Seyn selbst.*«[16] Noch ausdrücklicher bringt er in der bereits erwähnten Vorlesung vom Sommersemester 1933 über ›Die Grundfrage der Philosophie‹ zwei ›Fragen‹ zusammen und gleicht sie einander an: »Wir fassen zusammen: Philosophie ist der unausgesetzte fragende Kampf um das Wesen und Sein des Seienden. Dieses Fragen ist in sich geschichtlich, d.h. es ist das Fordern, Hadern und Verehren eines Volkes um der Härte und Klarheit seines Schicksals willen«.[17]

Das Wesen und das Sein werden hier der Härte und der Klarheit des Schicksals des deutschen Volkes gleichgestellt. Ebenfalls fällt auf, dass in dieser Doppelfrage der Akzent auf die *Geschichtlichkeit* gelegt wird. Wir werden sehen, wie es sich mit der Geschichtlichkeit bei Heidegger verhält. Auch muss das unveröffentlichte Seminar des Wintersemesters 1933–34 mit dem Titel ›Über Wesen und Begriff von Natur, Geschichte und Staat‹ erwähnt werden. Theodor Kisiel hatte einige Auszüge aus diesem Seminar veröffentlicht.[18] Ich habe andere daraus publiziert[19] und meiner Verwunderung über das Fehlen dieses Seminars im Plan der Gesamtausgabe öffentlich Ausdruck verliehen. Falls Heidegger dieses Seminar aus der Gesamtausgabe eliminiert hat, dann wohl deshalb, weil seine Hitlertreue darin so radikal und unmissverständlich ist, dass er dem Text nicht mehr den Anschein von Philosophie zu geben vermochte. Heidegger läßt in diesem Seminar tatsächlich die Maske fallen und schlägt die Einführung einer »politischen Erziehung« zur Formung »eines politischen Adels« für das Dritte Reich vor.

In diesem Diskurs, der immerhin auf eine ganz und gar ausdrückliche Apologie des völkischen Staates und des Hitler'schen Führerstaates zielt, will Heidegger die Vorstellung durchsetzen, dass zwischen dem Führer und seinem Staat eine ebenso wesentliche und konstitutive Beziehung besteht, wie zwischen dem menschlichen Seienden und dem Sein. Daher schreibt er: »So wie das Seiende, der Mensch, sich seines Mensch-Seins bewusst ist, wie er sich dazu verhält, sich darum kümmert, so hat auch das seiende Volk ein wissendes Grundverhältnis zu seinem Staat. Das Volk, das Seiende, das in seinem Sein den Staat verwirklicht, weiß um den Staat, kümmert sich um ihn und will ihn«.[20]

Diese Beziehung zum Führerstaat folgt der von Hitler geforderten Männerbund-Beziehung zwischen Führung und Gefolgschaft. Es geht um den Drang – *Eros* des Volkes – nach seinem Staat und seinem Führer, den Heidegger bei seinen Studenten wecken möchte. Doch gilt festzuhalten, dass es eigentlich keine politische Philosophie bei Heidegger gibt, keine theoretische oder begriffliche Konzeption des Staates und der Institutionen. Das Wort ›Staat‹ bildet in seiner Rede ein ebenso unbestimmtes und leeres Wort wie das Wort ›Sein‹. Es hat keine andere Funktion, als die Geister vollständig darauf einzustimmen, sich ganz vom Willen des Führers besitzen und beherrschen zu lassen. In meinem Buch *Heidegger, l'introduction du nazisme dans la philosophie* habe ich den langen, unveröffentlichten Schluss der 7. Seminarsitzung publiziert, in welchem Heidegger explizit im Tonfall der NS-Ideologie darlegt, wie der Wille des Führers in das ›Sein‹ des Volkes eindringt. Hier ein Auszug:

»Nur wo Führer und Geführte gemeinsam in ein Schicksal sich binden und für die Verwirklichung einer Idee kämpfen, erwächst wahre Ordnung. Dann wirkt sich die geistige Überlegenheit und

Freiheit aus als tiefe Hingabe aller Kräfte an das Volk, den Staat, als strengste Zucht, als Einsatz, Standhalten, Einsamkeit und Liebe. Dann ist die Existenz und Überlegenheit des Führers eingesenkt in das Sein, in die Seele des Volkes und bindet es so mit Ursprünglichkeit und Leidenschaft an die Aufgabe. Und wenn das Volk diese Hingabe spürt, wird es sich in den Kampf führen lassen und den Kampf wollen und lieben. Es wird seine Kräfte entfalten und ausharren, treu sein und sich opfern. In jedem neuen Augenblick werden sich Führer und Volk enger verbinden, um das Wesen ihres Staates, also ihres Seins zu erwirken; aneinander wachsend werden sie den beiden bedrohenden Mächten Tod und Teufel, d. h. Vergänglichkeit und Abfall vom eigenen Wesen, ihr sinnvolles, geschichtliches Sein und Wollen entgegensetzen«.[21]

Man ersieht aus diesem Beispiel, wie Heidegger seine Hörer zu fesseln sucht. In solcher Tonlage überschüttet er sie mit einer abwegigen Religiosität, in der – genau wie in Hitlers *Mein Kampf* – ›Teufel‹ ›Jude‹ bedeutet; seine Lehre ist motiviert durch den totalen und radikalen Wunsch, die Geister und Herzen zu beherrschen und zu besitzen. Von philosophischer Lehre kann keine Rede sein.

3. Die Geschichtlichkeit und die Lingua Tertii Imperii

Was ich hinsichtlich der Worte ›Sein‹ und ›Staat‹ gezeigt habe, gilt ebenso für jedes der Heidegger'schen Schlüsselwörter – wie etwa ›Geschichtlichkeit‹ oder ›Wahrheit‹. Daher habe ich in meinem Buch genau darlegen wollen, wie Heidegger Wörter der Philosophie verwendet, um etwas anders zu transportieren, nämlich die Ziele des Nationalsozialismus selbst. Man kann sich an Worte klammern, wie es so viele Kommentatoren tun, die sich damit begnügen, endlos zu paraphrasieren und dabei die Stellungnahmen übergehen, die am ausdrücklichsten nationalsozialistisch, rassistisch und exterminatorisch sind. Manchmal wird so aus Wohlwollen gehandelt, meist jedoch fehlt es an Forschung, und dies hat zur Folge, dass so viele Philosophen sich von dieser Sprache haben umgarnen lassen. Man braucht in der Tat eine Innenansicht, die tiefer dringt, wenn man herausfinden will, worin genau die ›Bewegung‹ besteht, die Heidegger auf seinem gesamten ›Weg‹ bestimmt.

Nehmen wir also nach dem Beispiel des Seins das der Geschichtlichkeit. Dieser Ausdruck ist bereits zentral in *Sein und Zeit*, wo die Gesamtbewegung vom Vorlaufen in den Tod und der »Selbstaufgabe« (§ 53)[22] zur Bejahung führt (§ 74), indem sich das geschichtliche Dasein seinen Helden wählt und sich im Kampf erfüllt.[23]

Hinsichtlich der genauen Bedeutung der Geschichtlichkeit des Daseins unterstreicht die bereits erwähnte Darstellung in ›Der Alemanne‹ vom 3. Mai 1933 ohne Umschweife Heideggers völkische Verwurzelung. Der dort zu lesende Text ist sehr wahrscheinlich vom Rektor Heidegger durchgesehen, genehmigt und vermutlich sogar von ihm im Konzept vorgegeben worden: »Die philosophische Arbeit von Professor H. ist durch drei Grundzüge bestimmt, die in seinem Hauptwerk ›Sein und Zeit‹ eingehend dargestellt und begründet sind. Es ist zunächst die Lehre vom *geschichtlichen* Charakter des *menschlichen Daseins*. Es ist in der Erde, Bodenständigkeit und Volkstum verwurzelt. Das Sein des Menschen bestimmt sich aus seiner Entschlossenheit zum Einsatz in das Schicksal.«[24]

Im Übrigen zeigt § 77 von *Sein und Zeit*[25] dem vorgewarnten Leser deutlich, in welch antisemitischem, vom Grafen Yorck übernommenen Geist die »Geschichtlichkeit« und »die generische Differenz zwischen Ontischem und Historischem«[26] zu deuten ist. In seinem Briefwechsel mit Dilthey spricht Graf Yorck den Mangel an Bodenständigkeit in offen antisemitischem Geist an. Folgendes schreibt er aus Breslau an Dilthey am 18. Februar 1884: »Ich gratuliere zu jedem einzelnen Fall, wo Sie die dünne jüdische Routine, der das Bewußtsein der Verantwortlichkeit für die Gedanken fehlt, wie dem ganzen Stamme das Gefühl psychischen und physischen Bodens, von den Lehrstühlen fern halten.«[27]

In § 77 von *Sein und Zeit* stoßen wir einerseits auf das geschichtliche Dasein, andererseits ist von denen die Rede, die geschichtslos sind. Heidegger drückt dies 1927 noch versteckt aus, explizit hingegen in seiner Vorlesung vom Sommersemester 1933. In der Zwischenzeit gewinnt das Thema der Geschichtlichkeit besonders in den Vorlesungen der Jahre 1933 bis 1934 beträchtlich an Bedeutung. Die Vorlesung ›Die Grundfragen der Philosophie‹ eröffnet eine Evokation »der Größe des geschichtlichen Augenblicks«, in welchem »das deutsche Volk im Ganzen seine Führung« findet.[28] Der Leitfaden dieser verschiedenen Vorlesungen ist Heideggers Bekundung zufolge das Erfordernis einer radikalen Umformung der Frage nach dem Menschen: »Ich sage, die Frage nach dem Menschen muß *revolutioniert* werden. Die Geschichtlichkeit ist ein Grundmoment seines Seins. Das verlangt ein vollständig neues Verhältnis des Menschen in seiner Geschichte und in der Frage und von der Frage für den Menschen nach seinem Sein«.[29]

Es geht darum, die von Kant gestellte Frage ›Was ist der Mensch?‹ umzuformen in die Frage »Wer ist der Mensch?«[30], die ihrerseits neu gestellt wird in der Form »Wer sind wir?«[31] In dieser Vorlesung gibt Heidegger nicht viele Erklärungen. In der nachfolgenden Vorlesung aus dem Sommersemester 1934 werden sich die Zusammenhänge klären. Der Horizont der Frage ›Wer ist der Mensch?‹ bleibt beunruhigend. Heidegger zufolge kann es nur auf diese Weise so etwas geben »wie Entschlossenheit, Dienstbereitschaft, Kampf, Herrschaft«.[32] Diese faschistoide Rhetorik offenbart ihren ganzen Sinn an anderen Vorlesungsstellen, zum Beispiel, wenn er sagt, »was mit uns heute geschieht, mit unserm Volk«[33], und wenn er »*die große Wandlung des Daseins des Menschen*« anspricht (von Heidegger hervorgehoben[34]). Der Sinn dieser Wandlung wird schließlich unzweideutig ausgesprochen: »Wenn heute der Führer immer wieder spricht von der Umerziehung zur national-sozialistischen Weltanschauung, heißt das nicht: irgendwelche Schlagworte beibringen, sondern einen *Gesamtwandel* hervorbringen, einen *Weltentwurf*, aus dessen Grund heraus er das ganze Volk erzieht.«[35]

An dieser Stelle wird man bei Heideggers Gebrauch des Wortes ›Wahrheit‹, das der Vorlesung ihren Titel gibt, stutzig. In Wirklichkeit ist dieses Wort austauschbar gegen das Wort ›Geschichte‹. Denn die Wahrheit, nicht als Richtigkeit, sondern als ›Unverborgenheit‹ verstanden, existiert allein dort, wie Heidegger auf derselben Seite erläutert, wo sie Geschichte ist: »Unverborgenheit ist nur, insofern sie als Geschichte des Menschen geschieht.«

Es ist somit entscheidend, nicht in die Falle des Heidegger'schen Gebrauchs philosophischer Wörter, d. h. in die Falle seiner philosophischen Sprache, zu tappen. In seinem Diskurs findet man eine geringe Anzahl von Schlüsselwörtern, die beständig aufgegriffen werden wie ›Wesen‹, ›Wahrheit‹, ›Freiheit‹, ›Geschichte‹ usw., die weder bestimmten Vorstellungen noch Begriffen entsprechen. Vielmehr sind sie gegeneinander austauschbar und funktionieren als ›Jargon der Eigentlichkeit‹, den Adorno treffend beschreibt. Der Jargon »verfügt über eine bescheidene Anzahl signalhaft einschnappender Wörter«.[36] Adorno liefert als Beispiel das Wort ›Entscheidung‹, das Heidegger andauernd in *Sein und Zeit* sowie in seinen Vorlesungen von 1933 bis 1935 oder in seinen Aufzeichnungen über Ernst Jünger verwendet.[37] Ein anderer Autor hilft uns, in der kritischen Entmystifizierung Heideggers noch weiter zu gehen – Victor Klemperer. In seinem bemerkenswerten Buch *LTI. Notizbuch eines Philologen* stellt er fest, dass das Wort ›historisch‹ das am stärksten durch den Nationalsozialismus kompromittierte Wort ist: » … historisch ist jede Zusammenkunft des Führers mit dem Duce, auch wenn sie gar nichts an den bestehenden Verhältnissen ändert«.[38]

In der Vorlesung, in der Heidegger die ausführlichste Erklärung seines Verständnisses von ›Geschichte‹ gibt, nämlich in der Vorlesung im Sommersemester von 1934 mit dem Titel ›Logik‹, behauptet er – nach der Bekräftigung, dass die Geschichtlichkeit für das menschliche Dasein konstitutiv sei –, dass »es Menschen u. Menschengruppen (Neger wie z.b. Kaffern) gibt« (er spricht nicht einmal mehr von Völkern), die »keine Geschichte haben«; sie sind »geschichtslos«.[39] Oder: »Die haben doch ebensogut Geschichte wie die Affen u. Vögel«.[40] Dagegen führt der ehemalige Rektor aus: »Wenn das Flugzeug freilich den Führer von München zu Mussolini nach Venedig bringt, dann geschieht Geschichte«.[41]

Diese Texte offenbaren das Denkniveau Heideggers. Sie erweisen das Ausmaß seines Rassismus und seines ›Hitlerismus‹, und entsprechen übrigens auch genau der ironischen Beschreibung Klemperers, da Hitlers Reise zu Mussolini am 14. und 15. Juni 1934 sich als simpler Fehlschlag erweist: Der Duce verweigerte das Einverständnis zum Einmarsch in Österreich. Heidegger eignet sich nichts weniger an als die hohle Rhetorik der LTI, wiederholt also in der Sprache des Dritten Reiches, was er in den Leitartikeln des ›Völkischen Beobachters‹ dieser Tage lesen konnte und fügt seinen Studenten gegenüber nicht nur hinzu, da »geschieht Geschichte«, sondern: »auch nicht menschliches Seiendes, wie z.b. das erwähnte Flugzeug des Führers, kann geschichtlich werden«.[42]

Gewiss, Heidegger verbirgt diesen hohlen und gedankenlosen Opportunismus unter einem scheinbaren ›Neuhegelianismus‹. Auf die Frage »Was ist Geschichte?« antwortet er: »Das Heutige.«[43]

Allerdings handelt es sich nicht um eine Anerkennung der Wirksamkeit jeglicher Form der Gegenwart. Denn diese Antwort gilt für Heidegger nur da, wo die Vorlesung über Geschichte für den Nationalsozialismus günstig erscheint. 1940 bemerkt er: Wir dürfen »die Entscheidungszonen nicht überspringen wollen«.[44] Am Schluss der Vorlesung aus dem Sommersemester 1940, die in dem Nietzsche-Buch 1961 aus Opportunismus fortgelassen und in der Gesamtausgabe wiederhergestellt wurde, preist er die Motorisierung der Wehrmacht als einen »metaphysischen Akt«. Nach 1945 dagegen wiederholt er gern: »Weltkriege sind nicht imstande, geschichtlich Geschicke zu entscheiden«.[45] Im ›Brief über den Humanismus‹, geschrieben Ende 1946, also zur Zeit, in der in den Nürnberger Prozessen der Straftatbestand des *Verbrechens gegen die Menschlichkeit* definiert wird, wird die Geschichtlichkeit nicht mehr wie 1933–34 mit dem ›Heutigen‹ identifiziert. Jetzt, wo die Epoche ihm vollständig entgegensteht, wird sie auch nicht mehr gleichgesetzt mit der ›Grundfrage der Philosophie‹, die sich auf das Sein des deutschen, im Führerstaat versammelten Volkes bezieht. 1946, als die Philosophie nunmehr von Heidegger abgelehnt wird, ist die Geschichtlichkeit in der neuen ekstatischen Sprache Heideggers der Nachkriegszeit auf die ›Seinsgeschichte‹ bezogen und auf ›das künftige Denken‹, dem die Aufgabe übertragen ist, die Heimatlosigkeit zu denken.

4. Der Negationismus im Bremer Vortrag von 1949

Heidegger ist mittlerweile die Lehre – nicht aber Vorträge und Veröffentlichungen – untersagt und er verfügt über alle Muße, sein ›Comeback‹ vorzubereiten, wie das bissige Wort Carl Schmitts in dessen ›Glossarium‹ lautet. In der Tat ist der Entnazifizierungsprozess mit der Einstufung Heideggers als eines bloßen ›Mitläufers‹ gerade beendet, da hält er am 29. November 1949 einen Vortrag auf Einladung des *Club zu Bremen* unter dem nie, nicht einmal in der Gesamtausgabe vollständig wiedergegebenen Titel ›Einblick in das, was ist. Zur Metaphysik der Technik‹. Der Untertitel ist zweideutig: Bezeichnet ›Zur Metaphysik der Technik‹ die Intention Heideggers oder etwas, das er ablehnt? Es ist im Übrigen nicht belanglos, dass im Unterschied zu verschiedenen anderen im Rundschreiben Nr. 12 des Club zu Bremen angekündigten Vorträgen nur bei dem Heideggers der Hinweis steht: »nur für Mitglieder, ohne Damen und ohne Gäste«.[46] Es scheint, dass Heidegger nachträglich ›vier Vorträge‹ unterscheidet, die nichts anderes waren als vier Teile des einen in Bremen gehaltenen Vortrags: *Das Ding, Das Ge-stell, Die Gefahr, Die Kehre.* Diese Vierteilung, die vielleicht nicht ohne Bezug zur Struktur des Heidegger'schen *Gevierts* ist, hat es ihm ermöglicht, zunächst nur bestimmte Stücke des ursprünglichen Vortrags zu veröffentlichen. Wie dem auch sei – streng genommen ist für 1949 von *dem* Bremer Vortrag zu sprechen.[47]

Folgt man der späteren Aufgliederung in vier Vorträge, dann enthalten der zweite und dritte Vortrag zwei furchtbare Passagen, die erst posthum 1994 im 79. Band der Gesamtausgabe publiziert wurden, während die erste Stelle 1983 durch W. Schirmacher publik gemacht worden war.[48] Im zweiten Vortrag kommt Heidegger auf die »Fabrikation von Leichen in Gaskammern und Vernichtungslagern« zu sprechen: »Ackerbau ist jetzt motorisierte Ernährungsindustrie, im Wesen das Selbe wie die Fabrikation von Leichen in Gaskammern und Vernichtungslagern, das Selbe wie die Blockade und Aushungerung von Ländern, das Selbe wie die Fabrikation von Wasserstoffbomben«.[49]

Gaskammern und Vernichtungslager werden nicht geleugnet, aber (vollständig) relativiert; ihre Einzigartigkeit wird durch Gleichstellung mit motorisierter Ernährungsindustrie, mit der (Berlin-) Blockade, dem Aushungern eines Landes und der Herstellung von Wasserstoffbomben negiert. Es liegt eine Entmenschlichung der ›Endlösung‹ vor. Die Endlösung wird erörtert, als sei es nicht um Menschen gegangen. Weder die Opfer (vor allem die Juden) noch die Henker (die Nationalsozialisten) werden benannt. Man hat in einer relativierenden Aufzählung nur noch ein Element neben andern vor sich. Die genozidale Absicht der Nazis wird gleichermaßen verdeckt – so, als handle es sich nicht mehr darum, ein ganzes Volk sterben zu lassen, sondern um die ›Produktion‹ von Leichen, gerade so, wie man industriell Beliebiges herstellt.

Der Ausdruck ›Fabrikation von Leichen‹, der nach Heidegger von vielen anderen Autoren aufgegriffen wurde, wie zum Beispiel von Giorgio Agamben, entspricht der Sprache, die auch der SS-

Mann Friedrich Endress verwendete und die, wie François Rastier bezeugt, dem Nazi-›Humor‹ entspringt.[50] Zudem wird lediglich ein Moment des Prozesses der Vernichtung festgehalten und isoliert, denn Heidegger verliert kein Wort über die Verbrennungsöfen, die Massengräber, die Leichenverbrennung im Freien in den Vernichtungslagern von Belzec, Sobibor etc. Auf diese Weise gelingt es ihm, in sein Werk eine kalkuliert perverse Äußerung einzuschreiben, ohne dass man ihn unmittelbar der ›Endlösungs‹-Leugnung anklagen könnte. Dennoch ist genau dies gegenwärtig: das Verschweigen der Namen der Opfer und die Verneinung ihres Menschseins, Verneinung der Verantwortung der Henker, des technisch-barbarischen Primärvorgangs der Gaskammern und Vernichtungslager, der dem planetarischen ›Dispositiv‹ des *Ge-stells* und nicht den nationalsozialistischen Herrschern und ihren Exekutoren zugeschrieben wird.

Der zweite Text geht noch weiter im ausdrücklichen Revisionismus und in der vollständigen Entmenschlichung der Opfer[51]: »Hunderttausende sterben in Massen. Sterben sie? Sie kommen um. Sie werden umgelegt. Sterben sie? Sie werden Bestandstücke eines Bestandes der Fabrikation von Leichen. Sterben sie? Sie werden in Vernichtungslagern unauffällig liquidiert. Und auch ohne Solches – Millionen verelenden jetzt in China durch den Hunger in ein Verenden. Sterben aber heißt, den Tod in sein Wesen austragen. Sterben können heißt, diesen Austrag vermögen. Wir vermögen es nur, wenn unser Wesen das Wesen des Todes mag. Doch inmitten der ungezählten Tode bleibt das Wesen des Todes verstellt. Der Tod ist weder das leere Nichts, noch ist er nur der Übergang von einem Seienden zu einem anderen. *Der Tod gehört in das aus dem Wesen des Seyns ereignete Dasein des Menschen.* So birgt er das Wesen des Seyns. Der Tod ist das höchste Gebirg der Wahrheit des Seyns selbst, das Gebirg, das in sich die Verborgenheit des Wesens des Seyns birgt und die Bergung seines Wesens versammelt. Darum vermag der Mensch den Tod nur und erst, wenn das Seyn selber aus der Wahrheit seines Wesens das Wesen des Menschen in das Wesen des Seyns vereignet. Der Tod ist das Gebirg des Seyns im Gedicht der Welt. Den Tod in seinem Wesen vermögen, heißt: sterben können. Diejenigen, die sterben können, sind erst die Sterblichen im tragenden Sinn dieses Wortes. Massenhafte Nöte zahlloser, grausig ungestorbener Tode überall – und gleichwohl ist das Wesen des Todes dem Menschen verstellt. Der Mensch ist noch nicht der Sterbliche.«[52]

Wiederum kein Name, weder der Opfer noch der Täter, sondern eine bloße Zahl, Hunderttausende hinsichtlich der Vernichtungslager, während Heidegger von Millionen spricht, die in China an Hunger sterben. Auch wenn die Hungersnöte in China schrecklich waren, so entsprangen sie doch keinem genozidalen Willen. Heideggers Verkopplung der beiden Sachverhalte ist daher doppelt negationistisch, sie negiert das tatsächliche Ausmaß und den Genozidwillen der nationalsozialistischen Vernichtung. Außerdem ist es nicht das technische Dispositiv, das Ge-stell, sondern Heidegger selbst, der, um ihn zu zitieren, »vom gleichförmig Distanzlosen überall gleichmäßig angegangen wird«[53], wenn er die Gaskammern und die motorisierte Landwirtschaft aufeinander bezieht. Damit wischt er zugleich die Verantwortung der nationalsozialistischen Herrscher hinweg und die Besonderheit der Vernichtung der europäischen Juden. Heidegger evoziert einen Vorgang der Extermination, von dem er weder den Ort noch das Datum noch den Namen der Henker noch den der Opfer angibt. Die ›Vernichtungslager‹ werden auf den Status von Zeichen und Symptomen unter anderen der planetarischen Entfesselung der Technik reduziert. Handelt es sich um nationalsozialistische Vernichtungslager? Das Wort scheint dies anzuzeigen, aber nichts ist klar. Daher nimmt der Heidegger'sche Negationismus vielfache Züge an: Er verneint die Niederlage des Nationalsozialismus von 1945, er tilgt die Verantwortlichkeit der Nationalsozialisten für ihre Verbrechen, er unterlässt jeglichen Hinweis auf den Völkermord an den Juden durch Hitler. Mit perverser Zweideutigkeit gibt er zu verstehen, dass die Opfer der Vernichtungslager nicht im eigentlichen Sinn Sterbliche seien, denn sie befänden sich nicht in dem ›Gebirg des Seins‹. Hier verfolgt eine radikale Diskriminierung, ein ontologisierter Rassismus jene Opfer bis in den Tod.

Nun dürfen diese Texte nicht von der Gesamtheit dessen isoliert werden, was Heidegger nach 1945 publiziert. Es müssen ebenso seine nunmehr ausdrücklichen Lobreden auf den Nationalsozialismus berücksichtigt werden, auf dessen ›geschichtliche Einzigartigkeit‹, handele es sich beispielsweise um die Ausgabe der ›Einführung in die Metaphysik‹ von 1953, die posthume Ausgabe des Spiegel-Gesprächs von 1976 oder um die Veröffentlichung der Vorlesung ›Der Ister‹ von 1984 in der Gesamtausgabe. Wir sind also nicht nur konfrontiert mit isolierten Bemerkungen Heideggers, die verwirrend und unhaltbar sind, sondern mit einer ›Bewegung‹, einem Projekt, mit einer Gesamtstrategie, die von einem negationistischen Geist zeugt – und dies gleichzeitig in seinem Schweigen und seinen absichtlichen Tilgungen.

5. *Technik, Nationalsozialismus und Vernichtung*

Ein wesentlicher Aspekt muss noch verdeutlicht werden: Heideggers Ablehnung der Technik und seine bleibende Apologie des Nationalsozialismus nach 1945 sind untrennbar miteinander verbunden. Sowohl in einer 1953 hinzugefügten Klammer als auch im Gespräch von 1966 verbindet er beide auf enge Weise. In der ›Einführung in die Metaphysik‹ wird das unwürdige Lob der »inneren Wahrheit und der Größe« der nationalsozialistischen ›Bewegung‹ von folgenden in Klammern gesetzten und 1953 den Druckfahnen hinzugefügten Sätzen erläutert: »nämlich mit der Begegnung der planetarisch bestimmten Technik und des neuzeitlichen Menschen«.[54]

Im Spiegel-Gespräch von 1976 betont Heidegger, »der Nationalsozialismus ist in die Richtung gegangen«, ein »zureichendes Verhältnis« des Menschen »zum Wesen der Technik« zu gewinnen.[55] Worin besteht jedoch jene ›Begegnung‹ und jenes ›zureichende Verhältnis‹, die für ihn durch den Nationalsozialismus erfüllt wurden? Die Bezugnahme von 1953 auf die ›planetarische Technik‹ bringt die Bezüge absichtlich durcheinander, denn genau darum geht es nicht in dem, was für ihn mit dem Nationalsozialismus Thema ist. Man muss Bezug nehmen auf das, was Heidegger von Mai bis Juni 1940 schreibt, als die Panzerdivisionen des ›Dritten Reiches‹ nach Holland, Belgien und in die französischen Ardennen vorstoßen. In seiner Vorlesung im Sommersemester 1940 ›Der europäische Nihilismus‹ kommentiert er sehr genau die Niederlage Frankreichs als eines Volkes, das »der Metaphysik, die aus seiner eigenen Geschichte entsprungen, nicht mehr gewachsen ist«, und preist kontrastierend das siegreiche »neue Menschentum« mit den Worten: »Es bedarf eines Menschentums, das von Grund aus dem einzigartigen Grundwesen der neuzeitlichen Technik und ihrer metaphysischen Wahrheit gemäß ist, d.h. vom Wesen der Technik sich ganz beherrschen läßt, um so gerade selbst die einzelnen technischen Vorgänge und Möglichkeiten zu lenken und zu nützen.«[56]

Noch ausdrücklicher zelebriert der Endabschnitt der Vorlesung – der 1961 fortgelassen wurde, weil er allzu kompromittierend war, jedoch 1986, ein Vierteljahrhundert später, mit der Veröffentlichung von Band 48 der *Gesamtausgabe* wieder eingefügt wurde – die totale, somit radikal grundlegende »Motorisierung der Wehrmacht«, die für ihn »ein metaphysischer Akt« ist, »der an Tiefgang sicherlich etwa die Abschaffung der ›Philosophie‹ übertrifft«.[57] Heidegger äußert sich in einem Brief an Elfride aus derselben Zeit in gleicher Richtung. Es geht um »eine unbedingte Verschreibung an die innere Gesetzlichkeit der unbedingten Technisierung des Krieges«, in welcher gilt: »Der Einzelne verschwindet als Individuum«.[58]

Somit besteht die ›hinreichende Beziehung‹ zur Technik, die unter dem Nationalsozialismus erreicht wurde, vor allem in der Motorisierung der Wehrmacht und der unbedingten Technisierung des Krieges, in Ausdrücken, die Ernst Jünger nahestehen, verstanden als Schmelztiegel einer neuartigen Menschheit. Es handelt sich um viel mehr als einen simplen Nationalismus, und das Schlimmste bleibt noch zu zeigen. Es geht nicht nur um Militärisches. Es handelt sich um etwas gänzlich anderes als um schlichte Revanche gegenüber dem, was Heidegger in seinen Bemerkungen über Jünger aus dieser Zeit »die Westmächte« nennt.[59] Beim Lesen von Heideggers Bremer Vorträgen entdeckt man nämlich, dass er dem Nationalsozialismus hinsichtlich seines Technikbezuges eine andere Besonderheit zuschreibt. Es geht auch nicht mehr um die im Frühling 1940 zelebrierte Motorisierung der Wehrmacht, sondern um die Vernichtungslager und die Gaskammern. Wenn man sich die Tatsache bewusst macht, dass Heidegger sowohl der Verfasser seiner Bremer Vorträge ist, die erst 1994, nach seinem Tod, veröffentlicht wurden, als auch der beiden Apologien des Nationalsozialismus, die 1953 und 1976 publiziert wurden, so offenbart uns dies in deren Technikbezug den monströsen Zug seiner Position. Seine Apologie deckt nämlich die doppelte Besonderheit des Nationalsozialismus ab: Motorisierung der Wehrmacht und die Gaskammern in den Vernichtungslagern als Vollendung der Rassenzüchtung. Wenn Heidegger den vom Nationalsozialismus etablierten Technikbezug verteidigt, so heißt dies, dass beide Besonderheiten gewertet werden als Träger einer ›inneren Wahrheit‹ und einer ›Größe‹ und als Offenbarung einer Richtung, die als ›zureichend‹ beurteilt wird.

Wie ist es möglich, dass fast niemand bisher diese monströse Position bemerkt hat? Der Grund liegt darin, dass die Heidegger-Kommentatoren sich daran gewöhnt haben, seine verschiedenen Texte isoliert zu paraphrasieren und sie mehr oder minder vollständig aus dem Kontext zu lösen. So können weder die Hermeneutik noch die Dekonstruktion, die beide zu sehr an der Oberfläche der Texte verbleiben, hier große Hilfe bieten. Die Wahrheitserforschung verlangt eine Tiefensynthese. Eine Innenansicht, eine Synthese und eine Zuordnung der Schriften im Gesamtkontext ist nötig. Daher müssen Historie und Philologie die Arbeit der Philosophen begleiten.

Nehmen wir die für das Wintersemester 1941–42 verfasste Vorlesung mit dem Titel ›Nietzsches Metaphysik‹. Diese Vorlesung wird allgemein als eine einfache Darlegung von Nietzsches Philosophie betrachtet. Ich meine dagegen, nicht nur hier, sondern vor allem in meinem Buch zur Genüge gezeigt zu haben, dass die Vorlesungen und Vorträge Heideggers jedes Mal eine Stellungnahme zum ›Heutigen‹ sind. Welcher geschichtlichen Wirksamkeit entspricht diese Vorlesung? Er erörtert dort erneut das Thema der Vernichtung, das bereits 1933–34 behandelt wurde. Zugleich ist sein Vernichtungsdiskurs dieses Mal ausdrücklich verbunden mit der geschichtlich-ontologischen Legitimierung dessen, was er das »*Prinzip* der Einrichtung einer Rassenzüchtung« nennt, die in dem Augenblick für »metaphysisch notwendig« erklärt wird, in welchem das Sein als Subjektivität konzipiert wird. Es sei hinzugefügt, daß Heidegger sorgfältig darauf bedacht ist, am Ende seiner Einführung zu präzisieren, daß »Darlegung und Auslegung ineinandergearbeitet [sind], so daß nicht überall und sogleich deutlich wird, was den Worten Nietzsches entnommen und was dazugetan ist«.[60] Es werden nicht nur philosophische Termini verwendet, die Heidegger als Decknamen benutzt, sondern auch die Namen von Philosophen und von gewissen Dichtern wie Heraklit, Hölderlin oder hier Nietzsche, obwohl im Falle des Letzteren die Zusammenhänge verwickelter sind. (Der Aufruf zur Vernichtung des inneren Feindes kommt bei Heraklit nicht vor; deshalb sind die von Heidegger angeführten Nietzsche-Zitate in sich selbst furchtbar.) Die Heidegger-Apologeten haben zu behaupten versucht, dass es sich um eine Kritik der Rassenzüchtung handele. Das ist völlig unhaltbar. Es reicht, die gänzlich positive Tonlage zu hören, mit der Heidegger die »metaphysische Notwendigkeit« des »*Prinzips* der Einrichtung einer Rassenzüchtung« vorträgt: Dort nämlich ist die Rede vom »Riesenhafte[n] des großen Stils« und von der »eigene[n] Wesensfülle jenes Einfachen«.[61] In den unmittelbar folgenden Seiten spricht er in Ausdrükken, die an seine Thesen der Vorlesung vom Frühjahr 1940 erinnern, die jedoch dieses Mal nicht mehr auf den militärischen Sieg bezogen sind, sondern auf ein unbedingtes Menschentum, das die Erdherrschaft ergreift und das Werk der Rassenzüchtung betreibt. Dem entspricht seine Apologie der Vernichtung: »Das Vernichten sichert gegen den Andrang aller Bedingungen des Niederganges.»[62] Es geht nun nicht mehr, wie noch im Frühjahr 1940, um den militärischen Sieg des ›Dritten Reiches‹ über Frankreich, der nunmehr historisch und ontologisch legitimiert wird, sondern um den im Osten geplanten Vernichtungskrieg.[63]

Ich habe hier nur einige knappe Passagen dieser Nietzsche-Vorlesung erwähnen können. Eine genaue Lektüre der Vorlesungen der Folgejahre führt mich zu dem Gedanken, dass ein vertieftes Studium der Vorlesungen von 1942–44 (über *Hölderlins Hymne ›Der Ister‹* und die *›Heraklit‹* und *›Parmenides‹* betitelten Vorlesungen) diese Analysen bestätigen und verschlimmern würden. Ergänzende Analysen sind somit unerlässlich. Zudem müssen die Forscher freien Zugang zu allen Archiven haben. Weshalb ist zum Beispiel die Korrespondenz zwischen Heidegger und Baeumler nicht zugänglich oder vielleicht gar zerstört worden? Warum ist der lange Brief Baeumlers an Heidegger von 1943, über den Heidegger in einem Brief an Elfride anmerkt, er habe davon mehrere Kopien angefertigt, nicht zugänglich, ebenso wenig wie seine Antwort an Baeumler?

Was haben die Nachlassverwalter zu verbergen? Als im vergangenen Jahr das Originalmanuskript der Sommersemestervorlesung von 1934 in Berlin zum Verkauf durch die Autografenhandlung Stargardt angeboten wurde und mich der Verkäufer beauftragt hatte, es zu konsultieren, sind die Rechtsanwälte von Hermann Heidegger eingeschritten, um dies zu untersagen.

Heute ist offenkundig, dass Heideggers Nationalsozialismus nichts Vergangenes ist. Vielmehr ist er eine Wirklichkeit, die Heidegger in die Zukunft projizieren wollte, indem er nicht nur den Plan, sondern die Grundzüge der Publikationsordnung der Bände der Gesamtausgabe programmatisch vorgab. Auf diese Weise sind – nach den in den 1980er Jahren publizierten Vorlesungen über Nietzsche und den Bremer Vorträgen von 1949, die 1994 erschienen – die am offenkundigsten hitleristischen, rassistischen und von einem Vernichtungswillen getragenen Texte 1998, 2000 und 2001 erschienen, wie um den Wechsel zum dritten Jahrtausend zu begleiten. Wir können heute die Art und Weise durchschauen, mit der Heidegger sich der Wörter der Philosophie und gewisser Denker und Dichter bedienen wollte, um solche Äußerungen auf planetarischem Niveau zu verbreiten. Gleichermaßen können wir ermessen, wie nötig es ist die Wahrheit zu erarbeiten, die allein Heideggers Versuch widerstehen kann, dem Nationalsozialismus Eingang in die Philosophie zu verschaffen.[64]

Anmerkungen

1 Martin Heidegger, *Sein und Wahrheit. I. Die Grundfrage der Philosophie* [SS 1933] *II. Vom Wesen der Wahrheit* [WS 1933–1934], *Gesamtausgabe* [=GA], Band 36/37, Frankfurt/M. 2001, S. 89.

2 Martin Heidegger, *Reden und andere Zeugnisse eines Lebensweges 1910–1976*, GA 16, Frankfurt/M. 2000, S. 156–157.

3 GA 36/37, S. 90–91.

4 Die Studentenschaft der Universität Freiburg. Der Kampfbund für deutsche Kultur, *Breisgauer Zeitung*, 8. Mai 1933, S. 3; Guido Schneeberger, *Nachlese zu Heidegger. Dokumente zu seinem Leben und Denken*, Bern 1962, S. 29–30.

5 Vgl. Hugo Ott, *Martin Heidegger. Unterwegs zu seiner Biographie*, durchgesehene und mit einem Nachwort versehene Neuausgabe, Frankfurt/M./New York [2]1992.

6 Victor Farías, *Heidegger und der Nationalsozialismus*, Frankfurt/M. 1988, S. 277 f.

7 Vgl. Bernd Martin, Heidegger und die Reform der deutschen Universität 1933. In: Schramm, G., Martin, B. (Hg.), *Martin Heidegger. Ein Philosoph und die Politik*, Freiburg im Breisgau 2001.

8 Claudia Schorcht, *Philosophie an den bayerischen Universitäten 1933–1945*, Erlangen 1990, S. 237.

9 Martin Heidegger an Elfride, 2. Oktober 1930: »Ich hatte gerade einen Völkischen Beobachter mit. Vater interessierte sich sehr dafür. Der Leipziger Prozeß scheint ja auf die famosen Ankläger zurückzufallen. Samstag ist hier eine große Hitlerfeier; überall Riesenplakate ›Wir greifen an!‹ Im Völk. Beobachter wird sogar Hindenburg gedroht, er möchte sich nicht allzuviel mit Brüning einlassen. Überhaupt ist die Front gegen das Zentrum sehr scharf.« In: Martin Heidegger, *›Mein liebes Seelchen!‹ Briefe Martin Heideggers an seine Frau Elfride 1915–1970*, hg. und kommentiert von Gertrud Heidegger, München 2005, S. 165.

10 Martin Heidegger an Elfride, 18. Oktober 1916, Ebd., S. 51.

11 Schneeberger 1962, S. 23.

12 Martin Heidegger, *Sein und Zeit. Erste Hälfte*, Halle 1927, S. 4.

13 Carl Braig, *Die Grundzüge der Philosophie IV. Vom Sein. Abriß der Ontologie*, Freiburg im Breisgau 1896, S. 22.

14 Ebd., S. 6. Vgl. Herman Philipse, *Heidegger's Philosophy of Being. A critical Interpretation*, Princeton 1998, S. 416–417.

15 Martin Heidegger, Brieffolge an den Kunsthistoriker Kurt Bauch. In: Stargardt, J.A., *Autographen aus allen Gebieten, Katalog März 2004*, S. 190–194.

16 Martin Heidegger, *Hölderlin Hymnen ›Germanien‹ und ›Der Rhein‹* [WS 1934–1935], GA 40, Frankfurt/M. 1980, S. 121.

17 Martin Heidegger, GA 36/37, Frankfurt/M. 2001, S. 12.

18 Vgl. Theodore Kisiel, Heidegger als politischer Erzieher: der NS-Arbeiterstaat als Erziehungsstaat, 1933–34. In: Lesniewski, N. (Hg.), *Die Zeit Heideggers*, Frankfurt/M. 2002.

19 Vgl. E. Faye, L'hitlérisme de Heidegger dans le séminaire *Sur l'essence et les concepts de nature, d'histoire et d'État*. In: *Heidegger, l'introduction du nazisme dans la philosophie. Autour des séminaires inédits de 1933–1935*, Paris [2]2007, Kap. 5, S. 269–348.

20 Heidegger, Über Wesen und Begriff von Natur, Geschichte und Staat, 7. Sitzung, § 11, DLA, unveröffentlicht.

21 Ebd., § 13, DLA. Vgl. Faye 2007, S. 325–326.

22 Heidegger 1927, S. 264.

23 Ebd., S. 384. Es ist in dieser Hinsicht bezeichnend, dass Heidegger für die erste französische Anthologie seiner Schriften, die 1938 erschien, Henry Corbin bat, die beiden Kap. über den Tod und die Geschichtlichkeit zu übersetzen.

24 Schneeberger 1962, S. 25.

25 Es handelt sich um eine Kompilation von Zitaten des Grafen Yorck, die sich – wie zwei Jahre zuvor in Heideggers Kassler Vorträgen – vor allem auf die ›Bodenlosigkeit‹ beziehen und auf das tatsächliche Ziel von *Sein und Zeit*.

26 Heidegger 1927, S. 399.

27 *Briefwechsel zwischen Wilhelm Dilthey und dem Grafen Paul Yorck v. Wartenburg, 1877–1897*, Sigrist v. d. Schulenburg (Hg.), Halle 1923, S. 254.

28 Martin Heidegger, GA 36/37, S. 6.

29 Ebd., S. 215.

30 Ebd., S. 214.

31 Ebd., S. 176.

32 Ebd., S. 215.

33 Ebd., S. 118.

34 Ebd., S. 119.

35 Ebd., S. 225.

36 Theodor W. Adorno, *Jargon der Eigentlichkeit. Zur deutschen Ideologie*, Frankfurt/M. 1964, S. 9.

37 Martin Heidegger, *Zu Ernst Jünger*, GA 90, Frankfurt/M. 2004.

38 Viktor Klemperer, *LTI – Notizbuch eines Philologen*, Leipzig 1974, S. 45.

39 Martin Heidegger, *Logik als die Frage nach dem Wesen der Sprache* [SS 1934], Frankfurt/M. 1998, GA 38, S. 81.

40 Ebd., S. 83.

41 Ebd.

42 Ebd., S. 86.

43 Ebd., S. 97 u. S. 99.

44 Martin Heidegger, GA 90, S. 222.

45 Martin Heidegger, *Die Armut*, Vortrag 27. Juni 1945, *Heidegger Studies 10*, Berlin 1994, S. 10.

46 Ich danke Bärbel Frischmann (Bremen) dafür, dass sie mir die Kopie einer Einladung des Club zu Bremen hat zukommen lassen, in der zwei Tage vor Heideggers Vortrag auch der Vortrag eines Braunschweiger Ingenieurs über ›Kulturprobleme der Technik‹ angekündigt worden war.

47 Heidegger sollte noch weitere Vorträge im Club zu Bremen halten: 1951 ›Logos? Das Leitwort Heraklits‹, 1953 ›Wer ist Nietzsches Zarathustra?‹ und 1954 ›Wissenschaft und Besinnung‹. Der Club zu Bremen hatte das nationalsozialistische Regime unterstützt. Eine Analyse der Vorträge im Club zu Bremen während des ›Dritten Reichs‹ steht noch aus. (Zu einem Vortrag des von Heidegger sehr geschätzten nationalsozialistischen Ökonomen Friedrich von Gottl-Ottlilienfeld im Jahre 1939 vgl. das Nachwort zur deutschen Ausgabe meines Buches, Berlin 2009.)

48 Wolfgang Schirmacher, *Technik und Gelassenheit, Zeitkritik nach Heidegger*, Freiburg/Brsg./ München 1983, S. 25.

49 Martin Heidegger, *Bremer und Freiburger Vorträge. I. Einblick in das was ist. 2. Grundsätze des Denkens. Freiburger Vorträge 1957*, GA 79, Frankfurt/M. 1994, S. 27.

50 »F. Entress, ein SS-Mediziner, scheint als erster von Vernichtung als ›Fließbandproduktion‹ gesprochen zu haben. Dieses für die Ironie der SS charakteristische Thema wurde von Heidegger in einem Vortrag unter dem Titel ›Das Ge-Stell‹ aufgenommen und weiterentwickelt.« François Rastier, *Ulysse à Auschwitz. Primo Levi, le survivant*, Paris 2005, S. 157. (Vgl. auch Raoul Hil-

berg, *Die Vernichtung der europäischen Juden*, 3 Bde., 9. Auflage, Frankfurt/M. 1999, S. 1034–1043 und Regula Christina Zürcher, Les exécuteurs d'Auschwitz. Le personnel SS des installations d'extermination massive. In: *Bulletin trimestriel de la Fondation Auschwitz*, n° 88, Juli-September 2005, S. 74.) François Rastier kritisiert in diesem Kontext die höchst bedenkliche Art und Weise, in der Giorgio Agamben die Schriften Primo Levis von Heidegger ausgehend interpretiert. Zu einer angemesseneren Interpretation vgl. Reinhard Linde, *Bin Ich, wenn ich nicht denke? Studien zur Entkräftung, Wirkung und Struktur totalitären Denkens*, Herbolzheim 2003, S. 152–153. Zur Vertiefung der Diskussion über die Heidegger'sche Auffassung der Technik und der Vernichtung vgl. Jean-Pierre Leroux, Les cadavres, la technique et Heidegger. In: *L'Enseignement philosophique*, 56e année, N°4, März-April 2006, S. 21–33, und François Rastier, Croc de boucher et Rose mystique – Enjeux présents du pathos sur l'extermination. In: *Texto! Textes et cultures*, XII, 2 [http://www.revue-texto.net].

51 Martin Heidegger scheint der inakzeptable Zug seiner Äußerungen über die Opfer in den Vernichtungslagern – dass sie nicht eigentlich als gestorben zu bezeichnen seien – völlig bewusst gewesen zu sein. Er hütete sich, diesen dritten Vortrag in Bremen zu halten. Darauf bezieht sich auch H. W. Petzet, wenn er von »vier Vorträgen« spricht, »von denen damals der dritte Teil ungesprochen blieb«. Vgl. Heinrich W. Petzet, *Auf einen Stern zugehen. Begegnungen und Gespräche mit Martin Heidegger 1929–1973*, Frankfurt/M. 1983, S. 61.

52 Martin Heidegger, GA 79, S. 56.

53 Ebd., S. 25.

54 Martin Heidegger, *Einführung in die Metaphysik* [SS 1935], Pfullingen 1953, S. 152.

55 *Antwort. Martin Heidegger im Gespräch*, Pfullingen 1988, S. 105.

56 Martin Heidegger, *Nietzsche II*, Pfullingen 1961, S. 165–166.

57 Martin Heidegger, *Nietzsche: Der europäische Nihilismus* [II. Trimester 1940], GA 48, Frankfurt/M. 1986, S. 333.

58 Martin Heidegger, An Elfride, 18. Mai 1940, *op. cit.*, S. 210.

59 Martin Heidegger, GA 90, S. 221.

60 Martin Heidegger, GA 50, S. 8–9.

61 Ebd., S. 57f.

62 Ebd., S. 70.

63 Vgl. Zu diesem wesentlichen Punkt unter http://www.memorialdelashoah.org die Intervention des Historikers Edouard Husson, eines Spezialisten der Vernichtungsfrage, anlässlich der Präsentation meines Buchs im Pariser Mémorial de la Shoah am 14. Juni 2007.

64 Ich danke Bernhard H.F. Taureck für die Übersetzung dieses Textes und Hans Jörg Sandkühler für seine kritische Durchsicht.

Die Selbstverstrickung des Philosophen Oskar Becker

Es gilt einen Philosophen vorzustellen, der, wie Martin Heidegger, Charlie Chaplin, Ludwig Wittgenstein und Adolf Hitler, 1889 geboren wurde. Der hier speziell gemeinte wurde am 5. September des genannten Jahres in Leipzig geboren und verstarb am 13. November 1964 in Bonn. Er war an der Universität Bonn von 1931 bis zu seiner Emeritierung 1955, unterbrochen durch seine Versetzung in den einstweiligen Ruhestand von 1946 bis 1951, als Professor für Philosophie tätig. Es handelt sich um einen der bedeutendsten philosophischen Köpfe, die aus den Schulen Edmund Husserls (1859-1938) und Martin Heideggers (1889-1976) hervorgegangen sind. Seine Arbeiten zur Geschichte der Mathematik und zur Modallogik werden immer noch geschätzt, seine Beiträge zu phänomenologischen Begründungsfragen im mathematischen Grundlagenstreit seiner Zeit gehören immer noch zum Besten, was es zur Sache gibt. Obwohl er kein mitreißender akademischer Lehrer war, ist seine Wirkung auf die jüngere Generation der Philosophen an der Universität Bonn nach dem zweiten Weltkrieg nicht zu unterschätzen, man denke nur an Namen wie Paul Lorenzen, Hans Sluga, Jürgen Habermas, Otto Pöggeler, Karl-Otto Apel, Karl-Heinz Ilting, Hermann Schmitz. Allerdings ist diese Wirkungsgeschichte, insbesondere was ihre Bedeutung für die Geburt der sog. ›Erlanger Schule‹ angeht, erst seit den letzten zehn Jahren in profunden Studien vergegenwärtigt worden.[1]

Es handelt sich um den Philosophen Oskar Becker.

Für die Festschrift seines Lehrers Edmund Husserl zum 70. Geburtstag steuerte er 1929 einen Aufsatz bei, der unter dem Titel *Von der Hinfälligkeit des Schönen und der Abenteuerlichkeit des Künstlers* im Ergänzungsband zum *Jahrbuch für Philosophie und Phänomenologische Forschung*[2] erschienen ist. Hieran anlehnend möchte ich die folgenden Darlegungen in zugespitzter Abwandlung betiteln: *Von der Hinfälligkeit des Wahren und der Abenteuerlichkeit des Denkers.*

Denn in der Tat ist Oskar Becker, unstreitig einer der besten Köpfe aus der Schule der Phänomenologie, zugleich gerade auch als Philosoph eine ambivalente Persönlichkeit gewesen, die in dieser Ambivalenz schwer zu verstehen ist. Diese Ambivalenz rührt bekanntlich daher, dass Oskar Becker, obwohl kein Parteigenosse, seit der Mitte der 1930er Jahre bis zum Kriegsende Texte publiziert hat, die eindeutig und in selten robuster Form nationalsozialistisches Gedankengut vorstellig machen. Das ist bekannt und von Gereon Wolters exemplarisch[3] analysiert worden.

Die Fragen, die in diesem Zusammenhang aber immer noch offen sind, könnte man so formulieren: Sind die eindeutig nationalsozialistischen Texte Beckers in seinem Werk und Denken ›insulär‹, also bloß passagere Konzessionsprodukte an den Zeitgeist? Oder kann womöglich gezeigt werden, dass Oskar Beckers genuine philosophische Leistung, seine Überlegungen zur Modallogik und zur Philosophie der Mathematik, in einem inneren Zusammenhang mit seinen nationalsozialistischen Texten stehen? Hat Oskar Becker nach dem Zweiten Weltkrieg sein Denken einer Revision unterzogen oder gibt es eine Kontinuität seines Denkens derart, dass darin auch seine nationalsozialistischen Texte, wenn nicht ihrem Buchstaben, so doch ihrem Geiste nach enthalten bleiben?

Wir werden sehen, dass beide Fragen leider zu bejahen sind. In der Tat hängen Oskar Beckers nationalsozialistische Äußerungen ›intrinsisch‹[4] mit seinen eigentlichen philosophischen Forschungen zur Philosophie der Mathematik und zur Modallogik zusammen. Und es kann leider ebenso gezeigt werden, dass er auch nach 1945 keinerlei inhaltliche Abstriche an jener philosophischen Konzeption vornahm, die ihn Mitte der dreißiger Jahre in die Sümpfe führte.

Selbst wenn es im Kontext nicht ganz klar ist, wie Otto Pöggeler es gemeint hat, aber dieser Satz von ihm ist für sich genommen wahr: »In jedem Fall war Becker vielleicht der einzige der Freunde und Schüler Heideggers, der nach der Katastrophe keine politische Rückbesinnung ausbildete oder gar zur Rehabilitierung praktischer Philosophie weiterführte.«[5]

Das Besondere an Oskar Becker ist also, dass wir ihn als Philosoph und Person in einer Ambivalenz belassen müssen, die nicht wegzubringen ist.[6]

Im Folgenden werde ich zuerst die Genese von Beckers Wende zum Nationalsozialismus aus seiner seriösen Philosophie her nachzeichnen, dann Beispiele für seine ideologischen Äußerungen nach dieser Wende vorlegen, um dann zu zeigen, dass Becker seine Grundkonzeption auch nach 1945 nicht geändert hat.

1. Hilbert oder Brouwer?

In seinem Hauptwerk zur Philosophie der Mathematik, also in seinem Buch *Mathematische Existenz*, das 1927 zusammen mit Heideggers *Sein und Zeit* im selben Band des *Jahrbuchs für Philosophie und Phänomenologische Forschung* erschien, entwickelt Becker in enger Fühlung mit der zeitgenössischen Forschung zum Thema die These, dass mathematische Gebilde nur dann seriös und zulässig sind, wenn sie (a) im Sinne Husserls von einem Aufweisungsprozess konstruktiv erfassbar sind und wenn (b) dieser Prozess mit Heidegger performativ als Form unseres Existierens gefasst werden kann.

Hieraus ergibt sich für ihn zwanglos die Option für die der Existenzialhermeneutik Heideggers entgegenkommende intuitionistische Grundlegung der Mathematik im Sinne Brouwers im Gegensatz zur formalistisch-axiomatischen Grundlegung im Stile Hilberts. Letztere operiere in der Erbschaft Cantors mit transfiniten Größen, operiere also im Sinne Kants mit ›subreptiven‹ Begriffen[7] und arbeite so mit hermeneutisch ungedeckten Schecks. »*Damit*«, so Becker in bündiger Klarheit, »*entscheidet die phänomenologische Analyse als hermeneutische, d. h. als auslegende auf das Dasein hin, die Streitfrage der Definition der mathematischen Existenz zugunsten des Intuitionismus.*«[8]

Nun sieht sich Becker Ende der zwanziger Jahre des vorigen Jahrhunderts allerdings mit dem historischen Faktum konfrontiert, dass die moderne Physik, also vor allem die Quantenphysik seiner Zeit, ungeniert Gebrauch von einem mathematischen Formalismus im Stile Hilberts macht und in diesem Gebrauch offenbar erfolgreich ist. Wie sollte unser Philosoph mit diesem Befund umgehen? Es boten sich ihm prima vista nur zwei Möglichkeiten an: 1. Die moderne Physik wird philosophisch unter Generalverdacht gestellt und als Baustelle geschlossen. 2. Das Plädoyer für eine phänomenologisch privilegierte intuitionistische Grundlegung der Mathematik wird aufgegeben.

Für die *erste* Möglichkeit hat sich später in der Tat Paul Lorenzen, der in seiner Bonner Zeit im engsten wissenschaftlichen Kontakt mit Oskar Becker stand[9], entschieden.[10] Er geriet dadurch in die schwierige Situation, eine ›unzeitgemäße‹ Wissenschaftstheorie zu vertreten, ja Wolfgang Stegmüller sprach im Hinblick auf die von Paul Lorenzen inaugurierte prototheoretisch fundierte konstruktive Wissenschaftstheorie wenig zartfühlend von einer *metascience of science fiction.*[11]

Auch Becker kokettierte mit einer solchen radikalen In-Frage-Stellung der modernen Physik. Denn, so sein Argument: »Es ist [...] keineswegs *sicher*, ob nicht doch noch in späterer Zeit ein ›intuitionistischer Rückschlag‹ auf den gegenwärtigen ›Symbolismus‹ in Mathematik und Physik folgen wird.«[12]

Die *zweite* Möglichkeit bedeutet die vollständige Niederlage der phänomenologischen Grundlegung der Mathematik und damit die der Phänomenologie als Ganzer. Das sah auch Becker so. In seinem außerordentlich aufschlussreichen Briefwechsel mit Dietrich Mahnke findet sich ein Brief Beckers vom 22. 8. 1926. In diesem Brief zitiert Becker eine wiederum briefliche Mitteilung Hermann Weyls an ihn, die so lautet: »*Siegt Hilbert über Brouwer ob, so bedeutet das für mich zugleich, daß damit die Phänomenologie als philosophische Grundwissenschaft gerichtet ist.*«[13] Becker schließt sich dieser Einschätzung Weyls zögernd an und man spürt hier in dem Brief an Mahnke sehr deutlich, wie Becker mit sich ringt: »Wenn Weyl damit Recht hat, daß der Intuitionismus Brouwers die theoretische Physik nicht tragen kann, dann muß auch die Phänomenologie im ›klassischen‹ Sinne Husserls als unfähig angesehen werden, die moderne Form der Naturerkenntnis zu sichern und bis ins Letzte verständlich zu machen.«[14] Damit mochte er sich als Philosoph natürlich nicht abfinden.

2. Beckers ›way out‹: Mantische Phänomenologie

Wenn die geschilderten Verhältnisse hier aber eine Revision *erzwingen*, die *erste* Möglichkeit von Becker im Gegensatz zu Lorenzens späterer Option doch als zu weitgehend angesehen wurde, die *zweite* Möglichkeit die effektive Preisgabe der Phänomenologie als Grundwissenschaft zur Folge hat, dann bot sich aus systematischen Gründen zunächst nur die Anerkennung der Tatsache an, dass der methodische Rahmen der phänomenologischen Grundlegung der Mathematik in der Tradition Husserl/Heidegger offenbar zu eng ist. Und daraus folgt: Die phänomenologische Erfassungskapazität muss erweitert werden und damit der methodische Rahmen der Phänomenologie überhaupt. Genau diesen Weg wählt Becker in seinem Buch *Mathematische Existenz* im Sinne einer dort erstmalig skizzierten nicht mehr *hermeneutischen*, sondern *mantischen* Phänomenologie.

Man muss hier aber zugleich sehen, dass Becker mit der erforderlichen methodischen Erweiterung der Phänomenologie, sollte ihm diese gelingen, zugleich den Effekt erreichen konnte, Heideggers Entwurf einer hermeneutischen Phänomenologie zu überbieten. Es kann gar kein Zweifel daran bestehen, dass Becker von diesem Ehrgeiz zugleich beseelt war. Noch am 28. September 1963 teilt Oskar Becker Erich Rothacker brieflich mit: »Ich bin wahrscheinlich der einzige Schüler Heideggers, der nach prinzipieller Selbständigkeit gestrebt hat.«[15]

In dem genannten Brief an Mahnke erwägt Becker zunächst einen Rückgang auf Leibniz, gesteht dann aber: »Aber ich glaube, man muß noch weitergehen«. Denn im Transfiniten handele es sich, so Becker, »um Symbolisierung eines transcendenten, ›göttlichen‹ Gedankensystems (das für uns gar nicht mehr ausdenkbar ist) durch menschliche Symbole. Also wirklich um eine Art Mantik.«[16] An dieser Stelle des Briefes von 1926 ist der Ausdruck ›Mantik‹ bei Becker meines Wissens zum ersten Mal greifbar, er kommt dann 1927 in seinem großen Buch *Mathematische Existenz* wieder vor, in den nachfolgenden Veröffentlichungen Beckers aber nicht mehr. Er hat den Ausdruck, mit Recht, wie ich glaube, fallen gelassen. Der Sache nach, also im Hinblick auf das mit diesem Ausdruck seinerzeit benannte Erweiterungsprofil der Phänomenologie, ändert sich allerdings bei Becker von 1927 bis zu seinem Tode 1964 nichts. Und in seinem späten Aufsatz ›Die Aktualität des pythagoreischen Gedankens‹[17] benutzt er anstelle des Ausdrucks ›mantisch‹ das lateinische Äquivalent ›divinatorisch‹.[18]

Wie sieht nun Beckers seinerzeit ›mantisch‹ genannte Erweiterung der Phänomenologie näher aus? Die Aufgabe dieser Erweiterung, zu der sich Becker vor allem auch durch Weyls Approximation von Brouwer zu Hilbert stimulieren ließ[19], stellt sich so, dass ein mathematischer Formalismus vom Typ Hilberts phänomenologisch gewissermaßen ›unterfangen‹[20] werden muss. Wie soll das möglich sein, wenn sein Formalismus zur Darstellung transfiniter Schlussweisen mit ungedeuteten Zeichen operiert? Wie kann dem Bedeutungslosen überhaupt etwas entsprechen? Für Becker geht es also um eine der Kardinalfragen des 20. und, wie ich glaube, auch des 21. Jahrhunderts: Wie ist eine Sinngebung des Sinnlosen möglich?[21] Bei dem jungen Göttinger Philosophen Josef König bündelte sich diese Frage 1926 in der spekulativen Feststellung: »Der Gang zum Sinn ist selber sinnlos.«[22]

Weyl hat sich zu dieser Problemlage noch mit der Lizenz des Intuitionisten eher belustigt erklärt: »Die Hilbert'sche Mathematik mag ein hübsches Formelspiel sein, amüsanter selbst als das Schachspiel; aber was hat sie mit Erkenntnis zu tun, da doch eingestandenermaßen ihre Formeln keine inhaltliche Bedeutung haben sollen […]?«[23]

Wie passt eine Physik, die von solchen bedeutungsleeren Formeln Gebrauch macht, überhaupt auf die Welt? Dass sie es tut, beweist das Faktum ihres erfolgreichen Bestehens, aber wie ist das zu verstehen? Genau das ist Beckers Problem. Seine Lösung kann nur sinntranszendent und damit metaphysisch sein. In der *façon de parler* von Hilary Putnam vollzieht Becker hier also den Übergang von einem *internen* zu einem *externen Realismus*. Die pure »Tatsache des Bestehens der modernen Physik« zeige ja, so Becker, »daß die ›symbolische‹, unverständliche, transzendent-transfinite Mathematik Hilberts die Harmonie der Welt entschleiert. Also hat jenes leere Formelspiel einen geheimnisvollen Bezug auf die metaphysische Struktur des *Kosmos. Welches ist der Sinn und der Grund jenes Bezuges?*«[24]

Becker beantwortet diese Frage hier nicht, bleibt noch sehr vorsichtig und nennt sie »den ungelösten Rest des Problems der mathematischen Existenz«. Dennoch: »Es taucht hier methodisch eine neue Fragestellung auf: Die Aufgabe der *Deutung* (divinatio, μαντεία) eines Phänomenzusammenhangs, die sich von der *Auslegung* (ερμηνεῖα, interpretatio) [im Stile Heideggers, W.H.] und erst recht von der Aufgabe der Ergründung der formalen Konstitution der Phänomene [im Stile Husserls, W.H.] unterscheidet.«[25] Es gehe hier also nicht mehr im Sinne Heideggers um eine hermeneutische Explikation des ›*Seinssinnes*‹, sondern um eine »›*Erdeutung*‹ *eines transzendenten* ›*Seinsgrundes*‹.«[26]

Das sind natürlich große Worte, und der Leser wüsste sicher gern, was es mit diesem transzendenten Seinsgrund näher auf sich hat. Hier gibt Becker noch Hinweise: Der transzendente Seinsgrund ist einfach das ›Naturhafte‹ der Natur, also das, was an ihr nicht in unser Verstehen als geschichtliche Wesen hereinragt. Gerade dieses ›Naturhafte‹, wie es uns als geschichtlichen Wesen gar nicht zugänglich ist, ist der kristalline Gegenstand der modernen Physik. Das ungedeutete Formelspiel ihres mathematischen Formalismus fasst die kristalline Metaphysis der Physis, die absolut ungeschichtliche und transphänomenale Sphäre der Natur.

Hier greift auch unser normales Zeitverständnis nicht mehr, vielmehr müssen wir mit einer Natur-Zeit rechnen, in der es im Gegensatz zur historischen Zeitlichkeit auch so etwas wie die *Wiederkehr des Gleichen*[27] gibt. Heideggers Existenzialontologie des Daseins muss daher in Beckers Augen durch eine Para- oder Parontologie des Dawesens ergänzt werden. Alle diese Verhältnisse durchsichtig zu machen, ist also nach Becker Aufgabe einer »späteren phänomenologischen Forschung, die in der angedeuteten ›mantischen‹ Richtung vorzudringen in Zukunft unbedingt bestrebt sein muß«.[28]

Zur Verwendung des Ausdrucks ›mantisch‹ hat sich Becker ohne Zweifel auch durch Weyl inspirieren lassen, der dem zweiten Teil seiner *Philosophie der Mathematik und Naturwissenschaft* (1927)[29] das bekannte Heraklit-Fragment als Motto in eigener Übersetzung vorangestellt hat: ›Der Herr, dessen das Orakel (μαντεῖον) zu Delphi ist, offenbart nicht (οὔτε λέγει) und verbirgt nicht (οὔτε κρύπτει), sondern kündet in Zeichen (ἀλλὰ σημαίνει)‹. Hierauf verweist Becker am Ende seines Buches *Mathematische Existenz* ausdrücklich.[30] Er legitimiert diesen Ausdruck auch mit dem verblüffenden Verweis darauf, dass die Mathematik schon *intern* ›mantisch‹ verfasst sei: »der prophetische und beherrschende Charakter des Mathematischen tritt [...] schon in der ›reinen‹ Mathematik zutage. Unübersehbare Zahlenbeziehungen werden etwa in der höheren Zahlentheorie [...] durch endliche Gesetze beherrschbar und damit das Ergebnis von Rechnungen voraussehbar.«[31]

Dennoch ist es sehr zweifelhaft, ob der Ausdruck von Becker glücklich gewählt ist. Denn das, was sachlich unter Mantik zu verstehen ist[32], ist die Kunst des Sehers, der, wie es seit Homer heißt, sieht, was war, was ist und was sein wird. Kraft dieser Seherkunst wurden aber stets sehr handfeste Dinge gesehen, selbst wenn die Seher auf höherstufige, d.h. hier mythische Gesetzmäßigkeiten wie z.B. göttliche Eingriffe in menschliches Geschehen rekurrierten. So kann Kalchas als Seher erklären, wie es zum Ausbruch der Pest im Heer der Griechen vor Troja kam, weil nämlich Agamemnon Apoll beleidigt hatte. Aber er ist es zugleich, der die Flotte der Griechen an die Küste Trojas navigierte, und zwar, wie es bei Homer ausdrücklich heißt: kraft seiner Wahrsagekunst. Man geht also wohl nicht fehl, wenn man die Mantik in ihrem Ursprung, also lange bevor sie zum reinen Aberglauben verkam, als Interpretationskunst unter Risiko und Unwissen bezeichnet. In dieser Fassung macht sie Gebrauch von informellen Wissensformen in Form von antizipierenden Gefühlen wie Ahnungen und Mutmaßungen. Das tun wir auch heute noch, wenn wir uns nicht auskennen und bei schlechter Beleuchtung das ›mulmig‹ genannte Gefühl haben, dass die Lage riskant ist.

In dieser Fassung mag die Mantik als Erweiterung der Semantik nach unten gelten, in vorsprachliche Zonen hinein. Sie gehört daher, aus ihren ältesten Quellen und mit Blick auf ihre philosophische Verwertbarkeit charakterisiert, zu einer ›*gnoseologia inferior*‹, wie Alexander Baumgarten seine Theorie sinnlich basierten Bedeutungsverstehens bezeichnete.

Bei Becker muss eine ›mantisch‹ genannte Phänomenologie aber sehr viel mehr leisten. Sie wird methodisches Organ einer Ontologie, die über den Bezirk der Phänomene hinausgreift. Fündig wird sie dort, wie schon gesagt, an ›Naturhaftem‹, auf dem alles Geschichtliche bloß aufruht, von einem ungeschichtlichen Boden als transzendentem Seinsgrund ›getragen‹. Der Etablierung dieses erweiterten ›ontologischen‹ Naturbegriffs ist das Buch *Mathemati-*

sche Existenz als Kritik und Überbietung der im Geschichtsraum verbleibenden *hermeneutischen* Phänomenologie Heideggers programmatisch verpflichtet. Und genau an dieser Stelle befindet sich das begriffliche Gelenk, das uns zeigt, wie Becker in eine Abwegigkeit *sui generis* geführt wird.[33]

3. Beckers neuer Naturbegriff

Den Rückgriff auf seinen neuen Naturbegriff, der den Heidegger'schen Entwurfspielraum des Daseins noch ontologisch ›unterfangen‹ soll, rechtfertigt Becker schon 1927 so: »Wir dehnen dabei den Begriff ›Natur‹ über seinen gewöhnlichen Umfang hinaus aus. Wir nennen Natur alles Seiende, was ›naturhaft‹ ist, also, außer der äußeren, ›toten‹ und lebendigen Natur, auch noch das naturhafte Sein der Naturvölker, des Kindes (des ›Naiven‹) und des menschlichen *Trieb*lebens. [...] Es kommt also zur äußeren Natur noch hinzu das *Primitiv-Seelische.* – Alle diese Phänomenbezirke sind u.E. gekennzeichnet durch ihre ›nichthistorische‹ Zeitlichkeit, *in* der sie nicht etwa nur sind, als in einer Leerform, sondern durch die sie *ontisch* wesentlich mit ausgemacht [...] werden.«[34]

Damit kommen für Becker auch kulturelle Invarianten als ›naturhafte‹ Prägungen in den Blick, die auch für das Design von Theorietypen des mathematischen Denkens relevant werden. So ist es gerade die abendländische Mathematik, der es gelungen ist, »klassische antike und orientalische (indisch-arabische) Motive mit autochthonen, nordisch-germanischen (die man nicht unterschätzen darf!)« zu vereinigen.[35] Das »spezifisch nordisch-abendländisch« geprägte Mathematik-Verständnis sieht Becker dabei in ihrer Inanspruchnahme als Instrument der ›Weltbeherrschung‹.[36] In dieser Bestimmung tritt sie eben just in den mathematisierten Naturwissenschaften das Erbe von Mantik und Magie an.[37]

Um abschließend den »Seinssinn des Mathematischen zu verstehen, muß man das ganze ontologische Problem hineinstellen in die universale Spannung zwischen Historischem und Nichthistorischem, zwischen Geist und Natur.« Geist ist ganz und gar historisch. »Dagegen ist alles primitive Leben (des Kindes, des ›Naturvolkes‹, der triebhaften Unterschicht in uns selbst, die in krankhaften Zuständen, aber nicht nur in diesen zutage tritt) ›Natur‹. Das primitive, ›naturhafte‹ Leben kennt den Tod nicht, besitzt die Sehergabe (›Natursichtigkeit‹) und die ›Allmacht der Gedanken‹ (Magie).«[38]

Das ›naturhafte‹ Leben in uns, bei Becker stets eine Mischung von Freuds Unbewusstem und kultureller Rassenzugehörigkeit, bekundet sich in einiger Anonymität, über der unsere historische Individualität bloß wie ein Spielball tanzt. In diesen Schacht des ›Naturhaften‹ verliert sich unsere Individualität daher auch wieder, wenn die ›naturhafte Gemeinschaft‹ in Extremsituationen nach vorne tritt: »Lebenslagen, wo Gemeinschaften (Menschen gleichen Stammes, Blutes, Glaubens usw.) gemeinsam in den Tod gehen, sind niemals von rein historischem Seinscharakter. Es findet irgendeine Weise der Identifizierung (Einsfühlung) statt, die die historische Individuation auslöscht.«[39]

Man spürt gewiss sehr deutlich, dass hier, d.h. schon 1926/27, Anschluss an ein Vokabular gefunden wird, dessen sich Becker aber erst seit 1935 bis 1945 in robuster Manier bediente. Den in seinem Buch *Mathematische Existenz* gewonnenen grundsätzlichen Gedanken eines neben den Formen historischen Existierens greifbaren ›naturhaften‹ Existierens hat Becker seit 1927 weiter ausgebaut in der ontologisch gefassten Unterscheidung von *Dasein* und *Dawesen*, die er bis zu seinem Tod nicht in Frage gestellt hat und in allen seinen Publikationen – auch denen zur Geschichte der Mathematik[40] – immer wieder anspricht.[41]

Die entscheidende Gabelung für den Gang in die avisierte Abwegigkeit bei Becker ist also die: Es mag ja im Sinne eines neo-pythagoreischen Weltbildes noch angehen, den Bezug der mathematisierten Naturwissenschaften auf eine transzendente Kristallwelt zu bedenken.[42] Wenn man aber, wie Becker, in diesen Bezug noch den gesamten Sozialkorpus mit hineinnimmt, dann muss man auch hier mit Invarianzen und Konstanten rechnen, die die ontologische Fiktion eines Dawesens erst erzwingen.

Hier genau wird bei Becker das Wahre hinfällig und der Denker zum Abenteurer.

4. Möglichkeit und Notwendigkeit

Auch in seinem 1930 erschienenen bedeutenden Aufsatz ›Zur Logik der Modalitäten‹[43] geht Becker in einem zweiten Teil auf unser Thema in den Koordinaten der benannten Ambiguität ein. So kommt er schließlich auf das Verhältnis der Modalität zur Zeitlichkeit zu sprechen. Denn: »Die ›Logik‹ der Modalität hat einen tiefgehenden Bezug auf Zeitlichkeit.« Dieser Bezug wird durchaus einsichtig, wenn man die Modalität ›Möglichkeit‹ mit der Zukunft korreliert. Gerade das ist aber die Perspektive, die Heideggers Entwurfstruktur des Daseins charakterisiert. Die von Becker in seinem Buch *Mathematische Existenz* herausgearbeitete ›naturhafte‹ Zeitlichkeit hingegen, in der es eine Wiederkehr des Gleichen gibt, muss der Modalität der Notwendigkeit zugeordnet werden. Becker erläutert: »Die vorausberechnete Sonnenfinsternis z. B. tritt ›notwendig‹ ein; jedes tragische ›Schicksal‹ ist ›notwendig‹; die Unentrinnbarkeit einer ursprünglichen Triebwirkung ist eine notwendige, ›verhängnisvolle‹«.[44]

Auch hier findet sich wieder der argumentativ fragwürdige Kurzschluss von kosmischer Struktur und schicksalhafter Sozialstruktur. Damit erhalten für Becker Kräfte ›von unten‹, also *chtonische* Kräfte einen ontologischen Status, der keineswegs zwingend ist. Darauf hat in seiner durchaus wohlwollenden Interpretation Beckers schon Otto Pöggeler in rhetorischer Frageform hingewiesen: »Ist die Gestalt, von der der Biologe in der Morphologie spricht, in ähnlicher Weise als ›Wesen‹ zu begreifen wie die Gesetzlichkeit der mathematischen Naturwissenschaft?«[45] Und: »Ist es erwiesen, daß die triebhaften Begierden in der Weise der ›zeitlosen‹ Strukturen des Unbewußten gegen die historische Zeit [...] stehen, daß die Tiefenseele des Menschen der ungeschichtlichen und immer gestaltgleichen Natur zugehört?«[46]

Natürlich nicht! Menschliche Determinanten wie die der gesamten biologischen Natur sind zum naturwüchsigen ›*framing*‹ unseres empirischen Existierens zu rechnen und haben jedenfalls keinen irgendwie ontologisch qualifizierbaren Sonderstatus als Dawesen.[47] Doch gerade daran muss Becker festhalten, um Heideggers Ontologie des Daseins überbieten zu können. Die von Heidegger so energisch herausgearbeitete ›Faktizität‹ des Daseins kann deshalb für Becker nicht wieder ein Faktum sein, »sondern eine apriorische prinzipiell-ontologische Struktur«. Welcher Art diese ist, erläutert er in einer Fußnote: »Streng genommen eine ›hyperontologische‹, sowohl ›ontologische‹ wie ›parontologische‹ (paraexistenziale).«[48]

Darauf kommt Becker dann dreizehn Jahre später, also 1943, mit dem Aufsatz ›Para-Existenz. Menschliches Dasein und Dawesen‹[49] in grundsätzlicher Weise zurück. In diesem Aufsatz nimmt er allerdings schon Bezug auf die vorausgehenden Arbeiten *Transzendenz und Paratranszendenz* (1937)[50] und vor allem auf den Aufsatz ›Nordische Metaphysik‹ (1938)[51], der seinerseits im Schatten etlicher Buchbesprechungen in der Zeitschrift *Rasse* erschienen ist.

Bevor ich darauf einen Blick werfe, muss also festgehalten werden, dass Becker in allen seinen modallogischen Arbeiten von 1930 an den Modus der Notwendigkeit mit Ausblick auf die Eigenart unseres Dawesens expliziert, auch in seiner 1952 mit Korrekturhilfe von Paul Lorenzen herausgegebenen Arbeit *Untersuchungen über den Modalkalkül.*[52]

5. Bedeutung des Rassischen

Otto Pöggeler hat, wie schon Karl Löwith, darauf hingewiesen, dass Oskar Beckers Wendung zu prägenden Formen ›völkischer‹ Eigentümlichkeiten wohl durch seinen Freund Ludwig Ferdinand Clauß (1892-1974), in den 1920er Jahren ebenfalls Mitarbeiter Husserls in Freiburg[53], stimuliert worden ist. Clauß entwarf eine Anthropologie als empirisch gesättigte physiognomische Typologie (›Leistungs‹-, ›Darbietungs‹-, ›Berufungs‹-, ›Erlösungs‹- und ›Enthebungstypus‹) der Völker und Rassen, die mimetisch, d.h. durch partizipierendes ›Mitleben‹ fassbar werde. Diesem Projekt einer ›Rassenseelenkunde‹ verschrieb sich Becker zweifellos, er nahm es in seine Konzeption des Dawesens auf. Der ursprünglich physiognomische Begriff des Rassischen bei Clauß gewann aber bei Becker Ende der dreißiger Jahre immer mehr biologische Konturen. Gerade die vermisste aber Alfred Rosenberg bei Clauß.[54] Diesen Wandel Beckers hin zu einem eindeutig biologischen Rassismus gilt es hier kurz zu dokumentieren.

1936 erschien in der Zeitschrift *Rasse* Beckers Besprechung von

Bernhard Bavinks Aufsatz über den Einfluss der Rasse auf Wissenschaft und Religion. Becker kritisiert Bavinks Sympathie für den süddeutschen Katholizismus: »Er bekämpft infolgedessen den Gedanken einer werteigenen (›autarken‹) Religion mit der üblichen Begründung, nicht die Rasse, sondern die Umwelt (besonders die Erziehung) bestimme sowohl die ästhetischen wie auch die ethisch-religiösen ›Werturteile‹ [...]. B. versteigt sich bis zu folgendem unglaublichen Satz: ›Ein katholischer Süddeutscher dürfte [...] in seiner gesamten ethisch-religiösen Gesinnung (!) von einem ebensolchen Italiener oder Spanier weniger differieren als von einem protestantischen Norddeutschen (!), [...].‹« Das werde schlagartig klar, wenn Bavink behauptet, dass »›ein zum Christentum wirklich bekehrter Neger sich, was die Werturteile anlangt, von seinen unbekehrten wilden Stammesgenossen unendlich viel (!) weiter unterscheidet als von seinen europäischen Mitchristen.‹« Das geht für Becker entschieden zu weit, »denn die tiefinnerliche Gesinnung [...] geht aus dem artgebundenen ›Charakter‹ hervor. So ist auch die in der HJ. erstrebte Erziehung eine charakterliche und deshalb arteigen und deshalb überkonfessionell!«[55]

1937 erscheint eine Sammelbesprechung von Becker in derselben Zeitschrift unter dem Titel ›Philosophie und Weltanschauung (Neuerscheinungen aus den Jahren 1935 und 1936)‹. Einem Buch von Fritz Michael Lehmann bescheinigt hier Becker: »Der nordische Grundzug des klassischen Altertums wird von ihm entschieden verkannt.« Ebenso rügt er ein Buch von R. R. Marett über primitive Religion mit dem Hinweis: »Leider ist auch ein Zug echt angelsächsisch, nämlich die völlige Außerachtlassung rassischer Betrachtungsweisen!« Erfreut bespricht Becker ein Buch »des bekannten Vorkämpfers für einen arteigenen deutschen Glauben«, nämlich Hermann Mandels *Rassenkundliche Geistesgeschichte*. Ferner wird mit »aufrichtiger Genugtuung« das Buch von Walter Groß über *Rasse, Weltanschauung, Wissenschaft* begrüßt sowie die »tiefgründigen Darlegungen von Hermann Schwarz *Zur philosophischen Grundlegung des Nationalsozialismus*«.[56]

In derselben Zeitschrift erschien dann 1938 Beckers Aufsatz ›Nordische Metaphysik‹.[57] Hier wird gleich unmissverständlich festgehalten: »Nicht alle Völker treiben Metaphysik, nicht einmal alle nordisch bestimmten Völker. Metaphysik ist also nur eine Möglichkeit, und zwar eine nordische Möglichkeit.«[58] Näherin bringt Becker hier ein Werk von Hans Heyse in eine komplementäre Stellung zu Heidegger. Beide Denker realisieren in ihrer Weise »die beiden Gesichter des Germanentums, das beruhigte [Heyse, W.H.] und das rastlose [Heidegger, W.H.]«. Dies könne »mit der Eigenart der beiden rassischen Bestandteile der germanischen Seele, dem fälischen und dem nordischen im engeren Sinn [dem teutonordischen][59], zusammenhängen«.[60]

Heyses Position realisiert für Becker die Perspektive, die sein Konzept des Dawesens bereitstellt, indem die Rasse zum Lebensgefühl wird: Dem Dasein Heideggers entspricht ›die nordische Sehnsucht nach Ferne, der Neigung zum Meer und zum wehenden Wind, zum Übergreifenden und Überwindenden‹; dem Dawesen Heyses und Beckers entspricht hingegen die ›nordische Liebe zur Sache, zu Tier und Mensch, Baum und Strauch, Sippe und Heimat‹[61], hier ist ›die Geborgenheit in seiner Rasse‹ wirksam.[62] So kann Becker abschließend »den heldenhaften Versuch der letzten Germanen von heute« rühmen, »sich dawesend in letzter Stunde zu bewahren und als Volk zu verjüngen«.[63]

Der Student Paul Lorenzen hatte übrigens um 1936 den Professor Heyse noch in Göttingen kennengelernt. Er nennt ihn in seinem Bericht an Carl Friedrich Gethmann einen »Nazi-Philosophen, über den wir [Lorenzen und sein Freund Fritz Gebhardt, der, nachdem Misch nicht mehr las, wohl oder übel Assistent bei Heyse sein musste] uns nur lustig gemacht haben«.[64]

Nun könnte man, wenn auch mit extremem Wohlwollen, die bislang beigebrachten Belege für eine exzessive Inanspruchnahme eines rassistischen Vokabulars durch Becker immer noch im Sinne einer anthropologischen Physiognomie à la Clauß deuten. Diese Möglichkeit steht aber meines Erachtens für die Schriften Beckers der 1940er Jahre definitiv nicht mehr offen.

In der Vortragsreihe der Universität Bonn ›Führungsformen der Völker‹ aus dem Jahr 1942 hielt Becker einen Vortrag über das Thema ›Gedanken Friedrich Nietzsches über Rangordnung, Zucht und Züchtung‹[65], der meines Wissens in der Literatur zu Becker noch nicht berücksichtigt wurde. Hier hält Becker einigermaßen Distanz zu Nietzsche, zumal ihm die Mendel'schen Gesetze als Grundlage seiner Züchtungsgedanken noch unbekannt waren. So sei es »begreiflich, daß er deshalb auch die Assimilation der in Westeuropa alteingesessenen Juden für möglich hielt […]. Die Einwanderung weiterer Ostjuden hat er allerdings abgelehnt.« So habe Nietzsche immerhin »das verhängnisvolle Wesen des Judentums grundsätzlich auf das klarste erkannt und erbittert bekämpft«.[66] Becker kritisiert schließlich auch das »Züchtungsziel Nietzsches«, das bestenfalls »eine (notwendig dünne) Oberschicht von Ausnahmemenschen« hervorzubringen geeignet sei und deshalb »unserer heutigen, nationalsozialistischen Anschauung verwerflich« erscheint, wenngleich »wir uns noch heute […] im obersten Grundsatz der Höherzüchtung […] mit Nietzsche im tiefsten verbunden […] fühlen.«[67] Auf Nietzsches »häufig erstaunlich gegenwartsnahe züchtungspolitische Vorschläge« kann Becker zum Abschluss nur noch verweisen, so z. B. auf »seine klare rassenhygienische Einsicht« und seinen »so wirkungsvollen Kampf gegen die Demokratie«.[68]

Ich will diesen Text von Becker hier nicht weiter kommentieren, er spricht für sich.[69]

Man wird allerdings ebenso nicht an der Einsicht vorbeikommen, dass diese ideologischen Äußerungen insgesamt auf einer ihn ›motivierenden‹ Grundlage ruhen, die in der von Becker Ende der 1920er Jahre konzipierten Erweiterung der Phänomenologie im Ausgang von Problemlagen seiner Philosophie der Mathematik und Modallogik besteht. Das, was er zunächst als ›mantische‹ einer ›hermeneutischen‹ Phänomenologie im Stile Heideggers entgegensetzte, fasste er in seinem systematisch wohl wichtigsten Aufsatz der 1940er Jahre des vorigen Jahrhunderts, ›Para-Existenz. Menschliches Dasein und Dawesen‹[70], 1943 noch einmal und endgültig im Entwurf »einer *Zwei-Pol-Metaphysik* wie sie aus der gegenstrebigen Gefügtheit von Sein und Wesen entspringt«[71] zusammen.

6. *Dawesen I: Kosmische Bezüge*

Becker hat wohl selbst gespürt, dass die oben benannte Kurzschließung ›naturhafter‹ Komponenten kosmischer und schicksalshafter Art eine unglückliche ist. So bemühte er sich in seinem Aufsatz *Para-Existenz* von 1943 um eine begriffliche Differenzierung, die die Verhältnisse methodisch einigermaßen ins Lot bringen sollte. Dazu bietet er zunächst eine »Aufzählung der Arten des *Außergeschichtlichen* (Extrahistorischen)«[72], die als Matrix für weitergehende Überlegungen dient. So unterscheidet er näherhin: das Vorgeschichtliche (das Prähistorische), das Untergeschichtliche (das Subhistorische) und das Übergeschichtliche (das Suprahistorische).

Zum ›Vorgeschichtlichen‹ ist das ›Ursprüngliche (Primitive)‹ und das ›Altertümliche (Archaische)‹ zu rechnen: »Das was die Seele des Kindes betrifft, ferner die ›geistige‹ Verfassung der Naturvölker und alter zurückgebliebener Rassen (wie die Zwergstämme)«. Zum ›Untergeschichtlichen‹ gehört das kollektiv Unbewusste, das gelegentlich auch eruptiv wieder hervorbrechen kann, wie z. B. »wieder auftauchende ›heidnische Greuel‹ das geschichtliche ›hochkirchliche‹ Bewußtsein beunruhigen und zu Gegenmaßnahmen zwingen«.[73] Das ›Übergeschichtliche‹ schließlich ist die Sphäre des absoluten Geistes, der die Mathematik mit ihren ›ewigen Wahrheiten‹, die Kunst mit ihren ›klassischen‹ Werken und die Philosophie als *philosophia perennis* angehören.

In diesen außergeschichtlichen Dimensionen realisiert sich neben unserem geschichtlichen Dasein unser Dawesen, wie es sich auch in der Kristallwelt der Mathematik, in der fragilen Außerordentlichkeit großer Kunst[74] und in der ewig gegenwärtigen Welt des Denkens dokumentiert. Genau dies ist der Systemgedanke Oskar Beckers, in dem in auffälliger Weise neben dem Wahren und Schönen das Gute fehlt. Den Grund dafür gesteht Becker in dem oben schon genannten Brief vom 28. 9. 1963 an Rothacker mit entwaffnender Offenheit ein: »für ›Ethik‹ habe ich von je her wenig Sinn gehabt und in religiöser Hinsicht bin ich immer ein Skeptiker gewesen«.[75]

Als Dasein im Sinne Heideggers agieren wir im Horizont unserer Entwürfe, d.h. in einer *Welt*. Als Dawesen ruhen wir in unseren außergeschichtlichen, ›naturhaften‹ Voraussetzungen, getragen vom *Kosmos*: »Wie Welt zum Dasein gehört, so gehört Kosmos zum Dawesen.«[76] Die Geworfenheit und den Entwurfscharakter unseres historisch verfassten Daseins im Stil der Analyse Heideggers will Becker so mit der Getragenheit unseres Dawesens ›unterfangen‹. Unsere Weltausgesetztheit ruht auf unserer kosmischen Eingefasstheit bloß auf. Beides ist nach Becker allerdings nicht aufeinander reduzierbar: »Das Gefüge des Dawesens ist in keiner Weise aus dem des Daseins […] abzuleiten.«[77] Das liegt nach Becker an folgendem

Befund: »Das Verhältnis des Dawesenden zum Kosmos ist etwas ganz anderes als das Sich-Verhalten des Daseienden zu seiner Welt. Das erste ist angemessene Eingefügtheit […], das zweite gespanntes Gerichtetsein«. Wieder anders: »Das Dawesende weiß sich fraglos eingeordnet in die ›hohen Ordnungen‹ des Kosmos, das Daseiende hat – bis ins Letzte fragwürdig – nur Welt […] in der ›Hineingehaltenheit in das Nichts‹.«[78] Unser Dawesen, unsere außergeschichtliche Verfassung, ist das, was in uns *glaubt*, das Dasein will *wissen*: »Das Es glaubt, das Ich weiß. Glauben gehört zum Wahrwesen, Wissen zum Wahrsein.«[79] Das Es lebt in der ›Welt der Bilder‹, in ›tiefer Ruhe und Fraglosigkeit‹. Der Wissen-Wollende hingegen »ist mißtrauisch, er ist ständig wach und ›auf Wache‹: man spricht mit Recht von der Wissenschaft als dem ›Feldlager des Geistes‹.«[80]

Becker möchte in dieser Theorie der Para-Existenz, wie er selbst bekundet, »der ›Enge‹ und ›Einseitigkeit‹ der existenzialen Analytik«[81] entgegentreten, ja man könnte auch sagen, den heroischen Pessimismus Heideggers mit einem kosmischen Optimismus gleichsam ›aufhellen‹. Allerdings ist der gewaltige Aufwand an terminologischen Neuprägungen Beckers von ›parontisch‹, ›par‹- oder ›paraontologisch‹, ›hyperontologisch‹, ›paraexistieren‹, ›Paraexistenzialien‹, ›Dawesen‹, ›Dawesenheit‹, ›Unentstiegenheit‹ usw. an sich schon Ausdruck einer phänomenologischen Verlegenheit, die den Verdacht nährt, dass das ontologische Gegenprojekt einfach eine terminologische Hybrid-Bildung ist, die bei genauerem Hinsehen der Sache nach auf dem Boden einer *aus sich* erweiterten existenzialen Analytik im Stile Heideggers auch hätte entfaltet werden können. Darauf komme ich am Schluss noch einmal zurück. Diesen Verdacht hat übrigens Otto Pöggeler zu Recht auch schon geäußert: »vielleicht kann das, was Becker vorbringt, auch auf dem Boden des hermeneutischen Ansatzes geltend gemacht werden, ja vielleicht in zureichender Weise nur auf ihm«.[82] Das allerdings hätte bedeutet, dass Beckers Versuch einer Überbietung Heideggers gescheitert wäre. Dieser Preis allerdings ist nicht so hoch wie der, den er faktisch bereit war zu zahlen, um sein Dawesen auf der Höhe der Zeit von 1943 zu halten.

Damit sollte ich noch die Frage aufgreifen, wie Becker seine Konzeption nach 1945, die er, wie schon bemerkt, nicht revidiert hat, der Öffentlichkeit präsentieren konnte.

7. Dawesen II: Das gereinigte Dawesen

Oskar Becker hat 1963 seine ›gesammelten philosophischen Aufsätze‹ im Verlag Neske unter dem Titel *Dasein und Dawesen* neu herausgegeben. Hier findet sich auch der Aufsatz ›Para-Existenz. Menschliches Dasein und Dawesen‹. Dieser Aufsatz ist zuerst, wie in den Drucknachweisen der Neuauflage 1963 auch vermerkt, in Bd. 17 der Zeitschrift *Blätter für Deutsche Philosophie* 1943 (S. 62-95) erschienen. Man darf daher annehmen, dass der Autor mit seinem Gehalt auch 1963 noch einverstanden war. Freilich hat er verschiedene kosmetische Korrekturen vorgenommen, und zwar exakt in der Art, wie sie Gereon Wolters für andere Philosophen aus der Zeit des Nationalsozialismus – wie z. B. für Wilhelm Kamlah – nachgewiesen hat.[83]

1943 heißt es: »Anders als die geschichtliche Überlieferung wirkt die Rasse und das Volkstum, das Blut und die mütterliche Erde, *kosmische* Mächte, die das Dawesen bestimmen.«[84] 1963 heißt es: »Anders als die geschichtliche Überlieferung wirken Volkstum und mütterliche Erde, kosmische Mächte, die das Dawesen bestimmen.«[85]

1943 heißt es: »Auch der Gegenzug fehlt nicht: Rückkehr zur Natur, zur Scholle, zu den mütterlichen Mächten von Blut und Erde«.[86] Dagegen ist 1963 nur noch von einer »Rückkehr zur Natur, zu den mütterlichen Mächten der Erde« die Rede.[87]

1943 heißt es, dass man in gewisser Weise sagen könne, dass in Heideggers Daseinsanalyse »die *ursprünglichen* [...], wesentlich naturhaft verwurzelten *menschlichen Gemeinschaften* zu kurz kämen und in ihrem wahren Wesen ganz verdunkelt würden: *Sippe, Stamm, Volk und Rasse* fänden so philosophisch keine zureichende Deutung – obwohl sie doch Urphänomene sind«.[88] 1963 ist »*Sippe, Stamm, Volk und Rasse* fänden so philosophisch keine zureichende Deutung« gestrichen.[89]

Dieses Defizit bei Heidegger sieht Oskar Becker in gewisser Weise bei Hans Heyse kompensiert.[90] Auf Heyse verweist Becker natürlich schon 1943[91], zugleich auch auf seine Besprechung dieses Werkes in den *Blättern für Deutsche Philosophie*;[92] ebenso auf seinen Aufsatz ›Nordische Metaphysik‹ in *Rasse. Monatsschrift der Nordischen Bewegung.* [93] 1963 bleibt Becker bei seinem Verweis auf die Besprechung in den *Blättern für Deutsche Philosophie,*[94] lässt den Verweis auf seinen Aufsatz *Nordische Metaphysik* jedoch weg.

Ebenso wie der 1943 gegebene Verweis auf Hans Naumanns *Germanischer Schicksalsglaube*[95] fehlt 1963[96] auch der Verweis von 1943[97] auf Moeller van den Brucks *Das dritte Reich*[98] und auf dessen ›Raumjubel‹: »Der Raum ist selbstherrlich, er ist göttlich. Die Zeit dagegen ist irdisch, sie ist menschlich. Im Raum und aus ihm wachsen die Dinge, in der Zeit vermodern sie.«

1943 folgte auch noch ein 1963 weggelassener Abspann: »So mußten alle jene Schwierigkeiten und Fragwürdigkeiten höherer Ordnung unerörtert bleiben, die sich an den Entwurf einer *Zwei-Pol-Metaphysik,* wie sie aus der gegenstrebigen Gefügtheit von Sein und Wesen entspringen, hängen.«[99] Hier konnte 1943 Becker auch noch auf Ernst Jünger verweisen.[100] Und er kommentiert den Verweis auf Ernst Jüngers *Das abenteuerliche Herz*[101] mit dem Hinweis: »Es wäre hier weiter auszuführen, wie der große *politische* Mensch nicht einseitig daseiend, sondern ebenso sehr auch dawesend ist. [...] Der politische Führer von Rang erhebt sich über das bloße (wenn auch eigentliche) Dasein seines vereinzelten Selbst in einer ›wider-spännstigen Gefügtheit‹ (παλίντος αρμονία) von Existenz und Para-Existenz.«

Eine der sprechendsten Weglassungen 1963 ist auch der Hinweis von 1943[102], dass bei Bollnow[103] »die eigentlich *großen* Beispiele ekstatischen ›Glücks‹« fehlen: »das naturhafte und das absolut-geistige. Welches auch nur vorontologische Gewicht haben dagegen die Erscheinungen, die durch Rauschgift hervorgerufen werden, oder gar die literarische Affektiertheit des Zeiterlebnisses von *Proust*?«

Diese Absage an die ›individualisierende‹ französische Literatur, auch an seine erotischen Lieblingsschriftsteller wie Marquis de Sade, Restif de la Bretonne und andere bislang von Becker bevorzugte Autoren, bezeugt auch Karl Löwith: »Flaubert und Baudelaire, Dostojewski und Kierkegaard, aber auch die um ihr ›Selbst‹ bekümmerte Existenzphilosophie – das sei nun alles glücklicherweise vorbei«.[104]

Keine Frage auch für Löwith, dass Becker unter Heideggers frühesten Schülern »an Reife und Klugheit« hervorragte.[105] Dennoch wandte sich dieser aus ›kultiviertem und begütertem Haus‹[106] stammende, hochbegabte Philosoph mit ca. 45 Jahren mit fliegenden Fahnen dem Nationalsozialismus zu: »Diesen Übergang von

Nietzsches Gedichten zum Marschtritt der S.A. machte nicht etwa ein junger S.A.-Student, sondern der Philosophieprofessor – ein Beweis, daß selbst die subtilste Bildung nicht vor den gröbsten Geschmacksverirrungen bewahren kann, wenn der Geist zugunsten von Blut und Boden abgedankt hat.«[107]

›Geist‹ hatte in der Zeit des Nationalsozialismus in der Tat keine Konjunktur: »Der *Geist*«, schreibt Becker an Löwith, »sei als letzte Instanz der Philosophie ›in Deutschland‹ ein ›*Anachronismus*‹ [...]. Und ebenso wie mit dem Geist sei es auch mit dem *Christentum* nun offensichtlich zu Ende. [...] Deutschland sei ›erwacht‹«.[108]

Wir müssen heute zugeben und erkennen, was leider viele nicht wahrhaben wollen, dass im Schoß gerade des Nationalsozialismus in Deutschland in der Tat statt der ›Geisteswissenschaften‹ die Blut, Boden und Rasse verkörpernden, d.h. ›arteigenen Kulturwissenschaften‹ der Sache (nicht dem Wort nach) erfunden wurden: »An die Stelle der Philosophie des absoluten Geistes tritt«, so der Exponent der nationalsozialistischen Philosophie Alfred Baeumler, »eine realistische Philosophie der Kultur.«[109]

Die heutige Propaganda für die fällige Ablösung der Geisteswissenschaften unter der Devise von Friedrich A. Kittler *Die Austreibung des Geistes aus den Geisteswissenschaften*[110] weiß also nicht, was sie tut, wenn sie sich, wie an der Humboldt-Universität zu Berlin z.B. Hartmut Böhme, mit dieser Propaganda ausgerechnet auch in der Erbschaft der Kulturwissenschaften der ehemaligen DDR einer rechten antifaschistischen Gesinnung versichert sehen will. Zu Beckers Zeiten musste der Geist der Rasse weichen, in der ehemaligen DDR der Klasse. Das kann man heute selbst als aufrechter Linker natürlich nicht mehr sagen; deshalb weicht der Geist heute modern dem ›System‹ (bei Böhme im Sinne Luhmanns).[111] So gelingt es, die untergegangene DDR wenigstens auf dem Wege einer zur Kulturwissenschaft transformierten Geisteswissenschaft in das wiedervereinigte Deutschland zu retten, ohne zu ahnen, was man damit mitrettet. Geistlosigkeit ist heute wieder gefragt. Das war in der DDR so, aber eben auch in der Zeit des Nationalsozialismus: »Der Aufstand gegen den ›Geist‹«, schreibt Karl Löwith, »hat seine Fürsprecher in sehr verschiedenen Lagern: bei Klages und Baeumler, bei Heidegger und Schmitt, und vielleicht muß man außerhalb Deutschlands leben, um solche lokalen Differenzen als Variationen ein und desselben Themas erkennen zu können.«[112] Man muss es nicht. Und dennoch reichen sich auch heute im Namen einer neuen ›Kulturwissenschaft‹ Rechts und Links die Hand. Das sollte auch die inzwischen intellektuell nicht mehr besonders ambitionierte *Deutsche Forschungsgemeinschaft* etwas ernsthafter interessieren.

Obwohl sich Becker nach der ›Machtergreifung‹ Löwith gegenüber in freundschaftlicher Hoffnung dahin gehend äußerte, dass er, Löwith, als Teilnehmer des 1. Weltkriegs nicht von der Universität entlassen werde, ließ er ihn ebenso wissen, »daß bei einem solchen Umschwung ›Porzellan zerschlagen werde‹. Das ›Porzellan‹«, so kommentiert Löwith, »waren die deutschen Juden«. Auf Löwiths Nachfrage in diesem Sinne gab Becker zwar zu, dass die neuen ›Maßnahmen‹ nicht gerade ruhmvoll seien. Dennoch könne er, Becker, über diese Maßnamen *nicht* empört sein, denn sie seien unvermeidlich, »um den ungeheuren Einfluß des Judentums in der deutschen Kultur zu beseitigen«.[113]

Wenn man die Frage, ob Becker seine für die Anschlussfähigkeit an das nationalsozialistische Vokabular tragende grundsätzliche ontologische Konzeption einer mantischen Phänomenologie bzw. eines Dawesens nach 1945 revidiert hat, verneinen muss, dann stellt sich immer noch die Frage, ob wenigstens der von 1935 bis 1943 effektiv und drastisch hergestellte Anschluss an dieses Vokabular nach 1945 aufgegeben wurde. Auf diese Frage kann trotz der belegten Reinigungsmaßnahmen des Dawesens die Antwort dennoch nur lauten: nicht ganz. Denn leider gibt es auch nach 1945 immer noch Spuren, die ebenso rätselhaft wir letztlich bedrückend sind.

In seiner oben schon herangezogenen Besprechung von Hans Heyses *Idee und Existenz*[114] und seinem Vergleich mit Heidegger in der Zeitschrift *Rasse* assoziiert Becker den von Heidegger speziell realisierten Ausdruck ›des Germanischen‹ auch mit Eigenschaften des Gottes Wotan: »Wuotan, der ›Wütende‹, der Führer des ›Wütenden Heeres‹ und der Herr der Berserker – aber auch der Gott der weit vorausschauenden Sorge und des Wissens um das unabänderliche Schicksal.«[115]

Nun gibt es in seinem 1963 im Verlag Neske herausgegebenen Band seiner philosophischen Aufsätze *Dasein und Dawesen* genau einen Beitrag, nämlich den letzten dieses Bandes, der bislang noch nicht erschienen, mithin seinerzeit ein rezentes Produkt des Denkers war.[116] Er trägt den Titel ›Platonische Idee und ontologische Differenz‹ und führt noch einmal seine Kritik an Heideggers Konzeption im Rückgriff auf Platon vor. Der Aufsatz und damit das Buch endet mit dem Satz: »Ist der Mensch nicht vielleicht eher der Hüter des Wesens als der ›Hirt des Seins‹?«[117] Wenn man genauer hinsieht, endet das Buch aber gar nicht mit diesem Satz, sondern mit einer Fußnote, die die im Text vorstellig gemachte Tragik des Geschichtlichen in der Zweideutigkeit des Seins oder Seienden annotiert, und zwar so: »Die Empfindung dieser Zweideutigkeit (sei es des Seins, sei es des Seienden) hat, wie es scheint, im heidnischen Spätgermanentum in der Gestalt des zweideutigen und zuweilen verräterischen Gottes Wotan ihren Ausdruck gefunden.« Genau das sind die effektiv letzten gedruckten Worte Beckers vor seinem Tod 1964.[118]

In seinem schon mehrfach herangezogenen Brief vom 28. 9. 1963 an Erich Rothacker schreibt Oskar Becker: »so sind wir alle mehr oder weniger eine zeitlang [?] auf die Nazi-Ideen hereingefallen – auch Hdg. [Heidegger] bekanntlich.«[119] In dem handschriftlichen Brief sind die Worte ›eine zeitlang‹ kaum leserlich.[120]

8. Ist die Para-Ontologie Oskar Beckers zu retten?

Es bleibt abschließend noch die Frage, ob das Anliegen Oskar Bekkers, neben Heideggers Analyse des Daseins eine aparte Parontologie des Dawesens zu etablieren, seiner Intuition nach und sachlich unabhängig von seiner rassistischen Fassung möglich ist. Otto Pöggeler hatte schon darauf hingewiesen, dass seiner Meinung nach das ›parontologische‹ Projekt möglicherweise im Rahmen einer ›hermeneutischen‹ Konzeption ebenso und vielleicht mit mehr Recht etabliert werden könne. Genau dies muss jedoch gezeigt werden.

Heideggers Grundidee ist zunächst einfach die: Husserls Theorie einer intentionalen Verfassung der Subjektivität ist defizitär im Hinblick auf ihren Status. Das intendierende Subjekt oder Ich ist Produkt der Analysen Husserls, die einfach vergessen haben, dass wir nicht als ein solches Produkt der Analyse existieren. Vielmehr sind wir in den konkreten Vollzügen unseres Existierens in eine solche intentionale Struktur realiter eingelassen. Heideggers Argument lautet hier sehr vereinfacht so: Wenn wir etwas intendieren, sprich:

thematisieren, dann können wir das gar nicht unterlassen. Wir können unser Intendieren je nach Gegenstand immer nur variieren. Was wir nicht unterlassen können, kann im üblichen Sinne keine Handlung sein. Was nicht eine Handlung ist und doch aktualisiert erscheint, sollte einer Form unseres Existierens zugerechnet werden. Kurz: Wir existieren einfach als Wesen, die intendieren. Daraus folgt: Wir müssen Formen des Intendierens als Formen unseres Existierens analysieren. Genau das ist das Projekt von *Sein und Zeit.*

Heidegger gibt also dem transzendentalen Ich Husserls einen performativen Unterbau. Der performative Begriff des Husserl'schen Intendierens erscheint daher in elementaren Formen unseres Aus-seins-auf, die Heidegger auch als Struktur der *Sorge* analysiert. Damit tritt zugleich der performative Charakter eines sich im Entwerfen realisierenden Intendierens hervor, das einem Existieren in Möglichkeitsspielräumen entspricht, die zeitlich durch ihre intentionale Zukünftigkeit ausgezeichnet sind.

Hiergegen argumentiert Becker. Die performative Interpretation des *animal intentionale* sieht nicht, dass wir uns in unseren Entwürfen nicht nur vorweg sind und damit in projektierten Welten agieren. Vielmehr sind wir gewiss auch vor Ort von einer fraglosen Selbstverständlichkeit ›getragen‹, die wir in einer entwurfslosen Überpräsenz auch gar nicht abschütteln können. Diese überzeitliche Zuständlichkeit wird als gestimmtes Sichbefinden in einem unentworfenen Ganzen erfahren, das Becker Kosmos nennt. Eben deshalb müsse die Entwurfs-Ontologie des Daseins auch durch eine außerzeitliche Präsenz-Ontologie des Dawesens (= Para- oder Parontologie) ergänzt werden.[121]

Hierzu ist zu sagen, dass sich diese an sich berechtigten Beobachtungen Beckers auch im Rahmen der hermeneutischen Philosophie Heideggers entwickeln lassen, und zwar genau an der Stelle, wo ab § 29 von *Sein und Zeit* das *Da-sein als Befindlichkeit* thematisiert wird.

Heidegger sagt hier selbst, dass seine Ausführungen über die verschiedenen Modi der Befindlichkeit an dieser Stelle nur fragmentarisch sind. Immerhin konstatiert er ganz im Sinne Beckers, dass die »Gestimmtheit der Befindlichkeit [...] die Weltoffenheit des Daseins [konstituiert]«.[122] Ferner akzentuiert er hier auch eine entwurfsfreie »durch Stimmung vorgezeichnete Angänglichkeit durch das innerweltlich Seiende«.[123]

Auch die von Becker empfohlene Rückbindung der in den mathematischen Naturwissenschaften erreichten Kristallwelt auf den ›tragenden‹ Boden des Dawesens findet bei Heidegger eine Entsprechung in dem Hinweis, dass »auch die reinste θεωρία [...] nicht alle Stimmung hinter sich gelassen [hat]«; sie zeige sich hier eben darin, dass sie das »Vorhandene in seinem puren Aussehen« nur in einem »*ruhigen* Verweilen-bei [...] auf sich zukommen lassen kann«.[124]

Diese wenigen Belege mögen hier genügen, um die These plausibel zu machen, dass Beckers Gegenentwurf zu Heidegger sachlich schlichtweg überflüssig ist. Nichts, was er an Charakteristika des Dawesens dem Dasein entgegensetzt, kann nicht auch im Binnenraum des Daseins im Stile Heideggers positiv entwickelt werden. Die energische Überakzentuierung eines sich entwerfenden und verfehlenden Daseins bei Heidegger in *Sein und Zeit* ist ja auch in dem kontemplativen Seinsdenken seines späteren Werkes kompensiert worden.

In seinem Brief an Heidegger zu dessen 70. Geburtstag vom 23. 9. 1959 wirbt Becker nochmals um dessen Verständnis seiner Konzeption des Dawesens, die psychologisch sehr erhellend ist: »Die Phänomene [...], die mir mein Schicksal zu sehen gab, sind vielleicht andere gewesen als die Ihrer Welt. So lernte ich als junges Kind – vielleicht mit 9 Jahren – noch wirklich einen der ›alten Götter des Landes‹ kennen, ein wirkliches ›*numen*‹, die ›Göttin‹ der Mittagshitze und des mittäglichen Lichts auf dem Felde, und diesem ›Urerlebnis‹ gegenüber war alles Christliche für mich ein bloßes Bildungserlebnis [...]. Aber auch dieses bildlose ›numen‹ hatte kein *Sein*. Es ›war‹ *da-wesend*, das heißt es *war* nicht eigentlich da.«[125]

Wer immer diese ›Göttin der Mittagshitze auf dem Felde‹ gewesen sein mag: Becker kann nicht bestreiten, dass dieses prägende Erlebnis eine intensive Form einer Stimmung war, für die Heidegger in seiner Existenzialontologie einen systematischen Ort reserviert hat. Es scheint übrigens, dass Heidegger selbst Beckers Bemühungen in Sachen Paraontologie mehr als kritisch gesehen hat. In den *Beiträgen zur Philosophie (Vom Ereignis)* aus den 1930er Jahren spricht er, worauf schon Otto Pöggeler hingewiesen hat[126], einmal voller Verachtung über das, »was sich noch als ›Philosophie‹ gebärdet«, und nennt »alles laute Lärmen« u. a. »von ›Transzendenz‹

und ›Paratranszendenz‹, von ›Metaphysik‹ und angeblicher Überwindung des Christentums grundlos und leer.«[127]

So wird man wohl oder übel zugeben müssen, dass das philosophische Projekt einer Paraontologie Oskar Beckers auch seiner systematischen Intuition nach gescheitert ist, auch in den Augen seines Lehrers Heidegger.

Dennoch ist sein Werk immer noch überaus reich an kraftvoll herausgearbeiteten Einsichten und Stimulationen, von denen wir auch heute noch profitieren können[128] und sollten. So möchte es ja sein, dass im Hintergrund von Beckers philosophischen Bemühungen seit 1927 die These steht, dass eine das Unendliche verwaltende Mathematik im Stile Cantors, dass eine bloß symbolisch beginnende mathematische Axiomatik im Stile Hilberts, dass eine moderne Physik im Stile Heisenbergs und dass schließlich eine abstrakt gewordene Kunst gerade die Formen sind, in denen sich das moderne Design einer Metaphysik, die über die konstruktiven Begabungen des Menschen hinausreicht, zu erkennen gibt. Darüber will nachgedacht sein. Das Geschäft der Sinngebung des Sinnlosen ist jedenfalls noch nicht am Ende.

Anmerkungen

1 Vgl. hier nur folgende vorzügliche Sammelbände, denen weitere Literatur zu entnehmen ist: C. F. Gethmann (Hg.), *Lebenswelt und Wissenschaft. Studien zum Verhältnis von Phänomenologie und Wissenschaftstheorie*, Bonn 1991; A. Gethmann-Siefert/J. Mittelstraß (Hg.), *Die Philosophie und die Wissenschaften. Zum Werk Oskar Beckers*, München 2002; V. Peckhaus (Hg.), *Oskar Becker und die Philosophie der Mathematik*, München 2005.

2 O. Becker, Von der Hinfälligkeit des Schönen und der Abenteuerlichkeit des Künstlers. In: *Jahrbuch für Philosophie und Phänomenologische Forschung* (Ergänzungsbd.), Halle 1929, S. 27-52. Wiederabgedruckt in: O. Becker, *Dasein und Dawesen*, Pfullingen 1963, S. 11-40.

3 Vgl. G. Wolters, Philosophie im Nationalsozialismus: der Fall Oskar Bekker. In: Gethmann-Siefert/Mittelstraß 2002, S. 49 Anm. 84: »Noch einmal sei betont, dass damit nichts über Beckers spätere, möglicherweise geänderten Auffassungen gesagt ist.« Leider: Nichts hat sich geändert.

4 ›Intrinsisch‹ heißt hier nicht, dass diese Äußerungen etwa logisch aus seinen Forschungsergebnissen zur Grundlegung der Mathematik oder zur Modallogik ableitbar wären, wohl aber, dass sie ohne die Problemdynamik

dieser Forschungen in ihrer Entstehung nicht einsichtig rekonstruierbar wären.

5 O. Pöggeler, *Phänomenologie und Philosophische Forschung bei Oskar Becker*, Bonn 2000, S. 20.

6 Das spiegelt sich auch in den Gutachten, die nach dem Krieg an der Universität Bonn zu Oskar Becker angefertigt wurden. Obwohl der Bericht der sog. ›Nachrichtenkommission der Universität‹ (vermutl. vom 7.8.1945) dafür plädiert, Oskar Becker zu pensionieren, da er, obwohl kein Parteigenosse, »gesinnungsmäßig durchaus nationalsozialistisch eingestellt« gewesen sei: »seine Haltung hat sich nicht in politischer Aktivität, wohl aber in starren Doktrinen ausgewirkt, in denen sein philosophisches Gewissen von den Dogmen des Nazismus überwältigt wurde. Besonders erfüllt ihn ein ausgesprochener Rasseglaube«. (Oskar Becker hatte von 1936 an folgende durchaus ›einschlägige‹ Lehrveranstaltungen an der Bonner Universität angekündigt: 1936/37: *Einführung in die psychologischen und philosophischen Probleme der Rassenkunde (mit Lichtbildern)*; Trimester 1941: 1. *Nietzsche und deutsche Gegenwart*, 2. *Die Überwindung des philosophischen Nihilismus*, 3. *Übungen zu Gegenwartsfragen der Philosophie (Transzendenz und Paratranszendenz)*. Nachgewiesen bei: C. Tilitzki, *Die deutsche Universitätsphilosophie in der Weimarer Republik und im Dritten Reich*, Tl. 2, Berlin 2002, S. 1173 ff.). Das nämliche Papier bescheinigt ihm aber gleichwohl: »Er ist persönlich lauter, kein Geschäftemacher oder Intrigant.« Im Papier des Prüfungsausschusses für die Alliierten (bestehend aus den Professoren Hellmuth von Weber, Friedrich Oertel, Ernst Bickel) kommt es aus diesem Grunde und nach einer Sitzung am 2. März 1946 auch zu dem Urteil: »Becker, der auch persönlich ein lauterer Charakter ist, ist nicht als Nationalsozialist anzusprechen. Der Ausschuss hat keine Bedenken gegen die Belassung Beckers in seiner bisherigen Stellung.« (Volker Böhnigk danke ich für die Kopien der Papiere der hier genannten Prüfungskommissionen und der Beiträge von Oskar Becker in der Zeitschrift *Rasse*; vgl. auch V. Böhnigk, *Kulturanthropologie als Rassenlehre. Nationalsozialistische Kulturphilosophie aus der Sicht des Philosophen Erich Rothacker*, Würzburg 2002, S. 31 f.)

7 Vgl. den Brief Oskar Beckers an Dietrich Mahnke vom 22.8.1926: »Aussagen über das Aktual-Unendliche sind ›Subreptionen‹!« (Peckhaus 2005, S. 251).

8 O. Becker, *Mathematische Existenz*, 2. Aufl., Tübingen 1973, S. 196.

9 Vgl. dazu den Selbstbericht Paul Lorenzens, den er mit Brief vom 14. 11. 1988 auf Anfrage von Carl Friedrich Gethmann gegeben hat (Gethmann 1991, S. 75-77). In seinem Buch *Untersuchungen über den Modalkalkül* schreibt Oskar Becker am Ende des Vorwortes: »Herrn Kollegen P. Lorenzen habe ich auch diesmal [!] für seine freundlichst gewährte Hilfe bei der Korrektur herzlich zu danken«. (O. Becker, *Untersuchungen über den Modalkalkül*, Meisenheim/Glan 1952.)

10 Lorenzen hatte dabei allerdings in erster Linie die Relativitätstheorie im Blick.

11 Vgl. W. Stegmüller, *Personelle und Statistische Wahrscheinlichkeit*, 1. Halbbd., Berlin/Heidelberg/New York 1973, S. 26.

12 O. Becker, Das Symbolische in der Mathematik. In: *Blätter für Deutsche Philosophie*, Bd. 1 H. 4 (1928), 329-348; hier S. 347 Anm. 22.

13 Peckhaus 2005, S. 249.

14 Ebd., S. 250.

15 Der Brief befindet sich unter der Signatur Rothacker 1 (Rothacker-Nachlass) in der Handschriften-Abteilung der Universitätsbibliothek Bonn.

16 Ebd.

17 Zuerst erschienen in der *Gadamer-Festschrift*, Tübingen 1960. Wiederabgedr. in: O. Becker, *Dasein und Dawesen*, Pfullingen 1963, S. 127-156.

18 »Es scheint entsprechend dem hermeneutischen Verstehen, der Interpretation oder ›Auslegung‹ der Welt, ein Begreifen zu geben, das keinen interpretatorischen, sondern einen divinatorischen Charakter hat. Die Symmetrie der Naturerscheinungen wird *erraten*« (Becker 1963, S. 151).

19 Becker verweist hier auf das Konzept einer ›Symbolischen Mathematik‹ bei Weyl (H. Weyl, *Philosophie der Mathematik und Naturwissenschaft*, München/Berlin 1927, S. 44 ff.; Becker 1973, S. 309 Anm. 1).

20 Ich wähle hier (und unten) diesen Ausdruck, der eine Art Semantik ungedeutet eingeführter Symbole abdecken soll, um die Debatte hier nicht unnötig zu belasten.

21 Die Formulierung habe ich natürlich in Erinnerung an den Titel des Buches von Theodor Lessing (T. Lessing, *Geschichte als Sinngebung des Sinnlosen*, München 1919) gewählt. Man muss aber sehen, dass diese Frage *die* Frage der Moderne ist. Darauf kann ich hier nicht näher eingehen.

22 Josef König, *Der Begriff der Intuition*, Halle 1926, S. 25.

23 Weyl 1927, S. 49.

24 Becker 1973, S. 327.

25 Ebd.

26 Becker 1973, S. 328.

27 Vgl. zuerst in Becker 1973, S. 224.

28 Becker 1973, S. 328.

29 Weyl 1927, S. 65.

30 Vgl. Becker 1973, S. 328 Anm. 1.

31 Becker 1973, S. 322.

32 Vgl. hierzu W. Hogrebe, *Metaphysik und Mantik*, Frankfurt/M. 1992; zu Becker S. 201 ff.

33 Dafür hatte Arend Heyting offenbar ein feines Gespür. Vgl. hierzu die treffende Bemerkung Carl Friedrich Gethmanns: »Für Becker wie für Heyting bringt der Intuitionismus in der Mathematik die mathematische Variante des ›Prinzips der Ausweisbarkeit‹ zur Geltung. Allerdings macht Heyting seinerseits einen Bogen um das hermeneutische Element der Phänomenologiekonzeption Beckers, das dieser auf Heidegger zurückführt. Beckers euphorische

Einschätzung der Möglichkeiten, Husserls und Heideggers Ausprägungen der Phänomenologie zu einer einheitlichen Konzeption zusammenzuführen, erscheint Heyting wohl nicht ganz geheuer – was auch manchem Nachgeborenen so gehen dürfte.« Um wieviel mehr gilt das für Beckers genuine Erweiterung der Phänomenologie! (C. F. Gethmann, Arend Heyting und die phänomenologische Erkenntnistheorie. In: Gethmann-Siefert/Mittelstraß 2002, S. 157).

34 Becker 1973, S. 223 Anm. 3.

35 Ebd., S. 263.

36 Vgl. ebd., S. 252, 324 et passim; S. 319 heißt es knapp: »Die Mathematik ist die Methode, das Unendliche durch das Endliche zu *beherrschen*.«

37 Vgl. ebd., S. 322: »Mathematik, Naturwissenschaft und Medizin entstehen geschichtlich aus den Künsten der archaischen Mantik und Magie. Diese Entwicklung ist nicht, wie man vielfach meint, ein historisches Kuriosum, sondern der äußere Ausdruck eines tiefen ontologischen Tatbestandes. Die ›exakten‹ Wissenschaften *ersetzen* Mantik und Magie in völlig legitimer Weise.«

38 Ebd., S. 321.

39 Ebd., S. 233 Anm. 1.

40 Vgl. O. Becker, *Größe und Grenze der Mathematischen Denkweise*, Freiberg/München 1959, S. 161 ff.

41 Am 23. 9. 1959 gratuliert Becker Heidegger brieflich zu dessen 70. Geburtstag und wirbt um sein Verständnis für die Konzeption des Dawesens und die Par-Ontologie: »Aber ich möchte doch noch Eines jetzt sagen. Alle oder die meisten meiner ›neuen‹ Begriffe sind Gegenbilder Ihrer Begriffe. Insofern sie das sind, sind sie nicht wirklich neu, sondern ich verdanke sie Ihnen.« (O. Becker, Vier Briefe an Martin Heidegger, hg. v. Bernd Peter Aust. In: Gethmann-Siefert/Mittelstraß 2002, S. 254).

42 Vgl. hierzu O. Becker, Die Aktualität des pythagoreischen Gedankens. In: Becker 1963, S. 127-156. Diese Arbeit terminiert in der Einsicht in das »Versagen der hermeneutischen Methode gegenüber der Kristallstruktur des Kosmos« als »Warnung vor dem Glauben an die Allmacht der hermeneutischen Methode« (S. 153). Der Aufsatz erschien zuerst 1960 in der Festschrift für Gadamer, Tübingen 1960!

43 Zit. nach dem Sonderdruck (Halle 1930) des Aufsatzes, der im *Jahrbuch für Philosophie und Phänomenologische Forschung* XI (1930) abgedruckt war.

44 Becker 1973, S. 43 (539) Anm. 3.

45 Otto Pöggeler, Hermeneutische und mantische Phänomenologie. In: *Philosophische Rundschau* 13 (1965) 1-39, S. 36f.

46 Ebd.

47 Im Tenor einer unzulässigen Ontologisierung anthropologischer Befunde empirischer Art kritisierte Erich Rothacker Oskar Beckers Paraontologie mit Brief vom 21. 5. 1963, nachdem er von ihm die Aufsatzsammlung *Da-*

sein und Dawesen zugeschickt bekommen hatte. In diese Kritik bezieht Rothacker im selben Brief auch Heidegger mit ein: »Das Wort ›Sein‹ ist eine Pathosformel.« (S. 5) (Rothacker-Nachlaß in der UB Bonn).

48 Becker 1973, S. 49 (545) mit Anm. 1.

49 Becker 1943, S. 62-95.

50 O. Becker, Transzendenz und Paratranszendenz. In: *Travaux du IX. Congrès International de Philosophie*, Extrait, Paris 1937.

51 Becker 1938, S. 81-92.

52 Becker 1952, S. 69 ff.

53 Vgl. L. F. Clauß, *Rasse und Seele*, München 1926. Im Vorwort (ausgefertigt im Herbst 1923) dankt Clauß seinem »früheren Lehrer, Herrn Professor Edmund Husserl in Freiburg; ich habe von ihm die Arbeitsweise meiner Forschung erlernt und darüber hinaus manch wertvollen Aufschluß, z. B. über das Verhältnis der Seele zum Leibe, in früheren Jahren empfangen.« (S. VI). Das methodisch durchaus fragwürdige Projekt seiner ›Rassenseelenlehre‹ ist in einem indirekten Sinn, also nicht geradehin antisemitisch ausgerichtet. »Meine Absichten sind vielfach mißverstanden worden. [...] So konnte es nicht ausbleiben, dass ich – sobald ich von Rasse sprach – von den einen als ›Antisemit‹, von den anderen als ›Judenknecht‹ verunglimpft wurde.« (L. F. Clauß, *Von Seele und Antlitz der Rassen und Völker*, München 1929, S. VII). Er wendet sich auch ausdrücklich gegen eine Rassenwertlehre; deren Anhänger »versteifte[...] sich einseitig auf den nordischen Maßstab und verliehen der nordischen Rasse eine Art Wertmonopol.« Clauß 1929, S. 96). Weil das so ist, muss Clauß aber eigens erklären, wie es überhaupt zu einem Antisemitismus kommen konnte. Das genau versucht er mit folgendem Argument: Wenn Menschen eines bestimmten Stiltypus gezwungen werden, auf Dauer unter Bedingungen eines anderen Stiltypus zu leben, dann kann es zu Depravierungsformen im gelebten Ausdrucksraum kommen. So depraviert der ›Erlösungstypus‹, zu dem auch die Juden gehören, unter Bedingungen des nordischen ›Leistungstypus‹. Den Clichés dieser ›Selbstentfremdung‹ (Rücksichtslosigkeit, Gier nach Geld und Macht, Skrupellosigkeit, Hass etc.) entspricht dann der Antisemitismus: »Darum wendet sich gegen das Judentum der ›Antisemitismus‹ der abendländischen Völker, verkennend, dass jene seelisch Entarteten eben Entartete sind und somit gerade keine kennzeichnenden Vertreter weder ihres Stiltypus noch des Judentums (noch gar eines Semitentums!) sein können: sie sind, soweit sie Juden sind, gerade nicht ›gute Juden‹ im Sinne des Judentums«. (Clauß 1929, S. 44/45). Das ist in meinen Augen ein Beleg für einen indirekten Antisemitismus, so dass man diese Passagen nicht diretissima als Propaganda *für* den Antisemitismus in Anspruch nehmen kann. Sonst wäre es wohl kaum möglich gewesen, dass Clauß eine jüdische Freundin in der Zeit des Nationalsozialismus versteckte und daher später als einer der ›Gerechten‹ seinen Baum in Yad Vashem erhielt. Um Nuancen anders sieht das Gereon Wolters (2002, S. 47): »Clauß gelingt es spielend, die

gängigen Vorurteile gegen Juden mit seiner ›mimischen Methode‹ als objektiv bestehend nachzuweisen.« Die bei Clauß anzutreffende Unterscheidung des ›guten‹ von dem ›schlechten‹ Juden hat Tradition, findet sich z. B. auch bei Julius Langbehn, *Rembrandt als Erzieher. Von einem Deutschen*, Leipzig [38]1898 (1891), S. 292: »Der Deutsche, der das gute Judenthum so oft anerkannt hat, wird sicherlich auch das niederträchtige Judenthum zu strafen wissen«. Dennoch warnt auch Langbehn vor dem ›Abweg‹ eines ›plebejischen Antisemitismus‹ (Ebd., S. 293). Das ändert aber nichts an seinem letztlich robusten Antisemitismus mit seinem Aufruf zum »Kampf aristokratischer Deutscher gegen plebejische Juden« (Ebd., S. 352).

54 Vgl. Pöggeler 2000, S. 8. Vgl. auch ders., *Schritte zu einer hermeneutischen Philosophie*, Freiburg/München 1994, S. 74 ff. Vgl. besonders auch P. Weingart, *Doppel-Leben. Ludwig Ferdinand Clauß: Zwischen Rassenforschung und Widerstand*, Frankfurt/New York 1995.

55 O. Becker, B. Bavink über Rasse und Kultur. In: *Rasse* 3 (1936), S. 474-476.

56 O. Becker, Philosophie und Weltanschauung. In: *Rasse* 4 (1937), S. 404-407 und 483-487.

57 Becker 1938, S. 81-92.

58 Ebd., S. 81.

59 Ebd., S. 90.

60 Ebd., S. 88.

61 Ebd., S. 90.

62 Ebd., S. 91.

63 Ebd.

64 C. F. Gethmann, Phänomenologie, Lebensphilosophie, Wissenschaftstheorie. In: ders. 1991, S. 76.

65 *Kriegsvorträge der Rheinischen Friedrich-Wilhelms-Universität Bonn a. Rh.*, H. 97, Bonn 1942.

66 Ebd., S. 20.

67 Ebd., S. 21.

68 Ebd.

69 Hier ist es jedenfalls kaum mehr möglich, der Empfehlung Gereon Wolters' auszuweichen, die er so formuliert: »Ich möchte empfehlen, Leute, die wie Nazis reden, ganz einfach als Nazis zu bezeichnen.« (Wolters 2002, S. 50). Auch die konziliante Lesart, der Paul Lorenzen zuneigt, ist leider nicht mehr gedeckt: »es ging ihm [Becker] nur darum, dass für die *Kultur*geschichte der Stämme und Völker auch der ›Genpool‹ (wie man heute sagt) eine Rolle spielt. Dass sich verschiedene ›Genpools‹ nicht bekriegen sollten, sondern durch Verträge das Miteinander ›verträglich‹ machen sollten, das war uns dabei selbstverständlich.« (In: Gethmann 1991, S. 77).

70 Becker 1943, S. 62-95.

71 Ebd., S. 95.

72 Ebd., S. 66 f.

73 Ebd., S. 67.

74 Vgl. hierzu A. Gethmann-Siefert, Oskar Beckers phänomenologische Ästhetik. In: Gethmann-Siefert/ Mittelstraß 2002, S. 187-226.

75 Vgl. oben Anm 14.

76 Becker 1943, S. 78.

77 Ebd., S. 77.

78 Ebd., S. 91.

79 Ebd., S. 76. Gereon Wolters hat mich darauf hingewiesen, dass diese Konzeption des Dawesens bei Becker der des ›Unberührten‹ beim späten Dingler korrespondiert.

80 Ebd.

81 Ebd., S. 87.

82 Pöggeler 1965, S. 14.

83 Vgl. Gereon Wolters, *Vertuschung, Anklage, Rechtfertigung. Impromptus zum Rückblick der deutschen Philosophie auf das ›Dritte Reich‹*, Bonn 2004, *Bonner Philosophische Vorträge und Studien,* H. 23, S. 40-43.

Das nämliche Verfahren ist natürlich auch bei anderen Autoren dokumentiert, so z. B. auch bei Erich Rothacker. Vgl. hierzu Böhnigk 2002, S. 110-122. Gottfried Gabriel hat mich darauf hingewiesen, dass die ›Reinigungsmöglichkeit‹ dieser Texte doch ein Indiz für ihre ansonsten sachliche Adäquatheit sein könne. Dazu ist zu sagen, dass man auch Hitlers *Mein Kampf* in diesem Sinne ›reinigen‹ könnte. Hier liegt ein Problem, das mit so etwas Problematischem wie ›dem Geist eines Textes‹ zusammenhängt.

84 Wolters 2004, S. 73.

85 Ebd., S. 81.

86 Ebd., S. 82.

87 Ebd., S. 90.

88 Ebd., S. 86 f.

89 Becker 1963, S. 94.

90 H. Heyse, *Idee und Existenz*, Hamburg 1935.

91 Becker 1943, S. 87 Anm. 39.

92 Ebd., S. 210-216.

93 Becker 1938, S. 86-91.

94 Becker 1963, S. 94.

95 Jena 1934; der Verweis findet sich bei Becker 1943 in Anm. 40, S. 87.

96 Becker 1963, S. 101.

97 Becker 1943, S. 93.

98 Hg. v. H. Schwarz, Hamburg [3]1931; Becker 1943, S. 180.

99 Becker 1943, S. 95.

100 Ebd., S. 95 Anm. 57.

101 Hamburg [2]1938.

102 Becker 1943, S. 89 Anm. 46.

103 O. F. Bollnow, *Das Wesen der Stimmungen*, Frankfurt/M. 1941.

104 K. Löwith, *Mein Leben in Deutschland vor und nach 1933. Ein Bericht*, Stuttgart 1986, S. 47. Löwith, ursprünglich mit Becker befreundet, verdanken wir auch einen Hinweis auf die Ambivalenz von Persönlichkeit und Pathos bei Becker, der ebenso zeitverhaftet wie gleichwohl sehr sprechend ist: »B. fiel auf durch seine lange, gekrümmte Gestalt, hängende Schultern und einen merkwürdigen schiefen Gang, mit dem er sich halb seitwärts und schüchtern die Straße entlang schob. Auf seinem langen Hals saß ein ausnehmend großer Kopf mit einer hohen und schönen Stirn, von der eine schmale Nase zu einem weichen, sinnlichen Mund und dem kleinen schwächlichen Kinn herabführte. Der Blick seiner milden Augen war nachdenklich und resigniert, die Hände zart und ausdrucksvoll, der ganze Mensch sensibel, skeptisch, amoralisch und intelligent. Robusten Entscheidungen wich er stets aus. Seine Erscheinung war das Gegenteil von dem Typus eines S. A.-Mannes, der ihn später so sehr begeisterte, dass er selbst gar nicht merkte, wie komisch das war.« (Ebd., S. 46).

105 Ebd., S. 45.

106 Ebd.; zur Biographie Beckers vgl. auch den knappen Abriss in: Tilitzki 2002, Teil 1, S. 268 f.

107 Löwith 1986, S. 47/48.

108 Ebd., S. 50.

109 A. Baeumler, *Ästhetik* (Handbuch der Philosophie), München/Berlin 1934, S. 96. Der Kampf der Nationalsozialisten gegen den Geist ist der Kampf gegen Platon und Hegel (vgl. ebd., S. 98). Im Übrigen beschreibt Baeumler die Kulturwissenschaften mit Ausnahme der Kategorie ›Rasse‹ beinahe identisch wie die heutige Propaganda, die sich ebenfalls durch einen anti-platonistischen, anti-neuplatonischen Affekt beseelt weiß.

110 Paderborn u. a. 1980. Aus dem Geiste dieser Propaganda vgl. zuletzt Sigrid Weigel, Professorin an der TU-Berlin: Wandel zu modernen Kulturwissenschaften. In: *Rotary Magazin*, Jahrg. 56, H. 661 (2006), S. 40-43.

111 Vgl. Hartmut Böhme, *Was ist Kulturwissenschaft*? URL: http://cu.uranos.culture.hu-berlin.de; KWS/Home/kw_einfuehrung.html, S. 1 ff. Vgl. hierzu ausgreifend W. Hogrebe, Dissimulation des Geistes. In: ders., *Echo des Nichtwissens*, Berlin 2006. Betont sei, dass der Ausdruck ›Kulturwissenschaft‹ normalerweise natürlich völlig problemlos ist, nicht allerdings in der ideologisch aufgeladenen Fassung z. B. von Hartmut Böhme et al.

112 Löwith 1986, S. 32.

113 Ebd., S. 49. Löwiths Ausführungen zu Becker sind bestritten worden. Otto Pöggeler hat darauf hingewiesen, dass es nicht den Tatsachen entspricht, wenn Löwith und ihm folgend Reinhart Koselleck behaupten, dass Becker nach 1933 den Namen Husserl nicht mehr genannt habe. Pöggeler: »Als Carl Schmitt-Schüler wie Koselleck ihr Verständnis von Geschichte mit Löwith erweitern wollten, konnten sie die unwahren [sic!, W.H.] Berichte Löwiths nicht zurückhalten: sie veröffentlichten sie ohne die nötige Korrektur, als Karl

Löwith sich nach seinem Tode nicht mehr wehren konnte.« (Pöggeler 2000, S. 20. Die hier gemeinte Veröffentlichung ist die in Anm. 3 genannte). Pöggeler hat gewiss Recht, wenn er das Detail der Namensnennung Husserls durch Becker allein im Auge hat. Jedenfalls zitiert Becker noch 1943 seinen Aufsatz ›Von der Hinfälligkeit des Schönen und der Abenteuerlichkeit des Künstlers‹ mit dem von ihm vollständig angegebenen Nachweis: *Husserl-Festschrift*. Vgl. Becker 1943, S. 77 Anm. 18.

Es gibt jedoch nicht den geringsten Hinweis darauf, dass die auf brieflichem Austausch fußenden Mitteilungen Löwiths bezüglich der Äußerungen Bekkers zur Unvermeidlichkeit der ›Porzellanzerschlagung‹, sprich: der ›Maßnahmen gegen die Juden‹, nicht den Tatsachen entsprächen.

114 Hamburg 1935.

115 Becker 1938, S. 87. In Anm. 8 dieses Textes verweist Becker auch auf Odin »als Gott der vorausschauenden Sorge« (S. 92).

116 Mit Brief vom 9. 5. 1963 schickte Becker Heidegger den Band der gesammelten Aufsätze mit der Bemerkung: »Nur der Sokrates ist neu«. Das genau ist der Aufsatz zur Platonischen Idee (Becker 2002, S. 255).

117 Becker 1963, S. 191.

118 Es möchte sein, dass auch auf Oskar Becker zutrifft, was Hans-Georg Gadamer in einem Interview 1986 von Martin Heidegger sagte, nämlich »that Heidegger still remained sufficiently a Nazi after the war«. Zit. bei Wolters 2002, S. 38 Anm. 42 (H.-G. Gadamer, *On Education, Poetry and History. Applied Hermeneutics*, eds. D. Misgeld/G. Nicholsen, Albany N.Y. 1992, S. 11).

119 Vgl. oben Anm. 14.

120 Gereon Wolters stellt die interessante Frage: »Gab es philosophische Konzeptionen, die eher verhinderten, dass aus Philosophen Naziphilosophen wurden?« Er gibt auch die Antwort: »Man kann sagen, dass die Ausbeutbarkeit einer Philosophie im nazistischen oder in einem anderen totalitären Sinn um so leichter ist, je geringer ihr Streben nach Intersubjektivität und Objektivität.« (Wolters 2002, S. 56). Affirmative Beispiele für diese Antwort sieht Wolters in Persönlichkeiten wie Rudolf Zocher/Erlangen und Philosophen des Logischen Empirismus (Carnap, Hempel etc.). Man wird leider sagen dürfen, dass die Verhältnisse nicht so eindeutig sind. Zwar kommt Wolters auch auf den Physik-Nobelpreisträger Philipp Lenard zu sprechen, der nun wahrlich ein Gegenbeispiel wäre, aber von Wolters nur als prononcierter Gegner ›formalistischer Rechenkunststücke‹ vorgestellt wird, der dem antisemitischen Tenor des kontaminierten Zeitgeistes in psychopathologischer Weise verhaftet gewesen sei. Ferner sei er Physiker und kein Philosoph. Man hat auch auf kompromittierende Bemerkungen beim späten Frege hingewiesen, die Wolters' These entgegenstehen. (Vgl. zuerst M. Dummett, *Frege. Philosophy of Language*, London 1973, S. XII: »When I first read that diary, many years ago, I was deeply shocked, because I had revered Frege as an absolutely rational man«.) Abwiegelnd hierzu: G. Gabriel/W. Kienzler, Gottlob Freges politisches Tage-

buch. In: *Deutsche Zeitschrift für Philosophie* 42 (1994), S. 1057-1066, S. 1064: »Dummetts Enttäuschung beruht offensichtlich auf der ›naiven‹ Unterstellung, dass logische Vernunft auch politische Urteilskraft erwarten lasse.« Die Autoren möchte man hier bloß fragen: Was bedeutet eigentlich der Ausdruck ›Philosophie‹? Auch Hugo Dingler ist für Wolters nicht so recht ein Gegenbeispiel für seine These. Nun ist aber zweifellos Oskar Becker ein schlagendes Beispiel. Eine Persönlichkeit jedenfalls, der man gewiss zubilligen würde, dass sie in ihrem Streben nach Intersubjektivität und Objektivität ungebrochen war und dennoch in die Sümpfe geriet. Man könnte noch etliche Beispiele gerade von Philosophen beibringen, die in anderen Diktaturen Leuchttürme des Strebens nach Intersubjektivität und Objektivität waren und gleichwohl denunziatorisch kollaborierten. Das werde ich allerdings unterlassen und zwar einfach deshalb, weil die Antwort auf die Ausgangsfrage von Gereon Wolters zuletzt einfach eine Trivialität ist: Nichts verhindert den Fall ins Unbegreifliche, Glauben nicht und Bildung nicht, es sei denn, für Philosophen offenbar nicht recht greifbar, ein aufrechter Charakter, der sich nichts vormachen lässt.

121 Vgl. hierzu Hans-Georg Gadamers treffende Diagnose: »Die geistreichen Ideen Oskar Beckers zur ›Paraontologie‹ scheinen mir die ›hermeneutische Phänomenologie‹ Heideggers zu wenig als eine methodische, zu sehr als eine inhaltliche These anzusehen.« Und: »Gesteht sich der Entwurf der Paraontologie seinen komplementären Charakter ein, dann muß er sich auf etwas hin übersteigen, das beides umschließt, eine dialektische Anzeige der eigentlichen Dimension der Seinsfrage, die Heidegger eröffnet hat und die Becker [...] nicht als solche zu erkennen scheint«. (H.-G. Gadamer, *Wahrheit und Methode*, Tübingen 1962, S. 91 Anm. 3).

122 M. Heidegger, *Sein und Zeit* (1927), Tübingen 1963, S. 137.

123 Ebd.

124 Ebd., S. 138.

125 Becker 2002, S. 254 f.

126 Vgl. Pöggeler 2000, S. 18.

127 M. Heidegger, *Gesamtausgabe* Bd. 65, Frankfurt/M. 1989, S. 72.

128 Vgl. zuletzt G. Wolters, Gab es eine geschriebene ungeschriebene Lehre Platons? Oskar Beckers Rekonstruktion des 2. Teils des Parmenides. In: G. Wolters/M. Carrier (Hg.), *Homo Sapiens und Homo Faber. Epistemische und technische Rationalität in Antike und Gegenwart (Festschrift für Jürgen Mittelstraß)*, Berlin/New York 2005, S. 51-63.

Die nationalsozialistische Kulturphilosophie Erich Rothackers

1. Vorbemerkung

Die vorliegende Abhandlung verfolgt das Ziel, anhand wichtiger philosophischer Arbeiten des Philosophen Erich Rothacker (12. 3. 1888 – 10. 8. 1965) aufzuzeigen, mit welchen Ideen seine Philosophie zur Ausgestaltung und Stabilisierung der nationalsozialistischen Weltanschauung beitrug.

Rothacker hat sich während der nationalsozialistischen Herrschaft vor allem auf dem Gebiet der *Kulturanthropologie* einen Namen gemacht. Zwei umfangreiche Arbeiten, die man zu den Hauptwerken seiner philosophischen Schriften zählen darf, sind hier hervorzuheben. Seine *Geschichtsphilosophie* aus dem Jahre 1934 und seine *Probleme der Kulturanthropologie* von 1942.

In den 1930er und 1940er Jahren war Rothackers Bedeutung und Ruf als Philosoph in Deutschland mindestens dem Martin Heideggers vergleichbar. Seine Anziehungskraft war nach 1945 noch so groß, dass er Schüler wie Jürgen Habermas oder Karl-Otto Apel an sich binden konnte.

2. Zur politischen Biografie

Rothacker war von 1928 bis 1954 ordentlicher Professor am *Philosophischen Seminar A* der Universität Bonn und dort auch Direktor des *Psychologischen Instituts,* ferner Mitglied der *Akademie der Wissenschaften und der Literatur* in Mainz sowie Begründer der Zeitschrift *Archiv für Begriffsgeschichte.*

Einige unabweisbare äußere Tatsachen im Leben Rothackers müssen die Frage aufwerfen, wie sich Rothacker zu den Nationalsozialisten verhalten bzw. ob er selbst als Nationalsozialist zu gelten hat. Am 29. 7. 1932 ist Rothacker einer der Unterzeichner der im *Völkischen Beobachter* gedruckten ›Erklärung deutscher Universitäts- und Hochschullehrer‹ für die Nationalsozialisten.[1] Am 12. 11. 1932 tritt Rothacker dem *Nationalsozialistischen Lehrerbund* bei.[2] Am 3. 3. 1933 erklärt sich Rothacker im *Völkischen Beobachter* – ›Die deutsche Geisteswelt für Liste 1 – Erklärung von 300 deutschen Universitäts- und Hochschullehrern‹, mit den Zielen der Nationalsozialisten unter der Führung Hitlers solidarisch.[3] Am 1. 5. 1933 tritt Rothacker der NSDAP bei.[4]

Bereits im Jahre 1933 ist Rothacker Leiter der Abteilung ›Volksbildung‹ im *Reichsministerium für Volksaufklärung und Propaganda.*[5] Von Goebbels soll Rothacker den Auftrag erhalten haben, vier Reichsuniversitäten zu gründen. Zusätzlich wollte Rothacker sich sowohl die *Kaiser Wilhelm-Gesellschaft* als auch die *Deutsche Notgemeinschaft* zur Verwirklichung seiner Pläne unterstellt wissen, was er in einer ›Denkschrift‹ an das Reichskabinett mitteilte.[6] Dass Rothakker recht bald von Berlin wieder nach Bonn zurückkehrte, ist wohl dem – noch nicht ausreichend geklärten – Umstand zuzuschreiben, dass Goebbels seine bildungspolitischen Pläne gegenüber anderen Ministerien, in erster Linie gegenüber dem Reichserziehungsministerium, nicht im gewünschten Umfang durchsetzen konnte. Jedenfalls sollen sowohl der Reichsminister für *Wissenschaft, Erziehung und Volksbildung*, Bernhard Rust, als auch der Reichsminister des *Inneren*, Wilhelm Frick, das Vorhaben von Goebbels und Rothacker abgelehnt haben, so dass eine Verwendung von Rothacker hinfällig wurde.[7]

Rothacker war ferner Goebbels' Verbindungsmann zur studentischen Aktion ›Wider den undeutschen Geist‹, die für den 10. Mai 1933 die Bücherverbrennung organisierte.

Es kann nachgewiesen werden, dass Rothacker seine nationalsozialistische Haltung kulturpolitisch durch unablässige Hinweise in seinen öffentlichen Vorträgen und entsprechende Interventionen untermauerte, dass er sich z. B. in Form von Forschungsanträgen darum bemühte, seine nationalsozialistischen Vorstellungen institutionell zu verfestigen, dass er ferner durch sein administratives Mitwirken im nationalsozialistischen Staat, durch seine zeitweilige Stellung als Dekan der Philosophischen Fakultät der Universität Bonn, eine nationalsozialistische Hochschul- und Kulturpolitik durchzusetzen versuchte. Demzufolge erweist sich Rothacker mindestens von 1932 an als *überzeugter* Nationalsozialist. Es gibt auch keine bedeutenden Anhaltspunkte – trotz der gegenteiligen Beteuerung von Historikern und Apologeten –, dass Rothacker von seiner nationalsozialistischen Überzeugung während der nationalsozialistischen Herrschaft abgerückt ist. Wichtigste Belege für meine These sind das bereits erwähnte Buch *Probleme der Kulturanthropologie* von 1942 sowie der Vortrag im Jahre 1944 über *Die Kriegswichtigkeit der Philosophie.* Da die Philosophie, so führt Rothacker dort aus, überhaupt erst erkläre, was eine wissenschaftliche Theorie und was ein wissenschaftliches Gesetz sei, komme ihr folglich ein *entscheidender* Anteil an allen technischen Erfindungen und Produkten zu. Somit auch an der aktuellen deutschen Kriegsproduktion, denn wenn »Wissenschaft kriegswichtig ist, so muß es gerade auch die Philosophie sein«.[8]

Die meisten Experten stellen es als widersprüchlich dar, jemand könne zugleich wissenschaftliche Prinzipien und nationalsozialistisches Gedankengut in einem Werk von Rang vereinigen, da die Prinzipien eine rationale Grundlage besäßen, während sich das nationalsozialistische Gedankengut aus einer irrationalen Ideologie speise. Der hohe Respekt, den Rothackers Philosophie unter den Fachphilosophen genoss, war zweifellos ein wichtiger Grund dafür, dass Rothacker nach 1945 wieder in den universitären Dienst übernommen worden ist, um der Universität Bonn zu einem neu zu gewinnenden Ansehen zu verhelfen. Und das, obwohl gegen ihn weit mehr belastendes Material seiner nationalsozialistischen ›Einlassungen‹ vorgelegt wurde als gegen viele andere Professoren und Dozenten, die suspendiert wurden. Auch in den Jahren nach der nationalsozialistischen Herrschaft sind Rothacker zahlreiche Ehrungen zuteil geworden, wie Festschriften und andere Würdigungen. Diese Ehrenbezeugungen deuten darauf hin, dass man in Rothackers Philosophie genau das erfüllt sah, was viele Philosophen an Ansprüchen an eine philosophische Arbeit stellen. Hier wären zu nennen: Originalität, Problemrelevanz, historischer Bezug, saubere Argumentation, Folgerichtigkeit, Objektivität, Wahrhaftigkeit und Allgemeinheit.

Sollte sich also herausstellen, dass Rothackers Philosophie diese Kriterien erfüllt und zugleich ein ernst zu nehmender Beitrag zur Ausgestaltung der nationalsozialistischen Weltanschauung ist, dann ist es nicht einfach so, als ließe sich nationalsozialistisches Schrifttum stets durch gewisse politische Begriffe und Plattitüden – z. B. in Form von Lobpreisungen des Führers Hitler oder der nationalsozialistischen Bewegung – entlarven. Vielmehr wird man feststellen können, dass auch subtile, fein verwobene Argumente, und zwar nach weithin von der wissenschaftlichen Gemeinschaft akzeptierten Maßstäben, in die nationalsozialistische Ideenwelt hineinführen.

3. Der neue Typus Mensch. Die Aufgaben einer zukünftigen Philosophie im NS-Staat

Bevor wir uns eingehender mit der Rothacker'schen Kulturanthropologie auseinandersetzen, sind vielleicht einige Hinweise zur Methodologie der Rassenlehre nützlich. Ich beabsichtige nämlich zu zeigen, dass Rothacker von einer bestimmten Methode der Rassenlehre Gebrauch macht und ein wesentlicher Schlüssel zum Verständnis der Kulturanthropologie Rothackers in dem von ihm verwendeten Typusbegriff zu suchen ist.

Wie im Alltagsdenken, in der Kunst, der Philosophie, Soziologie oder Psychologie, so wird auch in den Rassenlehren durch den Begriff des Typus einerseits zwischen einer bestimmten Menge von Merkmalen, die einer Entität gemeinsam sind, und andererseits dem (konstruierten) Idealfall einer Entität, die alle, aber nur diese Merkmale besitzt, unterschieden. Typologien sind Abstraktionen, durch die versucht wird, konstruktiv eine gegebene Vielfalt in Einheiten so zu ordnen, dass sie eine zuverlässige Orientierung ermöglichen. Für eine Typologie ist nur relevant, *ob* ein Element, ein Atom oder Individuum der typologischen Erwartung entspricht oder nicht. Es ist völlig uninteressant, *warum* es ihr entspricht oder nicht. Die Typologie sagt, was etwas ist, lässt es zu oder scheidet es aus. Die Nationalsozialisten werden das typologische Verfahren hypostasieren, und sie werden dies auf der Grundlage ihrer Überzeugung tun, dass die Rassentheorien ein neues Bild des Menschen lehren. Charakteristisch für die Rassenlehren ist, dass sie von den äußeren gemeinsamen Merkmalen von Individuen, die zu einem Typus zusammengefasst werden, auf eine diesen Typen korrespondierende geistige Lage oder seelische Verfasstheit schließen.

Die Typenlehre beschränkt sich ausdrücklich auf die rassisch-psychologische Untersuchung der Menschen. Der Nationalsozialist und Rassentheoretiker Ludwig F. Clauß, der maßgeblich die physiognomisch-mimische Methode entwickelte, unterscheidet unter anderem zwischen Erlösungs-, Darbietungs- und Offenbarungstypen. Gelegentlich wird eine Typologie erstellt, die innerhalb einer Rasse Ähnlichkeitstypen differenziert, wie etwa bei dem nationalsozialistischen Philosophen und Psychologen Erich Jaensch.

Ich werde im Folgenden darlegen, dass der von Rothacker verwendete Typusbegriff als rassisch-biologischer Terminus zu fassen ist und die mit ihm verbundenen deskriptiven und normativen Darstellungen der rassisch-psychologischen Typenlehre entnommen sind. Damit gehe ich nun zur Darstellung der Kulturanthropologie Rothackers über.

Den Ausdruck ›Kulturanthropologie‹ geprägt und diesem Zweig der Philosophie eine bestimmte Richtung gegeben zu haben, wird weitestgehend bis heute als die bedeutende, bleibende Leistung Rothackers anerkannt. Die Grundzüge der Kulturanthropologie Rothackers sind in einer Arbeit von 1934 festgehalten. Alle weiteren kulturanthropologischen Darstellungen Rothackers bauen hierauf auf. ›Kulturen als Lebensstile‹ ist dieser keineswegs umfangreiche Traktat betitelt, und dennoch verspricht er nicht mehr und nicht weniger, als den »Sinn der Gegenwart«[9] darzulegen. Ohne größere Umschweife setzt Rothacker gleich mit der »philosophischen Frage« ein, ob »Stilhaftigkeit einen letzten und eigentlich tragenden Wesenszug des kulturellen Lebens darstellt oder [… ob die] Einheit des künstlerischen Stils nicht ihrerseits wieder Ausdruck eines noch tiefer gelagerten Charakterzuges sei«.[10]

Was genau ›Stil‹, ›Stilhaftigkeit‹, ›Einheit des künstlerischen Stils‹ bedeutet, bleibt der Intuition des Lesers überlassen. Später folgen Beispiele, wie der gotische Stil, der Stil der Renaissance[11] oder der des »preußischen Stils«[12], eine Stilform, die Rothacker ausführlicher beschäftigen wird.

Die in der philosophischen Frage aufgeworfene Alternative wird von Rothacker so entschieden, dass es einen grundlegenden Charakterzug gebe, der der Einheit des künstlerischen Stils Ausdruck verleiht. Diesen Charakterzug nennt Rothacker ›Haltung‹. Damit ist die erste Grundgegebenheit des menschlichen Lebens festgelegt: (1) »[E]ine Lebensäußerung [… spricht] eine bestimmte Haltung aus […] und Haltungen [… sind] damit das letzte tragende Fundament, auf das hin kulturelle Äußerungen befragt werden [… dürfen].«[13]

Bezüglich dieser Grundgegebenheit des menschlichen Lebens sind nun zwei aufeinander bezogene Seiten zu unterscheiden: (2) Haltungen besitzen »eine innere Seite, eine Gesinnungsseite, eine Weltanschauungsseite«.[14] Und (3) Haltungen sind »als gelebte Weisen des Daseins […] mit den Augen zu schauen [… sie besitzen] ein Gesicht nach außen, dokumentieren […] sich in einem Verhalten, das auch ein leibliches ist, und das sich von dieser Seite her mindestens fassen läßt«.[15]

Die Idee, dass das äußere Erscheinungsbild des Menschen, von der Physiognomie bis zu seinen Handlungen, Ausdruck eines »innerlichen Kerns«[16] ist, dass sich dieser Kern anhand des Erscheinungsbildes nicht nur ›erfassen‹ lässt, sondern (4) »das Charakteristische eben dies ist, dass in diesen, derart sichtbar werdenden Haltungen Leib und Seele, Tat und Gesinnung, Körperliches und Geistiges tatsächlich als eine Einheit sich darbieten«[17], diese Idee ist die grundlegende Annahme der physiognomisch-mimischen Methode, auf die Rothacker aufmerksam macht.[18]

Dieser Hinweis Rothackers ist sehr aufschlussreich. Denn wir haben zwar den Begriff für die Grundgegebenheit des menschlichen Lebens in der Hand, nämlich den Begriff der Haltung, aber noch keine präzise Vorstellung über dessen Gehalt. Rothackers Hinweis gibt jedoch die Richtung an, in der wir nach diesem Gehalt suchen müssen. Auch wenn Rothacker den Autor nicht nennt, der sich maßgeblich mit seiner physiognomisch-mimischen Methode einen Namen gemacht hat, so besteht kein Zweifel daran, dass es sich hier um die Ideen des Rassenforschers Clauß handeln muss. Aus diesem Grund werde ich zunächst zeigen, dass Rothackers Exposition der Begriffe ›Lebensstil‹ und ›Haltung‹ mit den Argumenten übereinstimmt, die Clauß zur Exposition seiner physiognomisch-mimischen Methode heranzieht.

Das Buch *Rasse und Seele* von Clauß[19] setzt mit einem Methodenkapitel ein und gibt folgendes Verfahren an, nach dem die Rassenforschung betrieben werden soll: (5) »Was die Kunstwissenschaft in ihrem Felde tut, das tun wir entsprechend in unserem: wir scheiden die Lebensbilder der uns umgebenden Menschen nach den Stilen, von denen je ein solches Leben durchwaltet ist.«[20]

Eine Ordnung in den verschiedenen Stilen zu schaffen, ist zunächst am phänomenal Gegebenen orientiert: »Wer sieht nicht, wie verschieden der Stil eines *gotischen* Domes von dem eines *barocken* Baues ist [...]«.[21] Besondere Schwierigkeiten, verschiedene Stile zu unterscheiden, ergeben sich daraus, dass Stile selten in reiner Form auftreten, sondern gemischt sind. Aber die Idee reiner Stile setzt bereits einen Satz von Prinzipien voraus, nach denen sich ein Stil als ›rein‹ klassifizieren lässt. Ein reiner Stil unterliegt einem »Stilgesetz«, wie Clauß sagt.[22]

Nun mag, Clauß folgend, sowohl der gotische Dom als auch ein Mensch von einem Stil »durchwaltet« sein. Da zwar der Mensch, aber nicht der Dom eine Seele hat, bezeichnet Clauß das Vorhandensein eines reinen Stilgesetzes beim Menschen auch als »reinen seelischen Stil«[23]. Der seelische Vorgang eines anderen, das »seelische Erleben«, so die Terminologie von Clauß, lässt sich nicht sinnlich erfassen. Was wir sinnlich wahrnehmen können, ist »*nur der Ausdruck,* den die andere Seele zeigt *an ihrem Leibe*«.[24] Daher – hier begegnet uns die Idee der physiognomisch-mimischen Methode mit deutlicher Parallele zu Rothackers Bestimmung einer inneren (2) und äußeren (3) Haltung wieder – gilt folgender Grundsatz dieses Zweigs der Rassenforschung: (6) »Die Verschiedenheit des seelischen Stils [...], des Erlebensstiles, zeigt sich [...] im Ausdruck; und nur, sofern sie sich im Ausdruck zeigt, ist sie wahrnehmbar und der Forschung erfaßbar. *Den Stil im Erleben der Seele des anderen erfassen wir nur durch den Stil des Ausdrucks.*«[25]

Es ist des Weiteren zu unterscheiden, welches Erlebnis ausgedrückt wird und in welchem Stil dies geschieht. Sind etwa Zorn, Freude, Hingebung oder Begehren solche Erlebnisse, so »gibt es nicht einen ›Ausdruck überhaupt‹, sondern nur einen stilbestimmten Ausdruck: sie lassen sich *auf nordisch* ausdrücken oder *auf negerisch* oder *auf mongolisch* oder in sonst einem Stile, aber nicht ohne Stil«.[26]

Diese Darstellung von Clauß, nun wieder mit den Rothacker'schen Ausdrücken der inneren und äußeren Haltung parallel gesetzt, liest sich z. B. wie folgt: »Wenn man etwa emphatisch vom ›preußischen Stil‹ [...] spricht, so stehen wir [...] vor einem Gesamtphänomen, das man ebenso gut mit Augen sehen wie moralisch und rein geistig nachverstehen kann. Man sieht diese Straffung, Zucht und Strenge, die Herbigkeit dieses Pflichtbewußtseins, das Unbeugsame der militärischen Disziplin […] von einer sinnlichen Seite, wobei das Charakteristische eben dies ist, dass in diesen, derart sichtbar werdenden Haltungen Leib und Seele, Tat und Gesinnung, Körperliches und Geistiges tatsächlich als eine Einheit sich darbieten.«[27]

Um das elementare Vokabular der Clauß'schen Rassenlehre zu vervollständigen, bedarf es nun noch eines explanatorischen Schrittes. Das Nordische etwa ist nach Clauß ein reiner seelischer Stil, es unterliegt also nur einem (reinen) Stilgesetz, der nordische Mensch ist in diesem Sinne reinrassig. Dieser Zusammenhang wird wie folgt hergestellt: (7) »Ein Stilgesetz, das im Erleben einer Seele waltet und ihm seine besondere Gestalt verleiht, wollen wir *das Artgesetz* einer Seele nennen: kraft dieses Artgesetzes ist die Seele *geartet.* Je nachdem, ob eine Seele von diesem oder jenem Artgesetz durchherrscht ist, sagen wir, dass sie teilhabe an dieser oder jener *Artung.* Eine Seele kann in allem ihrem Erleben von einem einzigen Artgesetz bestimmt sein; eine solche Seele nennen wir […] *rein-geartet.* […] *Artung bedeutet uns: eine Einheit des Stiles.*«[28]

Dadurch, dass Clauß die Begriffe ›Artgesetz‹, ›geartet‹ oder ›Artung‹ verwendet, sollte man sich nicht in die Irre führen lassen. Zur Zeit dieser Arbeit von Clauß und ebenso später, zur Zeit des Nationalsozialismus, verfügte die Rassenlehre über keine einheitliche Definition der Begriffe ›Rasse‹ und ›Art‹. Sicher ist, dass die meisten Rassendenker – und dies trifft auch auf Hitler und Rosenberg zu – beide Begriffe nicht im Sinne der modernen Variante verwenden. Nach dieser soll z. B. der Mensch als kontinuierliche Fortpflanzungsgemeinschaft und mit wesentlich gleichem äußeren Erscheinungsbild eine Art bilden, und Rassen wären demnach Unterarten. Vielmehr wird in den damaligen Rassenlehren in der Regel von den beiden folgenden Überlegungen Gebrauch gemacht: Erstens werden im Erbbild stark voneinander abweichende (menschliche) Rassen als getrennte Arten aufgefasst, und zweitens wird die Einheit einer Menschengruppe (Rasse) mit gleichem seelischen Erleben oder gleichem Stil ihres Ausdrucks als ›Art‹ oder ›Artung‹ bezeichnet. Clauß benutzt beide Formen, so dass es in (7) zulässig ist, statt ›Artung‹ den Ausdruck ›Rasse‹ und statt ›rein-geartet‹ den Ausdruck

›reinrassig‹ zu verwenden. Damit sind die elementaren Voraussetzungen der Clauß'schen Rassenlehre gegeben, und wir können hier zunächst die von Clauß bevorzugte Formulierung der Invariante menschlichen Lebens herausstellen: (8) »Das, was sich selber gleich bleibt in diesen allzeit möglichen Abwandlungen, in allem Wechselspiele des Wenn und So, das ist es, was die Artung oder die Rasse ausmacht: das in sich selber unwandelbare [Stil-]Gesetz.«[29]

Ich fasse die bisherige Diskussion zusammen: Der Rassenforscher, in dem hier verwendeten Sinn der physiognomisch-mimischen Rassenforschung, ist ein Feldforscher, der davon ausgeht, dass die in einem Feld beobachtbaren Handlungen, Zeremonien, Rituale usw. einem Lebensstil entsprechen, der sich auf einen bestimmten Lebensstil hin ordnen und beschreiben lässt. Während Clauß diese Aufgabe als Teil seiner empirischen Forschung ansieht, setzt Rothacker bereits geordnete und ausdifferenzierte Lebensstile voraus. Der Lebensstil ist die Expression der Lebensäußerung eines jeden Einzelnen. Jeder Einzelne hat ein den Lebensstil prägendes »seelisches Erleben« (6) nach Clauß, bei Rothacker eine »innere Haltung« (2), und einen diesen Lebensstil prägenden »leiblichen Ausdruck«, einen »stilbestimmten Ausdruck« (6) nach Clauß, eine »äußere Haltung« (3) nach Rothacker. Die physiognomisch-mimische Methode in der Rassenlehre beschäftigt sich im Prinzip nur mit diesen beiden, soeben geschilderten Ebenen (weshalb nun Rothackers Hinweis (1) einleuchtet, »dass Haltungen das letzte tragende Fundament sind, auf das hin kulturelle Äußerungen befragt werden dürfen«). Darüber hinaus wird angenommen, dass seelisches Erleben/innere Haltung und stilbestimmter Ausdruck/äußere Haltung eine symbiotische Einheit bilden (4) und dass Rückschlüsse von der beobachtbaren Lebensäußerung des Einzelnen auf seine innere Verfasstheit nicht nur zulässig (3), sondern methodisch geboten sind (1), (6). Das Kernelement, das die physiognomisch-mimische Methode zu einer Rassenlehre macht, liegt unterhalb der beschriebenen Ebenen und besteht in der Annahme, dass sowohl reine wie gemischte Rassen ihre jeweils eigene und typenbildende Expression haben (8). In dieser Rassenlehre geht es damit nicht um die Erkundung rassischer ›Merkmale‹, sondern um typisiert angenommene Phänomene. Dies ist die notwendige Voraussetzung dafür, dass die physiognomisch-mimische Methode überhaupt an der viel größeren Einheit der Lebensstile ansetzen kann. Zwar ist die Untersuchung des rassischen Einflusses auf den Lebensstil nicht Bestandteil der physiognomisch-mimischen Methode, sondern diese Untersuchung gehört in den Bereich der rassischen Typenlehre, wie sie etwa von Jaensch oder dem Nationalsozialisten und Rassenforscher Hans F. K. Günther betrieben wurde. Allerdings gehen die Ergebnisse der Typenlehre als Voraussetzung in die physiognomisch-mimische Methode ein. Um diesen rassischen Einfluss kenntlich zu machen, spricht Clauß von einem (invarianten) Stilgesetz oder von Artung. Die ursächliche Verkettung von Rasse und Lebensstil sieht damit wie folgt aus: Die rassische Herkunft führt zu einem dieser Rasse entsprechenden, typischen seelischen Erleben mit einem typischen (stilbestimmten) Ausdruck, und beide zusammen bilden im Zusammenschluss mit den Menschen gleicher rassischer Herkunft den (rassischen) Lebensstil oder einfach den ›Rassenstil‹.[30]

Nun ist diese Verkettung zwar ursächlich, was aber nicht heißt, dass die rassische Herkunft das seelische Erleben und den stilbestimmten Ausdruck vollständig determiniert. Es bleibt also eine gewisse Varianz, in der z. B. geografische, erzieherische oder kulturelle Einflüsse zur Geltung kommen. (Die Varianzbreite wird von verschiedenen Rassentheoretikern unterschiedlich gewichtet.) Es ist gerade der Bereich der Erziehung und Kultur, in den Rothacker vorstößt, um mit seiner Variante einer Rassenlehre dem Nationalsozialismus zu einer weltanschaulichen Gestalt zu verhelfen.

Zunächst muss jedoch eine weitere Parallele zwischen dem Rothacker'schen und dem Clauß'schen Ansatz behandelt werden. Sie zeigt, dass Rothacker die rassische Bedingtheit des Menschen voraussetzt. Damit wäre die vollständige Übereinstimmung der Rothacker'schen Kulturanthropologie als Rassenlehre zur physiognomisch-mimischen Methode von Clauß nachgewiesen.

Gehen wir nochmals auf den Begriff der Haltung ein: »Und gerade wir in Deutschland, *wo der unbekannte Soldat nicht im Grabe liegt, sondern wieder Fleisch und Blut geworden ist* und als das Sinnbild eines unzerstörbar festen, einfachen, schlichten und geradezu deutschen Menschen *an unserer Spitze marschiert*, ja einen *neuen Mythus unserer Zeit nicht nur verkörpert, sondern zudem*, in der Idee des Sturmabteilungsmannes, den Mythus unserer Zeit geschaffen hat, *das symbolische Bild einer neuen politischen Haltung*, haben allen

Anlaß, uns auf diese fundamentale kulturelle Bedeutung schlichter [...] menschlicher Haltungen zu besinnen«.[31]

Die kulturelle Bedeutung, die Rothacker in der einfachen und schlichten Haltung erblickt, ist seine Vorstellung des neuen ›deutschen‹ Lebensstils, den er zuvor auch als ›archaisch‹ bezeichnet.[32] Diese Einfachheit und Schlichtheit in der Lebensäußerung (Rothakker führt noch etliche weitere Haltungen wie Bodenständigkeit, Wurzelhaftigkeit, Erdnähe usw.[33] an) und die neue politische Haltung, die hierdurch sinnbildlich verkörpert wird, »ist zunächst nur Anlage, Keim, Möglichkeit. Das ist noch nicht ›Kultur‹ im umfassenden Sinne«.[34] Im Kontext der zitierten Verneigung Rothackers vor Hitler verwundern vielleicht die letzten beiden Sätze. Sollte dort etwa von der individuellen Anlage, dem individuellen Keim die Rede sein? Gar bezogen auf die Person Hitlers? Aber dann wäre die auf einen Einzelnen bezogene Feststellung, dass dies ›noch nicht Kultur ist‹, höchst trivial. Man kommt der Sache näher, wenn man das folgende Diktum Rothackers heranzieht: »Den Geist von Potsdam kann man sehen an den Menschen, die von ihm erfüllt sind. Ja, ich gehe noch weiter und sage: eine Geisteskultur, die nicht zu Gesicht und Haltung des einfachen Mannes paßt, gerade des nationalen Durchschnittstypus, an der ist etwas nicht in Ordnung.«[35]

Der Hinweis auf den idealerweise anzustrebenden ›Typus‹ verrät nicht nur im hier verwendeten Sinne seine Herkunft aus der Rassenlehre, sondern der Begriff des Typus verweist gerade darauf, dass es – ganz im rassisch-biologischen Sinne – um die *einheitliche* Ausgestaltung der Anlagen, Keime und Möglichkeiten geht. Dies wird sofort deutlicher, wenn Rothacker auf das Verhältnis von Typus, Haltung und Anlage zu sprechen kommt: »Gerade einen hervorragenden Durchschnittstypus, erzogen zu einer Haltung, welche die Vollendung und Blüte der besten in diesem Volke lebenden rassischen Anlagen darstellt, braucht jedes Volk, um das zu sein, was es ist.«[36]

Zweifellos verbindet Rothacker mit diesem hervorragenden Durchschnittstypus all die Qualitäten, die er bei Hitler oder im ›preußischen Stil‹ – Einfachheit, Schlichtheit, Strenge, Herbigkeit, Unbeugsamkeit usw. – entdeckt zu haben glaubt. Somit soll dieser Durchschnittstypus einen Lebensstil (den deutschen Lebensstil) repräsentieren, womit nun die ursächliche Verkettung zwischen rassischer Anlage und Kultur hergestellt wäre. Klar zum Ausdruck kommt dies in der Fortsetzung des letzten Zitats: »Ich betone dabei ausdrücklich den körperlichen Typus, freilich einen durchgezüchteten, durch Erziehung und Drill und Festigung der Gesinnung zu dem, als was er erscheint, gewordenen und ertüchtigten. Denn einmal ist unser Blut ererbt. Aber was man emphatisch den Geist einer bestimmten Kultur nennt, das ist zudem etwas aus diesem Ererbten Herausgezüchtetes und Erzogenes, auch da klebt Blut dran [...] *Also nochmals erkennen wir die elementaren, schon im Leiblichen sichtbaren Wurzeln des kulturellen Gesamtphänomens.*«[37]

Somit besteht nach Rothacker »[e]ine Kultur [...] aus den Höchstleistungen, die aus ihrem besten Rassenmaterial und ihren erfreulichsten Anlagen und Haltungen *herausgezüchtet* und *herausgearbeitet* worden sind«.[38]

Nach allgemeiner auch heute noch in den Universitäten vertretenen Auffassung unternimmt Rothacker in seiner Kulturanthropologie den Versuch, die Grundgegebenheiten und Invarianten des menschlichen Lebens festzulegen. Während die Grundgegebenheiten die menschlichen Haltungen sind, ist die Invariante menschlichen Lebens durch dessen rassische Herkunft bestimmt. Damit hat Rothackers Kulturanthropologie vollends das Niveau einer Rassenlehre im Sinne der physiognomisch-mimischen Methode nach Clauß erreicht. Wenn also Rothacker in den ›Kulturen als Lebensstile‹ versprach, den ›Sinn der Gegenwart‹ zu entschlüsseln, dann dürfen wir annehmen, dass dieser Schlüssel in der Rassenlehre liegt, da sie nämlich ein grundlegendes neues Verständnis des Menschen und seiner kulturellen Gewohnheiten und Eigenarten verspricht.

Nach diesen Betrachtungen können wir nun zur ersten, umfassenderen Arbeit Rothackers, seiner *Geschichtsphilosophie* (1934), übergehen. Dieses Buch hat in einem zweifachen Sinne Furore gemacht. Als philosophisches Werk ist es einerseits sehr einflussreich gewesen, andererseits enthält die *Geschichtsphilosophie* eine Schlussbetrachtung, die den Titel ›Im dritten Reich‹ trägt. Als nach der nationalsozialistischen Herrschaft die Entnazifizierungsverfahren einsetzten, war es gerade dieses Kapitel, das Rothacker in erhebliche Schwierigkeiten brachte, das Entnazifizierungsverfahren zu überstehen. Interessanterweise haben sowohl der für das Verfahren zuständige Prüfungsausschuss als auch Rothacker als auch seine wohlwollenden Rezipienten die Sache stets so hingestellt, dass *allein* die Schlussbetrachtung ›Im dritten Reich‹ einen Beitrag zur nationalsozialistischen Weltanschauung enthalte. (Ich werde mich deshalb gerade nicht auf dieses Kapitel stützen.)

Mit Blick auf die *Geschichtsphilosophie* soll es hier vor allem darum gehen, zu zeigen, dass Rothackers geschichtsphilosophische Auffassung in einer Rassentheorie kumuliert. Bereits die Einleitung in die *Geschichtsphilosophie* spiegelt in typischer Weise die Aufbruchstimmung wider, die der Nationalsozialismus in Deutschland ausgelöst hat: »Man hat es häufig ausgesprochen, dass jede neue Epoche die Geschichte der Menschheit neu schreiben müsse. [...] So mag der Leser [...] bemerken, wie sehr der Verfasser seine Grundanschauung über das ›worum es eigentlich geht‹ [...] auch dem Versuch [verdankt], das Gewaltige mit- und nachzudenken, das sich vor den Augen unserer Generation vollzog, die leibhaftig hat erleben dürfen, wie das Chaos einen neuen Stern gebar.«[39]

Diese und viele ähnliche Äußerungen Rothackers lassen erkennen, dass er seine philosophischen Überlegungen eingebettet sehen möchte in einen Neuanfang der Philosophie, die dem neuen politischen Geschehen gleichwertig gegenübertritt. So ist denn auch seine *Geschichtsphilosophie* der »Entwurf einer neuen Lösung des geschichtsphilosophischen Problems«.[40] Was aber ist dieses geschichtsphilosophische Problem? Und was lässt eine Lösung philosophischer Probleme erhoffen, die gleichzeitig dem neuen politischen Geschehen Rechnung tragen könnte?

In der *Geschichtsphilosophie* lesen wir, der »ererbte, dann ergriffene Lebensstil [...] schließt die ausschließliche Bejahung der jeweils diesem Lebensstile streng entsprechenden Welt als ein unentbehrliches Glied alles Menschseins in sich ein«.[41] Diese universelle Beziehung zwischen der Welt, in der der Mensch lebt, und seinem Lebensstil ist das Resultat, bis zu dem Rothacker seine Untersuchung über Lebensstile vorangetrieben hat und an dem die Diskussion fortgesetzt werden soll. Die Betonung der ›ausschließlichen Bejahung‹ der einem Lebensstil entsprechenden Welt hat einige bedeutsame Konsequenzen im Hinblick auf die Entwicklung und Existenz von Kulturen (und erinnert sehr, in ihrer auf Rassen bezogenen Verdichtung, an Rosenbergs Kulturkreislehre). Denn diese Ausschließlichkeit führt, da sie keine Alternativen kennt, zu geschlossenen Kulturen, die allein darauf bedacht sind, ihre eigene Existenz zu sichern: »Eben hierüber entbrennen Lebenskämpfe. *Wir haben* nicht nur je unsere Welt, *wir behaupten* unsere Welt. Ja, wir sind bereit, um sie zu kämpfen. Wir werfen recht eigentlich *unsere Existenz in die Waagschale, wo es gilt, in der uns gemäßen Welt zu leben* und in keiner anderen.«[42]

Dieser Antipluralismus sich ausschließender Lebensstile und deren Reduktion auf einen existenziellen Daseinskampf veranlasst dann Rothacker zu dem Diktum, dass »die konkreten Menschheitscharaktere, die in physiognomisch ausgeprägten Kulturen vor uns liegen, [...] *erkämpft*«[43] sind.

Ist nun einerseits durch die Begriffe ›Haltung‹ und ›Lebensstil‹ der kulturanthropologische Gegenstand im Sinne der physiognomisch-mimischen Methode erfasst und andererseits durch den existenziellen Kampf der Kulturen der geschichtliche Prozess von Aufstieg und Niedergang der Kulturen beschrieben, so ist nun nach den einzelnen Faktoren zu fragen, die das ›Erscheinungsbild‹ einer Kultur prägen. Wichtig ist dabei, zu sehen, dass Rothacker über Haltungen aussagte, sie seien die Grundgegebenheiten, nach denen seine Anthropologie fragt. Auch wenn Rothacker viele Einflüsse sieht, die das Erscheinungsbild einer Kultur prägen – weshalb soll eine Kultur »nicht zugleich nordisch, deutsch, protestantisch, bürgerlich, neuzeitlich [...] usw.«[44] bestimmt sein –, so zielt doch seine Theorie darauf ab, diese Einflüsse durch bestimmte materiale Faktoren zu erklären, die wiederum auf Haltungen reduziert werden. Die ersten beiden geschichtlichen Faktoren, die Rothacker behandelt, sind »Substanz« und »Lage«: (9) »Die Substantialität geschichtlicher Menschen ist ihre [...] Teilhabe an den *Haltungen* [...] ihrer Völker und Kulturen. Solange ich nicht *Distanz* nehme zu meiner Substanz, ›lebe ich aus ihr heraus‹.«[45] Und (10) »Wo unsere Substanz aber nicht (restlos) trägt, wo wir [...] im günstigsten Fall durch unser Gewissen, uns gezwungen sehen, uns ihr *gegenüber* zu stellen, da verwandelt sie sich in eine Lage.«[46]

Entscheidend ist der von Rothacker in Klammern gesetzte Ausdruck in (10). ›Restlos‹‹ kann in diesem Zusammenhang nur bedeuten, dass auch da, wo sich eine Substanz in eine Lage verwandelt, wo also von mentalen Erlebnissen, Werten, Stimmungen, Emotionen die Rede ist[47], Substanz als prägendes Element nie fehlt. Deshalb lautet auch Rothackers Urteil folgerichtig: »Ein beträchtlicher Teil aller der Fälle, in denen von historischen Faktoren die Rede ist, betrifft, bis in die ökonomische Geschichtsbetrachtung hinein, Fragen des *Anteils* bestimmter *Haltungen* an der substantiellen Haltung [...] Wenn Cato ›als Römer‹ handelt, so heißt das, dass der römische Lebensstil [...] einen beherrschenden Anteil an seiner in dieser Handlung zum Ausdruck gelangenden Substanz besaß. Das ist das elementare Schema.«[48]

Da Rothacker selbst seine Überlegungen für elementar hält, ist an dieser Stelle nur zu vermerken, dass hier Substanz selbst wieder als Haltung gedeutet wird, nämlich als substanzielle Haltung, womit nichts anderes gesagt ist, als dass Substanz eine Expression hat. Daneben sind solche Haltungen zur Kenntnis zu nehmen, die, wenn man sie isoliert betrachtet, als nicht substanziell zu deuten sind, man denke hier etwa an individuelle Eigenarten, wie dass ich vor dem Frühstück einen Waldlauf mache o. ä. Von daher ist Rothackers Schema eine Erklärung von Haltungen aus substanziellen Haltungen: (11) »Was aufgewiesen wird, ist der Anteil einer bestimmten relativ isolierbaren Haltung an einer komplexen Synthese von Haltungen, die wir Substanz nennen«.[49] Zudem ist es eine Erklärung, die in dem Bereich des »Phänotypischen«[50] bleibt, was nichts anderes bedeutet, als dass Rothacker sich immer noch streng im Rahmen der physiognomisch-mimischen Methode bewegt.

Der hier von Hegel übernommene Begriff der Substanz verweist auf den dauerhaften Zustand eines mit Gehalten erfüllten Subjekts. Es wird jetzt zu zeigen sein, dass ein solcher gehaltvoller, dauerhafter Zustand durch rassische Herkunft bedingt ist. Hier ist ein Unterkapitel der *Geschichtsphilosophie* wichtig, das den programmatischen Titel trägt: ›Die existentielle Reduktion. Rasse und Volksgeist‹.

Der Begriff der existenziellen Reduktion leitet sich von Rothakkers Überlegung zur Kulturkreistheorie ab, nach der ein Lebensstil einer Welt entspricht, die keine anderen Lebensstile zulässt und daher erkämpft, behauptet und entfaltet werden will. Es ist somit die Frage zu stellen, weshalb Rothacker eigentlich Lebensstile als geschlossene Gebilde deutet, weshalb er eine Mischung von Lebensstilen oder eine Assimilation von Angehörigen einer Kultur an eine aus ihrer Sicht fremde Kultur offensichtlich weder für faktisch gegeben, gar für möglich noch für wünschenswert hält. Die erste richtungsentscheidende Antwort hierauf lautet, (12) »dass die *praktische* Ablösung des Handelnden von der rassisch fundierten und weltgeschichtlich erkämpften nationalkulturellen Lebensform geistigen Selbstmord bedeutete«.[51]

Diese Ausdrucksweise vom ›geistigen Selbstmord‹ hat nichts mit der landläufig ironischen Ausdrucksweise zu tun. ›Geistiger Selbstmord‹ ist hier wörtlich zu nehmen. Es hieße nämlich, den Handelnden – würde man ihn von seiner rassischen Fundierung loslösen – von seinen substanziellen Haltungen abzutrennen. Dann würde man jedoch über einen Menschen sprechen, dessen Handlungen überhaupt nur noch in einem sehr eingeschränkten Sinne verständlich wären. Was aber zu dieser Substanz des Handelnden gehört, so macht Rothacker klar, ist dessen rassische Herkunft. Diese wiederum ist eine Invariante, die sich durch die verschiedensten Kulturmilieus durchhält. Da nach Rothacker alles für seine Invarianzthese spricht, kann er Fragen des rassischen Assimilationsprozesses relativ rasch abhandeln: »[G]anz bedenklich und nur ein Zeugnis innerer Unkultur sind aber verbreitete Argumente, nach Europa verpflanzte Primitive hätten sich als fähig erwiesen, sich den ganzen Schatz unseres ›Wissens‹ und selbst Kenntnisse höherer Mathematik anzueignen.«[52]

Nun, ›innere Unkultur‹ kann vom Standpunkt eines Rassentheoretikers nur bedeuten, den engen Zusammenhang von rassischer Voraussetzung und kulturellem Schaffen oder sichtbaren kulturellen Leistungen zu vernachlässigen. Rasse bedingt, determiniert aber nicht strikt kulturelle Leistungen. Hierzu sind noch weitere Maßnahmen vonnöten. Doch dass das geschichtliche Werden der Kulturen von ihrem rassischen Bestand abhängt, dass hohe kulturelle Leistungen, wie sie von den Deutschen erbracht wurden, nur eine höherwertige Rasse zur Voraussetzung haben können, ist Bestandteil jeder nationalsozialistischen Rassentheorie. »Auf gar keinen Fall darf die gute Rasse [...] zu einer Unterschätzung der Zucht menschlicher Haltung und Erziehung [führen. Verschärft werden muß die] Forderung eugenisch guter Zucht durch die Forderung ebenso scharfer geistig-politischer-moralischer und kultureller Zucht [...] Die größten Gestalten des Lebens wie des Geistes werden also da zu finden sein, wo ein schöpferischer Einklang besteht zwischen rassisch Ererbtem, moralisch Erlebtem und erzieherisch

Erlerntem, zwischen rassischer ›Anlage‹ und einer geistigen Zielsetzung, welche sich als fruchtbar genug erweist, Formen höchsten Lebens aus dieser Anlage herauszuarbeiten. Und eben um solche Zielsetzung geht es den lebendigen Erscheinungen des rassischen Elements der Kultur.«[53]

Halten wir also fest: (13) Das neue, zu bewältigende geschichtsphilosophische Problem lautet wie folgt: Kulturgeschichte ist ein Kampf zur Herausbildung autonomer Lebensstile. Da sich Kulturformen ihrer rassischen Herkunft verdanken, ist dieser Geschichtsprozess im wesentlichen ein Rassenkampf. Und: (14) Die Lösung dieses Problems, die im Einklang mit der politischen Situation der Zeit zu stehen hat, lautet wie folgt: Soll dieser Kampf bestanden werden, die einmal gewonnene Autonomie der Lebensstile nicht wieder verloren werden, sollen gar hohe kulturelle Leistungen vollbracht werden, so muss auf der rassisch gegebenen Grundlage mittels eugenischer und geistig-politisch-moralischer Zucht ein Menschentypus nach einem Vorbild geformt werden, von dem angenommen wird, dass dieser den Anforderungen der Zeit gewachsen ist.

4. Die Rechtfertigung der Totalisierung menschlichen Lebens im NS-Staat

Neben der *Geschichtsphilosophie* ist Rothackers Arbeit *Probleme der Kulturanthropologie* von 1942[54] höchst einschlägig. Wir werden uns diesbezüglich mit Rothackers Begriff der Hochkultur und seiner Idee auseinandersetzen, dass ›wahre Kulturen‹ nur solche sind, die einem einheitlichen Lebensstil gehorchen.[55]

Rothacker führt den Begriff der Hochkultur durch ein Bild antiken olympischen Wettstreits ein: »Was wir sehen, ist zunächst ein herrliches Menschentum im Ringen um den Siegespreis seiner maß- und zuchtvollen Vollendung. Das ist unsere erste Gegebenheit: *Menschen* einer bestimmten Artung und einer bestimmten Weise, sich zu gebaren. Geformt nach einem bestimmten Stil. […] Sie stehen vor uns in einem ganz unverwechselbaren *Stil.* Und nicht viel anders als in Platons Ideenlehre die vielen *Pferde*, die es gibt, ihrer Artung nach bezogen sind auf das *Urbild* des Pferdes […], so haben die Massen der Zuschauer, ihrem Seinsstile nach, Teil an der im Stadion verkörperten reinen, ausgeprägten, vervollkommneten, veredelten, ausgeformten, ausgezeugten, durchstilisierten Menschengestalt der Kämpfenden.«[56]

Diese Ergötzung Rothackers am heroischen Heldentum, an der Artung des Menschen deutet die Richtung an, in die er seine Untersuchung der Hochkulturen treiben möchte. Sie führt über den Weg eines rassisch durchstilisierten, idealen Menschenbildes. Diesen Weg hat Rothacker bereits in seinen ›Grundlagen und Zielgedanken der nationalsozialistischen Kulturpolitik‹ (1933) vorgezeichnet: (15) »Kein Volk der Erde hat sich mit der Züchtung eines national farblosen Maschinenmenschen begnügt, sondern hat darum gerungen, aus seinem Menschenmaterial, seinem edelsten Erbe und den höchsten sittlichen und geistigen Erlebnissen, mit denen es im Laufe der Zeit begnadigt worden ist, ein ideales Menschenbild zu züchten, das seinen Adel in des Wortes edelster Bedeutung darstellte.«[57]

Gemessen an diesem idealen Menschenbild versäumte es das deutsche Volk bisher, seinen Staat und sich selbst zu gestalten. Deshalb hat »ein solches Volk [...] neben seiner Staatswerdung wahrlich auch die Aufgabe der Volkwerdung, der Deutschwerdung zu einem ganz bedeutenden Teile vor sich«.[58]

Welches Menschenbild eine Kultur jeweils ausprägt, ist zunächst ein sekundäres Phänomen, hängt aber von der Artung, also der Rasse, ab. Dass sich aber eine Kultur nach einem Menschenbild durchzustilisieren trachtet, ist jedoch überhaupt das Kennzeichen einer Hochkultur, denn (16) »[n]ur durchstilisierte Kulturen sind Hochkulturen«.[59]

Durch die enge Beziehung zwischen Artung (Rasse) und durchstilisierter Kultur wird der jeweils physiognomisch ausgeprägte Lebensstil ontologisch fundiert. Denn in »Lebensstilen antwortet der Mensch nicht nur mit einer Tat, sondern mit seinem Sein selbst«.[60] Aber nicht nur dies, sondern er ›reflektiert‹ dieses Sein und versucht so, seinen Seinsstil noch einmal mittels seiner Kulturwerke zu schaffen. »Wo dies der Fall ist, haben wir Hochkulturen vor uns. Die übrigen aber haben *nur* Dasein.«[61]

In den ›Grundlagen‹ bestimmt Rothacker die beiden Eckpfeiler, nämlich Erziehung und Bildung, die diese Reflexion in Gang setzen und so das kulturelle Niveau bestimmend beeinflussen. Zugleich wird die Kenngröße benannt, nach der sich erziehungs- und bildungspolitische Bestrebungen zur Formung eines Menschen zu richten haben: »Erziehungs- und Bildungsideale aufzustellen wäre ein billiges Geschäft und reiner Ausdruck der Laune und persönlichen Meinung, wenn solche Ziele nicht ihren Sinn und Maßstab besäßen in Prozessen, von denen man geradezu sagen darf, dass sie den Kern der Weltgeschichte bilden [...] Das Leben der Geschichte [...] vollzieht sich in den Völkern.«[62]

Damit ist kurz und knapp ein Teil der Aufgabe einer Geschichte kulturanthropologischer Forschung gestellt, die Rothacker in den folgenden Jahren – mit Unterstützung der Nationalsozialisten – einzulösen gedenkt. Rein formal soll die Erziehung sich an folgenden Grundsatz halten: »*Erzogen* wird im engeren Sinne, im Sinne des geahnten, des erschauten Menschenideals, zu einer bestimmten Gestaltung, zu einer bestimmten Gesinnung.«[63] Die Bildung hat sich – rein formal – an folgendem Diktum zu orientieren: »*Bildung* aber erschließt den Gehalt dieser Gesinnung, entfaltet den Sinn dieser Haltung, dehnt sie auf immer neue Bereiche der Welt und des Lebens aus [... D]iese Bildung faltet den Gehalt auseinander bis sich eine umfassende Weltanschauung von ganz bestimmter Sicht aus dieser Haltung heraus entwickelt hat.«[64]

Zu Rothackers Vorstellungen über Erziehung und Bildung gehört auch, in welchem Verhältnis beide zueinander zu stehen haben: (17) »Die Bildung darf sich [...] nie über Lebensgestaltung, über die durch Erziehung erformte Haltung erheben, über sie legen oder sich gar neben sie stellen, sondern sie muß eben deren Weltsicht zu größtem Reichtum entfalten, diese Haltung selbst begrifflich durchdringen und zu ihrer höchsten und reifsten Form bringen. Aus der Haltung muß sie die Gesinnung lesen, die Gesinnung auf ihre Sicht befragen und die Sicht zur Weltsicht entfalten.«[65]

Hier ist nochmals kurz der Ansatz der physiognomisch-mimischen Methode umrissen: Innere Haltung drückt eine bestimmte Weltanschauung aus, während sich ihre äußere Seite mittels der physiognomisch-mimischen Methode ermitteln lässt. In (17) behauptet Rothacker damit nicht mehr und nicht weniger, als dass Bildung immer im Dienste der Weltanschauung zu stehen hat. Denn Haltung wird nach einem bestimmten Idealbild anerzogen, herausgezüchtet. Erst dann greift die Bildung ein und hat sich innerhalb des Rahmens der stilisierten Haltung zu bewegen.

Ich halte diese sehr einfach gefasste Skizze für das Kernstück der Kulturanthropologie Rothackers. Sicherlich, die *Probleme der Kulturanthropologie* sparen nicht mit der Einführung zahlreicher Begriffe und etlicher Beispiele. Aber gerade letztere sind merkwürdig eindimensional. Sie sind nicht nur Abbilder der angeführten sehr einfachen Skizze, sondern stilisieren zugleich einen *kulturellen Heroismus*. Man kommt also nicht umhin, sich mit diesen Beispielen auseinanderzusetzen.

Unter der Fragestellung, was einer Einheit des Kulturstils entgegenstehen könnte, behandelt Rothacker die innerhalb einer Kultur vorzufindenden Kulturbereiche, von denen er annimmt, dass sie selbst »von eigener autonomer Gesetzlichkeit«[66] sind. Diese Strukturgesetze innerhalb der verschiedenen Kulturbereiche aufzuweisen, legt sich Rothacker als Aufgabe vor. Darüber hinaus erfahren wir, dass diese Kulturbereiche in Wechselwirkungen zueinander stehen. Wie wir uns dies vorzustellen haben, macht Rothacker an einem Beispiel der Kulturbereiche von germanischer Sippe und germanischer Gefolgschaft deutlich. Der Bereich der germanischen Sippe ist gekennzeichnet durch das »Recht der Blutrache, beherrscht vom Geist der Familie und mit ihm einem mütterlich weichen Element, einem Urverhältnis zur Mutter Erde«.[67]

In diesem Bereich geht es um den Alltag, in ihm bilden Acker und Vieh, Haus und Hof usw. die Szenerie. »Aber der Krieg zwingt denselben Menschen eine völlig andere Haltung auf und bedarf in ganz anderem Maße als sonst [...] des Führers.«[68] In Sippe und Gefolgschaft »sehen wir zwei Lebenskreise sich überschneiden. Der der Gefolgschaft ist notwendig weiter als die Perspektive des einzelnen Gehöfts. Elastischer, momentaner. Dort in der Sippe herrscht die schläfrige Hergebrachtheit, hier der Befehl des Führers.«[69] »Der Befehl des Führers« dürfte keinen Zweifel aufkommen lassen, um wessen Befehle es geht. Wir werden jetzt sehen, dass es sich um Befehle des Kriegseinsatzes handelt, und feststellen, welches ideale Menschenbild sich durch den Krieg für Rothacker verwirklicht. Der in der Sippe »herrschenden Sitte stellt sich hier ein eigenes Gesetz und Recht gegenüber; dem vegetativen Gedanken, dem Säen und Ernten, einem pflegerischen Geist: Aufbruch, Marsch, Zucht, Sturm, Glanz, Kriegerehre. Ein weit persönlicheres Treueverhältnis von Mann zu Mann, eine geistigere, willensfestere Form der Hingabe, ein bündisches Fühlen, eine weit persönlichere entschlossene Art des Glaubens, ein neuer Maßstab der Bewährung, völlig neue Möglichkeiten eines Rangverhältnisses.«[70]

Schon in den ›Grundlagen‹ hat Rothacker darauf hingewiesen, dass mit dem Nationalsozialismus die Zeit gekommen sei, sich nun einem neuen Menschenbild, einem heroischen Typus zuzuwenden: »[D]er Menschheitsschwärmer, der pazifistische Liberale, der bloße Schöngeist, der staats- und verantwortungslose Intellektuelle, der sogenannte ›freischwebende‹ Intellektuelle der vergangenen Zeit, sie sind keineswegs bloß die Gegenbilder eines neuen *politischen* Bewußtseins, sondern sie sind nicht minder die Gegenbilder eines neuen *nationalen* Bewußtseins.«[71] Denn, so ließe sich hier ergänzen, »[d]er völkische Staat muß [...] von der Voraussetzung ausgehen, dass ein zwar wissenschaftlich wenig gebildeter, aber körperlich gesunder Mensch mit gutem, festem Charakter, erfüllt von Entschlußfreudigkeit und Willenskraft, für die Volksgemeinschaft wertvoller ist als ein geistreicher Schwächling. Ein Volk von Gelehrten wird, wenn diese dabei körperlich degenerierte, willensschwache und feige Pazifisten sind, den Himmel nicht zu erobern, ja nicht einmal auf dieser Erde sich das Dasein zu sichern vermögen.«[72]

Rothackers Heroenkult tritt sowohl in seinen *Problemen der Kulturanthropologie* als auch in den ›Grundlagen‹ auf. Es gibt hier keine Differenzen, trotz des mittlerweile eingetretenen Kriegs. Im Gegenteil, man kann sogar sagen, dass durch den Krieg sein Schwärmen über den heroischen Typus – ausgedrückt in Worten über Glanz und Ehre, Treueverhältnis von Mann zu Mann und bündisches Fühlen usw. – noch zugenommen hat. Aber Rothacker ist mit seinem am Krieg gewonnenen idealen Menschenbild noch nicht fertig. Dieses Bild möchte er gleichsam in eine höhere Sphäre transzendieren, es über die Welt erheben. Und was läge (einem Nationalsozialisten) näher, als es als Ebenbild einer germanischen Gottheit anzusehen: »Nicht die Sippe, sondern die germanische Gefolgschaft eroberte schließlich die Welt, meint Naumann mit Recht, und weiter wird er Recht haben, wenn er nun Thor als den Geist der Sippe, als den Großbauern [...], Odin als den Geist der Gefolgschaft, des Führertums, des ruhmvollen, tapferen Lebens, der Waffen, des Sieges, des Reichtums schildert, der Fürstengunst und Dichtergabe, des Herren- und Heldentums.«[73]

Was legt das Beispiel über die germanische Gefolgschaft bisher nahe? Die germanische Sippschaft ist ein Volk von Bauern. Ihr Leben kreist um Arbeit und Gehöft, ist relativ autark, und Fragen des Lebens gehorchen bestimmten, eigentümlichen Gebräuchen und Sitten. Der Staat steht dieser Sippschaft mit eigenen Gesetzen und eigenem Recht gegenüber. Der Krieg bricht diese beiden Sphären auf. Der Führerstaat mit seinem germanischen Prinzip der Gefolgschaft durchdringt die viel engere Sphäre des bäuerlichen Lebens und führt, bedingt durch den Krieg, dieses Leben zu höheren ›Werten‹ von Treue, Hingabe, Glauben usw. Soll dieser beispielhaft geschilderte Prozess tatsächlich ein deskriptiver Nachweis für Rothackers oben getroffene Feststellung sein, in Wechselwirkung stehende autonome Kulturbereiche können durch bestimmte Ereignisse wie Krieg durchbrochen werden? Meine These ist: Rothackers Beispiel ist eine Stilisierung, die dazu dient, die private Sphäre in einen klaren Gegensatz zur öffentlichen Sphäre zu stellen. Ein Krieg kann im Extremfall, so wird nahegelegt, die private Sphäre zugunsten der öffentlichen fast vollständig aufheben. Aber was interessiert Rothacker hieran? (18) »Staaten unter dem Druck des Krieges […] stellen die reinsten Symbole des Lebens nach seiner Handlungsseite dar.«[74]

Da alles Leben eine ständige Handlungsentscheidung ist, treten ›Werte‹ ständig als ›gelebte Werte‹ auf. Werte verschiedener Sphären – öffentliche vs. private – treten so in Konkurrenz miteinander. Diejenigen Werte, die aus dieser Konkurrenz als dominierend hervorgehen, prägen den Kulturstil.[75] Man kann sich leicht vorstellen, dass die dominierenden Werte, wenn sie erst einmal die anderen Sphären durchdrungen haben, endlich zu einer Einheit des Kulturstils führen. Denn dies war ja Ausgangspunkt der Frage Rothackers, was eine Einheit des Kulturstils – unter Voraussetzung autonomer Strukturen innerhalb einer Kultur – verhindert.

Die Idee der Aufhebung der privaten Sphäre zugunsten des Staates war bereits eine zentrale Forderung in Rothackers ›Grundlagen‹: »Und es hat natürlich einen tieferen philosophischen Sinn, dass sich heute […] Begriffe wie Haltung, Lebensstil, Lebensform aufdrängen […], wo das Rassische mit dem Gesinnungshaften, das Gesinnungshafte mit dem Geistigen, das Geistige mit dem Verantwortungsgefühl gegenüber der Bewahrung dieser Haltung in *der*

Wirklichkeit und damit mit Macht und Staat wieder ein unlösbares Bündnis eingegangen sind.«[76] Dieses Bündnis von Haltung und Staat ist die Voraussetzung zur Verwirklichung des ›Ideals‹ (19) »eines allseitig durchformten Lebensstils, in dem man staatliche und kulturelle Formung gar nicht trennen kann«.[77]

Dies ist Rothackers Forderung. In den *Problemen der Kulturanthropologie* stellt er die Sache so dar, als würde die Sphäre des Staates mit der Sphäre des Kulturellen eine organische, sich von selbst entwickelnde Verbindung eingehen. Von daher ist es eine Leugnung der Diktatur des nationalsozialistischen Staates, wenn er diesen Staat – unter dem Druck des Krieges – zu einem organismischen, handelnden Subjekt erhebt, das nun in eine als faktisch ausgelegte echte Konkurrenz zu den anderen ›gelebten Werten‹ anderer handelnder und entscheidender Subjekte tritt. Der Krieg dient Rothakker somit als post hoc-Begründung für die Rechtmäßigkeit, dass der nationalsozialistische Staatsapparat die Privatsphäre praktisch zu seinen Gunsten aufgehoben hat.

Gehen wir damit zur letzten Passage von Rothackers Beispiel über: (20) »Wieder sehen wir hier das Widerspiel der beiden mächtigen Daseinstendenzen, deren Vereinigung den Lebensstil der modernen Völker und ganz besonders der nordischen begründet hat. [… I]m Volk lebt die naturhafte Seite, im Staat das jeweils größere Ganze, die jeweils umfassendere Form von Recht, Ordnung, Herrschaft, Tat, Macht, Pflicht, Planung, Männlichkeit, *Pathos der Allgemeinschaft, Herrlichkeit des öffentlichen Lebens.* Nur aus dieser Spannung läßt sich würdigen und verstehen, worauf die ungeheure Kraft eines Volksstaates beruht: Bindung des universalen Prinzips an Blut, Boden, Sprache, Sitte des Volkstums und dennoch Erziehung der bodennahen und darum starken Kräfte desselben zu *Gemeingeist und Opfersinn für das größere Ganze.* […] Hierin wird Ursprung, Sinn und Sonderstruktur des Staates in concreto anschaulich«.[78] Hier in (20) gibt Rothacker vor, ein allgemeines Entwicklungsgesetz aufgestellt zu haben, das den Prozess der Entstehung einer Einheit von Kulturstilen verständlich werden lassen soll. Oder kürzer: In (20) wird ein (scheinbares) Strukturprinzip der Entstehung von Volksstaaten formuliert.

Rothacker geht es hier um eine historisierende Rechtfertigung der allgegenwärtigen Präsens des Staates in jedem privaten Raum.

Wie sonst käme man auf die Idee, das öffentliche Leben als ›herrlich‹ zu preisen und den Opfersinn für den Staat zu fordern. Rothackers Beispiel über germanische Gefolgschaft dient im Ganzen und ganz allein dem Zweck, *den gegenwärtigen nationalsozialistischen totalen Staat philosophisch zu rechtfertigen.* Nur der totale Staat garantiert die weitestgehende Auflösung der privaten Sphäre und nur so lässt sich erreichen, dass dessen Bewohner, deren unbedingte Gefolgschaft angemahnt wird, zu einem einheitlichen Kulturstil durchgeformt werden können.

Ich fasse zusammen: Rothackers Kulturanthropologie, die man als seine genuine philosophische Leistung würdigt, ist selbst eine Stilisierung. Sie gibt sich als deskriptive Theorie, dient aber genau dem Gegenteil. Sie stilisiert heroische Kulturen, die sich nach idealisierten Menschentypen ausgeprägt haben. Wohl nicht umsonst wird die nordische Rasse als eine besonders leistungsfähige Rasse, ihr Menschenmaterial als bestens geeignet zur Stilisierung einer Hochkultur herausgestellt. Rothackers Idee einer Einheit des Kulturstils ist die Idee einer auf nordischer Rasse sich gründenden totalen Kultur, einer Kultur, in der der Staat die private Sphäre seiner Bürger vollkommen durchdrungen hat (17)–(19) und mit Mitteln von Zucht und eugenischer Auslese ein ideales Menschenbild zu formen trachtet (15). *Somit kondensiert Rothackers Kulturanthropologie zu einer normativen Kulturtheorie, die eine heroische, auf dem Volks- und Kulturwert der nordischen Rasse sich gründende Kultur beschwört* (16) und (20).

1 Vgl. Reichsausgabe, München, Freitag 29. Juli 1932, 211. Ausgabe, 45. Jg., zweites Beiblatt.

2 Vgl. Personalakte (PA) Rothacker 7585, Universitätsarchiv (UA) Bonn, Military Government of Germany, Fragebogen vom Mai 1945.

3 Vgl. Münchener Ausgabe, Freitag 3. März 1933, 62. Ausgabe, 46. Jg., Beiblatt.

4 Vgl. PA Rothacker 7585, UA Bonn, Military Government of Germany, Fragebogen vom Mai 1945.

5 Vgl. Rothacker, Philosophische Fakultät – Personalakte (PF-PA) 614, UA Bonn, 15.4.1933.

6 Rothackers eigene Darstellung in: PA Rothacker 7585, UA Bonn, Lebenslauf vom 23.5.1946, S. 2.

7 Vgl. Rothacker, ebd.

8 E. Rothacker, *Die Kriegswichtigkeit der Philosophie* (Kriegsvorträge der Rheinischen Friedrich-Wilhelms-Universität Bonn 37, hg. Karl F. Chudoba, Vortragsreihe: ›Wissenschaft im Kampf für Deutschland‹), Bonn 1944, S. 22.

9 E. Rothacker, Kulturen als Lebensstile. In: *Bonner Mitteilungen*, hg. v. d. Gesellschaft von Freunden und Förderern der Rheinischen Friedrich-Wilhelms-Universität zu Bonn u. d. Landwirtschaftlichen Hochschule zu Bonn-Poppelsdorf, Bonn März (1934), H. 13, S. 1–8, hier S. 8.

10 Ebd., S. 2.

11 Ebd., S. 4.

12 Ebd., S. 3.

13 Ebd., S. 2.

14 Ebd., S. 3.

15 Ebd.

16 Vgl. ebd.

17 Ebd.

18 Vgl. ebd.

19 L. F. Clauß, *Rasse und Seele. Eine Einführung in die Gegenwart*, München 1926.

20 Ebd., S. 10.

21 Ebd.

22 Vgl. ebd., S. 11.

23 Vgl. ebd.

24 Ebd., S. 19.

25 Ebd.

26 Ebd., S. 20.

27 Rothacker 1934, S. 3.

28 Clauß 1926, S. 11 bzw. S. 17.

29 Ebd., S. 29.

30 Vgl. L. F. Clauß, *Rasse und Seele. Eine Einführung in den Sinn der leiblichen Gestalt*, 3. überarb. Aufl. München 1933.

31 Rothacker 1934, S. 6. Hervorheb. v. mir.

32 Vgl. ebd., S. 1.

33 Vgl. ebd.

34 Ebd., S. 6.

35 Ebd., S. 5 f.

36 Rothacker 1934, S. 5.

37 Ebd. Hervorheb. v. mir.

38 Ebd., S. 7 f.

39 E. Rothacker, *Geschichtsphilosophie*, München/Berlin 1934 (seitenidentische Sonderausgabe aus dem *Handbuch der Philosophie*, Abt. IV.: Staat und Geschichte, hg. v. A. Baeumler/M. Schröter, München/Berlin 1934), S. 3.

40 Ebd., S. 37.

41 Ebd., S. 109.

42 Ebd.

43 Ebd., S. 111.

44 Ebd., S. 113.

45 Ebd., S. 115 f.

46 Ebd., S. 115.

47 Vgl. ebd., ferner S. 133 bzw. S. 139.

48 Ebd., S. 116.

49 Ebd., S. 117.

50 Ebd.

51 Ebd., S. 140.

52 Ebd., S. 136.

53 Ebd., S. 138.

54 E. Rothacker, Probleme der Kulturanthropologie, zuerst erschienen in: N. Hartmann (Hg.), *Systematische Philosophie* (Deutsche Philosophie. Philosophische Gemeinschaftsarbeit deutscher Geisteswissenschaftler, hg. v. Ferdinand Weinhandl), Stuttgart/Berlin 1942, S. 55–198.

55 Vgl. ebd., S. 85.

56 Ebd., S. 71 f.

57 E. Rothacker, Die Grundlagen und Zielgedanken der nationalsozialistischen Kulturpolitik. In: *Die Erziehung im nationalsozialistischen Staat. Vorträge, gehalten auf der Tagung des Pädagogisch-psychologischen Instituts in München (1.–5. August 1933)*, Leipzig 1933, S. 15–37, hier S. 23.

58 Ebd., S. 24.

59 Rothacker 1942, S. 192.

60 Ebd., S. 70.

61 E. Rothacker, Vom Wesen der Kultur. In: *Vierundzwanzigste Haupt-*

versammlung der Gesellschaft von Freunden und Förderern der Rheinischen Friedrich-Wilhelms-Universität zu Bonn am 8. November 1941, S. 41–63, hier S. 51.

62 Rothacker 1933, S. 19.

63 Ebd.

64 Ebd., S. 19 f.

65 Ebd., S. 20.

66 Ebd., S. 100.

67 Ebd., S. 101.

68 Ebd.

69 Rothacker 1942, S. 101 f.

70 Ebd., S. 102.

71 Rothacker 1933, S. 22.

72 A. Hitler, *Mein Kampf.* Zwei Bde. in einem Band. Ungekürzte Ausg., 312.–316. Aufl., München 1938, S. 452.

73 Rothacker 1942, S. 102.

74 Ebd., S. 104.

75 Vgl. ebd., S. 103.

76 Rothacker 1933, S. 25.

77 Ebd., S. 26.

78 Rothacker 1942, S. 103. Hervorheb. v. mir.

Joachim Ritter: Über die Schwierigkeiten, 1933–1945 Philosoph zu sein

1. Die Vergangenheit ist nicht vergangen

Die Rolle der Wissenschaften im Nationalsozialismus steht im akademischen Leben in Deutschland zu lange im Schatten von Schweigen, Vergessen und Verdrängen; Aufklärung beginnt erst spät; öffentliche Selbstkritik ist selten.[1]

Am 8. Mai 1945 wird Deutschland befreit, nicht aus eigener Kraft, sondern von außen; auch die Mehrheit der Philosophen in Deutschland trägt in ihrer Mehrzahl vor und nach 1933 wenig zu einer Befreiung von innen bei. Am 14. April 1945 stirbt in New York im Exil einer der bedeutendsten deutschen Philosophen, Ernst Cassirer. Joachim Ritter, geboren am 3. April 1903, stirbt am 3. August 1974, auch er eine der maßgeblichen Persönlichkeiten in der Philosophie im Deutschland des 20. Jahrhunderts. Dies sind Daten zu einer Vergangenheit, die nicht vergangen ist, Daten mit innerer Verbindung zueinander.

Ich rücke in der Erinnerung Joachim Ritter, den Hamburger Schüler und Assistenten Ernst Cassirers, ins Zentrum. Das Zentrum hat eine Peripherie, an der ich mich selbst befinde. Ritter, der von mir geschätzte akademische Lehrer, prägt mich; 1967 promoviere ich bei ihm. Was ich über ihn aufgrund seiner Erzählungen und der Berichte Dritter weiß, genügt mir während meines Studiums von 1960 bis 1965, obwohl es nur die halbe biografische Wahrheit ist. 2005 erst habe ich in Archiven in Berlin, Hamburg, Jena, Konstanz, Münster und Rostock sowie 2008 in Marbach Spuren seines Lebens von 1933 bis 1945 gesucht und gefunden.

Für Historiker mag die Erste-Person-Perspektive unangemessen sein. Für Ritter war sie es: Man spricht nicht von sich, sagte er; man spricht mit Aristoteles und Hegel vom ›Haus‹, vom *oikos*, von der *polis*. Dieses Veto gegen Subjektivität in der Philosophie halte ich für falsch, weil man die Entlastung von Verantwortung und Geschichte riskiert. Es interessiert mich, wie ich wer geworden bin. Mit Ernst Cassirer: »Die Erinnerung wird zunächst auf das eigene Selbst gerichtet – Die Frage: Was *bin* ich? lässt sich für kein Subjekt beantworten, ohne daß die Frage Was *war ich*? oder die Frage Wie *wurde* ich was ich ›bin‹? gestellt würde«.[2] Zur ›historischen Erkenntnisform‹ gehört aber auch die Einsicht: »wir können nicht in dem Sinne in die Vergangenheit *hinabtauchen*, daß wir zu dieser Vergangenheit *werden* – daß wir, was sie war und was sie erlebte, noch einmal *sind* und noch einmal erleben – einer solchen *Reproduktion* des Vergangenen schiebt der Heraklitische Satz, daß Niemand zweimal in denselben Fluss hinabsteigen könne, einen Riegel vor. Auch in den Fluss der Geschichte können wir nicht zum zweiten Male herabsteigen – er ist, real gesehen, für immer dahin das Geschehene *kehrt nicht wieder*«.[3]

Ritters Spuren sind in der Philosophie in Deutschland weithin sichtbar. Was er mit auf den Weg gibt, dauert fort, nicht nur bei mir. Über Ritter sprechen heißt, über ein Leben stellvertretend für viele Leben zu sprechen. Durch Ritter werden Aristoteles und Hegel für viele zu Wegmarken. Er erschließt die Philosophie des Rechts mit dem Hegel'schen Satz: »Es gehört der *Bildung*, dem Denken als Bewußtsein des Einzelnen in Form der Allgemeinheit, daß Ich als *allgemeine* Person aufgefaßt werde, worin *Alle* identisch sind. Der *Mensch gilt so, weil er Mensch ist*, nicht weil er Jude, Katholik, Protestant, Deutscher, Italiener usf. ist.«[4] Der Münsteraner Philosoph nimmt seine Studierenden mit zu der für ihn wohl wichtigsten Entdeckung – *Geschichtlichkeit*. Es finden sich Studierende vieler Disziplinen in seinen mitreißenden Vorlesungen ein. Zu Ritters interdisziplinärem, Lehrende und Lernende zusammenführenden *Collegium Philosophicum* zugelassen zu werden, ist eine Ehre. Neben Hans-Georg Gadamer ist er – Mitglied der Rheinisch-Westfälischen Akademie der Wissenschaften, der Akademie der Wissenschaften und Literatur in Mainz, des Wissenschaftsrats und von Universitätsgründungs-Kommissionen, 1962–63 Rektor der Universität Münster – seit den 1950er Jahren in der Philosophie die auch wissenschaftspolitisch einflussreichste Persönlichkeit in der Bundesrepublik Deutschland.

Ritter, die anerkannte Autorität, begleitet mit Toleranz auch Wege, die von ihm wegführen. Im Widerspruch zu Ritters Hegel entdecke ich Kant, und nach 1968 bin ich Marxist, wie Ritter es vor 1933 war. In Briefen an mich äußert er 1968 die Sorge: »Die politische Position mag sein, welche sie immer ist; sie hat ihr Recht, doch sollte von ihr, so notwendig sie den Standort philosophischen Fragens und philosophischer Reflexion bestimmen wird, die Sprache und die Bewegung des philosophischen Gedankens frei bleiben«.[5] Auf Überlegungen zu Grenzen der politischen Praxis *und* der philosophischen Theorie antwortet er mir mit einem Verweis auf »Erfahrungen, die notwendig sind. Ich habe mich als junger Mensch mit ihnen herumschlagen müssen, bis ich – nicht leicht – gelernt habe, dass die Vermittlungsaufgabe der Philosophie damit zusammenhängt, dass die Antithetik zumal einer sich radikalisierenden Praxis wohl mit Notwendigkeit die Einseitigkeit einschließt, die bereit ist, das nicht mit ihr Identische beiseitezusetzen, und dass so die Philosophie – vielleicht sie allein – die Aufgabe erhält und behält, das Ganze im Bewusstsein zu halten und für die Praxis geltend zu machen. Das kann auch für die Praxis der Veränderung bedeuten, dass sie über die reine Negation und Entgegensetzung hinausdringt und nicht zulässt, dass das, was sie schaffen will, ärmer und leerer wird, als das was sie beseitigt.«[6] Ritter spricht offensichtlich Erfahrungen mit eigenen Fehlern an, um für die Schüler einen anderen als den eigenen Weg auszuschildern.

Doch in Gesprächen mit ihm bleibt die Zeit sowohl vor als auch nach 1933 bis 1945 ausgeklammert. Der Name Cassirers fällt nie; wer Ritters Schriften nach 1945 liest, findet kein Wort über ihn. Erst beim Lesen von Toni Cassirers *Mein Leben mit Ernst Cassirer* (1981) stoße ich auf eine irritierende Notiz: »Der junge Ritter, ein früherer Heidegger-Schüler, ehemaliger Kommunist und in schärfster Abwehr gegen das nun eingetretene System, nahm damals noch alles von der komischen Seite. Wenige Monate vorher hatte Ernst seine Habilitation gegen großen Widerstand der Fakultät durchgesetzt, indem er sich für seine politische Integrität verbürgte und seine kommunistische Phase als unwesentlich erklärte. Er fiel nach kurzer Zeit um wie ein Zinnsoldat«.[7]

War alles falsch, was ich in Münster gehört habe? Ritter habe sich geweigert, sich von seiner ersten Frau – einer Jüdin und Verwandten Cassirers – zu trennen, und deshalb unter Lehrverbot gestanden? Er selbst hat ironisch über jene unter seinen Schülern und Kollegen gesprochen, die von Münster aus nach Plettenberg zu Carl Schmitt ›pilgerten‹; es musste der Eindruck entstehen, er selbst sei an den Besuchen nicht beteiligt gewesen?[8] Vermitteln epistemische Autoritäten nur Wahrheiten oder auch Legenden? Wie kommt es unter seinen Schülern und Vertrauten zu jenem ›kommunikativen Gedächtnis‹[9], das sich in Legenden zur Zeit zwischen 1933 und 1945 verhält?[10] Es gibt eine *familien*ähnliche Geschichtskommunikation in der ›Ritter-Schule‹. Ihre Identität entsteht auch durch Ausklammerung von Geschichte, und dies bis heute. Ein Enkel Ritters protestiert 2003 in der ›Berliner Zeitung‹ gegen eine anlässlich des 100. Todestages erschienene behutsame Würdigung[11] in einem Leserbrief unter dem Titel ›Wegen Distanz zum NS-Regime unter Druck‹; entgegen der im Bundesarchiv öffentlich zugänglichen Tatsache quittiert er die Feststellung in der Würdigung, Ritter sei »1937 der NSDAP beigetreten«, mit dem Satz: »Dies trifft nicht zu.«[12] Warum diese Tabuisierung? Glaubt man, Ritters bedeutendes philosophisches Werk werde durch seine politische Biografie in Mitleidenschaft gezogen? Die Bedeutung Ritters ist – nicht nur, aber auch – an die normativen Anforderungen einer Erinnerungsgemeinschaft gebunden.[13] Über die Zeit von 1933 bis 1945 wird unter denen, die sich in erster oder zweiter Generation Ritter als Lehrer verbunden wissen, nicht öffentlich gesprochen. Und doch ist diese Lebensphase der Öffentlichkeit zumindest seit 2002, seit der von Karlfried Gründer und Ernst Nolte betreuten materialreichen Dissertation Christian Tilitzkis, *Die deutsche Universitätsphilosophie in der Weimarer Republik und im Dritten Reich*[14], im Detail bekannt; durch Tilitzki, der dem historischen Revisionismus verpflichtet ist, freilich tendenziös, in entlastender Verharmlosung und Relativierung des Nationalsozialismus sowie um Beschönigung z. B. der Biografie Ritters bemüht.[15] Als mir in den Archiven der junge Philosoph Ritter in Kontexten des Nationalsozialismus begegnet, ist er nicht derjenige, denn ich zu kennen glaubte.

In seinen Vorlesungen zitiert er Hegels ›Rede zum Antritt des philosophischen Lehramtes an der Universität Berlin‹ und spricht so über die Aufgabe der Philosophie nach Zeiten der Not, über sich selbst und sein Amt: »so ist dann die Zeit eingetreten, dass in *dem Staate neben* dem Regiment der *wirklichen* Welt auch das *freie Reich des Gedankens* selbständig emporblühe«.[16] Ein Schul-Gründer ist

Ritter nicht. 1971 schreibt er mir zum ›Historischen Wörterbuch der Philosophie‹, es sei der »Versuch, statt eine Position und einen Standpunkt zum normativen Bezugspunkt zu machen, die durch die Vielzahl der Autoren vermittelte Vielfältigkeit und auch Widersprüchlichkeit der Deutungen in der Erwartung zur Geltung zu bringen, dass sich in dem Vielen und Entgegengesetzten am Ende die sich formierenden Tendenzen im Grunde manifestieren können«.[17]

Ritters Intervention ›Die Aufgabe der Geisteswissenschaften in der modernen Gesellschaft‹ (1963) hat weitreichende theoriepolitische Folgen. Sie betrifft *sein* Thema – *Geschichtlichkeit* und *Modernisierung* – und gründet in einem Befund, den er 1974 im Aufsatzband *Subjektivität* auf folgenden Nenner bringt: »In der für die Gesellschaft konstitutiven und unaufhebbaren ›Abstraktheit‹ und ›Geschichtslosigkeit‹ ist die Zugehörigkeit der historischen Geisteswissenschaften zu ihr als das Organ begründet, durch das ihre Geschichtslosigkeit kompensiert und die geschichtliche, geistige Welt des Menschen offen und gegenwärtig gehalten wird.«[18] Es ist genau diese These, in der sich Kontinuität zeigt, eine Linie zurück zur Kritik der Jahre nach 1933 an Rationalismus, Aufklärung und Positivismus, an der westlichen Zivilisation und deren misslingender Modernisierung. Am 1. April 1954 schreibt Ritter in einem Bericht über seine 1953 in Istanbul übernommene Gastprofessur an das nordrhein-westfälische Kultusministerium u. a. zu »allgemeine[n] Probleme[n] der Modernisierung in außereuropäischen Ländern«: »Der Laizismus der türkischen Revolution hat mit der Trennung von Staat und Religion auch den allgemeinen Unterricht im Arabischen und Persischen – den islamischen Traditionssprachen – abgeschafft. Die jüngere Generation hat daher keinen unmittelbaren Zugang mehr zu den Quellen der eigenen Herkunft und Geschichte. Die Kontinuität des Geistes ist unterbrochen; die Sprache selbst ist von der Vergangenheit abgeschnitten. [...] Es herrscht die Vorstellung vom Geist und von geistiger Kultur, die der geschichts- und traditionsfremde Positivismus des 19. Jahrhunderts geschaffen hat.«[19]

Hermann Lübbe hat anlässlich der Gedenkfeier der Westfälischen Wilhelms-Universität für Joachim Ritter im August 1974 in seiner ›Laudatio‹ dessen Leitgedanken so zusammengefasst: »Als

Historiker und Theoretiker der philosophischen Voraussetzungen und Grundlagen der modernen Welt war Joachim Ritters Hauptinteresse auf die Analyse der Prozesse konzentriert, die in der Geschichte dieser Welt die Subjektivität freigesetzt haben, das Individuum und seine Rechte, seine Privatheit und seine Innerlichkeit. Es sind das Prozesse, die in ihren sozialen, politischen und intellektuellen Rückwirkungen und Nebenwirkungen diese freigesetzte Subjektivität zugleich gefährden, so daß diese des Schutzes der Institutionen und der Kompensationen bedarf, um sich halten zu können.«[20]

Dies ist der Kontext, in dem Ritter maßgeblich zu dem beiträgt, was man die ›Rehabilitierung der praktischen Philosophie‹ in Deutschland nennt. Günter Bien bilanziert unter dem Titel ›Das bürgerliche Leben‹: »Wenn eines der Signa der deutschen Nachkriegsphilosophie die Erneuerung der praktischen Philosophie und eine interessierte Zuwendung zu ihr auf breiter Front ist, so ist dies – wenn vielleicht nicht allein, so doch in ihren wesentlichen Impulsen – Joachim Ritter zu verdanken. [...] Ritters Theorie des bürgerlichen als des richtigen Lebens ist, wenn solche globalen Beschreibungen ein Recht haben, Philosophie über die menschlichen Angelegenheiten im Sinne und Umfang der Aristotelischen Trias von Ethik, ökonomischer Analyse und Politik, verbunden mit und motiviert von einer spezifisch geschichtsphilosophischen Analyse (a) der Verlaufsstruktur des europäischen philosophischen und politischen Denkens sowie (b) der Moderne als deren Frucht und Ergebnis. [...] Eine umfassende Interpretation von Joachim Ritters praktischer Philosophie als Theorie des bürgerlichen Lebens müßte also zur Sprache bringen 1. seine universale Interpretation der europäischen Freiheitsgeschichte einschließlich seiner Theorie der Moderne unter dem Stichwort ›Weltzivilisation‹ mit Stadttheorie und Europäisierungsanalyse, 2. seine aktuell gemeinte ethische Lehre von den Bedingungen eines richtigen Lebens heute, 3. seine Deutung der reduzierten Formen von Ethikverständnis und seine Kritik an den Folgen einer abstrakten Subjektivitätsphilosophie.«[21]

Die folgenden Erinnerungen sind zu knapp, als dass sie die philosophische Leistung Ritters nach 1945 angemessen würdigen könnten. Die Biografie ist damit nicht in ihrer Gesamtheit präsent. Sie ist es aber auch nicht 1974 in den Gedenkworten des Rektors der

Universität Münster, die informieren, um zu verhüllen: »Joachim Ritter stammte aus Geesthacht bei Hamburg, wo er am 4. März 1903 geboren wurde. Nach Studien in Heidelberg, Marburg, Freiburg und Hamburg promovierte er dort 1925, gerade 22 Jahre alt. *In seine Dozentenjahre griffen politische Anfeindungen.*«[22]

Es ist weder mein Interesse noch mein Recht, anzuklagen. Ich stelle Ergebnisse einer Spurensuche vor. Statt um Urteile geht es um Fakten, die Urteile ermöglichen können. Nicht, dass Maßstäbe der Beurteilung fehlten; sie sollten im Recht gesucht werden, in einer Rechtsauffassung, die einerseits nicht auf die ethische ›Idee des Rechts‹, die Gerechtigkeit, und andererseits nicht auf das Prinzip der Legalität verzichtet. 1947 notiert der Jurist, Rechtsphilosoph und Rechtspolitiker Gustav Radbruch: »Die sittliche Schuld setzt eine unmittelbare Mitwirkung an dem verschuldeten Ereignis voraus, ein schuldhaftes Handeln oder ein schuldhaftes Unterlassen. Sie erstreckt sich in zahllosen Abschattierungen von einem Höchstgrad zu einem Geringstmaß. An dem deutschen Zusammenbruch tragen sittliche Schuld nicht nur die überzeugten Nationalsozialisten, sondern auch die opportunistischen Achselträger, diejenigen, die gleichgültig und feige daneben standen, die, welche um des Lebens willen notgedrungen das Parteiabzeichen trugen und den Parteigruß leisteten, selbst die, welche in dem Wahne, ›Schlimmeres zu verhüten‹ das vermeintlich weniger Schlimme auf sich nahmen.«[23] Die rechtliche Folgerung, die Radbruch hieraus zieht, ist nicht identisch mit moralischen Urteilen; der Rechtsstaat verlangt vor der Sanktion den Beweis des zurechenbaren individuellen Delikts. Nichts deutet darauf hin, dass Ritter in der fraglichen Zeit jemandem persönlich geschadet hätte.

Auf Ritters Weg in die nach 1933 normal werdende Normalität verschränken sich politische und intellektuelle Formen der Anpassung; Zugeständnisse an die Rassenideologie macht er nicht. Sein Weg wird von einigen Funktionären des NS-Regimes mit anhaltendem Misstrauen und Angriffen, von anderen mit Wohlwollen begleitet. Zwangsläufig ist die Entwicklung des Cassirer-Schülers nicht.

2. Ernst Cassirer

Die Erinnerung an Ritter führt zurück zur Erinnerung an Cassirer, an eine Biografie mit dem Mut zum *Nein* gegen die Zerstörung politischer, gesellschaftlicher und kultureller Rationalität, an ein Leben des Engagements für Aufklärung und Emanzipation. Der 1944 kurz vor dem Tod im nordamerikanischen Exil erschienene *Essay on Man. An Introduction to a Philosophy of Human Culture* beginnt mit Kants Frage ›Was ist der Mensch‹? Was Cassirer interessiert, ist die »Krise der menschlichen Selbsterkenntnis«. Die Passage, mit der das Buch beginnt, warnt vor zu gewissen Wahrheiten und vor Resignation in Zeiten der Niederlage: »selbst die größten Skeptiker leugneten die Möglichkeit und Notwendigkeit von Selbsterkenntnis nicht. […] In der Geschichte der Philosophie war der Skeptizismus sehr oft nichts anderes als das Gegenstück zu einem entschiedenen Humanismus. Indem er die objektive Gewißheit der Außenwelt leugnet und destruiert, hofft der Skeptiker, das menschliche Denken aus dem Sein des Menschen selbst bestimmen zu können. Selbsterkenntnis […] ist die erste Voraussetzung der Selbstverwirklichung.«[24]

Die Hamburger Universität, an die Cassirer 1919 berufen wird, ist einem demokratischen Konzept von Volksbildung verpflichtet. Der ›völkischen‹ Rechten ist sie verhasst. Cassirer sieht sich als ›sozialliberaler Demokrat‹[25] bald in eine Minderheitensituation gedrängt. Er macht nicht erst jetzt Front gegen Nationalismus und ›konservative Revolution‹. Schon als die ›Ideen von 1914‹ viele Philosophen in Kriegsbegeisterung versetzen, zeigt er sich unbeirrt. Mitten im Krieg nennt er in *Freiheit und Form* die Topoi einer europäischen geistigen Landschaft, gegen deren Okkupation er sich auflehnt – Dante und Petrarca, Erasmus und Montaigne. In der Krise der Weimarer Republik beweist er Zivilcourage. Er ist Verteidiger eines Staates der Garantien für Würde, Recht und Freiheit. 1929 sagt er in einem Vortrag unter dem Titel ›Die Idee der republikanischen Verfassung‹: »das Individuum als solches *(every individual)*, die Menschheit als Ganzes *(all mankind)* bildet das eigentliche Rechtssubjekt für die unveräußerlichen Grundrechte. Und damit sind, was diese Rechte betrifft, nicht nur alle ständischen, sondern auch alle nationalen Schranken gesprengt und für kraftlos und nichtig erklärt. […] die

Versenkung in die Geschichte der Idee der republikanischen Verfassung […] soll in uns den Glauben und die Zuversicht stärken, dass die Kräfte, aus denen sie ursprünglich erwachsen ist, ihr auch den Weg in die Zukunft weisen«.[26]

Für Cassirer gibt es in Deutschland keine Zukunft. Seine Frau berichtet über den Abschied von Hamburg am 12. März 1933: »Auf Schritt und Tritt […] wurde uns klarer, daß das Land, in dem wir gelebt hatten, […] sich […] im Ablauf weniger Tage erschreckend verändert hatte. Die schlechten Elemente schwammen schon obenauf. Was sie bisher nur zu flüstern gewagt hatten, sprachen sie laut aus, und die guten begannen zu flüstern oder sie verstummten ganz und gar.«[27] Der illusionäre Ton am Ende der ersten Republik spricht auch aus Ernst Cassirer: »Ich nehme an, daß das Regime zehn Jahre dauern wird»; er fügt aber hinzu: »das Unheil, das es stiften wird, wird aber hundert bis hundertfünfzig Jahre weiter wirken«.[28]

Der 15. Mai 1933 ist in Hamburg der Tag der Bücherverbrennung. ›Die Deutsche Studentenschaft‹ gibt eine Erklärung *Wider den undeutschen Geist!* heraus: »*Unser gefährlichster Widersacher ist der Jude, und der, der ihm hörig ist.* […] Der Jude kann nur jüdisch denken. Schreibt er deutsch, dann lügt er. Der Deutsche, der deutsch schreibt, aber undeutsch denkt, ist ein *Verräter.*«[29] Kein Pöbel, kein kurzes Fieber. Die ›Banalität des Bösen‹ (Hannah Arendt) nistet sich vor 1933 ein.[30] Der Kampf gegen die inzwischen auch vom Bürgertum weitgehend preisgegebene Bürgerlichkeit von 1789 wird gegen die mögliche Gesellschaft der *citoyens* mit ihrem Pluralismus der Kulturen, der Ideen und der Wahrheiten geführt, zunächst in Form einer Pseudo-Verrechtlichung der rassistischen Ideologie, bis dann offen gesetzliches Unrecht gilt.

Psychische Verletzung belegt ein Brief Cassirers aus dem Jahre 1938 an Albert Görland, den Mit-Schüler bei Hermann Cohen, den ehemaligen Sozialdemokraten, den Mitherausgeber der *Hamburger Beiträge zur Philosophie des kritischen Idealismus*: »Ich hätte es verstehen können, wenn Sie, wie so viele andere auch, geschwiegen hätten. Es gibt gottlob Männer, die trotz dieses Schweigens ihre innerste Gesinnung nicht verleugnet haben […] Sie aber hielten es für richtig und notwendig, im entscheidenden Moment, im Augenblick der höchsten Gefahr, Ihre Lehrer, Ihre Freunde, Ihre Überzeugungen, die Sie durch Jahre in ihren Büchern und Vorlesungen vertreten, zu vergessen und zu verleugnen. Sie wollten um jeden Preis mit dabei sein – auch um den Preis der persönlichen Würde. […] Ich habe mir immer wieder vor Augen gehalten, wie viel das blinde Vorurteil und die leidenschaftliche Verblendung über die Menschen vermag. *Sie* aber gehören zu denen, die nicht blind, sondern sehend waren. Sie wußten, was Juden und Judentum sind […] Denn Sie kannten und verstanden die Leistung Hermann Cohens. […] Aber schlimmer als Ihr Verhalten gegen Personen ist für mein Gefühl Ihre *prinzipielle* Umschaltung – ist die Art, wie Sie plötzlich die ›Ideen von 1933‹ für sich entdeckt haben.“[31]

3. *Joachim Ritter 1933–1945: Verwicklungen in institutionelle Widersprüche*[32]

J. Ritter[33] – aus bürgerlicher Familie, der Vater ein bekannter progressiver Arzt, der den Nationalsozialismus verabscheut[34] – ist in den 1920er Jahren und bis 1933 Marxist und Kommunist. Alfred Sohn-Rethel berichtet, er habe bis zu seiner »Auswanderung aus Deutschland […] mit […] illegalen sozialistischen Widerstandsgruppen zusammengearbeitet; zuerst, und zwar schon 1931–32, mit einer Gruppe in Hamburg, Überresten aus dem Hamburger Aufstand von 1923, mit der Dr. Joachim Ritter, später Professor für Philosophie in Münster, die Verbindung für mich hielt«.[35]

Gunter Scholtz, der als erster den marxistischen Spuren philosophisch nachgeht, berichtet über Ritters intensive Befassung mit Marx und dem Marxismus.[36] Ritter formuliert 1931, gestützt auf das ›Kommunistische Manifest‹, seine Position in Entgegensetzung zur Interpretation von Siegfried Landshut, der im Archiv der SPD die ›Pariser Manuskripte‹ von Marx entdeckt und in seiner Ausgabe der marxschen philosophischen Jugendschriften veröffentlicht: »Ähnlich wie der von Ritter selbst ›orthodox‹ genannte Marxismus stellt Ritter Marxens Revolutionstheorie als das konsequente Ergebnis seiner philosophischen und politischen Entwicklung heraus: Der philosophische Standpunkt wird bei Marx zu dem des Proletariats. ›Und damit können wir sagen, daß erst mit der Zurückführung der bürgerlichen Ideologie auf ihre reale Wurzel, und mit der Analyse dieses ihres Ursprungs selbst auch die Aufhebung der bürgerlichen

Gesellschaft als Ganzes wissenschaftlich faßbar und praktisch möglich wird, und daß damit erst die theoretische Kritik vollständig in die revolutionäre Praxis eingemündet ist.‹«[37] Zu dem aus dem Nachlass herausgegebenen Text Ritters ›Über die antinomische Struktur der geisteswissenschaftlichen Geschichtsauffassung bei Dilthey‹ (1931)[38] schreibt Scholtz: »Unverhüllt spricht Ritter [...] aus, daß die historischen Geisteswissenschaften, wie sie bei Dilthey erscheinen, nur Sache einer alt und handlungsunfähig gewordenen Bourgeoisie sind. [...]. Der Gedanke der Versöhnung von ›Theorie und Praxis, Nutzen und Wahrheit‹ bringt laut Ritter ›in den allerdings schwerwiegenden Widerspruch gegen die Erhaltung der bestehenden geschichtlich-gesellschaftlichen Verhältnisse‹. Und dieser Gedanke zeigt in eben die Richtung, die er in seinen beiden Marx-Vorträgen erläutert hatte: Die Philosophie kann sich aus der Praxis nicht mehr heraushalten, sondern muß zum revolutionären Handeln übergehen und zur Aufhebung der gesellschaftlichen Widersprüche führen.« Gerichtet gegen Heidegger, bei dem er in Freiburg Student war, schreibt Ritter: »An die Stelle der Tat ist die Erinnerung getreten, an die Stelle der Aktion die Reaktion, die erlebende reflektierende ›Geworfenheit‹.«[39]

Nach seinen Studien in Heidelberg, Marburg und Freiburg – u. a. bei M. Heidegger – promoviert Ritter 1925 bei Cassirer über Cusanus.[40] 1927 heiratet er Mary Einstein aus der Cassirer-Familie, die schon 1928 an den Folgen eines Unfalls stirbt. Nach drei Jahren als Lehrer erhält er 1928 bis 1931 ein Habilitationsstipendium. 1929 wechselt er für ein Jahr zu E. Rothacker, »um an dessen begriffsgeschichtlichen Arbeiten teilzunehmen«.[41] 1929 nimmt er gemeinsam mit Cassirer an den ›Davoser Hochschulwochen‹ teil, bei der es zu dessen bekanntem Zusammenstoß mit Heidegger kommt.[42] 1930 veröffentlicht er einen Aufsatz ›Ernst Cassirers Philosophie der symbolischen Formen‹, der die Nähe zu seinem Lehrer dokumentiert.[43] Dieser stützt ihn im Jahre 1932 gegen Widerstände bei der Habilitation über Augustinus.[44] Noch 1935 wird Ritter zwei Mal Cassirer erwähnen[45], und hierzu gehört bereits Zivilcourage; um so überraschender sein Schweigen nach 1945.

Ritter wendet sich in seiner Antrittsvorlesung an der Universität Hamburg im Februar 1933 scharf gegen Heideggers Verweltanschaulichung der Philosophie: »Indem die Philosophie sich zur

Anthropologie wendet, wird sie zur Metaphysik, das heißt, sie löst schließlch den Zusammenhang mit der Wissenschaft überhaupt. Sie tritt ins Reich wissenschaftsfremder Weltanschauung über. [...] Die Philosophie gewinnt in der Anthropologie den glänzenden Schein einer Weltanschauung, aber sie verliert ihre wissenschaftliche Funktion, ihre Rolle als Förderin und Helferin entwicklungsfähiger, die bloßen Subjektivismen einschränkender Erkenntnis.«[46] Ritter setzt dagegen: Die »Philosophie [muss] in den nüchternen Werkstätten und Laboratorien der Wissenschaft zu Hause sein. Dort findet sie ihre kritische und damit zugleich fortschrittliche Aufgabe.«[47]

1933 kommt es zu einem zunächst radikalen politischen, dann auch teilweise zu einem philosophischen Positionswechsel. Ritters Kurs führt vom orthodox verteidigten Marx und von Cassirer weg – wohin? Er bewegt sich in NS-Institutionen. Denunziationen begleiten ihn, ›Bewährungsproben‹ werden verlangt, Bewährung wird ihm bestätigt. In einem Fragebogen listet er im August 1939 seine Mitgliedschaften auf: NS-Volkswohlfahrt, NS-Lehrerbund, Reichsluftschutzbund, NS Deutscher Reichskriegsbund, NS Studentenkampfhilfe; seit dem 1. 5. 1937 ist er Mitglied der NSDAP (Mitglieds-Nr. 5582213)[48]; seit Februar 1939 nach eigener Angabe »Politischer Leiter (Blockhelfer, dann Blockleiter)«[49], als untergeordneter Hoheitsträger der NSDAP verantwortlich für einen Wohnbereich, das Kassieren von Mitgliedsbeiträgen und für weltanschauliche Propaganda.[50]

Philosophen wie N. Hartmann, H. Heimsoeth und E. Rothakker stellen sich in Eingaben und Gutachten Ritter gegen politische Kritik zur Seite. Seine wichtigste Stütze ist der seit 1934 amtierende Rektor Prof. Adolf Rein, ein bekennender Nationalsozialist.[51] Sein erbittertster Gegner ist der Hamburger ›Gauführer‹ des NSDDB[52], Georg Anschütz, Professor der Psychologie, der allerdings 1940 dem NSD-Dozentenbund in Leipzig mitteilen wird: »Erst in neuerer Zeit scheint er [Ritter] sich allmählich einer angemessenen Weltauffassung und Haltung zuzuwenden. Er wurde 1937 Pg. [Parteigenosse] und ist auf meine Vorstellung hin, dass er sich aktiv betätigen müsse, auch Blockwart geworden.«[53]

Am 22. Oktober 1934 beantragt der Dekan der Philosophischen Fakultät der Hamburgischen Universität für Ritter »einen honorierten Lehrauftrag für die Geschichte der spätantiken und mittelalterlichen Philosophie«. Bereits jetzt spielt die politische Zuverlässigkeit eine so wichtige Rolle, dass im Schreiben an die Landesunterichtsbehörde, Abteilung Hochschulwesen, festgehalten wird: »Dr. Ritter hat längere Zeit in der Gauführerschule mitgearbeitet und soll, wie mir mündlich von dort erklärt wurde, das allerbeste Zeugnis erhalten haben.«[54] Am 6. Dezember 1935 beantragt der Rektor für Ritter eine »Wirtschaftsbeihilfe« und stellt fest: »Dr. Ritter wird von den zuständigen Stellen sowohl in wissenschaftlicher als auch in politischer und charakterlicher Hinsicht durchaus günstig beurteilt.«[55]

Seit dem Sommersemester 1933 lehrt Ritter. Er ersetzt *de facto* Ernst Cassirer. Themen seiner Vorlesungen und Seminare[56] sind u. a. ›Die Entstehung der geschichtlichen Hauptformen der philosophischen Erkenntnis‹, ›Übungen zum Erkenntnisproblem der gegenwärtigen Philosophie‹, ›Grundfragen einer philosophischen Lehre vom Menschen‹ oder – häufig – Kants Philosophie. Seit dem Sommer 1935 konzentriert er sich auf die antike, mittelalterliche und frühneuzeitliche Philosophie; besonders wichtig bleibt ihm Nikolaus von Cues. 1937 verlagert sich der Schwerpunkt auf den Deutschen Idealismus, vornehmlich auf Hegel. Regelmäßig ist Ritter in der Hamburger Volkshochschule aktiv, und er wirkt als Dozent in der von der NSDAP etablierten ›Politischen Fachgemeinschaft der Fakultäten‹ bzw. in deren ›Wissenschaftslager in Kalkhorst‹. Nichts an Ritters Themen lässt Zugeständnisse an den Nationalsozialismus erkennen. Mitte 1938 meldet der Dozentenbundführer der Hansischen Universität bezüglich Ritters Volkshochschultätigkeit an die Reichsamtsleitung nach München: »Zusammenfassend« könne gesagt werden, »dass eine lebendige Vertretung nationalsozialistischer Weltanschauung, etwa im Anschluss an die Ideen des Führers oder Alfred Rosenbergs oder auf Grund des Rassegedankens nicht festzustellen ist.«[57]

Im März 1938 beantragt Ritter eine ›Dozentenbeihilfe‹. Der beigefügte Lebenslauf lässt keine Schwierigkeiten erahnen, führt Ritter doch seine politischen Mitgliedschaften und Aktivitäten sowie freiwillige Übungen bei der Wehrmacht auf.[58] Dennoch beginnen nun langanhaltende Versuche, sein berufliches Fortkommen zu behindern. In der Parteikorrespondenz findet sich am 17. Juni 1938 folgende handschriftliche Notiz: »fachlich: gut; politisch: in erster Ehe mit Jüdin verheiratet […]. Stark links u[nd] semitophil vor 1933«.

Ritters Mitgliedschaften werden mit den Worten kommentiert, er versuche »Anschluss an die Bewegung zu gewinnen« und sei »heute *getarnt*!« Das Fazit: »mit Gewährung einer Dozentenbeihilfe nicht einverstanden, fehlt politische Aktivität, weiter stärkste Beobachtung«.[59] Bei der Reichsleitung des NSD-Dozentenbundes in München geht am 15. Juni 1938 ein Schreiben des Dozentenführers der Hansischen Universität ein: Ritters Lehre könne »zur Gegenwart wenig innere Beziehung aufweisen«, auch wenn er es »geflissentlich unternehme, auch die an sich wenig zeitgemäßen Gedankengänge nationalsozialistisch zu deuten und aufzumachen«; es fehlen nicht die Hinweise auf die Ehe mit einer Jüdin, »von der er schon vor dem Umsturz befreit wurde«, und auf die Habilitation beim »Juden Cassirer«[60]; Ritter sei »ohne jeden Zweifel ein ausgeprägter Liberalist« mit Nähe zur »äußerten Linken« gewesen. Die Antwort des NSDD-Reichsamtsleiters aus München lautet, man solle ihn »weiterhin beobachten, um festzustellen, ob seine Versuche, sich der nationalsozialistischen Weltanschauung aufzuschließen, ehrlichen Ursprungs sind, oder nur als Tarnung bewertet werden müssen. – Auf Grund der bisherigen politischen Links-Orientierung und semitophilen Einstellung des Bewerbers, spricht vieles dafür, dass derselbe sich heute nur wandelt, um sicher an das Ziel zu kommen, das ihm sein ehrgeiziges Streben vorschreibt.« Doch bereits am 21. Juni wird Ritter seitens der Hamburger Hochschulbehörde »mit Wirkung vom 1. April 1938 auf zunächst 2 Jahre« eine mit zunächst jährlich RM 4448 – im Vergleich mit damaligen Gehältern nicht unbeträchtliche – Beihilfe zugesprochen.[61] Nach anfänglichem Protest[62] zieht der Dozentenbundführer am 5. November 1938 seine Bedenken zurück. Es sei zwar keine »genügende politische Bürgschaft dafür zu sehen, daß er [Ritter] von seiner alten liberalistisch-marxistischen-semitophilen inneren Einstellung endgültig abgegangen« sei. Da Ritter aber als »Parteianwärter angenommen wurde und das Abzeichen trägt«, sei man zu einem Kompromiss bereit.[63] Dennoch lehnt die NSDDB-Leitung in München am 25. 11. 1938 die Bewilligung ab; für den Rektor, der sein Petitum mit Briefkopf der Politischen Fachgemeinschaft der Hamburger Fakultäten an sich selbst richtet, ist der Vorgang Ritter ein »Einzelfall […] von so grundsätzlicher Bedeutung, dass ich bitte, die Sache in der nächsten Senatssitzung zur Besprechung zu bringen«.[64]

Die Auseinandersetzungen, die ein Licht auch auf die Heterogenität von Strategien in der NSDAP und persönliche Konkurrenzen werfen, ziehen sich hin. In einem vom Gau Hamburg der NSDAP angeforderten Bericht heißt es Ende Januar 1939, Ritter sei nicht politisch aktiv; unter »aktiver Betätigung« verstehe die Reichsleitung, »dass der Betreffende entweder ein Amt in der Partei oder einen Rang in einer Gliederung hat«; die erste Ehe Ritters sei »mindestens als eine außerordentliche Instinktlosigkeit anzusprechen«, Ritter habe »jüdische Lehrer gehabt« und »einen regen Verkehr mit jüdischen Kreisen unterhalten, so auch mit Dr. Löwenberg, dem damaligen Haupt des Zionismus«; auch habe er sich »durch den Juden Dr. Weil[65] vertreten« lassen; »Berührungspunkte zur nationalsozialistischen Weltanschauung [seien] in seinen Arbeiten nicht vorhanden«; schließlich sei »zu sagen, daß R. heute seine kommunistische Gesinnung vor der Machtübernahme zugeben« müsse und »R.'s Gastrollen an der Gauführerschule lediglich der Beschaffung eines politischen Alibis dienten«. Gleichwohl wird in diesem Bericht Ritters Förderung befürwortet, weil er »nun einmal seit 1932 in der Dozentenlaufbahn tätig war und es für ihn menschlich eine Härte bedeutet hätte, wenn er sich einen neuen Beruf hätte suchen müssen«.[66]

Die in den Akten immer wieder anzutreffenden Hinweise auf Ritters ›kommunistische Gesinnung‹ gehen nicht zuletzt auf einen Vorgang der Leitstelle der Staatspolizei (Stapo) in Hamburg von Ende 1933 zurück, der dessen Personalakte begleitet und bekannt ist, wo immer Material gegen Ritter gesucht wird. Die Stapo nimmt eine Hausdurchsuchung vor; man findet – und beschlagnahmt teilweise – u. a. »4 Bände Gesamtausgabe von Marx/Engels; 1. Band Der Kampf um die bolschewistische Partei von Lenin; [...]; 1 Band Klassische Philosophie von Engels; 5 Bände Das Kapital von Marx; 1 Band Materialismus und Empiriokritizismus von Lenin; [...] 1 Band Staat und Revolution von Lenin; 1 Band Protokoll des 15. Parteitags der KPdSU; 1 Band Marxismus und Philosophie von K. Korsch; 1 Band Ein Mensch unserer Zeit von J. Becher [...]; 3 Bände Sowjetkultur im Aufbau [...], 2 Bände Elementarbücher des Kommunismus [...]; 1 Band Blutlügen. Vom Central-Verein deutscher Staatsbürger jüdischen Glaubens e.V.«; zum Bestand der 114 Schriften gehören auch Materialien der SPD wie deren Heidelberger Parteiprogramm.[67]

Im März 1939 äußert der Hamburger Dozentenbundführer Dr. Frers gegenüber der Reichsleitung in München, Ritter erfülle nunmehr als »Politischer Leiter« die formalen Anforderungen und könne in die Dozentenförderung aufgenommen werden. Zugleich teilt er mit, Ritter sei »nunmehr schon von 4 Universitäten, nämlich München, Königsberg, Halle und Graz als Ordinarius für Philosophie vorgesehen worden«. Damit wechselt die Debatte das Feld; es geht nun um Beförderungen und Berufungen. Dazu heißt es: »Da R. sowohl nach seinen wissenschaftlichen Leistungen, wie nach seiner politischen Haltung und seinem Charakter für einen derartigen Posten gar nicht in Frage kam, erregten diese Berufungsvorschläge unser höchstes Befremden. Es müssen starke Zweifel entstehen, ob das bisherige Berufungsverfahren im Geist des Nationalsozialismus arbeitet. Ich möchte ferner darauf hinweisen, dass offenbar hinter all diesen Vorschlägen der Prof. Heimsoeth aus Köln steht, der der Reichsleitung sicherlich zur Genüge bekannt ist. Heil Hitler, Frers«.[68]

Mitte 1939 beantragt die Universität Hamburg beim Reichsminister für Wissenschaft, Erziehung und Volksbildung die Ernennung Ritters zum ›Dozenten neuer Ordnung‹.[69] Seit März 1940 läuft ein Verfahren zur Ernennung als außerplanmäßiger Professor.[70] Der Konflikt mit Stellen der NSDAP spitzt sich weiter zu, Hässlichkeit und Gemeinheit treten bei Funktionären und Menschen, die sich ihnen unterordnen, unmaskiert zu Tage. In Hamburg kommt der Vorgang auf die Ebene des Kreisleiters der NSDAP, der nachrichtlich den Stab des ›Stellvertreter des Führers‹ (Martin Bormann, Stabsleiter bei Hitlers Stellvertreter Rudolf Heß und Reichsleiter der NSDAP) in München informiert. Zwar sei der Kreisleitung über Ritter »charakterlich als auch politisch Nachteiliges nicht bekannt geworden«; der Gaudozentenbundführer (Anschütz) weise aber darauf hin, dass »eine Ernennung von Ritter über eine Stellung als Dozent neuer Ordnung hinaus bis auf weiteres aus folgendem Gesichtspunkt heraus nicht in Frage kommen kann. Dr. Ritter war mit einer Jüdin verheiratet […]. Vor der Machtübernahme hat er sich als sogenannter ›Edelkommunist‹ betätigt und war weitestgehend jüdischem Einfluß verfallen«.[71] Auch der Sicherheitsdienst der SS legt ein negatives Gutachten vor.[72]

Im Juni 1942 wird anlässlich eines Berufungsverfahrens in Jena vom dortigen NSD-Dozentenbund eine Beurteilung Ritters angefordert. Der Sicherheitsdienst der SS, SD-Leitabschnitt Hamburg, schaltet sich erneut ein und teilt am 9. Juli 1942 mit, es liefen »weitere Ermittlungen [...] Er [Ritter] soll sich früher kommunistisch betätigt haben, da bei ihm kommunistische Bücher und Schriften beschlagnahmt worden sind«.[73] Nach Interventionen des Hamburger Gaudozentenführers gegen eine Berufung nach Jena hat auch der Ritter zunächst unterstützende Dekan der dortigen Philosophischen Fakultät, der Germanist Carl Wesle, keine Hemmungen, »Ritter zu streichen«. Dass dieser »früher völlig im marxistischen Fahrwasser« gestanden habe, sei eine zu »allgemein gehaltene Aussage«, und »der Habilitation bei Cassirer« stünden »ähnliche Vorgänge bei Männern in allerhöchsten Stellungen parallel«. Der Dekan fährt dann fort: »aber es ist zum Glück gar nicht notwendig, darüber zu streiten, denn der *eine* Grund, die frühere Ehe mit einer jüdischen Frau, ist für mich so gewichtig, daß dieser Beweis völkischer Instinktlosigkeit völlig ausreicht. Ich habe nie recht verstehen können, daß derartige Ehen an vielen Stellen offenbar als nicht mehr existierend angesehen werden, wenn der Betreffende den Dusel hatte, daß die Frau inzwischen gestorben ist.«[74]

Angesichts derartiger Häme und der Widerstände gegen Ritter ist der folgende Vorgang von Bedeutung, durch den er sich in die Nähe nationalsozialistischer Weltanschauungspolitik ziehen lässt: Mitten in der Zeit der zugespitzten Konflikte mit Funktionären der NSDAP schaltet sich 1939 ein Philosoph in Ritters Entwicklung ein, der im Wissenschafts-Regime der NSDAP eine wichtige Funktion innehat – Alfred Baeumler.[75] Er ist Professor für politische Pädagogik in Berlin[76]; seine Antrittsvorlesung am 10. Mai 1933 steht in engem Zusammenhang mit der dortigen Bücherverbrennung.[77] Er fungiert als Leiter des ›Amtes Wissenschaft‹ im ›Amt Rosenberg‹.[78] Baeumler ist um die Konsolidierung einer nationalsozialistischen Philosophie bemüht und lädt im Februar 1939 zu einer für den 12. bis 19. März in Schloß Buderose bei Guben geplanten Arbeitstagung des ›Amtes Wissenschaft‹ ein. In der Einladung an jüngere Philosophen und Angehörige der SS, des Stabes des Stellvertreters des Führers, des Kulturamts der Reichsjugendführung und des Amtes Wissenschaft schreibt er: »Zweck dieser Tagung ist die Zusammenfassung derjenigen revolutionären Kräfte, die sich an der Gedankenmacht der philosophischen Überlieferung, insbesondere des deutschen Idealismus, geschult haben, durch diese Beschäftigung mit der Vergangenheit aber nicht das Gefühl dafür verloren haben, dass mit der Weltanschauung des Nationalsozialismus auch ein neues Zeitalter der philosophischen Besinnung beginnt. [...] Reichsleiter Alfred Rosenberg wird selbst das Wort ergreifen.«[79] Zu den Eingeladenen und Teilnehmern gehört Joachim Ritter, neben Eduard Baumgarten, Johannes Hoffmeister, Bruno Liebrucks, Erwin Metzke, Karl Schlechta[80], Heinrich Springmeyer u. a.[81] Das Programm der Tagung unter dem Titel ›Weltanschauung und Wissenschaft‹, bei der es sich »weder um ein der ›Schulung‹ dienendes Lager, noch um eine vor die Öffentlichkeit tretende Kundgebung« handelt[82], liest sich nicht anders als das eines gewöhnlichen philosophischen Symposiums (Themen: Philosophia perennis, Descartes, Kant, Hegel, Nietzsche, Wahrheit, Lebensphilosophie, Geschichtlichkeit des Menschen, Leibniz).[83]

Im wesentlichen verläuft das Treffen auch so. Baeumler referiert über Kant mit der These, dessen Philosophie habe mit der Metaphysik auch die Philosophia perennis vernichtet und die deutsche Tradition vom Rationalismus befreit.[84] Metzke trägt in der Diskussion den Hinweis bei, man könne Kant nicht verstehen ohne die »beiden großen Ereignisse des 16. Jahrhs.: Luther und die moderne Naturwissenschaft«.[85] Ritter wirft die Frage auf: »Warum macht Kant seinen Vorstoß im Angesicht und in der Auseinandersetzung mit der Tradition der Schulphilosophie, der Philosophie des ens, der Philosophia perennis[?]«; er stellt fest: »Ich bin der Meinung, dass Kant diesen Vorstoß macht und die Phil[osophia] per[ennis] beseitigt.«[86] Ihre politisch-ideologische Dimension erhält die Tagung durch das Referat, das Alfred Cordier aus dem ›Amt Wissenschaft‹ über ›Das Gesicht *der* Welt *nach* der Entdeckung *meiner* Welt‹ hält. Es geht nun um »die germanischen Wahrheitsformen (Ehe, Eigentum, Recht)« und um die mit Rosenbergs Konzept der ›organischen Wahrheit‹ gestützte These, Wahrheit sei »Bewährung« im »Leben«: »Wir aber, die wir im Rassebegriff unserer konkreten Wirklichkeit bewusst geworden sind, haben erst ein Feld, auf dem die Notwendigkeit einer Auseinandersetzung mit *der Wahrheit des Menschen* sich erhebt. Falls wir nicht glauben, dass wir zurück in die Wälder können.«[87] In der kontroversen Diskussion meldet sich Ritter mit einem von den Teilnehmern wohl nicht so verstandenen, aber deutlich an seine materialistische Herkunft erinnernden Beitrag zu Wort: »Haben wir hinter ›unserer‹ Welt noch eine ›Welt an sich‹? Unsere weltanschaulichen Gegner werfen uns vor, dass wir auf ›*die*‹ Welt verzichten! Aber: schon für *unsere* Welt als Menschen besitzen die Dinge Konstanz; unsere Weltvorstellung richtet sich auf eine Welt, die unabhängig ist von unserer Vorstellung.«[88] Andererseits vermeidet er den erwarteten Ton nicht: »Philosophie ist eine ganz bestimmte Möglichkeit unserer nordischen Welt.«. Und: »Der Begriff der Geschichtlichkeit besagt, dass das Volk unvorherbestimmbar an die Geschichte überantwortet ist.«[89] Die Debatte spitzt sich zu auf die Frage, ob sich »völkisch-geschichtliche Welten begegnen«. Während Cordier betont: »Der Hinweis, dass wir einen Juden nicht verstehen, ist ein sehr bequemer, aber vernunftloser Hinweis«, erklärt Baumgarten, der kantische kategorische Imperativ sei »rein formal« und wende sich »an alle Rassen. Praktisch nehmen allerdings die Juden nicht an ihm teil.« Baeumler sekundiert: »Wir müssen davon ausgehen, dass wir gegen die Juden einen Kampf auf Leben und Tod führen.«[90]

Baeumler scheint mit Ritter zufrieden gewesen zu sein.[91] Er plant für Oktober 1939 eine weitere Tagung auf der Gauschulungsburg Vompaberg bei Innsbruck, die aber wegen des Überfalls auf Polen am 1. September 1939 nicht mehr stattfindet; Thema ist »die ›Deutsche Linie‹, die philosophische Tradition von Paracelsus bis Hegel«; Ritter avanciert in der Planung zum Referenten und soll über »Nikolaus Cusanus« sprechen.[92]

Die Situation, in der Ritter sich befindet, ist höchst widersprüchlich. In Hamburg ist er mit permanentem Misstrauen und Widerständen seitens der NSDAP und der SS konfrontiert. Einer der Anlässe mag sein, dass 1938 Hermann Noack und er den Kirchenhistoriker und Prediger Alfred Hagen Karl Staak, Angehöriger der Bekennenden Kirche und mehrfach von der Geheimen Staatspolizei verhört, mit einer Arbeit über Bonaventura promovieren. Wer ist Joachim Ritter in dieser Zeit? Tilitzki zählt ihn zur Gruppe der »Politisch Indifferente[n]«, zitiert aber einen Report des Sicherheitsdientes der SS, der Ritter zu den »politisch-positiven« Dozenten rechnet.[93] Diese aus den Jahren 1942–43 stammende, 101 Seiten umfassende Quelle listet in der ›Übersicht über die weltanschauliche Haltung der Philosophieprofessoren auf den Universitäten in Deutschland‹

die Zahlen der in der Philosophie Lehrenden nach folgenden Kategorien auf: »1. Konfessionell gebundene bzw. Konkordats-Philosophen (13); 2. Liberale Professoren (12); 3. Indifferente Philosophen (25); 4. Politisch positive Professoren (25); 5. Nationalsozialistische Philosophen (Versuche, eine ›nat. soz. Philosophie‹ aufzubauen) (11); 6. Positive Nachwuchskräfte (5)«.[94] Bestandteil dieser Akte sind auch Dossiers zu einzelnen Philosophen, z. B. zu Martin Heidegger und zu Kurt Schilling. Schilling, so ist dort zu lesen, »reiste mit Zustimmung der SS-Organisation ›Ahnenerbe‹ vom 8.2.–10.3. 1939 durch die Universitäten, um einen ›Arbeitskreis Philosophie‹ zusammenzustellen. Von 10 besuchten ›Kameraden‹ hätten 6 zugesagt, 2 (Bollnow und Ritter) nicht angetroffen, 2 (Gerhard Krüger und Gadamer) wegen Überlastung abgesagt.« Weiter heißt es im Dokument: »Wenn die Absicht zur Gründung einer Lehr- und Forschungsstätte für Philosophie im Ahnenerbe weiter verfolgt werden soll, so schlage ich vor, noch folgende Kameraden aufzusuchen und eventuell schon gleich Gutachten über sie beim S.D. einzufordern: Helmut Schelsky [...], Joachim Ritter [...]«.[95] 1939 rechnen also zwei miteinander verfeindete NS-Institutionen mit Ritter: das ›Amt Rosenberg‹ und das SS-›Ahnenerbe‹.[96]

Von 1940 an ist Ritter Soldat, seit 1941 im Krieg gegen die Sowjetunion. Bereits 1938 betont er in einem Gesuch an den Rektor der Hansischen Universität um Freistellung zu einer Reserveübung: »Ich würde mich nur sehr ungern bis zum Sommer 1939 zurückstellen lassen, weil gerade die Uebung bei der aktiven Truppe starke Anforderungen stellt und weil erfahrungsgemäss eine zu lange Unterbrechung [...] ausserordentlich nachteilig ist.«[97] Als Leutnant dankt er »Im Osten, am 8.10.41« dem Hamburger Rektor für dessen Glückwünsche zur Ernennung zum außerplanmäßigen Professor und schreibt: »Sie erreichten mich, als wir nach der Bezwingung des Dnjeper zu einem Vorstoß nach Süden ansetzten. Nun sind wir tief in die [...] ausweichenden Russen hineingestoßen, überall suchen sie unserm Druck auszuweichen, aber sie wissen nicht mehr wohin. Ich habe in diesen 4 Monaten ein schreckliches Land gesehen u[nd] wir sind täglich von dem Wissen getragen, dass dieser Kampf um das Reich, um Europa, um die Kultur schlechthin geführt wird.«[98] Am 14. Januar 1942 geht ein Dank für »die Weihnachtsgabe der Universität« zurück an deren Rektor: »Es war zuweilen nicht leicht, den

Weg […] in den vorgegebenen Krieg zu finden. Aber nun sind wir eingewöhnt auch mit den Anforderungen des russischen Winters […]. Das Leben ist gleichförmiger u[nd] zerbrechlicher geworden. Darf ich mitteilen, daß ich in diesen Tagen das ›Eiserne Kreuz‹ erhielt?«[99] Ritter wird mehrfach ausgezeichnet und am 16.12.1942 zum Oberleutnant der Reserve befördert.[100] Wie viele – auch unter denen, die etwa den Rassismus, die Judenverfolgung und das Euthanasieprogramm der Nationalsozialisten kritisieren – scheint er den ›Krieg gegen den Bolschewismus‹ für gerechtfertigt zu halten.

Der Reichsminister ernennt ihn im Mai 1943 zum ordentlichen Professor für Philosophie an der Universität Kiel.[101] Als Soldat kann er die Stelle nicht antreten.

4. *Der Philosoph zwischen Wissenschaft, Philosophie und Weltanschauung*

Für Ritter sind zeitlebens bestimmte Einstellungen wichtig – so zur Geschichtlichkeit, zum Ethos oder gegen den Positivismus.[102] Keine Kontinuität gibt es bei seinen Stellungnahmen zu Metaphysik[103] und Weltanschauung. Neu in den 1930er Jahren ist die Betonung des ›deutschen Weges‹ in der Philosophie. Einer nationalsozialistischen Philosophie zollt er nicht Tribut, doch er beugt sich Opportunitäten, die er politisch für zwingend hält oder die dies tatsächlich sind. Wer im Beruf bleiben und fortkommen will, muss publizieren; dies ist ohne Zugeständnisse nicht mehr möglich.

1935 würdigt Ritter in einer Rezension zu von Rintelens *Albert der Deutsche und wir*, das Buch könne »mit den Vorstellungen aufräumen, die im mittelalterlichen Denken nur abstrakte Spekulation und unanschauliches Begriffsdenken sehen, und es mag damit helfen, dem in solchen Vorstellungen immer noch mächtigen positivistischen Begriff entgegen die Verbindung mit dem Lebensabschnitt der deutschen Geistesgeschichte herzustellen, in dem die schicksalvolle Bindung an die Antike vollendet wurde und zugleich das eigene Leben zuerst Sprache und Ausdruck fand.«[104] In seiner Besprechung zu R. Odebrechts *Nikolaus von Cues und der deutsche Geist* betont Ritter: »Schon wiederholt ist die Forderung gestellt worden, am eindringlichsten von Heimsoeth, die deutsche

Philosophie des 15. und 16. Jahrhunderts aus der verfälschenden Unterordnung unter das Wissensideal der westlichen Aufklärung zu befreien und ihre eigene, weit über die ›Vorbereitung‹ der neuzeitlichen Wissenschaft hinausreichende metaphysische Kraft in das Licht der Geschichte zu stellen. [...] Es gilt überhaupt in der Entwicklung der Philosophie die volkliche Eigenart zu begreifen«.[105] An Max Wundts *Ewigkeit und Endlichkeit* hebt er 1938/39 hervor, es werde »in heilsamer Weise eine Deutung des Denkens erneuert, die gerade in der deutschen Überlieferung seit Eckhart und Nicolaus von Cues immer die Macht darstellte, in der die lebendige Einheit des Lebens [...] als Einheit des Welt- und Selbstverständnisses gegen die von Westen eindringende Rationalität des Verstandes und der dinglichen Wirklichkeit behauptet worden ist«.[106]

1941 gibt Theodor Haering im Rahmen des nun befohlenen ›Kriegseinsatzes der deutschen Geisteswissenschaften‹ einen Sammelband *Das Deutsche in der Deutschen Philosophie* heraus, an dem auch Ritter mit dem Thema ›Nicolaus von Cues‹ beteiligt ist. Haering erklärt, es handele sich um »eine Auswahl unserer größten deutschen Denker [...] vor allem in ihrem Unterschied und Gegensatz zu den großen Philosophen des Westens, der Franzosen und Engländer«, im Vergleich zu denen man die »durchgehend größere *Universalität* der deutschen Weltschau« behaupten müsse.[107] Der Wechsel der Deutungsperspektive Ritters ist gegenüber seiner Dissertation frappant: Er spricht vom Bruch des Cusaners mit »der aufklärerischen Selbstgenügsamkeit des Verstandes in der späteren Aufklärung des Westens. [...] Er ist die unmittelbare, genial großartige Entfaltung der deutschen Lebenssubstanz des Cusaners selbst und das heißt, er ist die Verwirklichung [der] großen deutschen Lebensbewegung«. Jetzt erscheint nun auch der Deutsche Idealismus in neuem Licht: »Indem man philosophiegeschichtlich dem Ursprung dieses neuzeitlichen Geistes aus dem schaffenden Grunde des deutschen Lebens [...] nachdenkt, mag aber zugleich deutlich werden, dass es sich bei diesem deutschen Protest in den vergangenen Jahrhunderten und bis heute weniger um eine Opposition als vielmehr um den Kampf handelt, den ursprünglich vom deutschen Geist geprägten Sinn der abendländischen Neuzeit gegen eine immer neu einbrechende Verflachung und Entstellung zu behaupten und durchzusetzen.«[108]

5. 1946 und die ausgeblendete Zeit

Im November 1945 teilt die britische Militärregierung mit: Ritter, »der sich in englischer Gefangenschaft befindet, kann angefordert werden, falls die Universität auf seine Rückkehr zur Universität Wert legt.»[109] Im Oktober 1946 erhält die Universität Münster die »provisional authorisation for the appointment of Prof. RITTER in the chair occupied by Prof. KRUGER«.[110] Das Verfahren zieht sich nach der Übergabe der ›Entnazifizierung‹ an deutsche Ausschüsse mit vielfachen Interventionen beim Kultusministerium hin[111], dem die Universität im März 1948 mitteilt: »Die Einreihung in Kategorie IV (ohne Vermögenssperre [Einstufung als ›Mitläufer‹]) ist erfolgt, ohne daß er dabei gehört worden ist.« Man verweist nun zur Entlastung auf die Habilitation bei Cassirer, die erste Ehe, die Hausdurchsuchung durch die Hamburger Staatspolizei. Weiter heißt es: »Daß seine politische Gesinnung und Haltung bei alledem vom Nationalsozialismus unberührt und ihm entgegengesetzt blieb, wird am deutlichsten durch das beiliegende Gutachten von Prof. Nikolai Hartmann bezeugt«.[112] Rechtskräftig wird die Berufung 1948.

Die Suche nach der lange Zeit unbekannten Passage in der Biografie Joachim Ritters konfrontiert mit Fragwürdigem. Antworten habe ich nur wenige. Offensichtlich ist, dass die notwendige Existenzsicherung und die Philosophie als Beruf sein Handeln zwischen 1933 und 1945 bestimmt haben. Er teilt, zumindest rhetorisch, die Vorstellung von der Überlegenheit des ›deutschen Geistes‹ gegenüber dem ›Westen‹ und ist mit Pflichteifer Soldat.

Zu dem, was nicht aktenkundig ist, habe ich nur Vermutungen. (i) Ich vermute, dass die Kritik an der kapitalistischen Moderne Ritter nicht nur vor, sondern auch nach 1933 geleitet hat. Dies wäre nicht ungewöhnlich. Die Übergänge vom marxistischen zum nationalen sozialistischen Protest gegen die moderne bürgerliche Gesellschaft sind zu dieser Zeit Legion. Es gibt Indizien dafür, dass die Moderne-Kritik auch nach 1945 bei Ritters anti-kantischer Rehabilitierung der nun aristotelisch interpretierten hegelschen Idee der Sittlichkeit wegweisend geblieben ist. (ii) Vor allem in Zeiten radikaler Umbrüche – nicht nur 1933, sondern etwa auch 1918 und 1989 – tritt etwas zu Tage, das in der Historiografie der Philosophie meist vernachlässigt wird: die *Funktion, Struktur und Dynamik von*

Überzeugungen in Wissenskulturen. Überzeugungen können Krisen überstehen und unter veränderten kognitiven und sozialen Rahmenbedingungen stabil bleiben. Überzeugungen können sich in Krisen aber auch auf die besondere Weise ändern, dass nur die Gehalte wechseln, die Funktion und Wirkungsweise aber nicht. Wege können von Marx etwa zu Hegel oder auch zu Carl Schmitt führen; strukturell bleibt der Habitus des Überzeugtseins gleich, das die Wahrnehmung der Wirklichkeit bestimmt.[113]

Ist das, was ich zum Leben Joachim Ritters gefunden habe, befremdlich, gar enttäuschend? Ja und nein. Die Enttäuschung gründet weniger darin, dass er in den 1930er Jahren war, wie er war. Es handelt sich eher um das Ende einer Selbsttäuschung: Ludwig Fleck, der Soziologe der Wissenschaftsgeschichte und Zeitgenosse Wittgensteins, nennt das, was ›Beobachtung von Tatsachen‹ genannt wird, ein ›Sehen‹-*Können,* das »vom gemeinschaftlichen Denkstil abhängig« ist.[114] Das Bild, das der ›gemeinsame Denkstil‹ in der Philosophie in Münster geformt hat, hat Ritters Profil nur in Teilen erkennen lassen – bis 1933 und nach 1945. Es geht im Bericht über Ritter um weit mehr als diese eine Persönlichkeit, deren Biografie keine Ausnahme und kein ›Fall‹ ist. Es geht darum, gegen das gewollte Vergessen zu erinnern und nicht zu verdrängen, nicht die Zwänge unter einer Diktatur, nicht den Sog in ihre perverse Normalität, nicht die Brüche in Biografien – vor allem nicht den Kontext auch des Philosophierens: die Verbrechen gegen die Menschlichkeit.

Anmerkungen

1 Zu Perioden und Formen der Auseinandersetzung mit dem Nationalsozialismus vgl. G. Wolters, *Vertuschung, Anklage, Rechtfertigung. Impromptus zum Rückblick der deutschen Philosophie auf das ›Dritte Reich‹*, Bonn 2005.

2 E. Cassirer, Geschichte. In: ders. *Geschichte. Mythos. Mit Beilagen: Biologie, Ethik, Form, Kategorienlehre, Kunst, Organologie, Sinn, Sprache, Zeit.* Hg. v. K. Ch. Köhnke/ H. Kopp-Oberstebrink/ R. Kramme. Nachgelassene Manuskripte und Texte, Hamburg 2002, ECN 3, S. 14.

3 Ebd., S. 6f.

4 G.W.F. Hegel, *Grundlinien der Philosophie des Rechts*, § 209, Werke Bd. 7, S. 360.

5 J. Ritter, Brief vom 20.5.1968; privates Archiv.

6 J. Ritter, Brief vom 17.2.1970; privates Archiv.

7 T. Cassirer, *Mein Leben mit Ernst Cassirer*, Göttingen 1981, S. 205.

8 C. Schmitt war Gast im ›Collegium Philosophicum‹. Zu einer Würdigung von Aspekten des Schmitt'schen Denkens vgl. J. Ritter, Hegel und die Französische Revolution (1956). In: ders., *Metaphysik und Politik. Studien zu Aristoteles und Hegel*, Frankfurt/M. 1974, S. 202f. Im Deutschen Literaturarchiv Marbach (A: Ritter) befindet sich ein Briefwechsel zwischen Ritter und Schmitt von 1956 bis 1977, u.a. über wechselseitige Besuche; aus ihm spricht große wechselseitige persönliche und philosophische Wertschätzung.

9 »Das ›kommunikative Gedächtnis‹ lebt in interaktiver Praxis im Spannungsfeld der Vergegenwärtigung von Vergangenem durch Individuen und Gruppen.« (H. Welzer/ S. Moller/ K. Tschuggnall, *›Opa war kein Nazi‹. Nationalsozialismus und Holocaust im Familiengedächtnis*, Frankfurt/M [5]2005, S. 12.

10 Vgl. J. Assmann, Kollektives Gedächtnis und kulturelle Identität. In: ders./ T. Hölscher (Hg.), *Kultur und Gedächtnis*, Frankfurt/M. 1979, S. 42. Vgl. auch M. Halbwachs, *Das kollektive Gedächtnis*, Frankfurt/M. 1985.

11 J. Brachmann, Wer sich verweigert, gibt sich auf. Zum 100. Todestag des Philosophen Joachim Ritter. In: *Berliner Zeitung*, Nr. 79, 3. April 2003.

12 D. Hawkes, Wegen Distanz zum NS-Regime unter Druck. In: *Berliner Zeitung*, 12. April 2003.

13 Bezüglich der Ritter-Schule spricht J. Hacke von einer »liberale[n] Transformation ursprünglich antidemokratischer Denklinien« (*Philosophie der Bürgerlichkeit. Die liberalkonservative Begründung der Bundesrepublik*, Göttingen 2006, S. 22).

14 Ch. Tilitzki, *Die deutsche Universitätsphilosophie in der Weimarer Republik und im Dritten Reich*, 2 Tle., Berlin 2002.

15 Zu einer Kritik vgl. K. Flasch, War die SA vielleicht eine Trachtengruppe? In: *Frankfurter Allgemeine Zeitung*, 26.08.2002, S. 36.

16 In: G.W.F. Hegel, *Sämtliche Werke. Neue kritische Ausgabe*, hg. v. J. Hoffmeister, Bd. 11: Berliner Schriften 1818–1831, Hamburg 1956, S. 4.

17 J. Ritter, Brief vom 18. 9. 1971, aus Anlass meiner Rezension des 1. Bandes des *Historischen Wörterbuchs der Philosophie* im Westdeutschen Rundfunk; privates Archiv. Zur Konzeption des Wörtbuchs vgl. J. Ritter, Zur Neufassung des ›Eisler‹. Leitgedanken und Grundsätze eines Historischen Wörterbuchs der Philosophie. In: *Zeitschrift für philosophische Forschung*, Jg. XVIII, 1964, S. 704–708.

18 J. Ritter, Vorbemerkung. In: ders., *Subjektivität*, Frankfurt/M., S. 9 f. Vgl. ders., Die Aufgabe der Geisteswissenschaften in der modernen Gesellschaft. In: ebd., S. 105–140.

19 UA Münster, Bestand 207, Nr. 203, 1.

20 H. Lübbe, Laudatio. In: *Gedenkschrift Joachim Ritter*, Münster 1978, S. 19. Es ist nur eine Momentaufnahme aus einer Vorlesung, aber signifikant für Ritters durch Aristoteles und Hegel geprägtes Verständnis von ›Sitten‹ und ›Sittlichkeit‹; er berichtet als Beispiel für das, was ›zukommt‹ bzw. nicht zukommt, von einem Vorfall während seines Aufenthalts in der Türkei (1953–1955): Westeuropäische Touristen sind von anatolischen Bauern erschlagen worden, weil sie sich in kurzen Hosen in den Bergen bewegt haben.

21 G. Bien, Das bürgerliche Leben. In: U. Dierse (Hg.), *Joachim Ritter zum Gedenken*, Stuttgart 2004, S. 9. Zum »Impuls Joachim Ritters« vgl. V. Gerhardt, Politik und Metaphysik. Rahmenbedingungen einer Begriffsbestimmung der Politik. In: ders. (Hg.), *Der Begriff der Politik. Bedingungen und Gründe politischen Handelns*, Stuttgart 1990, S. 3 f. Auch von marxistischer Seite ist Ritter als »Gegenbeleg zu den dominanten Trends der Nachkriegszeit« gewürdigt worden. Vgl. H.H. Holz, Philosophie als bürgerliche Weltanschauung. Umerziehung und Restauration – westdeutsche Philosophie im ersten Nachkriegsjahrzehnt. In: *Wahrheiten und Geschichten. Philosophie nach '45*. Hg. v. H.H. Holz/ A. Regenbogen/ H.J. Sandkühler, Dialektik 11, Köln 1986, S. 94 f.

22 Der Rektor der West. Wilhelms-Universität, Prof. Dr. Wolfgang Hoffmann, Gedenkworte. In: *Gedenkschrift Joachim Ritter*, S. 10. Hervorh. von mir.

23 G. Radbruch, Entwurf eines Nachworts zur ›Rechtsphilosophie‹ [um 1947]. In: *Rechtsphilosophie. Studienausgabe*. Hg. v. R. Dreyer/ S.L. Paulson, Heidelberg [2]2003, S. 200.

24 E. Cassirer, *Versuch über den Menschen. Einführung in eine Philosophie der Kultur*, Hamburg 1990, S. 15.

25 Vgl. H. Paetzold, *Ernst Cassirer. Von Marburg nach New York. Eine philosophische Biografie*, Darmstadt 1995, S. 106 ff. Vgl. vor allem M. Ferrari, *Ernst Cassirer. Stationen einer philosophischen Biografie*, Hamburg 2003.

26 E. Cassirer, Die Idee der republikanischen Verfassung [1929]. In: E. Rudolph/ H.J. Sandkühler (Hg.), *Symbolische Formen, mögliche Welten – Ernst Cassirer*, Hamburg 1995, S. 13 ff.

27 T. Cassirer, *Mein Leben mit Ernst Cassirer*, Göttingen 1981, S. 190.

28 Ebd.

29 Zit. nach A. Bottin, *Enge Zeit. Spuren Vertriebener und Verfolgter der Hamburger Universität*, Berlin/Hamburg 1992, S. 30.

30 Schon 1923 schreibt E. Jünger im ›Völkischen Beobachter‹: »Die echte Revolution hat noch gar nicht stattgefunden, sie marschiert unaufhaltsam heran. [...] ihre Idee ist die völkische, [...] ihr Banner ist das Hakenkreuz, ihre Ausdrucksform die Konzentration des Willens in einem einzigen Punkt – die Diktatur!« (E. Jünger, Revolution und Idee. In: *Völkischer Beobachter*, München, Unterhaltungsbeilage 4 zu Nr. 196, 23./24.9.1923).

31 Zit. nach Bottin 1992, S. 61.

32 Vgl. Karteikarte R 453 im BAB R 4901/13274.

33 Zur Biografie siehe O. Marquard, Ritter, Joachim. In: *Neue Deutsche Biografie*. Hg. von der Historischen Kommission der Bayrischen Akademie der Wissenschaften, 21. Bd., Berlin 2003, S. 663–664. Zu Ritter 1933–1945 vgl. J. Thiel, Akademische Zinnsoldaten? Karrieren deutscher Geisteswissenschaftler zwischen *Beruf* und *Berufung*. In: R. vom Bruch/ U. Gerhardt/ A. Pawliczek (Hg.), *Kontinuitäten und Diskontinuitäten in der Wissenschaftsgeschichte des 20. Jahrhunderts*, Stuttgart 2006, insbes. 185–193.

34 Vgl. Gedenkstunde für Professor Dr. Johannes Ritter am 19 5. 1951. Gedenkrede von Chefarzt Dr. H. Wulf. StAH: 622–1 Ritter, Familie Ritter, E 4, Maria Kuhn, geb. Ritter (1876–1963).

35 Zit. nach D. Hartstein, *Über zurechenbares Bewusstsein und das Schicksal von Aufsätzen*. http://www.svz-archiv.net/Deutschland/BRD-DDR_1981/Differenz/differenz.html. Internetabruf 15.1.2006.

36 G. Scholtz, Joachim Ritter als Linkshegelianer. In: U. Dierse (Hg.), *Joachim Ritter zum Gedenken*, S. 147.

37 Ebd., S. 154.

38 Hg. v. K.Ch. Köhnke. In: *Dilthey-Jahrbuch für Philosophie und Geschichte der Geisteswissenschaften* Bd. 9 (1994/95), S. 183–206.

39 Scholtz, Joachim Ritter als Linkshegelianer, S. 158 f. H. Lübbe, Affirmationen. Joachim Ritters Philosophie im akademischen Kontext der zweiten deutschen Demokratie. In: U. Dierse (Hg.), *Joachim Ritter zum Gedenken*, Stuttgart 2004, S. 106, erkennt hier nur »Rezidive marxistischer Ideologiekritik«.

Aufschlussreich für die Sichtweise Ritters in dieser Zeit ist sein 1931 veröffentlichter Bericht: J. Ritter, Bildungskrise in Davos. Bemerkungen zu den IV. Davoser Hochschulkursen vom 22. März bis 11. April 1931. In: *Neue Jahrbücher für Wissenschaft und Jugendbildung*, 7. Jg. 1931, 661–665: »Was aber heißt das, wenn zugleich die Selbstkritik vom Boden der Gesellschaft aus durch die Einsicht in die Spaltung dieser Gesellschaft in Klassen, in zahllose unverbundene Interessensphären und durch die Einsicht in die soziale Relativität, in die ›Ideologiehaftigkeit‹ aller die verschiedenen Schichten der Gesellschaft beherrschenden Anschauungen geleitet wird? Es heißt, daß die Bildung selbst historisch und soziologisch relativiert werden muß, es heißt, daß sie, um in dieser Situation ›widerspruchsfrei‹ zu werden, entweder den ihrem Geltungsanspruch innewohnenden Widerspruch zur gegebenen Vielfalt der ›Standpunkte‹ oder aber den Widerspruch, in dem die verschiedenen Schichten der Gesellschaft zueinander stehen, überspringen oder wegdeuten muß. Und alles dies bedeutet, daß Bildung nicht nur ihren traditionellen Sinn, sondern auch ihre Einheit, gleichgültig, welche Gestalt sie annimmt, verlieren muß.« (Ebd., S. 662).

40 In seiner ›Vorbemerkung‹ schreibt Ritter 1927: »Leider war es mir nicht möglich, die demnächst erscheinende Arbeit Prof. Ernst Cassirers: Individuum und Kosmos in der Philosophie der Renaissance (Studien der Bibliothek Warburg, Bd. X, Leipzig 1927) heranzuziehen. Ich weiß gleichwohl, wieviel ich auch in der vorliegenden Arbeit der Belehrung und Forschung Prof. Cassirers zu danken habe.« Cassirer verweist auf Ritters Dissertation in *Individuum und Kosmos in der Philosophie der Renaissance*. In: Gesammelte Werke, Hamburger Ausgabe [ECW], Bd. 14, S. 205. Im Anhang der Erstausgabe von 1927 hat J. Ritter *Nicolai de Cusa Liber de Mente* herausgegeben.

41 U. Dierse, Geschichtlichkeit. Ritters frühe Arbeiten zu Cassirer und Dilthey. In: ders. (Hg.), *Joachim Ritter zum Gedenken*, Stuttgart 2004, S. 35.

42 Vgl. K. Gründer, Cassirer und Heidegger in Davos 1929. In: H.-J. Braun/ H. Holzhey/ E.W. Orth (Hg.), *Über Ernst Cassirers Philosophie der symbolischen Formen*, Frankfurt/M. 1988. Vgl. auch W. Cristaudo, Heidegger and Cassirer: Being, Knowing and Politics. In: *Kant-Studien* 82 (1991); J.M. Krois, Aufklärung und Metaphysik. Zur Philosophie Cassirers und der Davoser Debatte mit Heidegger. In: *Internationale Zeitschrift für Philosophie*, H. 2, 1992.

43 J. Ritter, Ernst Cassirers Philosophie der symbolischen Formen. In: *Neue Jahrbücher für Wissenschaft und Jugendbildung*, 6. Jg. 1930, S. 593–605.

44 Cassirer hebt in seinem Gutachten die strenge Sachlichkeit und Weite historischen Überblicks hervor. Vgl. StAH, Phil Fak. 139.

45 Ritter zeichnet in W. Windelband, *Lehrbuch der Geschichte der Philosophie*. Billige Ausgabe. Mit einem Schlußkapitel Die Philosophie im 20. Jahrhundert und einer Übersicht über den Stand der philosophiegeschichtlichen Forschung, hg. v. H. Heimsoeth, Tübingen 1935, gemeinsam mit H. Heimsoeth verantwortlich für die ›Übersicht‹: »Zur allgemeinen Literatur [...] noch nachzutragen: E. Cassirer, D. Erkenntnisproblem i. d. Ph. u. Wiss. d. neueren Zeit, Bd. III, D. Nachkantischen Systeme, 1920«. (Ebd., S. XXIX) Die zweite Erwähnung findet sich in J. Ritter, [Rezension zu] Heinz Heimsoeth, *Die sechs großen Themen der abendländischen Metaphysik und der Ausgang des Mittelalters*, 2. durchges. Aufl. Berlin 1934. In: *Deutsche Literaturzeitung*, Dritte Folge 6. Jg., Januar-Juni, Leipzig 1935, S. 359.

46 J. Ritter, Über den Sinn und die Grenze der Lehre vom Menschen [1933]. In: ders., *Subjektivität*, Frankfurt/M. 1974, 59 f.

47 Ebd., S. 61.

48 Vgl. hierzu Ritters Erklärung an den Dekan der Philosophisch-Naturwissenschaftlichen Fakultät der Universität Münster vom 29. Feb. 1948. UA Münster. Bestand 63, 100. »Wenn ich mich als Privatdozent überhaupt an der Universität behaupten wollte, so musste ich mich, zumal unter den angeführten Umständen. wie jeder, dessen Anstellung vom Staat abhängig war, in irgendein Verhältnis zur Partei oder einer ihrer Organisationen stellen. Ich habe schließlich den Eintritt in die Partei vorgezogen; da mir Organisationen wie SA oder NSKK wegen Verwendung bei Aufmärschen, Razzien usw. die Gefahr eines größeren inneren Konflikts einzuschließen schienen. […] Ich war überdies durch eine so starke Neigung zu meinem wissenschaftlichen Beruf erfüllt, dass mir ein Berufswechsel nur im äußersten Notfall erträglich schien.«

49 UAM, Kurator, Pers.-Akt. Nr. 5829, I–III.

50 J. Thiel korrigiert Ritters Angabe von 1948 gegenüber dem zuständigen Dekan in Münster, er sei nicht Mitglied des NSKK, einer aus der SA ausgegliederten paramilitärischen Einheit, gewesen (vgl. UA Münster, Bestand 63, 100), mit Verweis auf: Ritter an die Hamburgische Landesunterrichtsbehörde, Hochschulverwaltung, 11. Dez. 1939, UA Münster, Bestand Kurator, PA 5829, Bd. 3. (J. Thiel, Akademische Zinnsoldaten? Karrieren deutscher Geisteswissenschaftler zwischen *Beruf* und *Berufung*. In: R. vom Bruch/ U. Gerhardt/ A. Pawliczek (Hg.), *Kontinuitäten und Diskontinuitäten in der Wissenschaftsgeschichte des 20. Jahrhunderts*, Stuttgart 2006, S. 189).

51 Vgl. A. Goede, *Adolf Rein und die Idee der ›politischen Universität‹*, Hamburg 2004.

52 Der NSD-Dozentenbund ist die aus der Hochschullehrergruppe des NSLB hervorgegangene Parteiorganisation der Professorenschaft, auf die die Befugnisse der 1935 aufgelösten Hochschulkommission übergegangen sind. Seine Vertreter haben z. B. Voten über die politische Eignung von Berufungskandidaten abzugeben und sind an Habilitationsverfahren zu beteiligen.

53 UAJ, Bestand U Abt. IV, Nr. 26.

54 StAH Hochschulwesen, Dozenten- und Personalakten IV, 839, Ritter, Joachim, 3. 4. 1903.

55 Ebd. Die »staatliche Beihilfe« wird mit Schreiben vom 9.12.1935 bewilligt. Am 10. 12. 1935 bedankt sich Ritter mit Schreiben an den Rektor: Die Beihilfe sei »der Ausweg aus einer wirtschaftlich allzu beengten Existenz; sie ermöglicht mir die seit langem erhoffte Heirat«. (Ebd.)

56 Eine Aufstellung findet sich in U. Dierse (Hg.), *Joachim Ritter zum Gedenken*, Stuttgart 2004, S. 171–173.

57 NSDAP, Gau Hamburg, Brief Anschütz vom 10. 6. 1938. StAH Hochschulwesen, Dozenten- und Personalakten IV, 839, Ritter, Joachim, 3. 4. 1903.

58 StAH Hochschulwesen, Dozenten- und Personalakten IV, 839, Ritter, Joachim, 3. 4. 1903.

59 BAB (ehem. BDC), PK, B 0038. In einer Notiz vom 8.3.1939 wird dies sinngemäß wiederholt und festgelegt, »nach ½ Jahr neuen Antrag zu stellen«. (Ebd.) Die im Folgenden zitierten Dokumente stammen alle aus der erwähnten Akte der Parteikorrespondenz (PK) im BAB.

60 Ritter selbst erwähnt in zahlreichen Lebensläufen seit 1933 seine erste Ehe und Cassirer als Doktorvater bzw. Habilitationsbetreuer nicht (vgl. z. B. UAM Bestand 63, Nr. 100) – eine Schutzmaßnahme, die ihren Zweck nicht erfüllt.

61 StAH Hochschulwesen, Dozenten- und Personalakten IV, 839, Ritter, Joachim, 3. 4. 1903.

62 Einen Tag später teilt der Hamburger NSDD-Zuständige Anschütz mit, er könne Ritters Gesuch nicht befürworten. (Ebd.) Hierauf verwendet sich am 9. Juli 1938 erneut Prof. Rein, Hamburger Rektor, gegenüber dem Gauschulungsleiter Henze für Ritter, den er »in wissenschaftlicher und auch in politischer Beziehung für durchaus geeignet« halte. (Ebd.) Henze antwortet am 15. Juli 1938, er schätze Ritter aufgrund seiner Kenntnis »im Zusammenhang mit der Arbeit an den Betriebsfamilien-Kameradschaften und als Mitarbeiter eines religionskundlichen Arbeitskreises im Gauschulungsamt« und halte ihn für »einen wertvollen und geeigneten Menschen«. (Ebd.)

63 BAB (ehem. BDC), PK, B 0038. Brief Anschütz an die Reichsamtsleitung des NSD-Dozentenbundes vom 5.11.1938.

64 Schreiben vom 1. 12. 1938. StAH Hochschulwesen, Dozenten- und Personalakten IV, 839, Ritter, Joachim, 3. 4. 1903. Im Protokoll der Senatssitzung heißt es: »Abschließend stellt der Rektor fest, dass allgemein die Notwendigkeit anerkannt wurde, Dr. Ritter zu fördern. Dementsprechend sollen Schritte beim Gauleiter eingeleitet werden. Vielleicht besteht eine Möglichkeit, die Aushändigung der roten Mitgliedskarte der Partei an Dr. R. zu beschleunigen und ihm so einen aktiven Einsatz in der Partei zu ermöglichen.« (Ebd.)

65 Es handelt sich um Eric Weil, der bei Cassirer promoviert und 1932 nach Frankreich emigrieren musste. Ritter hat nach 1945 den Kontakt mit ihm aufrecht erhalten und ihn zu Vorträgen nach Münster eingeladen.

66 BAB (ehem. BDC), PK, B 0038. In das Verfahren schaltet sich H. Heimsoeth mit einem Schreiben vom 2. April 1939 ein: Ritter sei »ein ungewöhnlich begabter, ungewöhnlich strebsamer und fleißiger, dem neuen Leben unseres Volkes und den neuen Leitideen lebendig aufgeschlossener, zur besten Produktion fähiger und bereiter Gelehrter, der in den entscheidenden Jahren des eigenen Aufbaues steht (es sind sehr wenige in der jüngeren Generation, die man ihm vergleichen kann)«. (UAM, Kurator, Pers.-Akt. Nr. 5829, I–III.)

67 UAJ, Bestand U Abt. IV, Nr. 26. Im Auszug aus dem Stapo-Vorgang ist ferner vermerkt: »Dr. Ritter erklärte: ›Ich gehöre und gehörte keiner Partei noch einer Nebenorganisation an. Ebenfalls stand ich keiner Partei nahe. Die bei mir gefundenen Bücher und Broschüren sind älteren Datums. Ich habe sie mir seinerzeit angeschafft, da ich dieselben zu Studienzwecken benötigte.‹ Es

kann angehen, dass die Angaben der Wahrheit entsprechen; eine Beobachtung durch die Hochschulbehörde wäre aber auch bei Dr. Ritter angebracht.«

68 Ebd. Weitere Vorschläge betreffen die Universitäten Jena, Prag und Rostock; zum Vorgang in Rostock vgl. im UAR die Akte Bröcker [Bröker], Walter, geb. 19.07.1902, Blatt 1–123. In den 24 Berufungsverfahren der Kriegszeit wurde Ritter 26 Mal genannt und 6 Mal vorgeschlagen. Zu diesen Verfahren, u. a. an der Universität Frankfurt/M., vgl. Ch. Tilitzki, *Die deutsche Universitätsphilosophie in der Weimarer Republik und im Dritten Reich*, S. 823–831.

69 Das Ministerium gibt die Ernennung und Berufung in das Beamtenverhältnis am 4. November 1939 bekannt. (UAM, Kurator, Pers.-Akt. Nr. 5829, I–III) Am 7. 11. 1939 interveniert erneut der Hamburger Gaudozentenbundführer Anschütz; er fordert zunächst den Rektor auf, »festzustellen, wo die 1934 oder 1935 angelegte Akte über diesen Fall [Ritter] geblieben ist«, und verlangt die Zurückstellung der Ernennung. (StAH Hochschulwesen, Dozenten- und Personalakten IV, 839, Ritter, Joachim, 3.4.1903) Die Antwort lautet, »daß eine Akte über den dort angedeuteten Fall hier niemals angelegt worden ist und sich daher auch die Frage nach deren Verbleib erübrigt«; die Ernennung werde zurückgestellt. (Ebd.) Dies teilt das Rektorat auch dem Ministerium mit. (UAM, Kurator, Pers.-Akt. Nr. 5829, I–III) Mit der verschwundenen Akte befasst die Schul- und Hochschulabteilung der Staatsverwaltung der Hansestadt Hamburg auch Staatssekretär Ahrens, dem mitgeteilt wird, »der Dozentenschaftsführer habe geltend gemacht, es bestehe der Verdacht, daß aus den Akten der Universität Teile verschwunden seien, die etwas über frühere Beziehungen Dr. Ritters zu den marxistischen Parteien enthalten haben sollen.« (UAM, Kurator, Pers.-Akt. Nr. 5829, I–III) Am 18. 12. 1939 zieht der Hamburger Dozentenbundführer unter Berufung auf den Reichsdozentenführer die Bedenken gegen Ritter zurück. (StAH Hochschulwesen, Dozenten- und Personalakten IV, 839, Ritter, Joachim, 3. 4. 1903) Zur Ernennung Ritters zum Dozenten und zum außerplanmäßigen Professor vgl. auch StAH, Staatsverwaltung B V 92c UA 75.

70 Die Senatsverwaltung der Hansestadt Hamburg kann erst am 14. März 1941 mitteilen, es liege nun die Zustimmung des Dozentenbundführers vor. (StAH Hochschulwesen, Dozenten- und Personalakten IV, 839, Ritter, Joachim, 3. 4. 1903) Ritter wird am 16. Juli 1941 ernannt. (UAM, Bestand 63, Nr. 100)

71 UAJ, Bestand U Abt. IV, Nr. 26.

72 Ebd.

73 UAJ, Bestand U Abt. IV, Nr. 26. In einem zweiten Schreiben vom 19. 8. 1942 heißt es, Ritter sei mit einer Jüdin verheiratet gewesen, und unter »deren Einfluß hat er sich wahrscheinlich vom intellektuellen Standpunkt aus mit dem Kommunismus beschäftigt«. (Ebd.)

74 Brief vom 5. 9. 1942, ebd.

75 Als Baeumler 1942 vom NSDAP-Gau Graz nach einer Berufungsempfeh-

lung gefragt wird, nennt er H. Springmeyer (Halle), W. Steinbeck (Berlin) und J. Ritter. (BAB NS 15/311)

76 Baeumler studierte in München, Bonn und Berlin Kunstgeschichte und Philosophie. Mit seinem 1923 veröffentlichtem Buch zu Kants ›Kritik der Urteilskraft‹ hatte er sich bald einen Namen gemacht. Er arbeitete Ende der 1920er Jahre über Bachofen und Nietzsche und habilitierte sich 1924 an der TH Dresden. 1933 wurde er auf den neu geschaffenen Lehrstuhl für Politische Pädagogik an die Universität Berlin berufen. 1934 übernahm er das Wissenschaftsressort im ›Amt Rosenberg‹. Nach 1945 wurde er für drei Jahre in den Lagern Hammelburg und Ludwigsburg interniert. http://www.uni-konstanz.de/FuF/Philo/philarchiv/bestaende/Baeumler.htm. Internet-Abruf 15. 2. 2006. Baeumler schrieb später: »Der Nationalismus, für den ich einmal in meinem Wahn zu sterben bereit war, ist von mir abgefallen wie eine giftige Schlangenhaut. [...] Meine Schuld ist eine politische; sie besteht darin, daß ich einem System der Aggression und der Gewalt angehört habe.« (In: M. Baeumler/ H. Brunträger/ H. Kurzke, *Thomas Mann und Alfred Baeumler. Eine Dokumentation*, Würzburg 1989, S. 203 f.)

77 Vgl. E. Nolte, *Philosophie und Nationalsozialismus*, S. 344 ff.

78 Vgl. E. Piper, *Alfred Rosenberg*, S. 327: Das Amt Rosenberg wurde 1934 u. a. um die ›Abteilung Wissenschaft‹ erweitert, seit 1936 ›Hauptstelle‹, seit 1941 ›Hauptamt‹, bis 1942 von Alfred Baemler geleitet.

79 BAB NS 15/312, 56004 f. Vgl. zur gleichlautenden Einladung an die politischen Funktionäre BAB NS 15/207, 0348312.

80 Vgl. den Beitrag von J. Thiel in diesem Band.

81 BAB NS15/312, 56015. Zur mehrfach veränderten Teilnehmerliste vgl. ebd., 56006.

82 Ebd., 55983. Der ›Völkische Beobachter‹ berichtet in verschiedenen Regionalausgaben über die Tagung, bei der nicht »eine enge Lehre, sondern eine gemeinsame Haltung [...] die Teilnehmer zu einer Einheit« zusammengeschlossen habe (BAB NS15/312, 55918), und stellt Rosenberg und die Debatte über Geschichtsphilosophie im Anschluss an dessen *Mythus des 20. Jahrhunderts* heraus.

83 Ebd., 55929.

84 Ebd., 56036.

85 Ebd., 56039.

86 Ebd., 56041.

87 Ebd., 59732 f.

88 Ebd., 58736.

89 Ebd., 58761 f.

90 Ebd., 58736 f.

91 Ritter steht auch nach 1945 mit Baeumler in Kontakt. 1957 beantwortet er die Zusendung von dessen Schopenhauer-Einführung mit sehr freundlicher Würdigung und erwidert mit seiner Schrift *Hegel und die französische Revo-*

lution. (PhAUK AB 018–29.01. Für die Genehmigung zur Einsicht danke ich Frau Marianne Baeumler.)

92 BAB NS15/312, 55890 f. Zur Einladungsliste s. ebd., 56013.

93 Tilitzki, *Die deutsche Universitätsphilosophie in der Weimarer Republik und im Dritten Reich*, S. 340 und 853 f.

94 G. Leaman/ G. Simon, Deutsche Philosophen aus der Sicht des Sicherheitsdienstes des Reichsführers SS. In: *Jahrbuch für Soziologiegeschichte* 1992, Opladen 1994, S. 263.

95 Ebd., S. 278 f.

96 Der ›Einsatzstab Reichsleiter Rosenberg‹ scheint ›Oberleutnant Dr. Ritter, Feldpostnr. 07701‹ noch im März 1944 aufgefordert zu haben, sich bei der ›Dienststelle Ratibor‹ zu melden. Vgl. BAB NS 30, 37. Ich danke J. Thiel für diesen Hinweis.

97 StAH Hochschulwesen, Dozenten- und Personalakten IV, 839, Ritter, Joachim, 3. 4. 1903.

98 Ebd.

99 Ebd.

100 Ebd.

101 Zum Berufungsvorgang vgl. Tilitzki, *Die deutsche Universitätsphilosophie in der Weimarer Republik und im Dritten Reich*, S. 825 ff.

102 Vgl. den im Februar 1932 in der Kulturwissenschaftlichen Bibliothek Warburg (Hamburg) gehaltenen, mit Cassirer argumentierenden Vortrag ›Die Erkenntnistheorie der gegenwärtigen deutschen Philosophie und ihr Verhältnis zum Positivismus‹. In: J. Ritter, Zwei Arbeiten aus den frühen dreißiger Jahren. Hg. v. K.Ch. Köhnke. *Dilthey-Jahrbuch*, Bd. 9/1994–95, 208–232.

103 Zu einer in ideologiekritischer und polemischer Absicht verfassten und die Schriften Ritters z. T. überinterpretierenden Analyse vgl. Th. Weber, Joachim Ritter und die ›metaphysische Wendung‹. In: W. F. Haug (Hg.), *Deutsche Philosophen 1933*, Hamburg 1989, S. 219–243.

104 J. Ritter, [Rezension zu] Fritz Joachim v. Rintelen: Albert der Deutsche und wir. Wissenschaft u. Zeitgeist, Bd. 4, Felix Meiner Verlag [Leipzig] 1935. In: *Blätter für Deutsche Philosophie*, Bd. 10, 1937, S. 190–191. Zum Positivismus-Verständnis und zur Positivismus-Kritik vgl. J. Ritter, Über die Geschichtlichkeit wissenschaftlicher Erkenntnis. In: *Blätter für Deutsche Philosophie*, hg. v. Heinz Heimsoeth, Bd. 12, Berlin 1938/39, S. 175–190.

105 J. Ritter, [Rezension zu] Rudolf Odebrecht, Nikolaus von Cues und der deutsche Geist. Ein Beitrag zur Geschichte des Irrationalismusproblems, Berlin 1934. In: *Blätter für Deutsche Philosophie*, Bd. 10, Berlin 1937, S. 185–186.

106 J. Ritter, [Rezension zu] Max Wundt, Ewigkeit und Endlichkeit, Stuttgart 1937. In: *Blätter für Deutsche Philosophie*, Bd. 12, Berlin 1938/39, S. 109–113.

107 Th. Haering (Hg.), *Das Deutsche in der deutschen Philosophie*, Stuttgart/ Berlin 1941, S. V f.

108 J. Ritter, Nicolaus von Cues. In: Haering (Hg.), *Das Deutsche in der Deutschen Philosophie*, S. 85. In J. Ritters ›Über das Lachen‹ (In: *Blätter für Deutsche Philosophie*, Bd. 14, Berlin 1940/41, S. 1–21) taucht erstmals der Rassen-Begriff auf: »Was Rassen, Völker, Individuen unterscheidet, ist je die eigentümliche welthafte Bezogenheit ihres Lachens und mit ihr seine eigentümliche Formung und Ausprägung, die durch zahllose unterscheidende physiognomische Marken und Zeichen bezeichnet wird.« Die Fußnote 2 des Originals »Den Zusammenhang von Rasse und Humor untersucht G. Kadner: Rasse und Humor, München 1935.« (ebd., S. 4) hat Ritter bei dem auch in weiteren Details veränderten Wiederabdruck in *Subjektivität* getilgt; in der Passage »[...] Überzeugung ist es, die in der Welt des Nordens im Mittelpunkt des Humors fraglich wird» ist der Hinweis auf die ›Welt des Nordens‹ entfallen; das Korrekturexemplar befindet sich im Deutschen Literaturarchiv Marbach.

109 StAH Hochschulwesen, Dozenten- und Personalakten IV, 839, Ritter, Joachim, 3. 4. 1903, 104.

110 UAM, Bestand 207, Nr. 203. Es handelt sich um Gerhard Krüger, seit 1940 Prof. für Philosophie in Münster, 1946 nach Tübingen berufen.

111 Vgl. UAM, Bestand 63, Nr. 100.

111 Ebd. Vgl. einen Brief Ritters vom 29. 2. 1948 an den Dekan der Philosophischen und Naturwissenschaftlichen Fakultät der Universität Münster, UAM, Bestand 63, Nr. 100, in dem er auf Erklärungen von N. Hartmann, K. Schlechta, E. Otto (früher Prag) und ein Gutachten des Pfarrers S. Pagel, mit dem er in Gefangenschaft war, verweist.

112 Vgl. H. J. Sandkühler, *Kritik der Repräsentation. Einführung in die Theorie der Überzeugungen, der Wissenskulturen und des Wissens*, Frankfurt/M. 2009.

114 L. Fleck, *Erfahrung und Tatsache. Gesammelte Aufsätze.* Mit einer Einl. hrsg. v. L. Schäfer und Th. Schnelle, Frankfurt/M. 1983, S. 167.

Von »ärgerlichen Äußerlichkeiten« und »innerlichem Unberührtsein«

Hermann Noack im ›Dritten Reich‹

Im Februar 1949 erhielt der Senat der Hamburger Universität ein Schreiben des früheren Philosophieordinarius Albert Görland. Der von den Nationalsozialisten entlassene Görland bat den Senat eindringlich, Hermann Noack, dem die Hamburger Universität und die Hochschulbehörden die Wiedereinstellung verweigerten, nicht endgültig zu entlassen und »einen der ganz wenigen ernsten Repräsentanten der wahrhaft deutschen Philosophie« nicht zu »vernichten« [sic!]. Görland hatte keine leichte Aufgabe übernommen, die schon für Zeitgenossen überraschende Wendung seines – und Ernst Cassirers – Schülers Noack zum Nationalsozialismus zu erklären. Görland versuchte deshalb, Noacks Einlassungen eine geradezu philosophische Tiefenschärfe zu verleihen. Er interpretierte dessen Karriere im Nationalsozialismus als eine notwendige und konsequente Weiterführung des von ihm gemeinsam mit Cassirer aus dem Geist der Marburger Schule des Neukantianismus weiterentwickelten »kritischen Idealismus«:

»Der kritische Idealismus erstrebt die Totalität der systematischen Kritik der spezifischen Wissenschaften und der ihnen zu Grunde liegenden Erlebensgebiete. [...] Es war nötig, dass ideell frei stehende Menschen durch ihren Einfluss auf [die] verderbliche Generalisation eines deutschen Ideenmotivs [im Nationalsozialismus] wirksam werden könnten. Sollte das bei einer diktatorischen Bewegung geschehen, so konnte es von jungen Kräften nur aus ihr heraus geschehen. Durch seinen Eintritt in die Partei ist Noack also einer Schulung in unserer Philosophie nicht untreu geworden. Jedenfalls habe ich damals meinen Schülern, denen ich die Willens- und Geisteskraft zugetraut habe, geraten, vermöge unserer Philosophie unter den Nazis zu wirken. Dass mit dem Eintritt in die Partei für den jungen Menschen mancherlei unerquickliches Uniformzeichen und schlimme Schlagwörter erzwungen waren, war selbstverständlich – so viel ›Philosoph‹ in des Wortes volkstümlicher Bedeutung ist auch der wahrhaft streng geschulte Idealist, dass ihn solche ärgerlichen Äusserlichkeiten schliesslich doch innerlich unberührt lassen. [...] Dass Noack sich mit Reformabsicht in ein machtvolles Erleben hineinwagte, war recht, – denn die Philosophie soll dem Leben dienen und nicht abseits stehen, – wenn er zeitweilig zu stark hineingeriet, so liegt das an der Eigenschaft jedes spezifischen Erlebens, dass es sich überschätzt und als Motiv über andere generalisiert. Wenn er jetzt heil heraus ist aus dem Wahnsinn des politischen Geschehens, so ist das von grösstem Wert für ihn als Vertreter des kritischen Idealismus, da er sich wieder hat frei machen können zur reinen Systematik des Geistes, d.h. sich wieder verantwortlich wissen darf für die Verträglichkeit alles Erlebens.«[1]

Görlands Deutung von Noacks Weg als einer Art lebensphilosophischen Experiments ist in mehrfacher Hinsicht bemerkenswert; nicht zuletzt deshalb, weil Görland hier auch in eigener Sache argumentiert. Der Sozialdemokrat und Pazifist galt in Hamburg als prominenter und engagierter Parteigänger der Weimarer Republik. 1933 hatte er erfolglos versucht, sich den Nationalsozialisten anzudienen, war damit aber gescheitert und von den Nationalsozialisten kaltgestellt worden.[2] Der einstige Freund und enge Kollege Cassirer, der schon 1933 emigriert war, warf Görland vor, »im entscheidenden Moment, im Augenblick der höchsten Gefahr«, Lehrer, Freunde und Überzeugungen verraten zu haben, um »um jeden Preis mit dabei« sein zu können.[3] Einen vergleichbaren Vorwurf erhob später Cassirers Witwe nicht nur gegen Görland, sondern auch gegen Noack und gegen Joachim Ritter, der einst gleichfalls zum Kreis um Cassirer und Görland gehört hatte.[4] Sie seien 1933 sehr schnell wie »Zinnsoldat[en]« umgefallen – und hätten, zwar nicht als »ausgesprochene Nazi[s]«, aber doch als »geduldige Mitläufer«, Karriere im ›Dritten Reich‹ gemacht.[5]

Die Vorwürfe der Cassirers berühren ein zentrales Problem der Wissenschaftsgeschichte im Nationalsozialismus: die Reaktionen von Wissenschaftlern auf die radikal veränderte politisch-gesellschaftliche Situation 1933 und das Spannungsfeld ihrer Karrieren im nationalsozialistischen Wissenschaftsbetrieb. Am Beispiel Hermann Noacks soll gezeigt werden, unter welchem Anpassungsdruck (Geistes-)Wissenschaftler im Dritten Reich standen, welche Anpassungsleistungen sie erbrachten, aber auch, welche Spielräume und Entscheidungsmöglichkeiten es gab.

Hermann Noack wurde 1895 in eine Hamburger Kaufmannsfamilie hineingeboren.[6] Schon im September 1914, also kurz nach Ausbruch des Ersten Weltkrieges, meldete sich der junge Noack, der sich gerade an der Technischen Hochschule Stuttgart zum Architekturstudium eingeschrieben hatte, freiwillig zum Kriegsdienst. Er kam zur Infanterie an die Westfront, wo er 1916, inzwischen Leutnant, unter anderem an der äußerst verlustreichen Schlacht an der Somme teilnahm. Nach seiner Entlassung aus englischer Kriegsgefangenschaft begann Noack, in Hamburg und Freiburg, unter anderem bei Martin Heidegger und Edmund Husserl, Philosophie zu studieren. Nach seiner Rückkehr nach Hamburg promovierte er 1923 bei Cassirer und Görland; zwei Jahre später folgte die Habilitation. Seit 1927 arbeitete Noack mit geringen Einkünften als Privatlehrer, ›wissenschaftlicher Hilfsarbeiter‹ und Assistent am Hamburger Philosophischen Seminar. Seinen Lebensunterhalt verdiente sich der junge Privatdozent mehr recht als schlecht mit philosophischen Einführungskursen an der Universität, als Lehrer an der Hamburger Volkshochschule und an der ›Fichte-Hochschule‹ oder mit gelegentlichen journalistischen und publizistischen Arbeiten. Im Dezember 1932 erfolgte seine Ernennung zum nicht beamteten außerordentlichen Professor in Hamburg, ein Titel, der seine wissenschaftliche Reputation verbesserte, ihm aber keine zusätzlichen Einkünfte einbrachte.

Prägend für seine frühen Universitätsjahre war nicht nur die offene Atmosphäre am Hamburger Philosophischen Institut, sondern auch seine eingehende Beschäftigung mit den Frühschriften von Marx.[7] Das sollte in mehrfacher Hinsicht für seine spätere Karriere von Bedeutung sein. Noacks kritische Beiträge zur Krise der Weimarer Republik, die Kritik an Historismus und Relativismus, sein Rekurs auf ›Einheit‹ und ›Ganzheit‹ waren noch ganz der liberalen Haltung seiner Lehrer verpflichtet. Philosophische oder weltanschauliche Affinitäten zum Nationalsozialismus lassen sich nicht erkennen.[8]

1933 veränderte sich die Situation für Noack grundlegend. Seine wissenschaftliche Karriere schien nach dem Machtantritt der Nationalsozialisten akut gefährdet. Noacks bisherige Mentoren an der Hamburger Universität, der Demokrat und Jude Cassirer und der als ›Marxist‹ geltende Görland, waren den neuen Machthabern in fast jeder Hinsicht suspekt; Cassirer ging sofort ins Exil, Görland wurde bald darauf entlassen. Noack versuchte sehr schnell, sich mit den neuen Machtverhältnissen zu arrangieren. Zunächst gehörte er zu den Mitunterzeichnern des berüchtigten öffentlichen ›Bekenntnisses deutscher Professoren zu Adolf Hitler und dem nationalsozialistischen Staat‹[9]. Im Sommer 1933 trat Noack dann der SA bei, engagierte sich als Schulungsleiter einer SA-Standarte und trat gelegentlich sogar in SA-Uniform vor seine Studenten. Eifrig war er bemüht, seine Bekenntnisse zum Nationalsozialismus nicht bloß als äußerliche erscheinen zu lassen. Nach der Aufhebung des generellen Aufnahmestopps folgte 1938, rückwirkend zum 1. Mai 1937, seine Aufnahme in die NSDAP. Schon zuvor war er weiteren NS-Organisationen (NSDDB, NSV, NSLB, BDA, NS-Altherrenbund und NS-Reichskriegerbund) beigetreten. Er absolvierte SA- und Dozenten-Lager und arbeitete aktiv in politischen Fachgemeinschaften mit, wurde schließlich sogar in der SA Kameradschaftsführer und stellvertretender Schulungsleiter seiner Hamburger SA-Standarte.[10]

Trotz dieser weit gehenden Zugeständnisse an die neuen Machthaber stand Noack besonders in den ersten Jahren der NS-Herrschaft weiter im Verdacht, dass seine Bemühungen, dem »Geist des NS gerecht zu werden«, und sein Eintritt in die SA aus »verstandesmässiger Erwägung heraus« und »nicht ganz frei von persönlichem Interesse im Hinblick auf seine Laufbahn« erfolgt seien. Besonders der Hamburger Dozentenschafts- und Dozentenbundführers, der Psychologe Georg Anschütz[11], versuchte Noacks Berufung auf den inzwischen verwaisten Lehrstuhl Görlands zu verhindern. Anschütz und seine Verbündeten in der Reichsdozentenführung warfen Noack vor, immer noch Beziehungen zu liberalen Kreisen zu unterhalten, vor 1933 eng mit dem »Juden Cassirer« zusammengearbeitet zu haben und allgemein in »Judenkreisen«, vor allem im Umfeld der Bibliothek Warburg, ein und aus gegangen zu sein. 1936/37 war die Frage, ob Noacks Wandlung eine bloße Anpassung an die neuen Verhältnisse darstellte oder aber aus einer »wirklich innere[n] Umstellung« heraus resultierte, für die Gutachter und Berichterstatter zu seinen Gunsten entschieden worden – vorerst zumindest. Die zuständigen Stellen erkannten nunmehr an, dass er »auch haltungsmäßig in den NS eingedrungen« und »seine Hinwendung zum NS echt und aufrichtig« sei.[12] Da auch die persönlichen Eigenschaften und die wissenschaftlichen Leistungen Noacks positiv bewertet wurden und ein eigens nach Hamburg gereister Referent des Reichserziehungsministeriums einen sehr positiven Eindruck von ihm gewonnen hatte[13], stand der von der Hamburger Universität und ihrer Philosophischen Fakultät schon seit 1935 intensiv betriebenen Berufung Noacks nichts mehr im Wege. Im Januar 1938 übernahm er Görlands Lehrstuhl, allerdings nicht als Ordinarius, sondern ›nur‹ als außerordentlicher Professor. Gleichzeitig aber avancierte er zum Direktor des Philosophischen Instituts. Das damit verbundene Gehalt und der auf Lebenszeit verliehene Beamtenstatus entledigten Noack seiner bis dahin drückenden wirtschaftlichen Sorgen.[14]

Noacks Hinwendung zum Nationalsozialismus scheint aber mehr als ein bloß äußerliches Bekenntnis zum neuen ›Zeitgeist‹ gewesen zu sein. Anknüpfend an einzelne Grundannahmen und Denkfiguren der Lebensphilosophie und des Neukantianismus stellte Noack nun auch sein wissenschaftliches Werk in den Dienst des Nationalsozialismus. Er befleißigte sich zusehends eines völkischen und rassischen Vokabulariums und operierte mit Begrifflichkeiten, die vor 1933 nicht zu seinem Wortschatz gehört hatten. Bis zum Ende des ›Dritten Reichs‹ widmete er sich wissenschaftlich und wissenschaftspolitisch verstärkt gegenwartsbezogenen Themen wie etwa ›Rosenberg und die Zukunftsaufgabe der deutschen Philosophie‹ oder ›Deutschlands Führungsaufgabe in Europa‹. Mit seinem 1936 erschienen Werk ›Symbol und Existenz der Wissenschaft‹ versuchte er sich an einer »Grundlegung einer philosophischen Wissenschaftslehre« in einem dezidiert nationalsozialistischen Sinne.[15] Eine neu zu gestaltende Wissenschaft sollte nach Noacks Auffassung nunmehr eine »politische« und eine »dienende« sein, in der der »Rassegedanke eine beherrschende Stellung« einnahm. Ziel entsprechender Bemühungen sei die »Erziehung eines neuen akademischen Menschentyps« und die Schaffung einer »politischen Universität«. In seinem Beruf sollte der Wissenschaftler fortan dem

»Ruf des [kämpfenden] Lebens folgen« und der Gemeinschaft »Rede und Antwort« über sein Wirken stehen. Philosophische oder besser weltanschauliche Anleihen nahm er nun nicht mehr bei seinen früheren Leitfiguren Cassirer oder Görland, Hermann Cohen oder Paul Natorp, sondern bei eindeutig völkisch-rassistischen oder nationalsozialistischen Autoren wie Paul de Lagarde, Houston Stewart Chamberlain, Ernst Krieck, Alfred Baeumler, Alfred Rosenberg oder Walter Frank.[16] Im Gegensatz dazu blieben seine – bis Kriegsbeginn zum Teil gemeinsam mit Joachim Ritter abgehaltenen – Universitätslehrveranstaltungen jedoch insgesamt im Rahmen allgemeiner philosophiegeschichtlicher Fragestellungen.[17]

Gänzlich verstummte das tief sitzende Misstrauen der Nationalsozialisten gegenüber Noack jedoch auch während seiner Aufstiegs- und Konsolidierungsphase als Hochschullehrer nicht. So wurde er von der für die Überwachung des Wissenschaftsbereiches zuständigen Abteilung II des Sicherheitsdienstes (SD) unter die politisch »indifferenten« Professoren eingestuft. In einer Kurzcharakteristik gleicher Herkunft wird seine Haltung zum Nationalsozialismus zumindest vor 1933 als »feindlich« beschrieben.[18] Auch die Hamburger Dozentenschaft beurteilte Noack noch 1942 ausgesprochen negativ. Er sei, hieß es beispielsweise in einer Einschätzung Anschütz', ein »Darbietungsmensch westlicher Prägung« und ohne »Gesinnung«, der sich durch eine »große Anpassungsfähigkeit und Beweglichkeit« auszeichne und sich »wohl stets dem herrschenden System anpassen« würde, ohne »innerlich irgendwie ideell aufgewühlt oder mit kämpferischem Herzen dabei zu sein«. Noack hätte sich schon in der »Systemzeit« – gemeint war die Weimarer Republik – »mit der gleichen Emsigkeit, Rührigkeit und Vorbehaltlosigkeit« angepasst, wie er es heute dem Nationalsozialismus gegenüber »in seiner äußeren Haltung« tue.[19]

Nun sind die Äußerungen eines nationalsozialistischen Hochschulfunktionärs, der besonders eifrig über die Linientreue an der Hamburger Universität wachte, als Quelle durchaus problematisch. Doch decken sich seine Einschätzungen auffällig mit denen der Emigrantin Toni Cassirer, die freilich unter ganz anderen Bedingungen und mit entgegengesetzter Absicht entstanden waren. Der Grundtenor beider Aussagen war, dass Noacks Hinwendung zum Nationalsozialismus in erster Linie karrierebedingt erfolgte und einer opportunistischen Grunddisposition folgte. Inwieweit Noack in Laufe dieses Anpassungsprozesses weltanschauliche Positionen der Nationalsozialisten schließlich auch verinnerlichte, lässt sich nur schwer feststellen. Gespür, Kalkül und Überzeugung mochten gleichermaßen eine Rolle gespielt und sich vermischt haben.

Im Laufe der Jahre arrangierte sich Noack jedenfalls immer mehr; und während einige NS-Dienststellen wie die besonders radikale Hamburger Dozentenschaftsführung ihn noch für einen unsicheren Kantonisten hielten, bezogen andere wissenschaftspolitische Akteure wie das Amt Rosenberg Noack nach 1939 in ihre kaderpolitischen Planungen und Überlegungen ein. Das hat einerseits mit Noacks erkennbarer Positionierung im Sinne des Nationalsozialismus und seiner inhaltlichen Hinwendung zu nationalsozialistisch relevanten Themen zu tun, andererseits aber auch mit Faktoren, die außerhalb von Noacks Einflussmöglichkeiten lagen. Dem polykratischen System des Nationalsozialismus im Allgemeinen entsprach eine zuweilen bis ans Unübersichtliche grenzende Ausformung ihres Subsystems Wissenschaft im Besonderen. Die wissenschaftspolitischen Akteure verfolgten je eigene, oft konkurrierende Ziele, kämpften um Mittel und Einfluss sowie – vor allem im Bereich der Geisteswissenschaften – um die weltanschauliche Deutungshoheit. Diese von Dauerkonflikten und manifesten Konkurrenzlagen, aber auch wechselnden Koalitionen geprägte Situation sowie der spätestens seit Kriegsausbruch immer spürbarer werdende Personalmangel in den Wissenschaften führten schließlich dazu, dass nach und nach auch solche Wissenschaftler in den Fokus interessierter wissenschaftspolitischer Institutionen gerieten, die zuvor eher als politisch inakzeptabel gegolten hatten. Ein solcher Fall ist Hermann Noack.

Dass Noack einmal in den Kader der vom Amt Rosenberg protegierten Philosophen gehören sollte[20], war anfangs keineswegs ausgemacht. Noch 1936 hatte der Philosoph Alfred Baeumler, Rosenbergs Amtschef für Wissenschaft, Noacks *Geschichte und System der Philosophie* von 1928 als ein »ergebnisloses Produkt« und eine »reine Arbeit« der Marburger Schule, in der zudem »fast ausschließlich jüdische Autoren« zitiert würden, »restlos« abgelehnt.[21] Noack hatte aber seinerseits mit einem zeitlich geschickt platzierten und anbiedernden Artikel über Rosenberg signalisiert, wo er sich künftig philosophisch-weltanschaulich positionieren wollte.[22] Seine Avancen blieben aber zunächst folgenlos. Als Bauemler die seiner Ansicht nach hoffnungsvollsten NS-Philosophen zu einer Arbeitstagung des Amtes Rosenberg nach Buderose einlud, erging an Noack keine Einladung.[23] Erst während des Zweiten Weltkriegs fand Noack Aufnahme in das Netzwerk der vom Amt Rosenberg protegierten Universitätsphilosophen.

Gleich zu Kriegsbeginn wurde Noack im Range eines Hauptmanns zur Wehrmacht eingezogen. Im Verlauf des Krieges kam er, mehrfach ausgezeichnet, sowohl an der West- als auch an der Ostfront zum Einsatz. Auf Betreiben des Amtes Rosenberg wurde er im Frühsommer 1942 zum ›Einsatzstab Reichsleiter Rosenberg‹ abkommandiert. Mindestens zwischen dem 1. Juni 1942 und dem 1. Juli 1943 gehörte er, von ihm nicht näher spezifiziert, zum ›Sonderkommando Reichsleiter Rosenberg‹ in Paris – wo neben dem ERR weitere konkurrierende und kooperierende NS-Kultur- und Kunstrauborganisationen operierten.[24] Der ERR beschlagnahmte in großem Maßstab Kunst- und Kulturgüter; zunächst ab 1940 in Frankreich und Westeuropa, seit 1941 auch in der Sowjetunion und in ganz Osteuropa. In Frankreich plünderten die Mitarbeiter des ERR Museen, Bibliotheken, Archive und Sammlungen aus. Sie hatten es vor allem auf Kunst- und Kulturgüter jüdischer oder ›freimaurerischer Provenienz‹ abgesehen.[25] Was genau Noack in Paris für den ERR tat, geht aus den Akten nicht hervor. In seinen Entnazifizierungsverfahren hat Noack seine Tätigkeit als eine »rein wissenschaftlich[e]« dargestellt; die Belastungszeugen konnten das zumindest nicht widerlegen.[26] Noacks Aufgaben lagen vermutlich vor allem auf den Gebieten der Auswertung der geraubten Bücher und Archivalien oder in der Sammlung von Arbeitsmaterialien über ›weltanschauliche Gegner‹, die aus dem Raubgut für die nationalsozialistische Kulturpropaganda zusammengestellt wurden.[27]

Auch nach dem offiziellen Ausscheiden aus dem ›Sonderkommando‹ im Sommer 1943 blieb Noack – der zunächst wieder zur Wehrmacht in Paris wechselte – dem ERR treu. Regelmäßig stand er mit dessen Hauptabteilung II und dem ›Amt Lehrmittel‹ in Berlin in Verbindung, wertete Schriften für den ERR aus, verfertigte selbst Propagandaschriften und erschien gelegentlich persönlich zum Vortrag in Berlin.[28] Zur Vorbereitung von Vorträgen für das

»Reichsschulungsthema Der ›Reichsgedanke‹« reiste Noack Anfang 1944 zum ›Amt Ausstellungen‹ des ERR nach Pleß und Ratibor. Die beiden schlesischen Städte waren seit Ende 1943 nicht nur Hauptsitz des ERR und ihrer Dienststellen, sondern auch zentrale Sammel- und Koordinationsstelle des gesamten Kunst- und Kulturgutraubes für den Osten. Hier agierten die sog. ›Buchleitstelle‹, die ›Ost-Bücherei‹ und ihr Pendant, die ›West-Bücherei‹ des ERR; hier türmten sich Millionen von Büchern, Kunst- und Kulturgegenständen aus jüdischem, polnischem oder sowjetischem Besitz zur Auswertung und Weiterverteilung. Hier konzentrierten sich aber auch die für die letzte Kriegsphase wichtigen ›antibolschewistischen‹ Forschungsaktivitäten des ERR unter Gerhard Wunder, dem Leiter der zuständigen Hauptabteilung IV.[29] Mit dem »Kameraden« Wunder hatte Noack als nunmehr gefragter Fachmann für »bolschewistische Philosophie« mindestens im Jahre 1944 regelmäßig dienstlich zu tun.[30] Sehr wahrscheinlich aber kannten sich beide schon aus Paris, wo Wunder das Bibliotheks-Kommando des ERR geleitet hatte, ehe er in Berlin und dann in Ratibor und Pleß die Propagandaarbeit des ERR übernahm. In Pleß begann Wunder mit dem Aufbau der schon erwähnten ›West-Bücherei‹. Dazu ließ er aus jüdischem oder staatlichem Besitz stammende Bücher zum Themenfeld ›Sozialismus und Osteuropa‹ aus Osteuropa, die in westlichen Sprachen geschrieben waren, aussortieren und sammeln [31] Auch Noacks enger Hamburger Kollege Joachim Ritter war von Wunder zur Mitarbeit in seiner Hauptabteilung ›Erfassung und Sichtung‹ eingeladen worden. Oberleutnant Ritter, im März 1944 einer neu aufgestellten »Feldtruppe« zugeteilt, musste Wunder allerdings eine Absage erteilen – ob sein Bedauern, dass die Angelegenheit am Ende nicht so gelaufen sei, wie er es »selbst gern gesehen hätte«, taktischem Kalkül entsprang oder ehrlich gemeint war, geht aus den Akten nicht hervor.[32]

Spätestens 1943 gehörte Noack also zum Kreis der vom Amt Rosenberg nachdrücklich geförderten Universitätsphilosophen. Im März 1943 schlug ihn Heinrich Härtle, Rosenbergs neuer Hauptamtsleiter Wissenschaft, als Nachfolger des einflussreichen Leiters des Ministeramtes im REM, Heinrich Harmjanz, vor, der gerade wegen eines Plagiatvorwurfs entlassen worden war.[33] Der Vorschlag wurde allerdings schnell zu den Akten gelegt, zum einen weil Noack zu jung für diesen Posten erschien, zum anderen, weil das Amt

Rosenberg keinen wirklichen Einfluss auf die wichtigsten Personalentscheidungen im REM – dem Dauerkonkurrenten um Macht und Einfluss im Wissenschaftsbereich – besaß. Das Amt Rosenberg sorgte aber noch dafür, dass Noack im August 1944 im Rahmen einer konzertierten Aktion ›unabkömmlich‹ gestellt und aus der Wehrmacht entlassen wurde.[34] Die Hamburger Universität, normalerweise als Dienstherr für die uk.-Stellung ihrer Angehörigen zuständig und antragsberechtigt, war von der unerwarteten Rückkehr Noacks überrascht worden, machte aber selbstredend keine Einwände geltend. Obwohl Noack offiziell eigentlich für eine nicht näher erläuterte »Sonderaufgabe der Dienststelle Rosenberg« freigestellt war, nahm er seine Lehrveranstaltungen in Hamburg zu Beginn des Wintersemesters 1944/45 wieder auf. Dem Amt Rosenberg stellte er sich weiter zur Verfügung.[35] In den letzten Kriegsmonaten – unterbrochen nur von einem Wehrmachtslehrgang für Bataillonsführer des Volkssturms im Januar 1945[36] – arbeitete er in der von Rosenberg und Härtle gegründeten und von dem Historiker Erwin Hölzle koordinierten ›Arbeitsgemeinschaft zur Erforschung der bolschewistischen Weltgefahr‹ mit. Er referierte hier beispielsweise im November 1944 auf einer internen Arbeitstagung in Prag zu ›Begriff und Funktion der Praxis im historischen Materialismus‹, aber auch zu Themen wie ›Ursachen und Grundlagen des britischen Imperialismus‹. Außerdem war Noack als Abteilungsleiter Philosophie für ein geplantes ›Institut zur Erforschung des Bolschewismus‹ vorgesehen, das der ›Hohen Schule‹ – Rosenbergs und Baeumlers Lieblingsprojekt einer streng nationalsozialistisch ausgerichteten und gegen die etablierten Universitäten gerichteten ›Gegen‹-Hochschule[37] – angegliedert werden sollte.[38] Für Rosenbergs ›Amt Wehrmachtsschulung‹ beteiligte er sich zudem im letzten Kriegsjahr an einer für den Dienstgebrauch bestimmten antisemitischen Broschüre zur politisch-weltanschaulichen Schulung.[39]

Nach Ende des Krieges konnte Noack seine wissenschaftliche Karriere als Hochschullehrer vorerst nicht fortsetzen. Im August 1945 gehörte er zu den ersten Hamburger Hochschullehrern, die auf Grund ihrer politischen Haltung während des ›Dritten Reiches‹ aus Hochschuldienst und Beamtenverhältnis entlassen wurden. Nach Ansicht der zuständigen Entnazifizierungsstellen war Noack seit 1933 als »Aktivist in einer so auffallend eindeutigen und konsequenten Weise für den Nationalsozialismus eingetreten«, dass er nicht weiter beschäftigt werden konnte.[40] An Noacks »positive[r] Einstellung gegenüber der Partei« bestand für die Hamburger Kollegen keinerlei Zweifel. Immerhin aber bescheinigten sie ihm, dass er nicht nur aus bloßem »Opportunismus«, sondern auch aus »redlicher Überzeugung« und »vielleicht auch aus menschlicher Schwäche« gehandelt habe.[41] Noack habe, so etwa Görland, »geschrieben«, was man »damals« lesen wollte, ohne selbst ein »Propagator oder Avantageur der politischen Geistigkeit des Nazismus« gewesen zu sein.[42]

Dem einschneidenden Karrierebruch infolge der Entnazifizierung folgte später eine schrittweise ›Rehabilitierung‹. Zunächst als Mitläufer der Kategorie IV (›Mitläufer‹) eingestuft, erreichte Noack 1949/50 seine Neueinstufung in die Kategorie V. Er galt damit zwar als ›entlastet‹, blieb jedoch weiterhin vom Universitätsbetrieb ausgeschlossen. Seine wirtschaftliche Situation um 1950 war von »bitterer Not« gekennzeichnet, so dass er bei der Hamburger Universitätsleitung um Unterstützung für sich und seine Familie nachsuchen musste.[43] Die von ihm unternommenen Versuche, in die universitäre Laufbahn und auf ›seinen‹ alten Lehrstuhl – der inzwischen mit Kurt Leese, einem anderen Weggefährten aus dem Cassirer-Kreis, besetzt worden war[44] – zurückzukehren, blieben ohne Erfolg. Erst nach und nach gelang ihm die Rückkehr in das wissenschaftliche Leben. 1952 fand er, außerhalb von Universität und Hochschule, als hauptamtlicher Studienleiter der Evangelischen Akademie in Guntershausen, dann in Hofgeismar, ein gesichertes Einkommen und ein neues wissenschaftliches Betätigungsfeld.[45] 1956 konnte Noack als Emeritus schließlich doch noch an die Hamburgische Universität zurückkehren und Vorlesungen halten – allerdings nur als entpflichteter außerordentlicher Professor, jedoch mit Pensionsansprüchen.

In politischen Fragen blieb Noack in der Nachkriegszeit zurückhaltend. Fragen nach der NS-Vergangenheit wich er aber nicht grundsätzlich aus. Insbesondere im Rahmen seiner Tätigkeit in der Evangelischen Akademie nahm er immer wieder zu Problemen des ›Dritten Reichs‹ Stellung.[46] In seinem wissenschaftlichen Werk fand Noack, neben seiner intensiven Auseinandersetzung mit religions- und sprachphilosophischen Themen, zu einigen seiner alten Fragestellungen zurück. So beschäftigte er sich, etwa in philosophischen Einführungswerken, mit dem Neukantianismus[47], kümmerte sich um die Veröffentlichung der Werke seiner Lehrer Cassirer und Görland[48] oder setzte sich weiter mit Fragen des Marxismus/ ›Bolschewismus‹ auseinander.[49] 1977 starb Hermann Noack in seiner Geburtsstadt Hamburg. Anders als sein früherer enger Kollege aus dem Kreis um Cassirer und Görland, Joachim Ritter, gelang es Noack nicht, bleibenden Einfluss auf die deutsche Universitätsphilosophie zu erlangen.

Anmerkungen

1 Görland an den Senat der Universität Hamburg, undatiert [Februar 1949], StA HH, Dozenten- und Personalakten, IV 1192, Bd. 3.

2 Siehe dazu C. Tilitzki, *Die deutsche Universitätsphilosophie in der Weimarer Republik und im Dritten Reich*, Berlin 2001, S. 602, Anm. 42 und H. Heiber, *Universität unterm Hakenkreuz, Teil 1: Der Professor im Dritten Reich. Bilder aus der akademischen Provinz*, München 1991, S. 269–272. Zu Görlands philosophischem Werk siehe P. H. v. d. Gulden, *Albert Görlands systematische Philosophie*, Berlin/ New York 1990.

3 Cassirer an Görland, 26.11.1938, abgedruckt in: A. Bottin (Hg.), *Enge Zeit. Spuren Vertriebener und Verfolgter der Hamburger Universität*, Berlin/ Hamburg 1992, S. 61. Siehe dazu auch J. Meran, Die Lehrer am Philosophischen Seminar der Hamburger Universität während der Zeit des Nationalsozialismus. In: E. Krause/ L. Huber/ H. Fischer (Hg.), *Hochschulalltag im ›Dritten Reich‹*, Tl. 2, Hamburg 1991, S. 459–482, S. 467 ff., sowie M. Hänel, Ernst Cassirers Kampf um die Erinnerung – im Exil und zuvor. In: Hartmut Lehmann/ O. G. Oexle (Hg.), *Nationalsozialismus und Kulturwissenschaften*, Bd. 2: *Leitbegriffe – Deutungsmuster – Paradigmenkämpfe. Erfahrungen und Transformationen im Exil*, Göttingen 2004, S. 319–350.

4 Siehe etwa T. Weber, Joachim Ritter und die ›metaphysische Wendung‹. In: W. F. Haug (Hg.), *Deutsche Philosophen 1933*, Hamburg 1989, S. 219–243; H. J. Sandkühler, ›Eine lange Odyssee‹ – Joachim Ritter, Ernst Cassirer und die Philosophie im ›Dritten Reich‹. In: *Dialektik* 1, S. 139–179; vgl. auch den Beitrag von Sandkühler in diesem Band und J. Thiel, ›Akademische Zinnsoldaten‹? Karrieren deutscher Geisteswissenschaftler zwischen Beruf und Berufung (1933/1945). In: R. v. Bruch/ U. Gerhardt/ A. Pawliczek (Hg.), *Kontinuitäten und Diskontinuitäten in der Wissenschaftsgeschichte des 20. Jahrhunderts*, Stuttgart 2006, S. 167–194, hier S. 185–193 sowie Tilitzki 2001, bes. S. 329–331 und S. 823–831.

5 T. Cassirer, *Mein Leben mit Ernst Cassirer*, Hamburg 2002, S. 204 f.

6 Alle Angaben zur Biografie und wissenschaftlichen Karriere Noacks nach

Kürschners Deutscher Gelehrten-Kalender (verschiedene Ausgaben); Meran 1991, S. 463–467; G. Leaman, *Heidegger im Kontext. Gesamtübersicht über das NS-Engagement der Universitätsphilosophen*, Hamburg 1993, S. 67, Thiel 2006, S. 179–185 und Tilitzki 2001, S. 680–686 sowie aus den Personalunterlagen in BAB, DH, ZB II, 1886, A. 2 und StA HH, Dozenten- und Personalakten, IV 1192.

7 Noack gehörte Anfang der 1930er Jahre zusammen mit Ritter, Landgrebe und Landshut zu den jungen Philosophen aus dem Cassirer-Seminar, die sich intensiv mit den gerade von Landshut im Archiv der SPD entdeckten ›Pariser Manuskripten‹ von Karl Marx auseinandersetzten. Siehe L. Landgrebe, Erinnerungen. In: L. Pongratz (Hg.), *Philosophie in Selbstdarstellungen*, Hamburg 1975, Bd. II, S. 128–169, S. 141; G. Scholtz, Ritter als Linkshegelianer. In: U. Dierse (Hg.), *Joachim Ritter zum Gedenken*, Mainz 2004, S. 143–162.

8 Tilitziki 2001, S. 683–685.

9 Bekenntnis der Professoren an den deutschen Universitäten und Hochschulen zu Adolf Hitler und dem nationalsozialistischen Staat, Dresden o. J. [1933], S. 130.

10 Beurteilungen verschiedener SA-Dienststellen (1936), StA HH, Dozenten- und Personalakten, IV 1192, Bd. 3.

11 Zu Anschütz s. Grüttner 2004, S. 14.

12 Siehe die Stellungnahmen in StA HH, Dozenten- und Personalakten, IV 1192.

13 StM Wacker (REM) an Reichsamtsleiter des NSDDB (Schultze), 31.5.1937, BAB, R 4901, 13431.

14 BAB, R 4901, 13431 und Tilitzki 2001, S. 680–686.

15 H. Noack, *Symbol und Existenz der Wissenschaft. Untersuchungen zur Grundlegung einer philosophischen Wissenschaftslehre*, Halle/S. 1936, sowie Tilitzki 2001, S. 685–686 und S. 1370; Meran 1991, S. 465 ff. sowie Schriftenverzeichnis (zu Fragebogen vom 9.6.1945), StHH, Dozenten- und Personalakten, IV 1192, Bd. 1.

16 Noack 1936, bes. S. 2 und S. 220–227. Gegengelesen und durchgesehen wurde Noacks Arbeit vor der Drucklegung von Joachim Ritter (ebd., S. VI).

17 Tilitzki 2001, S. 1197–1272 und Meran 1991, S. 466.

18 RSHA, SD II: Übersicht über die weltanschaulich-politische Haltung der Philosophieprofessoren auf den Universitäten in Deutschland bzw. die Kurzberichte über die deutschen Philosophie-Professoren [1941], BAB, R 4901, 12444. Siehe auch G. Leaman/ G. Simon, Deutsche Philosophen aus der Sicht des Sicherheitsdienstes des Reichsführers SS. In: *Jahrbuch für Soziologie 1992*, Opladen 1994, S. 260–292 und dies., *SD über Philosophie-Professoren*. In: http://homepages.uni-tuebingen/gerd.simon/philosophendossiers.pdf (Zugriff 15.11.2008) sowie I. Korotin, Deutsche Philosophen aus der Sicht des Sicherheitsdienstes des Reichsführers SS – Schwerpunkt: Österreich. In: M. Heinz / G. Gretić (Hg.), *Philosophie und Zeitgeist im Nationalsozialismus*, Würzburg 2006, S. 45–65.

19 Beurteilung Noacks durch den NSD-Dozentenbund Hamburg (Anschütz), 12.3.1942 bzw. Stellungnahme des Gauhauptstellenleiters (Bülow) zum Gutachten von Anschütz, 16.1.1943, StA HH, Dozenten- und Personalakten, IV 1192, Bd. 3, Bl. 40.

20 Zur Wissenschaftspolitik des Amtes Rosenberg, insbesondere im Bereich der Philosophie, siehe R. Bollmus, *Das Amt Rosenberg und seine Gegner. Studien zum Machtkampf im nationalsozialistischen Herrschaftssystem*, Stuttgart 1970; E. Piper, *Alfred Rosenberg. Hitlers Chefideologe*, München 2005; M. Leske, *Philosophen im ›Dritten Reich‹. Studie zu Hochschul- und Philosophiebetrieb im faschistischen Deutschland*, Berlin 1990; G. Leaman, Philosophy, Alfred Rosenberg and the Military Application of the Social Sciences. In: *Jahrbuch für Soziologiegeschichte 1992*, Opladen 1994, S. 241–260; ders., Deutsche Philosophen und das ›Amt Rosenberg‹. In: I. Korotin (Hg.), *›Die besten Geister der Nation‹. Philosophie und Nationalsozialismus*, Wien 1994, S. 41–65; M. M. Roß, ›Die staatsgründende Tat‹ – Alfred Baeumler und die Politisierung der Ästhethik. In: ebd., S. 66–86 und Tilitzki 2001, S. 605–612.

21 Baeumler an Mattiat (REM), 4.4.1936, BAB, R 4901, 13431.

22 Noack 1937/38 (Verweis auch bei Tilitzki 2001, S. 1370).

23 BAB, NS 15, 312 sowie Tilitzki 2001, S. 955–961 und Leaman 1994b, S. 244–246.

24 Zur Konkurrenzsituation der Kulturrauborganisationen in Paris vgl. R. Ray, *Annäherung an Frankreich im Dienste Hitlers. Otto Abetz und die deutsche Frankreichpolitik 1930–1942*, München 2000, S. 340–374 oder U. Pfeil, Archivraub und historische Deutungsmacht. Ein anderer Blick in die deutsche Besatzungspolitik in Frankreich. In: *Francia* 33 (2006), S. 163–194.

25 Zum Kunst-und Kulturraub siehe etwa L. H. Nicolas, *Der Raub der Europa. Das Schicksal der europäischen Kunstwerke im Dritten Reich*, München 1995; A. Heuss, Die ›Beuteorganisation‹‹ des Auswärtigen Amtes. Das Sonderkommando Künsberg und der Kulturgutraub in der Sowjetunion. In: *Vierteljahreshefte für Zeitgeschichte* 45 (1997), S. 535–556; dies., *Kunst- und Kulturgutraub. Eine vergleichende Studie zur Besatzungspolitik in Frankreich und der Sowjetunion*, Heidelberg 2000; H. Feliciano, *Das verlorene Museum. Vom Kunstraub der Nazis*, Berlin 1998; J. Petropoulos, *Kunstraub und Sammelwahn. Kunst und Politik im Dritten Reich*, Berlin 1999, S. 164–227; W. d. Vries, *Sonderstab Musik. Organisierte Plünderungen in Westeuropa*, Köln 1998; S. C. Sutter, Looting of Jewish Collections in France by the Einsatzstab Reichsleiter Rosenberg. In: R. Dehnel (Hg.), *Jüdischer Buchbesitz als Raubgut*, Frankfurt/M. 2006, S. 120–134; S. Lehr, *Ein fast vergessener ›Osteinsatz‹. Deutsche Archivare im Generalgouvernement und im Reichskommissariat Ukraine*, Düsseldorf 2007 oder E. Piper, Der Einsatzstab Reichsleiter Rosenberg. In: I. Bertz/M. Dorrmann (Hg.), *Raub und Restitution, Kulturgut aus jüdischem Besitz*, Göttingen 2008, S. 113–119.

26 Siehe etwa Gutachten des Senats der Universität Hamburg zu Noack,

undatiert [1949], StA HH, Dozenten- und Personalakten, IV 1192, Bd. 3, Bl. 60 f.

27 Schon als Wehrmachtsoffizier hatte Noack, etwa vor Ortsgruppen der ›Niederländisch-deutschen Kulturgemeinschaft‹ oder in Offizierskasinos in den besetzten Niederlanden, Vorträge zum »deutschen Geschichtsbewußtein« oder zur »national-sozialistische[n] Weltanschauung« gehalten. Vgl. Noack an den Hamburger Rektor Gundert, 15.5.1941, StA HH, Dozenten- und Personalakten, IV 1192, Bd. 3.

28 Vgl. diverse Aufzeichnungen über Telefongespräche des Zentralamts des ERR mit anderen Dienststellen des ERR, Mai 1944, NS 30, 27.

29 Siehe P. Kennedy Grimsted, Roads to Ratibor. Library and Archival Plunder by the Einsatzstab Rosenberg. In: *Holocaust and Genocide Studies* 19 (2005), S. 390–458, und dies. 2006.

30 Noack an Haupteinsatzführer Mücke (ERR, Stabsführung, Abt. IV), 17.11.1944, BAB, NS 30, 37, sowie Tilitzki 2001, S. 1142–1145.

31 Siehe dazu Kennedy Grimsted 2005, bes. S. 415 f. Nach 1945 widmete sich Gerd Wunder der württembergischen Landesgeschichte und arbeitete als Gymnasiallehrer in Schwäbisch Hall. In der Festschrift zu seinem 65. Geburtstag wird seine Dienstzeit als Wissenschaftler in »einer Parteidienststelle« zu einer Art Widerstandsgeschichte umgedeutet. Vgl. D. Wunder, Gerd Wunder. In: Historischer Verein für Württembergisch Franken (Hg.), *Festschrift für Gerd Wunder*, Schwäbisch Hall 1974, S. 7–13, S. 8.

32 Ritter an Wunder (ERR, Stabsführung/Hautpabteilung Erfassung und Sichtung Ratibor), 19.3.1944, BAB, NS 30, 37.

33 Kanzlei Rosenberg, Stichwortprotokoll des Termins von Härtle bei RL Rosenberg, 25.3.1943 (16:22–16:34 Uhr), NS 8, 131, Bl. 53. Neben Noack war auch Erich Hochstetter ins Gespräch gebracht worden, der erst im Oktober 1942 von der Leibniz-Edition der Preußischen Akademie der Wissenschaften in Rosenbergs Hauptamt Wissenschaft gewechselt war. Hochstetter war zugleich nichtbeamteter außerordentlicher Philosophie-Professor an der Berliner Universität. Im Juni 1943 stellte er Noack anlässlich einer möglichen Berufung nach München ein außerordentlich lobendes Gutachten aus. Siehe Hochstetter, Gutachten über Prof. Dr. Hermann Noack, BAB, NS 15, 236; DBFU, Hauptamt Wissenschaft, Amt Wissenschaftsbeobachtung und -wertung (Erxleben) an Partei-Kanzlei der NSDAP (Looft), 27.4.1943, Bl. 212–223. Zu Hochstetter vgl. Tilitzki 2001, S. 753 f.; zu Härtle Leaman 1993, S. 90 und Grüttner 2004, S. 69; zu Harmjanz ebd., S. 70.

34 Siehe Thiel 2004, S. 123 f. Vgl. Liste ›Uk.-Stellung von Geisteswissenschaftlern‹ (Vorschläge vom Hauptamt Wissenschaft, durch Schreiben v. 22.6.1943, undatiert, mit namentlicher Auflistung Noacks), BAB, NS 8, 241 bzw. NSDDB, Liste der uk. zu stellenden Wissenschaftler, 15.1.1944, BAB, DS (ehem. BDC), B 38 bzw. BAB, R 87, 386. Siehe dazu auch den Beitrag von Thiel zu Karl Schlechta in diesem Band.

35 Aktennotiz der Staatsverwaltung Hamburg, Abt. Hochschulwesen vom 24.8.1944 und Noack an die Staatsverwaltung Hamburg, Abt. Hochschulwesen, 1.9.1944, StA HH, Dozenten- und Personalakten, IV 1192, Bd. 1.

36 Noack an Rektor Gundert, StA HH, Dozenten- und Personalakten, IV 1192, Bd. 3.

37 Bollmus 1980.

38 Arbeitsgemeinschaft zur Erforschung der bolschewistischen Weltgefahr, Vortragsfolge, 30.10.–2.11.1944, BAB, NS 30, 29. Siehe dazu auch Tilitzki 2001, S. 1142–1145.

39 Tilitzki 2001, S. 1147 f. und 1370.

40 Gutachten des Senats der Universität Hamburg in Sachen Professor Hermann Noack, undatiert [1949], StA HH, Dozenten- und Personalakten, IV 1192, Bd. 3.

41 Siehe etwa Fachausschuss 6a der Universität Hamburg (Wolff) an Berufungsausschuss, 26.9.1947, StA HH, Dozenten- und Personalakten, IV 1192, Bd. 3.

42 Görland an Senat der Universität Hamburg, undatiert [Februar 1949], StA HH, Dozenten- und Personalakten, IV 1192, Bd. 3.

43 Sieverts an Heppe, 25.6.1949, StA HH, Dozenten- und Personalakten, IV 1192, Bd. 1.

44 Kurt Leese belastete Noack im Entnazifizierungsverfahren erheblich. Er hielt Noacks Veröffentlichungen und Äußerungen aus der NS-Zeit für ein »wohldurchdachtes grundsätzliches Bekenntnis zum Nationalsozialismus«. Vgl. Leese, Gutachten Hermann Noack, 11.1.1949, StA HH, Dozenten- und Personalakten, IV 1192, Bd. 3.

45 Zum Wirken an der Evangelischen Akademie Hofgeismar siehe W. Jentsch (Bearb.), *Kommunikation. Aspekte der Sprache und Modelle des Gesprächs. Ein Symposium zum 70. Geburtstag von Prof. Dr. Hermann Noack am 23. Februar 1965*, Kassel 1965 (mit einem um die nationalsozialistisch kontaminierten Titel ›bereinigten‹ Schriftenverzeichnis, S. 88–90); *Hermann Noack in der Evangelischen Akademie Hofgeismar. Dokumentation zum 80. Geburtstag am 23. Februar 1975*, Hofgeismar 1975 und B. Jaspert, *Geschichte der Evangelischen Akademie von Kurhessen-Waldeck* (2 Bde.), Kassel 2003 (mit diversen Verweisen auf Noacks Tätigkeit).

46 Jaspert 2003, Bd. 2, S. 73.

47 Siehe etwa H. Noack, *Die Philosophie Westeuropas im 20. Jahrhundert*, Basel/ Stuttgart 1962, S. 143–164.

48 H. Noack, Vorwort. In: A. Görland, *Die Grundweisen des Menschseins*. Hg. von Hermann Noack, Hamburg 1954 bzw. ders., *Index. Zu Ernst Cassirer. Philosophie der symbolischen Formen, Bd. I–III, 1. Auflage 1923*, Darmstadt [2]1953–1954 bzw. [3]1956–1958; ders., Ernst Cassirer zur Würdigung seines Werkes. In: *Zeitschrift für philosophische Forschung* 8 (1954), S. 446–456.

49 Siehe etwa Noacks Beiträge im Rahmen von Tagungen und Einzelrefe-

raten der Evangelischen Akademie, z. B. H. Noack, Das Rätsel des Bolschewismus. In: *Anstöße* 2 (1955), S. 49–56; ders., Der latente Marxismus der westlichen Welt. In: ebd. 3 (1956), S. 128–135 oder ders., Entfremdungsbegriff vor Marx. In: ebd. 21 (1974), S. 66–78 sowie ders., Die Kritik der Metaphysik bei Comte und Marx. In: ders., *Allgemeine Einführung in die Philosophie. Probleme ihrer gegenwärtigen Selbstauslegung*, Darmstadt 1972, S. 62–79.

Einlassungen und Auslassungen

Karl Schlechta im ›Dritten Reich‹*

1. ›Neuanfang‹?

Das Ende des ›Dritten Reichs‹ bedeutete für den Universitätsphilosophen und Frankfurter städtischen Kulturamtsreferenten Karl Schlechta zunächst das vorläufige Ende seiner Karriere im Wissenschafts- und Kulturbetrieb. Wegen seiner Mitgliedschaft in der NSDAP wurde Schlechta im August 1945 von der amerikanischen Militärregierung entlassen. Aber schon wenige Monate später, im Dezember 1945, konnte er seinen Dienst als Hochschullehrer und Kulturamtsmitarbeiter wieder fortsetzen. Anfang 1946 berief ihn die gerade wieder gegründete Universität Mainz zum außerplanmäßigen außerordentlichen Professor. Hier waren ausdrücklich unbelastete, politisch nicht kompromittierte Wissenschaftler gefragt, die glaubhaft einen demokratischen Neuanfang verkörpern sollten – ein Unterfangen, das sich naturgemäß als schwierig und umstritten erwies.[1] Weitere fünf Jahre später, 1951, erhielt Schlechta einen Ruf auf den Lehrstuhl für Philosophie, Pädagogik und Psychologie an der Technischen Hochschule Darmstadt. In den intellektuellen Debatten der bundesdeutschen Nachkriegsgeschichte erwarb sich der Nietzsche-Herausgeber in den nächsten Jahren den Ruf eines streitbaren und unabhängigen Intellektuellen, eines Geistes von Rang, eines engagierten »Grenzgängers« zwischen Wissenschaft und Kunst.[2] Den Studentenunruhen Ende der 1960er Jahre stand er offener gegenüber als viele seiner Generationsgenossen.[3] Zornig und wehmütig erinnert er sich dabei an den hoffnungsvollen Neuanfang in Mainz: »Wir waren noch einmal – unverdient – davongekommen: Studenten und Professoren. [...] Ich hatte meine Kollegheft, die Niederschriften für meine frühere Tätigkeit an den Universitäten Jena und Frankfurt vernichtet. Es stand kein braunes oder auch nur angebräuntes Wort darinnen; aber ich fühlte, dass man nach dieser beispiellosen Katastrophe anders reden müsse – vom Innersten her anders.«[4] Auch in den Gesprächen mit seiner Tochter nach dem Krieg spielte die Frage »Wie viel wusstet Ihr und wann?« eine wichtige Rolle. Über die moralisch-ethische Dimension machte er sich keine Illusionen: »Wer in meinem Alter ein Mann ist und lebt, der hat seine Ehre verloren – ich wollte leben und lieben und deshalb überlebte ich.« Eine Einladung der Hebrew University in Jerusalem lehnte er mit der Begründung ab, dass er den Menschen in Israel nicht in die Augen schauen könne. Er könne ihnen angesichts der Vergangenheit auch nicht sagen, dass er während des Krieges Nietzsche-Forschung betrieben hätte.[5] In den polemischen Auseinandersetzungen um die ›Schlechta-Ausgabe‹ von Nietzsches Werken[6] – es ging vor allem um die von den damaligen Herausgebern Schlechta und Wilhelm Hoppe aufgedeckten Fälschungen der Nietzsche-Familie, die editorische Qualität der Ausgabe, aber philosophisch auch um das Nihilismus-Problem[7] – spielte die Rolle des Nietzsche-Archivs im ›Dritten Reich‹ eine wichtige Rolle. Die Interpretation eines »produktiven Nihilismus« Nietzsches verwarf Schlechta etwa mit dem bitteren Hinweis, dass ein solcher Nihilismus bisher nur »gelegentlich der Erfindung und Herstellung von Konzentrationslagern und Gaskammern« produktiv gewesen sei.[8] Gleichzeitig aber stilisierte er sich und seine Mitarbeiter als eine »geschlossene Gruppe von Verschworenen«, deren Ziel es gewesen sei, den »wahren, aber inoffiziellen und den offiziellen, jedoch unwahren Nietzsche auseinander zu halten«.[9] Was wie ein Streit über philosophische Interpretationen anmutet, berührt den Kern der wissenschaftlichen Arbeit im Nietzsche-Archiv zwischen 1933 und 1945, mithin Schlechtas Reputation als Wissenschaftler *und* Mensch. Es war ein, wie der wegen seiner jüdischen Herkunft 1934 aus Deutschland vertriebene Karl Löwith scharfsinnig erkannte, redliches, aber problematisches Bemühen um eine Distanzierung von der nationalsozialistischen Vergangenheit.[10]

Es besteht kein Grund, an Schlechtas Aufrichtigkeit zu zweifeln. Auffällig aber ist, dass auch er die eigenen *Einlassungen* beschönigt, Tatsachen weglässt, neu arrangiert oder in andere Zusammenhänge stellt. Mancher heikle Punkt wird gar nicht erwähnt, anderes, wie seine Distanz und Verachtung dem Nationalsozialismus gegenüber oder auch Konflikte, hingegen überbetont.

Karl Schlechta wurde 1904 in der Wiener Vorstadt geboren, dem später als ›Roten Wien‹ apostrophierten Wohnquartier jenseits des Wiener Luxus des ›Fin de siècle‹.[11] Regelmäßig begleitete er den sozialdemokratischen Vater, einen Arbeiter und späteren Technischen Leiter einer Buchdruckerei, zu populärwissenschaftlichen Vorträgen ins Ottakringer Arbeiterheim.[12] Den Ersten Weltkrieg, den Untergang der Donaumonarchie und die Gründung der Republik erlebte er als Gymnasiast. Im aufgewühlten Wien jener Jahre fand er Anschluss an die Jugendbewegung.[13] Nach dem Abitur ging er zunächst nach Deutschland, um an der Technischen Hochschule Dresden Physik, Chemie und Botanik zu studieren. Nach zwei Semestern wechselte er Studienort und -richtung. 1924 schrieb er sich an der Wiener Universität für Philosophie, Geschichte und Literaturgeschichte ein und wurde 1929 mit einer naturphilosophischen Arbeit promoviert. Von Wien aus zog Schlechta nach Frankfurt am Main, wo er sich den intellektuellen ›Kreisen‹ um die bekannten, aber ebenso umstrittenen Altphilologen Karl Reinhardt, Walter F. Otto und dessen Schwiegersohn Max Kommerell anschloss.[14] Kommerell, frisch habilitiert, wurde Schlechtas »vertrautester Freund«. Später sollte er Kommerell sogar seine Habilitationsschrift widmen und sich persönlich beim Frankfurter Oberbürgermeister Krebs für ihn einsetzen, als der Freund in Konflikte mit der NS-Dozentenschaft geriet.[15] Bis zu Kommerells frühem Tod 1944 standen beide in engem Austausch.[16]

Seinen Lebensunterhalt verdiente sich Schlechta in den frühen Frankfurter Jahren mühsam als Privatlehrer, später als freiberuflicher Redakteur und Übersetzer für den ›Internationalen Verband für Wohnungswesen‹ in Frankfurt. Der Verband wurde bis 1933 vom Architekten Franz Schuster, einem der wichtigsten Architekten des ›Neuen Bauens‹ im ›Roten Wien‹ und in Frankfurt, geleitet. Mit der faktischen Schließung des Instituts 1933 verlor Schlechta zunächst seine Existenzgrundlage.[17] Nach der Machtübernahme der Nationalsozialisten entschied er sich dafür, mit seiner Familie in Deutschland zu bleiben und nicht in das krisengeschüttelte Wien zurückzukehren. Christian Tilitzki hat dieses ›frühe Arrangement‹ mit den neuen Machtverhältnissen als »erstaunlich realistisch und weitsichtig« bezeichnet. Was Schlechtas weitere Karriere angeht, so trifft dieses nüchterne Urteil durchaus zu. Seine weiteren Schritte waren in diesem Sinne konsequent. Schlechta stellte zunächst einen Einbürgerungsantrag, dem allerdings erst zweieinhalb Jahre später stattgegeben wurde.[18] Schon im April bzw. Mai 1933, also zu einem sehr frühen Zeitpunkt, trat er der NSDAP und Rosenbergs ›Kampfbund für deutsche Kultur‹ bei.[19] Er hat seinen Parteieintritt später damit begründet – und die meisten Entnazifizierungsgutachten und spätere Einschätzungen folgen ihm darin –, dass er sonst keine Chance gehabt hätte, die deutsche Staatsbürgerschaft zu erlangen und seine Habilitation erfolgreich beenden zu können.[20] Eine ›Überzeugungshandlung‹ waren der Eintritt in die NSDAP und in den ›Kampfbund‹ sicher nicht. Für eine aktive Mitarbeit in der Partei gibt es – von einem »vorübergehend[en] Engagement als ›Blockleiter‹« einmal abgesehen – jedenfalls keine Belege.[21] Vor 1933 hatte er sich politisch nicht positioniert; mit ›Georgeanern‹ wie Kommerell aber teilte er eine spätromantisch-kulturpessimistische Grundstimmung und die tiefe Abneigung gegen die Weimarer Demokratie und die moderne Massengesellschaft. Den ›Zeitgeist‹ verachtete er; in seinen Briefen zwischen 1933 und 1945 finden sich häufig Klagen über die ›Verflachung‹ des gegenwärtigen geistigen Lebens.[22]

Friedrich Nietzsche sollte Schlechtas Leben in den nächsten Jahren bestimmen. Durch Vermittlung von Walter F. Otto, Mitglied des Wissenschaftlichen Ausschusses des Nietzsche-Archivs in Weimar, übernahm er im Mai 1934, zunächst gemeinsam mit Hans Joachim Mette, die ›Historisch-kritische Ausgabe‹ der Schriften und Briefe Nietzsches. Er begann seine Tätigkeit in der Weimarer ›Villa Silberblick‹ zu einem Zeitpunkt, als die ›Faschisierung‹ und ›Nazifizierung‹ des Nietzsche-Archivs bereits weitgehend abgeschlossen war.[23] Als Archivleiterin wachte noch Nietzsches Schwester Elisabeth Förster-Nietzsche argwöhnisch über die schriftliche Hinterlassenschaft ihres Bruders. In der »Höhle der alten Löwin« waren, wie Schlechta rückblickend schreibt, »auch die übrigen großen Raubtiere der Zeit hochwillkommene Gäste gewesen«[24]; unter ihnen mehrfach Hitler selbst oder Alfred Rosenberg, Hitlers ›Chef-Ideologe‹. Hitlers Besuch im ›philosophischen Bayreuth‹ 1934 hatte Schlechta bereits dienstlich zu protokollieren.[25] Als Nietzsches Schwester 1935 starb, ordnete Schlechta gemeinsam mit dem neuen Archivleiter, Förster-

Nietzsches Cousin Max Oehler – Nationalsozialist und früherer Offizier[26] –, ihren Nachlass. Inzwischen Hauptherausgeber, entdeckte er dort wenig später die schon erwähnten Fälschungen Förster-Nietzsches. Öffentlich machte er diese Funde jedoch erst nach 1945: Die Veröffentlichung zum Zeitpunkt der Entdeckung hätte ein Politikum bedeutet, das niemand im Nietzsche-Archiv, auch er nicht, verantworten wollte.[27]

Als Hauptherausgeber hatte Schlechta nicht nur editorische Arbeiten zu leisten. Er musste die freien Mitarbeiter koordinieren, die Absprachen mit dem Vorstand, dem Wissenschaftlichen Ausschuss und der Gesellschaft der Freunde des Nietzsche-Archivs treffen sowie die Kontakte im Umfeld der Nietzsche-Forschungen pflegen.[28] In dieser Funktion hatte er auch immer wieder mit NS-Dienststellen zu tun. Zumeist ging es um Finanzierungsfragen. Druckkostenzuschüsse erhielt die Nietzsche-Ausgabe u. a. vom Thüringischen Volksbildungsministerium, dem Reichserziehungsministerium, der Reichskanzlei und anfangs von der Deutschen Forschungsgemeinschaft (DFG).[29] Letztere übernahm seit 1937 nur noch die Stipendien für die wissenschaftlichen Mitarbeiter.[30] Schlechta erhielt seit Januar 1935, bis zu seinem Wechsel nach Frankfurt im Herbst 1938, ein DFG-Stipendium.[31]

Er entwickelte schnell ein außerordentliches Geschick im Umgang mit den verschiedenen Institutionen und Personen, auch in Konfliktfällen. Als beispielsweise das zu Rosenbergs Einflussbereich gehörende ›Amt Schrifttumspflege‹ den Ersten Band der Historisch-kritischen Ausgabe, Nietzsches Jugendschriften, als nicht förderungswürdig einstufte[32], versuchte er, die rivalisierenden NS-Dienststellen gegeneinander auszuspielen. Dem ›Amt Schrifttumspflege‹ machte er etwa deutlich, dass die Reichskanzlei und Hitler persönlich großes Interesse an der Ausgabe hätten und sie auch finanziell förderten. Unter Einschaltung des Chefs der Reichskanzlei, Lammers, einigten sich Archiv und Amt schließlich im Februar 1939 darauf, künftige Bände der Werkausgabe schon vor der Drucklegung dem Amt vorzulegen.[33] Schlechta war dazu nach Berlin gefahren, um mit Rosenbergs Amtschef Baeumler direkt zu verhandeln.[34] In der Folgezeit schickte er die ›Grundrisse‹ der zur Bearbeitung anstehenden Bände schon vorab an die zuständigen Lektoren des Amtes[35], versorgte Baeumler mit weiteren Archivveröffentlichungen[36] und informierte ihn auch direkt über den Fortgang der Arbeiten.[37] Anfang 1940 suchte er Baeumler erneut auf, um mit ihm und Rosenberg über die »psychologische Seite« des Problems der Fälschungen von Nietzsches Schwester zu sprechen.[38]

Alfred Baeumler, seit 1933 Lehrstuhlinhaber für politische Pädagogik und Philosophie in Berlin und bis 1942 Rosenbergs Amtsleiter ›Wissenschaft‹[39], hatte selbst großes Interesse an Nietzsche und seinen Nachlassverwaltern. Mit Ernst Krieck, später auch mit seinem Amtsnachfolger Heinrich Härtle[40], lieferte er sich einen bizarren Kampf um die nationalsozialistische Nietzsche-Deutungshoheit.[41] Baeumler bezog Schlechta in den nächsten Jahren – nach 1945 wird Schlechta den Konflikt um die Jugendschriften dramatisieren, die späteren guten Kontakte aber nicht mehr erwähnen – auch in seine kaderpolitischen Planungen für eine nationalsozialistische Umgestaltung der Geisteswissenschaften ein. Schlechta erschien ihm, wohl auch aus Mangel an anderen, weltanschaulich vielleicht besser geeigneten Nachwuchsphilosophen, ein viel versprechender Kandidat für die nationalsozialistische Zukunft der Philosophie zu sein. Er lud ihn im Februar 1939 zu einer von ihm geplanten philosophischen Arbeitstagung ein, die diejenigen »revolutionären Kräfte« zusammenfassen sollte, von denen Baeumler glaubte, sie stünden einer nicht näher definierten NS-Philosophie aufgeschlossen gegenüber.[42] Die ausgewählten Philosophen sollten »allmählich eine echte Philosophische Arbeitsgemeinschaft« entwickeln.[43] Die Tagung fand im März 1939 im Herrenhaus von Buderose, dem sog. ›Haus der deutschen Frontdichter‹, statt.[44] In Buderose beteiligte sich Schlechta rege an den Diskussionen und Aussprachen, trug aber selbst nicht als Referent vor. Hier lernte er übrigens auch den Hamburger Dozenten Joachim Ritter kennen, den er als neuen Mitarbeiter für das Nietzsche-Archiv gewinnen wollte.[45] Schon im Mai 1939 trafen sich Baeumler und Schlechta wieder zu »sehr interessante[n] Unterhaltungen«.[46] Für die nächste in Aussicht gestellte »Philosophen-Versammlung« unter Baeumlers Regie in Tirol, die wegen des Kriegsbeginns aber ausfiel, war ein Referat Schlechtas über die naturwissenschaftlichen Schriften Goethes vorgesehen.[47]

Um die Finanzierung der Nietzsche-Ausgabe dauerhaft zu sichern, sondierte Schlechta seit Kriegsbeginn ›auf eigene Faust‹, welche Möglichkeiten es dafür gab. Über den mit ihm befreundeten Kurt Schilling[48] nahm er im November 1939 zunächst Kontakt zu Walter Wüst auf, dem Kurator der SS-Forschungsgemeinschaft ›Ahnenerbe‹. Er besuchte ihn Anfang Februar in München. Parallel dazu verhandelte er mit der Göttinger Dozentenakademie, der Parteiamtlichen Prüfungskommission und weiter mit Baeumler und dem Amt Rosenberg. Nachdem eine Einigung aller Beteiligten zunächst möglich schien, scheiterte das Projekt einer Gemeinschaftsfinanzierung der Nietzsche-Ausgabe durch die genannten NS-Wissenschaftseinrichtungen schließlich im Mai 1940.[49] Am Ende hatte Schlechta sich über- und die Konkurrenzkämpfe innerhalb des NS-Wissenschaftssystems unterschätzt: »[D]as kommt davon, wenn man sich mit den allerhöchsten Herrschaften in den Höhen unseres Geisteslebens einlässt«, kommentierte er sarkastisch.[50] Immerhin aber hatte Baeumler ihm signalisiert, ihn weiter zu fördern, sollte er ein für »unsere Weltanschauung« wichtiges persönliches Projekt beantragen wollen.[51] Baeumler hielt Wort. Ein Jahr später, im April 1941, nach einem Besuch Baeumlers bei Schlechta in Frankfurt und nach Abstimmung mit Hans Wahl – dem Direktor des Goethe-National-Museums und des Goethe- und Schiller-Archivs in Weimar –, schlug Baeumler Rosenberg vor, Schlechta als Herausgeber einer vollständigen Ausgabe von Goethes naturwissenschaftlichen Briefen und Schriften zu gewinnen. Daraus wurde nichts. Schlechta war zu diesem Zeitpunkt bereits zum Militär eingezogen.[52]

Trotz seiner zeitraubenden Beschäftigung am Nietzsche-Archiv hatte Schlechta inzwischen auch seine Universitätskarriere weiterverfolgt. Die Weichen dafür hatten neben Otto vor allem die Brüder Max und Richard Oehler, aber auch die Jenaer Universitätsphilosophen Bruno Bauch und Carl August Emge[53] gestellt. Sie verschafften ihm zunächst einen unbezahlten Lehrauftrag an der Universität Jena, wo er 1936/37 eine kaum besuchte Übung und eine dann besser frequentierte Vorlesung anbot.[54] Bei Bauch, einer der Schlüsselfiguren für die enge Kooperation zwischen der Universität Jena und dem Weimarer Nietzsche-Archiv, dem sog. ›Weimar-Jena-Plan‹[55], habilitierte er sich 1937 mit einer schon in Frankfurt begonnenen Arbeit über Goethe und Aristoteles.[56] Nachdem er 1937 das für angehende Hochschullehrer obligatorische Dozentenlager in Tännich[57] und 1939 das Reichslager für Beamte in Bad Tölz[58] absolviert hatte, stand seiner weiteren akademischen Laufbahn – und seiner

Rückkehr nach Frankfurt – nichts mehr im Wege. Zu Beginn des Wintersemesters 1938/39 war er wieder in Frankfurt; Anfang 1939 nahm er dort auch seine Lehrtätigkeit auf.[59] In der Themenwahl seiner Lehrveranstaltungen, zunächst Übungen, wählte er ›normale‹ philosophische Themen, aus naheliegenden Gründen vor allem zu Nietzsche.[60]

Schlechta wollte zwar die »fragwürdige Laufbahn eines Gelehrten«[61] einschlagen, tat dies aber nicht ohne materielle Absicherung. Seit Oktober 1938 arbeitete er hauptberuflich als Referent im Städtischen Kulturamt von Frankfurt. Auch diese Stelle war ihm von Richard Oehler, seit 1927 Generaldirektor aller Frankfurter Bibliotheken und der Universitätsbibliothek[62], vermittelt worden. Als persönlicher Mitarbeiter des parteilosen Kulturdezernenten und Amtsleiters Rudolf Keller und Oehlers hatte er genügend Zeit und Freiraum, sich sowohl um seine Universitätslaufbahn als auch um die Weiterführung der Nietzsche-Ausgabe zu kümmern. Oberbürgermeister Krebs hatte sich ausdrücklich dafür ausgesprochen, dass er die Nietzsche-Ausgabe nicht aufgab.[63] Mit Blick auf seine zukünftige Karriere befand sich Schlechta durch seine vierfache Verankerung im engeren und weiteren Wissenschaftsfeld – Kulturamt, Universität, Nietzsche-Archiv und Rosenberg-Netzwerk – in einer komfortablen Situation, zumal er am 1. November 1939 auch zum Dozenten und Beamten auf Widerruf mit festen Bezügen ernannt worden war. Politische Bedenken waren von keiner Seite erhoben worden.[64]

Schlechtas Universitätskarriere wurde durch den Krieg unterbrochen. Am 10. Januar 1941 erfolgte seine Einberufung, zunächst zu einer Nachrichteneinheit nach Hofgeismar bei Kassel.[65] In Hofgeismar war er zunächst damit beschäftigt, eine Geschichte des Militärstandortes zu schreiben. Freude am »Barras« empfand er nie.[66] Den größten Teil seiner Kriegszeit verbrachte er als Obergefreiter in Süditalien. Anfang Mai 1944 wurde »das ganz Unwahrscheinliche [...] Wirklichkeit« und Schlechta völlig überraschend »unabkömmlich« gestellt, also entlassen.[67] Im Rahmen einer konzertierten Aktion hatten sich das Reichserziehungsministerium, die Parteikanzlei, das formal zuständige Planungsamt im Reichsforschungsrat und die für Wissenschaft zuständigen Abteilungen des SD und des Amtes Rosenberg auf eine gezielte Aktion zur ›Uk.‹-Stellung von mehr als vierzig ausgewählten Geisteswissenschaftlern geeinigt. Sie sollten für anstehende Aufgaben der Nachkriegszeit ›sichergestellt‹ werden. Rosenberg hatte dabei ausdrücklich darauf gedrängt, nur solche Männer vom Wehrdienst freistellen zu lassen, »die für die Weiterführung der nationalsozialistischen Forschung von entscheidender Bedeutung« wären.[68] Schlechta stand auf der Wunschliste des Amtes Rosenberg.[69] Schon seit Januar 1943 hatte sich das Amt Rosenberg um seine Freistellung für die Nietzsche-Ausgabe bemüht. Auch nach dem Wechsel in der Leitung des ›Hauptamtes Wissenschaft‹ von Baeumler auf Härtle hatte die Nietzsche-Ausgabe dort weiter hohe Priorität.[70]

Schlechta stürzte sich sofort wieder auf die Arbeit. Seine Lehrveranstaltungen in Frankfurt nahm er allerdings erst zum Wintersemester 1944/45 wieder auf.[71] Er kümmerte sich vor allem um die ins Stocken geratene Nietzsche-Ausgabe in Weimar. Sofort nach seiner Entlassung schrieb er die noch verbliebenen Mitarbeiter an und organisierte die nächsten Arbeiten.[72] Sein großer Eifer hatte vor allem zwei Gründe. Zum einen hatte er Angst, wieder eingezogen zu werden. Zum anderen hatte er viel Zeit verloren: »[I]ch möchte nach 3 ½ Jahren Kommis nicht nur für die Aufgabe [der Nietzsche-Ausgabe] sondern auch für mich wieder etwas wissenschaftlich arbeiten dürfen: ich sehe mehr als genug, wie sehr ich ins Hintertreffen gekommen bin – ich habe seit fast 4 Jahren nichts publiziert und Sie wissen, was das für einen Universitätslehrer bedeutet.«[73] In der Kriegszeit hatte er tatsächlich nur eine kleine Erasmus-Schrift in Albert Erich Brinckmanns Schriftenreihe ›Geistiges Europa‹ veröffentlichen können.[74] Auch Berufungsverfahren in Kiel – noch von Baeumler, der nun für den Aufbau der ›Hohen Schule‹ zuständig war[75], unterstützt[76] – und in Jena waren 1943 und 1944 gescheitert; zumindest in Jena, wie er vermutete, möglicherweise aus politischen Vorbehalten.[77] Zu Kriegsende befand sich Schlechta in Frankfurt. Vorübergehend entlassen, konnte er seine Karriere schon Ende 1945 fortsetzen.

3. *Exkurs: Karl Schlechta und die Frage nach den ›jüdischen Archivalien‹*

In der ›solidarischen‹ Gemeinschaft gegenseitigen Entnazifizierens spielten neben den eigenen Einlassungen auch die Loyalitätsbekundungen anderer Kollegen eine wichtige Rolle. Im Falle Schlechtas verbürgten sich die Angehörigen der Fakultät, Mitarbeiter des Kulturamts oder angesehene Funktionsträger des öffentlichen Lebens in Frankfurt für ihn. Da waren zunächst seine engeren Fakultätskollegen: der Althistoriker Guido von Kaschnitz-Weinberg, der Schweizer Althistoriker Matthias Gelzer, der Romanist Erhard Lommatzsch und der Historiker Paul Kirn.[78] Aus dem Umfeld des Nietzsche-Archivs und der Nietzsche-Ausgabe hatte Schlechta Otto Richard Leutheußer, den Vorstandsvorsitzenden der Stiftung Nietzsche-Archiv, benannt. Leutheußer war jedoch schon im April 1945 in Weimar gestorben. Unter Schlechtas Entlastungszeugen fehlten, aus guten Gründen, zwei Namen: der des 1945 oder 1946 in sowjetischer Haft verstorbenen Max Oehler und der seines Bruders Richard, der 1945 aus allen Ämtern entlassen worden war. Beide waren durch ihre Aktivitäten während des ›Dritten Reichs‹ kompromittiert.[79]

Die Namen der anderen Entlastungszeugen hingegen schienen unverdächtig[80]. Der weiter amtierende Kulturamtsleiter Rudolf Keller konnte Schlechta bescheinigen, dass er während seiner Tätigkeit im Amt stets die »Kulturpolitik der nationalsozialistischen Periode« bekämpft und sich für »die Erhaltung und Wahrung des kulturellen Erbes der vergangenen Zeit« eingesetzt habe. Aus seiner »ablehnenden Haltung« zur Partei habe Schlechta, obschon Parteimitglied, »niemals ein Hehl gemacht«.[81] Ernst Holzinger, Direktor des Städelschen Kunstinstituts und der Skulpturensammlung des Liebieghauses, bescheinigte ihm eine »völlige persönliche und geistige Unabhängigkeit und Freiheit gegenüber dem Nationalsozialismus«.[82] Alfred Wolters schließlich, Direktor der im Städel integrierten Städtischen Galerie, empfand die Entlassung Schlechtas als eine »drückende Ungerechtigkeit«. In zahlreichen, offenen Gesprächen habe er ihn als einen »leidenschaftliche[n] Feind der nationalsozialistischen Ideen« kennen gelernt, der in seiner amtlichen Tätigkeit nie die »kleinste Reverenz vor dem Nationalsozialismus« gemacht habe.

Vor dem Hintergrund der neueren Forschungen zur Arisierung und zum nationalsozialistischen Kunst- und Kulturgutraub wird das Wirken der beiden Museumsdirektoren Wolters und Holzinger und des Kulturamtsleiters Keller inzwischen sehr kritisch gesehen.[83] Auch Schlechtas Tätigkeit im Kulturamt verdient in diesem Zusammenhang, genauer untersucht zu werden. Nicht nur Frankfurts Stadtverwaltung, sondern auch die Frankfurter Museen, Bibliotheken und Archive waren aktiv an der Ausplünderung ihrer jüdischen Mitbürger beteiligt, im Falle der drei Direktoren Holzinger, Wolters und Oehler auch direkt an den Kulturgutraubaktionen in den besetzten Gebieten.[84] Der parteilose Wolters wurde im Mai 1939 zum ›Spezialsachverständigen in Kunstfragen‹ ernannt. Zentrale Aufgabe der ›Spezialsachverständigen‹ war es, den »Schutz des deutschen Kulturgutes gegen Abwanderung« zu sichern, sprich, die weitere »Abwanderung« des jüdischen Vermögens durch Unterbindung des Transfers ins Ausland zu verhindern.[85] Kulturamtsleiter Keller hatte nach der deutschen Besetzung Frankreichs, Belgiens und der Niederlande 1940 bei Oberbürgermeister Krebs regelrechte ›Beutefahrten‹ nach Paris angeregt, um auf dem durch die Kriegsereignisse und die Entrechtung der Juden ›überschwemmten‹ Kunstmarkt billig Kunstwerke erwerben zu können. Ähnliche ›günstige Einkaufsmöglichkeiten‹ ergaben sich wenig später in den besetzten und ausgeplünderten Gebieten im Osten. Auch hier wurden Kulturamt und Frankfurter Museen aktiv.[86] Im August 1941 ernannte das Reichserziehungsministerium Holzinger und Oehler zu ›Sachverständigen zur Sicherung und Verwertung von deutschem Kulturgut aus jüdischem Besitz für Zwecke des Reiches‹. Sie sollten dafür sorgen sollten, dass die Kulturgüter der deportierten und ermordeten deutschen Juden möglichst vollständig in staatlichen oder städtischen Besitz übergingen. Das Kulturamt und sein Leiter Keller selbst waren an den damit verbundenen Verhandlungen, Überprüfungen und Besichtigungen aktiv beteiligt.[87]

Richard Oehler schließlich, in beiden genannten Bereichen ›Spezialsachverständiger‹, spielte als Generaldirektor der Bibliotheken eine zentrale Rolle bei der Aneignung von kostbaren Büchern und Privatbibliotheken aus dem Besitz jüdischer Bürger, so etwa beim Erwerb der berühmten ›Dirmstein-Handschriften‹[88] oder bei der ›Sicherstellung‹ des Kulturguts der Frankfurter Jüdischen Gemeinde nach dem Novemberpogrom von 1938. Die kostbare und umfangreiche Sammlung der jüdischen Gemeindebibliothek war für die Bestände der Judaica-Sammlung des im Aufbau befindlichen ›Instituts zur Erforschung der Judenfrage‹ in Frankfurt bestimmt, dessen Gründung Oehler unterstützte.[89] Oehler beschlagnahmte aus der Jüdischen Gemeindeverwaltung, dem Jüdischen Museum und einigen Synagogen in einer mehrtägigen Aktion 30–40.000 Bücher, Archivalien sowie Thorarollen; seine Kollegen vom Stadtarchiv, Harry Gerber, und vom Städtischen Museum, Ernstotto Graf Solms zu Laubach, raubten für ihre Zwecke weitere Urkunden, Kult- und Kulturgegenstände.[90] Dabei blieben Konflikte mit anderen Dienststellen nicht aus.[91] Insbesondere die Geheime Staatspolizei und der SD hatten großes Interesse, die Sammlungen in ihren Besitz zu bekommen. Heydrich persönlich war deshalb im Juni 1939 zu Verhandlungen mit Krebs nach Frankfurt gekommen. Den Machtkampf entschied schließlich der SD für sich. Sämtliche geraubten Büchersammlungen aus Frankfurt gelangten im Sommer 1939 zur Konzentrierung der ›Judenbibliotheken‹ nach Berlin ins SD-Hauptamt.[92] Die trotz dieses ›Verlustes‹ immer noch bedeutende Frankfurter Judaica- und Hebraica-Sammlung ging, wie geplant, an das 1941 gegründete ›Institut zur Erforschung der Judenfrage‹[93] über, als dessen Mitbegründer sich Oehler sah.[94] Die kostbaren Sammlungen verblieben im Besitz der Frankfurter Stadtbücherei und damit im direkten Dienstbereich von Oehler; die Bibliotheksmitarbeiter des Instituts standen zunächst formal im städtischen Bibliotheksdienst, obwohl sie organisatorisch und inhaltlich dem Amtsbereich Rosenberg und seiner im Aufbau befindlichen ›Hohen Schule‹ zugeordnet waren.[95]

Alle diese Fragen berührten auch Schlechtas amtliche Tätigkeit in Frankfurt, seinen eigentlichen ›Hauptberuf‹ im Kulturamt. Er war als Kulturreferent offiziell vom 1. Oktober 1938 bis zum 25. Mai 1945 für die Betreuung der wissenschaftlichen und künstlerischen Einrichtungen der Stadt Frankfurt zuständig. Bis zu seiner Einberufung Anfang 1941 gehörte die Zusammenarbeit mit den genannten Museen, der Stadtbücherei und dem Stadtarchiv zu seinen eigentlichen Aufgabenfeldern. Er hatte in diesem Zusammenhang politische, personalpolitische, bildungspolitische und museale Entscheidungen vorzubereiten und im Vertretungsfall auch zu entscheiden.[96] Sein Dienstzimmer befand sich zumindest zeitweilig im Gebäude der Städtischen Bücherei.[97] Regelmäßig nahm er auch an den Ratssitzungen und Vorträgen bei Oberbürgermeister Krebs, den er zudem über seine Ehefrau privat kannte, teil. Ohne Zweifel hat Schlechta sich für die Belange des einst blühenden Frankfurter Kultur- und Kunstlebens eingesetzt.[98] Offen ist, ob und inwieweit er persönlich in die »Raubzüge« (Kingreen) der Stadt- und Kulturverwaltung einbezogen war, oder auch, was er wusste oder wissen konnte. Bei den mehrtägigen Beschlagnahmungen in der jüdischen Gemeindeverwaltung im November 1938[99], an der sich Oehler und seine Mitarbeiter maßgeblich beteiligten, war Schlechta schon über einen Monat im Dienst. Die umfangreichen Beschlagnahmungen konnten ihm nicht verborgen geblieben sein. Mit der »Frage der jüdischen Archivalien« und den entsprechenden Verhandlungen mit dem Direktor des Frankfurter Stadtarchivs, Harry Gerber, hatte er unmittelbar dienstlich zu tun. Als Richard Oehler im Sommer 1940 für mehrere Wochen im besetzten Belgien weilte[100], erkundigte sich Schlechta bei Oehler, ob er in dieser Sache selbst Oberbürgermeister Krebs Bericht erstatten solle.[101] Ob es dazu kam, ist offen. Genauen Aufschluss über seine Tätigkeit wird erst eine gründliche Auswertung der entsprechenden Protokolle im Frankfurter Stadtarchiv bringen. Mit der ›Verwertung‹ des jüdischen Vermögens nach den Deportationen ab 1941/1942 hatte Schlechta allerdings nichts mehr zu tun; seit Januar 1941 war er zur Wehrmacht eingezogen.

Aber bereits im Zusammenhang mit der Nietzsche-Ausgabe hatte sich Schlechta Mitte der 1930er Jahre mit Dokumenten aus ›jüdischer‹ Provenienz befassen müssen. So hatten er und sein Mitherausgeber Mette 1936 versucht, den inzwischen abgerissenen Kontakt zu Stefan Zweig aufzunehmen. Zweig war 1934 aus Salzburg nach London emigriert. In seiner berühmten Autografensammlung befanden sich einige für die Edition wichtige Dokumente.[102] Schlechta hat sich mit Fragen der NS-Vergangenheit später auseinandergesetzt, seine Rolle aber im Unklaren gelassen und möglicherweise auch hier Legendenbildungen Vorschub geleistet. Abwegig scheint jedenfalls eine von seiner Tochter kolportierte Behauptung, Schlechta habe das Nietzsche-Archiv 1938 verlassen, weil man »zwei seiner jüdischen Mitarbeiter geholt hätte«.[103] Solche Äußerungen verraten – um mit seinen eigenen Worten zu sprechen – eher die

Symptome einer »nationale[n] Krankheit«: der »Neigung zum höheren Schwindel«.[104]

4. Fazit

»Man war in der Partei gewesen«[105]; so hat Karl Schlechtas Tochter die *Einlassungen* ihres Vaters auf den Nationalsozialismus beschrieben. Unbestritten bedeutete der Eintritt in die NSDAP und das weitere Engagement im nationalsozialistischen Sinne ein äußerliches Bekenntnis zum neuen Staat. Er war eine wichtige, wenn auch nicht immer notwendige Voraussetzung für den weiteren Karriereweg. Vor allem in den ›weltanschaulich‹ besonders sensiblen Disziplinen erwarteten die zuständigen Gremien in den Universitäten und Hochschulen, in Partei und im Erziehungsministerium das sichtbare Engagement der jungen, aufstiegswilligen Wissenschaftler für den NS-Staat. Dem konnte sich kaum ein junger Gelehrter entziehen. Im Zuge der Bemühungen der Neuausrichtung des Hochschullehrerberufs in den 1930er Jahren verschärfte sich dieser Druck. Mut, Solidarität und Verantwortungsgefühl gegenüber den seit 1933 diskriminierten und ausgeschlossenen Kollegen waren möglich, aber selten. Die Regel war das Schweigen – und die geräuschlose Übernahme der durch Vertreibung, Verfolgung und Emigration frei geworden Stellen und Lehrstühle. Viele junge, aber auch ältere Wissenschaftler wollten sich dem neuen ›Zeitgeist‹ aber auch gar nicht widersetzen, weil ihre Ideenwelt, ihre mentalen Prägungen und Dispositionen, ihre Deutungsmuster und Denkfiguren[106], durchaus Schnittmengen zu den Ideologemen des Nationalsozialismus aufwiesen. Aber auch die ›Brotfrage‹[107] und die Unwägbarkeiten des »akademische[n] Hasard[s]«[108] spielten eine Rolle. Entschieden sich junge Wissenschaftler aber 1933 dafür, in Deutschland zu bleiben und hier Karriere zu machen, hatte das zwangsläufig Folgen. Die Frage hieß nun nicht mehr, *ob*, sondern nur noch, *bis zu welchem Grade* ›man‹ sich auf die neuen Verhältnisse einließ. Abgesehen von den individuellen Besonderheiten zeigt das Beispiel Karl Schlechtas, dass es nach 1933 kein Zurück mehr in einen ›unschuldigen‹ Zustand gab. Schlechta hat die geforderte Anpassungsleistung, wie die allermeisten seiner Kollegen, im Interesse seines beruflichen und wissenschaftlichen Weiterkommens erbracht. Er hat aber auch offensiv die Zusammenarbeit mit NS-Dienststellen zur Finanzierung der Nietzsche-Ausgabe gesucht. Seine vermeintlich ›unpolitische‹ Tätigkeit im Frankfurter Kulturamt machte ihn zumindest zum Zeugen oder Mitwisser der Ausraubung und Ausplünderung jüdischer Mitbürger und des Kunst- und Kulturgutraubes in den besetzten Gebieten.

Den *Einlassungen* im ›Dritten Reich‹ folgten nach 1945 fast folgerichtig absichtsvolle *Auslassungen*, Entlastungsstrategien des Verdrängens, Schweigens oder der Umdeutungen, insbesondere dann, wenn es um die ganz konkrete eigene ›Verwicklung‹ ging.[109] Die »Zusammenarbeit mit Baal« hatte die »Substanz des Menschen« angefressen, wie es der 1936 ins Exil gegangene Romanist Leo Spitzer 1946 an seinen in Deutschland verbliebenen Kollegen Hugo Friedrich schrieb.[110]

Noch eines kommt hinzu. Die Auseinandersetzungen um die NS-Vergangenheit, von denen hier die Rede ist, waren vor allem Angelegenheit derjenigen, die sich mit dem Nationalsozialismus arrangiert hatten. ›Man‹ war im Prinzip unter sich, in der Solidargemeinschaft einer durch die Doppelerfahrung von ›Dritten Reich‹ und Entnazifizierung ›homogenisierten‹ Akademikerschaft.[111] Remigranten etwa wurden dabei oft als störend empfunden. Dabei wäre genau dieser Blick von außen dringend nötig gewesen, der Blick derer, die seit 1933 von jenen Karrieremöglichkeiten radikal ausgeschlossen worden waren, über die ihre im ›Reich‹ verbliebenen Kollegen nun klagend sinnierten – oder schwiegen. Es waren nicht von ungefähr Remigranten wie Karl Löwith, die die neue »Nietzsche-Legende« Schlechtas kritisch hinterfragten.[112] Und es war sicher auch kein Zufall, dass der ebenfalls aus dem Exil zurückgekehrte Frankfurter Sozialphilosoph Max Horkheimer im Februar 1951 Einspruch gegen die schon erfolgte Berufung Schlechtas nach Darmstadt erhob. Horkheimer, Direktor des Frankfurter Instituts für Sozialforschung, befürchtete, dass Wissenschaftler, die sich während des ›Dritten Reichs‹ »zweideutig und opportunistisch« verhalten hätten, »bei nächster Gelegenheit« wahrscheinlich wieder »umfallen« würden.[113] Horkheimer kannte die Frankfurter Verhältnisse gut. 1933 hatte er dort die Schließung seines Instituts erlebt. Dabei war auch die Institutsbibliothek beschlagnahmt worden – unter aktiver Beteiligung Richard Oehlers.[114] Dass der Nietzsche-Kenner Horkheimer[115] einem Mitarbeiter des Nietzsche-Archivs im ›Dritten Reich‹ und früheren Protegé Oehlers und Baeumlers grundsätzlich misstraute, verwundert vor diesem Hintergrund nicht.

Schlechtas *Einlassungen* waren keineswegs eine ›Randerscheinung‹, sondern die Regel: »Nahezu alle im Dritten Reich lehrenden Geisteswissenschaftler haben dem Nationalsozialismus in der einen oder anderen Weise ihre Reverenz erwiesen.«[116] Genau das aber ist immer noch erklärungsbedürftig.

Anmerkungen

* Für Anregungen, Hinweise und Diskussionen danke ich Sabine Arend, Matthias Berg, Hans-Christian Bresgott, Thomas Brose, Sybille Gerstengarbe, Michael Grüttner, Monica Kingreen, Christoph Roolf, Dirk Rupnow, Hans Jörg Sandkühler, Katja Thiel, Peter Th. Walther und Hansjakob Ziemer ganz herzlich.

1 Vgl. M. Kißener, Kontinuität oder Wandel? Die erste Professorengeneration der Johannes Gutenberg-Universität Main. In: ders./ H. Mathy (Hg.), *Ut omnes unum sint (Teil 1). Gründungspersönlichkeiten der Johannes Gutenberg-Universität*, Stuttgart 2005, S. 98–123; H. Mathy, *Die erste Landesuniversität von Rheinland-Pfalz. Studien zur Entstehungsgeschichte der Johannes Gutenberg-Universität*, Mainz, und ders., Josef Schmid (1898–1978). Der umstrittene Gründungsrektor der Johannes Gutenberg-Universität 1945–1947. In: ebd., S. 57–79; vgl. auch C. Defrance, Die Franzosen und die Wiedereröffnung der Mainzer Universität 1945–1949. In: G. Clemens (Hg.), *Kulturpolitik im besetzten Deutschland 1945–1949*, Stuttgart 1994, S. 117–130.

2 W. Jens, Nachwort. In: K. Schlechta, *Worte ins Ungewisse. Rundfunkreden*, Darmstadt 1969, S. 131–133. Schlechta schrieb neben wissenschaftlichen Werken und essayistischen Reflexionen unter dem Pseudonym ›Franz Zöchbauer‹ auch mehrere Romane.

3 K. Schlechta, Studentenunruhen als sozialkritisches Symptom. In: ebd., S. 94–99, hier S. 98.

4 Ebd., S. 97.

5 E. Nordentoft, *Wie konnte es geschehen? Karl Schlechta und Nietzsche – Die Erinnerungen einer Tochter. Vorlesung zur Eröffnung der Büchersammlung ›Nietzsche-Schlechta‹ am 11. Juni 2002 auf der Theologischen Fakultät zu Aarhus, Dänemark.* In: http://www.teo.au.dk/3/enhed/afdelinger/syst/sns/vorlesung (Zugriff 15.11.2008).

6 F. Nietzsche, *Werke in drei Bänden*. Hg. v. K. Schlechta, München 1954–1956.

[7] K. Schlechta, Philologischer Nachbericht zu Nietzsche. In: ebd., Bd. III, S. 1383–1432; ders. *Der Fall Nietzsche. Aufsätze und Vorträge*, München 1958; N. Kapferer, Entnazifizierung und Rekonstruktion versus Ausbürgerung. Friedrich Nietzsche in der philosophischen Kultur und politischen Konstellation Deutschlands 1945–1960. In: V. Gerhardt/ R. Reschke (Hg.), *Nietzscheforschung. Ein Jahrbuch* 3, Berlin 1995, S. 37–67, hier S. 53–56.

[8] K. Schlechta, Nietzsche und keine Ende. In: ders., *Der Fall Nietzsche. Aufsätze und Vorträge*, München 1958, S. 99–115, S. 113.

[9] K. Schlechta, Vorwort. In: ebd., S. 9–12, S. 9.

[10] K. Löwith, Zu Schlechtas neuer Nietzsche-Legende. In: *Merkur* 126 (1958), S. 781–784; ders., Karl Schlechta: Der Fall Nietzsche, 2. Aufl., München 1959. In: *Philosophische Rundschau* 7 (1959), S. 119–124.

[11] W. Maderthaner/ L. Musner, *Die Anarchie der Vorstadt. Das andere Wien um 1900*, Frankfurt/M. 1999.

[12] Schlechta 1969, S. 96; Nordentoft 2002.

[13] Autobiographisch-romanhaft auch F. Zöchbauer [d. i. K. Schlechta], *Der Traum von gestern*, München 1956.

[14] N. Hammerstein, *Die Johann Wolfgang Goethe-Universität Frankfurt am Main. Von der Stiftungsuniversität zur staatlichen Hochschule*, Bd. 1: 1914–1950, Neuwied/Frankfurt/M. 1989, S. 88–91 und 107–109; C. Tilitzki, *Die deutsche Universitätsphilosophie in der Weimarer Republik und im Dritten Reich*, Berlin 2001, S. 716 f.; B. Kommerell (Hg.), *Spurensuche*, Gießen 1993; W. Busch/ G. Pickerodt (Hg.), *Max Kommerell. Leben – Werk – Aktualität*, Marburg 2007.

[15] K. Schlechta, *Goethe in seinem Verhältnis zu Aristoteles. Ein Versuch* (1938), Frankfurt/M. 1998. Siehe auch Tilitzki 2001, S. 716 f. und Hammerstein 1989, S. 107–112.

[16] M. Kommerell, *Briefe und Aufzeichnungen. 1919–1944. Aus* dem Nachlass hg. v. I. Jens, Olten/Freiburg 1967; Busch/ Pickerodt 2003 sowie die verstreuten kurzen Briefe in GSA, 72/2023; 72/2025 oder 72/2030.

[17] Schlechta, Fragebogen und Anlage, 31.5.1945, UAF, Abt. 4, 1663. Vgl. auch Hammerstein 1989, S. 716.

[18] Vgl. BAK, R 73, 14309 f. sowie Schlechta, Fragebogen und Anlage, 31.5.1945, UAF, Abt. 4, 1663.

[19] Tilitzki 2001, S. 715. Eintrittsdatum war der 10. April 1933, offizielles Aufnahmedatum der 1. Mai 1933 (Mitgliedsnummer 2.292.735, zur Parteimitgliedschaft auch BAB, PK (ehem. BDC), P 86, 913 f. und 976 sowie R 4901, 13275.

[20] Schlechta, Fragebogen und Anlage, 31.5.1945, UAF, Abt. 4, 1663. Vgl. auch Tilitzki 2001, S. 716 f. und Hammerstein 1989, S. 367.

[21] NSDAP-Gauleitung Hessen-Nassau an Rektor der Universität Frankfurt (Platzhoff), 7.2.1939, UAF, Abt. 4, 1663. Während seines Dienstes bei der Wehrmacht ruhte die Parteimitgliedschaft automatisch. Schlechta hat dies nach 1945 als faktischen Parteiaustritt interpretiert – eine zeitgenössisch üb-

liche Entlastungsstrategie. Vgl. Schlechta, Anlage zum Fragebogen, 31.5.1945, UAF, Abt. 4, 1663.

22 Etwa Schlechta an R. Oehler, 26.5.1936, GSA, 72/2024; zum Frankfurter Fall auch G. Stuchlik, *Goethe im Braunhemd. Universität Frankfurt 1933–1945*, Frankfurt/M. 1984, S. 59–64.

23 Vgl. dazu mit unterschiedlicher Akzentsetzung H. Cancik, Der Nietzsche-Kult in Weimar (II). Ein Beitrag zur Religionsgeschichte der nationalsozialistischen Ära (1942–1944). In: P. Antes/ D. Panke (Hg.), *Die Religion von Oberschichten. Religion – Profession – Intellektualismus*, Marburg 1989, S. 87–116; D. M. Hoffmann, *Zur Geschichte des Nietzsche-Archivs. Chronik, Studien und Dokumente*, Berlin/ New York 1991; R. Wollkopf, Die Gremien des Nietzsche-Archivs und ihre Beziehungen zum Faschismus. In: K.-H. Hahn (Hg.), *Im Vorfeld der Literatur. Vom Wert archivalischer Überlieferung für das Verständnis von Literatur und ihrer Geschichte*, Weimar 1991, S. 227–241; M. Zapata Galindo, Die Rezeption Friedrich Nietzsches im deutschen Faschismus. In: I. Korotin (Hg.), *›Die besten Geister der Nation‹. Philosophie und Nationalsozialismus*, Wien 1994, S. 186–220; dies., *Triumph des Willens zur Macht. Zur Nietzsche-Rezeption im NS-Staat*, Hamburg 1995; S. E. Aschheim, *Nietzsche und die Deutschen. Karriere eines Kults*, Stuttgart 1996, bes. S. 251–328; E. Naake, Die Beziehungen zwischen Elisabeth Förster-Nietzsche und dem Thüringischen Innen- und Volksbildungsminister Wilhelm Frick. In: L. Ehrlich/ J. John (Hg.), *Weimar 1930. Politik und Kultur im Vorfeld der NS-Diktatur*, Köln/ Weimar/ Wien 1998, S. 275–295; E. Naake, E., *Nietzsche und Weimar. Werk und Wirkung im 20. Jahrhundert*, Köln/ Weimar/ Wien 2000, S. 75–139; F. Simon-Ritz/ J. H. Ulbricht, ›Heimstätte des Zarathustrawerkes‹. Personen, Gremien und Aktivitäten des Nietzsche-Archivs in Weimar 1896–1945. In: H. Wilderotter/ M. Dorrmann (Hg.), *Wege nach Weimar. Auf der Suche nach der Einheit von Kunst und Politik*, Berlin 1999, S. 155–176; J. H. Ulbricht, Das Nietzsche-Archiv unter dem Nationalsozialismus. Friedrich Nietzsches Weg durch das Archiv seiner Schwester ins ›Dritte Reich‹ seiner Jünger. In: Stiftung Weimarer Klassik (Hg.), *Das Nietzsche-Archiv in Weimar*, Weimar 2000, S. 159–166; M. Riedel, *Nietzsche in Weimar. Ein deutsches Drama*, Leipzig 2000; T. Mittmann, *Vom ›Günstling‹ zum ›Urfeind‹ der Juden. Die antisemitische Nietzsche-Rezeption in Deutschland bis zum Ende des Nationalsozialismus*, Würzburg 2006.

24 Schlechta, Vorwort. In: ders., *Der Fall Nietzsche. Aufsätze und Vorträge*, S. 10.

25 Protokoll vom 20.7.1934, GSA, 72/1596 (Verweis bei Zapata Galindo 1995, S. 183 f.).

26 Sigismund 2001.

27 Vgl. Schlechta, *Der Fall Nietzsche. Aufsätze und Vorträge.*

28 Korrespondenz in GSA, bes. 72/2019–2037d.

29 Vgl. Zapata Galindo 1995, S. 186 und 195–198.

30 Korrespondenz mit der DFG, GSA, 72/1743. Zur Förderungspolitik der DFG vgl. L. Mertens, *›Nur politisch Würdige‹. Die DFG-Forschungsförderung im Dritten Reich 1933–1937*, Berlin 2004.

31 Dazu detailliert Schlechtas Förderakte bei der DFG, BAK, R 73, 14309 f.

32 Verfasser des negativen, vom Archiv und vom Beck Verlag als ›feindselige Aktion‹ eingestuften Gutachtens war der Hauptlektor Philosophie, Alfred Grunsky; verantwortlich im eigentlichen Sinne aber im Hintergrund Baeumler selbst. Vgl. C. H. Beck'sche Verlagsbuchhandlung an Nietzsche-Archiv, GSA, 72/1737. Zu Grunsky vgl. Tilitzki 2001, S. 688–693 und 1059–1067.

33 Vgl. Korrespondenz in GSA, 72/2029–72/2031 sowie 72/2034. Protokoll der Besprechung von Schlechta und Bökenkamp (Amt Schriftumspflege), 21.9.1938, GSA, 72/2029 und 72/1737. Vgl. auch Zapata Galindo 1995, S. 198 f.; D. Piecha, Nietzsche und der Nationalsozialismus. Zu Alfred Baeumlers Nietzsche-Rezeption. In: C. Niemeyer u. a. (Hg.), *Nietzsche in der Pädagogik? Beiträge zur Rezeption und Interpretation*, Weinheim 1998, S. 132–194, hier S. 160–163.

34 Schlechta an R. Oehler, 22.9.1939, GSA, 72/2030.

35 Vgl. etwa Schlechta an Amt Schrifttumspflege, 9.12.1938, GSA, 72/2032 oder Amt Schrifttumspflege an Schlechta, 23.2.1939, GSA, 72/2033.

36 Schlechta an Muck (Nietzsche-Archiv), 11.5.1939.

37 Schlechta an Baeumler, 25.5.1939, GSA, 72/2033.

38 Schlechta an Baeumler, 18.1.1940, 26.1.1940 und 31.1.1940; Schlechta an Hoppe, 19.3.1940, GSA, 72/2035; Schlechta an Hoppe, 18.1.1940 und 31.1.1940, GSA, 72/2037b sowie Schlechta an Leutheußer, 18.1.1940, GSA, 72/1583. Vgl. auch Zapata Galindo 1995, S. 199 f. und Piecha 1998, S. 165 f.

39 Zum Einfluss Rosenbergs und des Amts Rosenberg siehe R. Bollmus, *Das Amt Rosenberg und seine Gegner. Studien zum Machtkampf im nationalsozialistischen Herrschaftssystem*, Stuttgart 1970; E. Piper, *Alfred Rosenberg. Hitlers Chefideologe*, München 2005; für die Philosophie bes. Tilitzki 2001, S. 605–612; M. Leske, *Philosophen im ›Dritten Reich‹. Studie zu Hochschul- und Philosophiebetrieb im faschistischen Deutschland*, Berlin 1990; G. Leaman, *Deutsche Philosophen und das ›Amt Rosenberg‹*. In: Korotin 1994, S. 41–65; ders., Philosophy, Alfred Rosenberg and the Military Application of the Social Sciences. In: *Jahrbuch für Soziologiegeschichte 1992*, Opladen 1994, S. 241–260.

40 Vgl. etwa H. Härtle, *Nietzsche und der Nationalsozialismus*, München [2]1939.

41 Vgl. Piecha 1998; Mittmann 2006, S. 160–177; G. Penzo, *Der Mythos vom Übermenschen. Nietzsche und der Nationalsozialismus*, Frankfurt/M. u. a. 1992, S. 181–185; 242–283.

42 Baeumler an Schlechta, 8.2.1939, GSA, 72/2033. Zur Tagung vgl. BAB, NS 15, 312 und Tilitzki 2002, S. 955–961.

43 Entwurf Baeumlers für das Einladungsschreiben, undatiert, BAB, NS 15, 312, Bl. 55834.

44 J. Plath, Das ›Haus der deutschen Frontdichter‹ in Buderose bei Guben. In: P. Walther (Hg.), *Die Dritte Front. Literatur in Brandenburg. 1930–1950*, Berlin 2004, S. 32–44.

45 Vgl. Korrespondenz 1939/40 in GSA, 72/1743, 72/7037 und 72/2033–2037 sowie J. Thiel, ›Akademische Zinnsoldaten‹? Karrieren deutscher Geisteswissenschaftler zwischen Beruf und Berufung (1933/1945). In: R. v. Bruch/ U. Gerhardt/ A. Pawliczek (Hg.), *Kontinuitäten und Diskontinuitäten in der Wissenschaftsgeschichte des 20. Jahrhunderts*, Stuttgart 2006, S. 167–194, hier S. 187 f.; zu J. Ritter im ›Dritten Reich‹ vgl. H . J. Sandkühler, *›Eine lange Odyssee‹ – Joachim Ritter, Ernst Cassirer und die Philosophie im „Dritten Reich"*. In: Dialektik 1/2006, S. 139–179; vgl. den Beitrag von Sandkühler in diesem Band.

46 Schlechta an M. Oehler, 11.5.1939, GSA, 72/1743.

47 Schlechta an Baeumler, 25.4.1939, GSA, 72/2033.

48 Schilling, Lehrstuhlvertreter in Prag, sollte im ›Ahnenerbe‹ eine Lehr- und Forschungsstätte für Philosophie aufbauen. Gleichzeitig arbeitete er als Gutachter für den SD. Ob das SD-Dossier über die deutschen ›Philosophie-Professoren‹, bei denen Schlechta negativ beurteilt wird, von ihm stammt, ist fraglich, zumal Schlechtas Name falsch (»Schlechte«) geschrieben ist. Schlechta wird dort in die Gruppe der »indifferenten Philosophen« eingeordnet und als »kulturpolitischer Reaktionär« eingestuft, bei dem von »nationalsozialistischer Philosophie noch nichts spürbar sei«. BAB, R 4901, 12444. Zu Schilling vgl. G. Leaman, *Heidegger im Kontext. Gesamtübersicht über das NS-Engagement der Universitätsphilosophen*, Hamburg 1993, S. 75; Tilitzki 2002, S. 346–348; zu Wüst und dem ›Ahnenerbe‹ vgl. M. H. Kater, *Das ›Ahnenerbe‹ der SS 1933–1945. Ein Beitrag zur Kulturpolitik des Dritten Reiches*, München [3]2001; M. Schreiber, *Walther Wüst. Dekan und Rektor der Universität München 1935–1945*, München 2008; zum Gutachten G. Leaman/ G. Simon, Deutsche Philosophen aus der Sicht des Sicherheitsdienstes des Reichsführers SS. In: *Jahrbuch für Soziologie 1992*, Opladen 1994, S. 260–292; I. Korotin, Deutsche Philosophen aus der Sicht des Sicherheitsdienstes des Reichsführers SS – Schwerpunkt: Österreich. In: M. Heinz/ G. Gretić (Hg.), *Philosophie und Zeitgeist im Nationalsozialismus*, Würzburg 2006, S. 45–65.

49 Vgl. die Korrespondenz in GSA, 72/2035–72/2037 und 72/1583 sowie Zapata Galindo 1995, S. 196–198.

50 Schlechta an M. Oehler, 4.6.1940, GSA, 72/1583.

51 Baeumler an Schlechta, 31.5.1940, GSA, 72/1583.

52 Aktennotiz Baeumler für RL Rosenberg, 7.4.1941, BAB, NS 8, 240.

53 Zu Bauch vgl. Leaman 1993, S. 30; S. Schlotter, *Die Totalität der Kultur. Philosophisches Denken und politisches Handeln bei Bruno Bauch*, Würzburg 2004; zu Emge vgl. Leaman 1993, S. 37 f. und Zapata Galindo 1995, S. 184; zur Jenaer Philosophie im ›Dritten Reich‹ vgl. H.-J. Dahms, Jenaer Philosophen in der Weimarer Republik, im Nationalsozialismus und in der Folgezeit bis 1950.

In: U. Hoßfeld u. a. (Hg.), *›Kämpferische Wissenschaft‹. Studien zur Universität Jena im Nationalsozialismus*, Köln/ Weimar/ Wien 2003, S. 723–772.

54 Vgl. Korrespondenz in GSA 72/2024.

55 R. Stutz, Der Jena-Weimar-Plan 1932. In: J. John/ V. Wahl (Hg.), *Zwischen Konvention und Avantgarde. Doppelstadt Jena-Weimar*, Weimar/ Köln/ Wien 1995, S. 359–368; J. H. Ulbricht, ›Goethe-Schiller-Universität Jena-Weimar‹? Die Salana im politisch-intellektuellen Netzwerk der Doppelstadt – eine Skizze. In: U. Hoßfeld u. a. 2003, S. 321–360.

56 Schlechta 1938. Zum Habilitationsverfahren UAF, Abt. 4, 1663 und BAK, R 73, 14310 sowie Tilitzki 2001, S. 714–718.

57 Vgl. Korrespondenz in GSA, 72/2027.

58 Schlechta an REM, 18.7.1939, GSA, 72/2033.

59 Vgl. UAF, Abt. 4, 1663.

60 Vgl. Zapata Galindo 1995, S. 212.

61 Schlechta an R. Oehler, 26.5.1936, GSA, 72/2024.

62 Vgl. Leaman 1993, S. 68; Zapata Galindo 1995, S. 190 und Simon-Ritz/ Ulbricht 1999, S. 159 ff.

63 Vorstand des Nietzsche-Archivs (Leutheußer) an DFG, 12.9.1938 und 4.11.1938, GSA, 72/1743.

64 REM an Rektor der Universität Frankfurt (Platzhoff), 1.11.1939 und NSDAP-Gauleitung Hessen-Nassau an Rektor, 7.2.1939, UAF, Abt. 4, Nr. 1663.

65 M. Oehler an Pfeiffer, 8.3.1941, GSA, 72/2037.

66 Schlechta an M. Oehler, 19.6.1941, GSA, 72/2036 sowie Schlechta 1958c, S. 11.

67 Schlechta an Koch, 18.5.1944, GSA, 72/2037.

68 Vgl. J. Thiel, Nutzen und Grenzen des Generationenbegriffs für die Wissenschaftsgeschichte. Das Beispiel der ›unabkömmlichen‹ Geisteswissenschaftler am Ende des Dritten Reiches. In: M. Middell/ U. Thoms/ F. Uekötter (Hg.), *Verräumlichung, Vergleich, Generationalität. Dimensionen der Wissenschaftsgeschichte*, Leipzig 2004, S. 111–132, hier S. 123 f. Auf der Vorschlagsliste des Amtes Rosenberg standen neben Schlechta die Universitätsphilosophen Joachim Ritter, Wolfram Steinbeck und Bruno Liebrucks. Hinzu kamen auf weiteren Listen Erwin Metzke, Barthold Peters, Justus Schwarz und Alfred Zastrau. Vgl. Liste ›Uk.-Stellung von Geisteswissenschaftlern‹ (Vorschläge vom Hauptamt Wissenschaft, durch Schreiben v. 22.6.1943, undatiert), BAB, NS 8, 241 bzw. NSDDB, Liste der uk. zu stellenden Wissenschaftler, 15.1.1944, BAB, DS (ehem. BDC), B 38 bzw. BAB, R 87, 386.

69 Kanzlei Rosenberg (Koeppen), Stichwort-Protokoll des Termins von Prof. Baeumler und Dr. Gross beim Reichsleiter [Rosenberg] am 27.10.1943, NS 8, 131.

70 Schlechta an M. Oehler, 10.1.1943, GSA, 72/1584.

71 Schriftwechsel zur Uk.-Stellung Schlechtas, Mai 1944 bis Februar 1945,

UAF, Abt. 4, 1663 sowie BAB, R 4901, 1337 und Schlechta an Sund (C.H. Beck'sche Verlagsbuchhandlung), 18.5.1944, GSA, 72/2304.

72 Vgl. Korrespondenz seit Mitte Mai 1944, GSA, 72/2037 und 72/2304.

73 Schlechta an M. Oehler, 15.8.1944, GSA, 72/2304.

74 K. Schlechta, *Erasmus von Rotterdam*, Hamburg 1940. Das »Verbot« der 2. Auflage wird mit der Symbolkraft Erasmus' für die niederländische Widerstandsbewegung in Verbindung gebracht. Vgl. Schlechta, Anlage zum Fragebogen, 31.5.1945, UA Frankfurt, Abt. 4, 1663. Dass die von dem Frankfurter Kunsthistoriker Albert Erich Brinckmann hg. Reihe ›Geistiges Europa‹ tatsächlich mehrfach Probleme mit der Zensur hatte, ist belegt. Vgl. S. Arend, Albert Erich Brinckmann (1881–1958). In: J. Held/ M. Papenbrock (Hg.). *Kunstgeschichte an den Universitäten. Kunst und Politik. Jahrbuch der Guernica-Gesellschaft* 5, Göttingen 2003, S. 123–142, hier S. 129–132.

75 R. Bollmus, Zum Projekt einer nationalsozialistischen Alternativ-Universität: Alfred Rosenbergs ›Hohe Schule‹. In: M. Heinemann, *Erziehung und Schulung im Dritten Reich, Teil 2: Hochschule, Erwachsenenbildung*, Stuttgart 1980, S. 125–152.

76 Tilitzki 2001, S. 825.

77 Schlechta, Fragebogen und Anlage, 31.5.1945, UAF, Abt. 4, 1663.

78 Beschluss des Prüfungsausschusses der Philosophischen Fakultät der Universität Frankfurt, 1.12.1945, UAF, Abt. 4, 1663; Kaschnitz an (amtierenden) Bürgermeister von Frankfurt, 21.5.1945 oder Schlechta an Gelzer, 2.12.1945, UAF, Abt. 4, Nr. 1663. Zu Lommatzsch und Kirn vgl. F. Estelmann/ O. Müller, Angepaßter Alltag in der Frankfurter Germanistik und Romanistik: Franz Schultz und Erhard Lommatzsch im Nationalsozialismus. In: J. Kobes/ J.-O. Hesse (Hg.), *Frankfurter Wissenschaftler zwischen 1933 und 1945*, Göttingen 2008, S. 33–60; C. Kretschmann, *Einsatz* für Deutschland? Die Frankfurter Historiker Walter Platzhoff und Paul Kirn im ›Dritten Reich‹. In: ebd., S. 33–60.

79 Vgl. etwa R. Oehler, *Friedrich Nietzsche und die deutsche Zukunft*, Leipzig 1935; zur Interpretation Penzo 1992, S. 219–222 und B. H. F. Taureck, *Nietzsche und der Faschismus*, Hamburg 1989, S. 97–103.

80 Zum Wirken Kellers als Stadtrat im ›Dritten Reich‹ vgl. B. Tüffers, *Der Braune Magistrat. Personalstruktur und Machtverhältnisse in der Frankfurter Stadtregierung 1933–1945*, Frankfurt/M. 2004, S. 168–176 und 338; B. Schültke, *Theater oder Propaganda? Die Städtischen Bühnen Frankfurt am Main 1933–1945*, Frankfurt/M. 1997, S. 30–35; E. Hanau, *Musikinstitutionen in Frankfurt am Main 1933 bis 1939*, Köln 1994, S. 39 f.

81 Keller, unbezeichnete Stellungnahme (Abschrift), 25.5.1945, UAF, Abt. 4, 1663.

82 Holzinger an (amtierenden) Bürgermeister Frankfurt, 25.5.1945, UAF, Abt. 4, 1663.

83 Aus dem Besitz Holzingers stammte auch das 2006 restituierte Gemälde

›Berliner Straßenszene‹ von Ernst Ludwig Kirchner aus dem Berliner ›Brücke-Museum‹. Holzinger hatte das ursprünglich zur Sammlung Carl Hagemann gehörende Gemälde 1940 aus Familienbesitz geschenkt bekommen. Zum ›Fall Kirchner‹ vgl. M. Tatzkow/ G. Schnabel, *The Story of Street Scene. Restitution of Nazi Looted Art. Case and Controversy*, Berlin 2008.

84 Vgl. ausführlich M. Kingreen, Raubzüge einer Stadtverwaltung. Frankfurt am Main und die Aneignung ›jüdischen Besitzes‹. In: W. Gruner/ A. Nolzen (Hg.), *Bürokratien. Initiative und Effizienz*, Berlin 2001, S. 17–50.

85 Kingreen 2001, S. 31 f.

86 Ebd., S. 32–35.

87 Ebd., S. 36 f.

88 D. Schiefelbein, *Das ›Institut zur Erforschung der Judenfrage‹ Frankfurt am Main. Vorgeschichte und Gründung 1935–1939*, Frankfurt/M. 1993, S. 21–24.

89 Kingreen 2001, S. 20 bzw. 23.

90 Ebd., S. 22 f.

91 Ebd., S. 29 f.

92 W. Schröder, Beschlagnahmung und Verbleib jüdischer Bibliotheken in Deutschland vor und nach dem Novemberpogrom 1938. In: R. Dehnel (Hg.), *Jüdischer Buchbesitz als Raubgut*, Frankfurt/M. 2006, S. 33 f.

93 Zur Instituts- und Bibliotheksgeschichte vgl. R. Heuberger, *Bibliothek des Judentums. Die Hebraica- und Judaica-Sammlung der Stadt- und Universitätsbibliothek Frankfurt am Main. Entstehung, Geschichte und heutige* Aufgaben, Frankfurt/M. 1996; H. Heiber, *Walter Frank und sein Reichsinstitut für Geschichte des neuen Deutschland*, Stuttgart 1966, S. 423–429 und 938–1092; D. Rupnow, *Vernichten und Erinnern. Spuren nationalsozialistischer Gedächtnispolitik*, Göttingen 2005, S. 137–170 und ders., Institut zur Erforschung der Judenfrage. In: I. Haar/ M. Fahlbusch (Hg.), *Handbuch der völkischen Wissenschaften*, München 2008, S. 288–295; Schiefelbein 1993; ders., Das ›Institut zur Erforschung der Judenfrage am Main‹. Antisemitismus als Karrieresprungbrett im NS-Staat. In: Fritz Bauer Institut (Hg.), *›Beseitigung des jüdischen Einflusses…‹. Antisemitische Forschung, Eliten und Karrieren im Nationalsozialismus*, Frankfurt a.M./ New York 1999, S. 43–72; P. v. Papen, Vom engagierten Katholiken zum Rassenantisemiten. Die Karriere des Historikers der ›Judenfrage‹ Wilhelm Grau 1933–1945. In: G. Dinzler/ L. Siegele-Wenschkewitz (Hg.), *Theologische Wissenschaft im ›Dritten Reich‹. Ein ökumenisches Projekt*, Frankfurt/M. 2000, S. 68–113; P. v. Papen-Bodek, Anti-Jewish Research of the Institut zur Erforschung der Judenfrage in Frankfurt am Main 1939–1945. In: J. M. Diefendorf (Hg.), *New Currents in Holocaust Research*, Evanstone 2004, S. 155–190; F. J. Hoogewood, Das Institut zur Erforschung der Judenfrage. In: Dehnel 2006, S. 135–138; M. Berg, Wilhelm Grau. In: I. Haar/ M. Fahlbusch 2008, S. 210–216.

94 R. Oehler an Leutheußer, 1.2.1940, GSA, 72/1583.

95 M. Kühn-Ludewig, *Johannes Pohl (1904–1960). Judaist und Bibliothekar im Dienste Rosenbergs. Eine biographische Dokumentation*, Hannover 2000, S. 176–180; zum Bücherraub zudem ausführlich ebd., S. 176–270; H. C. Petersen, *Bevölkerungsökonomie – Ostforschung – Politik. Eine biographische Studie zu Peter-Heinz Seraphim (1902–1979)*, Osnabrück 2007, S. 212–221; G. Ruppelt (Hg.), *Auf Transport! Deutsche Stationen ›sichergestellter‹ jüdischer und freimaurerischer Bibliotheken aus Frankreich und den Niederlanden (1940–1949)*, Hameln 2005.

96 Holzinger bzw. Wolters an (amtierenden) Bürgermeister Frankfurt, jeweils 25.5.1945 und Lieres, Stellungnahme, 23.5.1945, UA Frankfurt, Abt. 4, 1663.

97 Schlechta an Leutheußer, 18.11.1939, GSA, 72/2036.

98 Lieres, Stellungnahme, 23.5.1945, UAF, Abt. 4, 1663, unfoliiert. Zur Frankfurter Stadtregierung und zum Kulturleben im ›Dritten Reich‹ vgl. D. Rebentisch, Frankfurt am Main in der Weimarer Republik und im Dritten Reich 1918–1945. In: Frankfurter Historische Kommission (Hg.), *Frankfurt am Main. Die Geschichte der Stadt in neun Beiträgen*, Sigmaringen 1994, S. 487–502; H. Krummer, Friedrich Krebs. Nationalsozialistischer Oberbürgermeister in Frankfurt am Main. In: *Hessisches Jahrbuch für Landesgeschichte* 42 (1992), S. 219–253; Tüffers 2004; Schültke 1997 und Hanau 1994.

99 Kingreen 2001, S. 23.

100 Schon im Ersten Weltkrieg war Oehler im besetzten Belgien mit dem Wiederaufbau der zerstörten Universitätsbibliothek Löwen betraut gewesen. Hier konnte Oehler bereits erste Erfahrungen in Sachen ›günstige Gelegenheiten‹ des Büchererwerbs für deutsche Bibliotheken sammeln. Nach 1918 wurde er zum ›Staatskommissar für die Wiederherstellung der Universitätsbibliothek Löwen‹ berufen, der die Reparationsverhandlungen mit Belgien in dieser Frage klären sollte. Kurz nach dem deutschen Einmarsch in Belgien als ›Staatskommissar‹ reaktiviert, untersuchte er die Umstände der erneuten Zerstörung der Löwener Universitätsbibliothek im Zweiten Weltkrieg. Vgl. W. Schivelbusch, *Die Bibliothek von Löwen. Eine Episode aus der Zeit der Weltkriege*, München/ Wien 1988, bes. S. 36–39, 62–66 und 177 f.

101 Schlechta an R. Oehler, 30.8.1940, GSA, 72/2036.

102 Mette an Schlechta, 6.10.1936, GSA, 72/2024. Zum Schicksal der Autographensammlung Zweigs vgl. O. Matuschek (Bearb.), *›Ich kenne den Zauber der Schrift‹. Katalog und Geschichte der Autographensammlung Stefan Zweig*, Wien 2005; ders., Der Verkauf der Sammlungen Stefan Zweig und Sigmund Freud. In: Dehnel 2006, S. 52–67.

103 Nordentoft 2002.

104 Schlechta, Vorwort. In: ders., *Der Fall Nietzsche. Aufsätze und Vorträge*, S. 10.

105 Nordentoft 2002.

106 O. G. Oexle, ›Zusammenarbeit mit Baal‹. Über die Mentalitäten deut-

scher Geisteswissenschaftler 1933 – und nach 1945. In: *Historische Anthropologie* 8 (2000), S. 3–28.

107 Thiel 2006, S. 177 f.

108 M. Schmeiser, *Akademischer Hasard. Das Berufsschicksal des Professors und das Schicksal der deutschen Universitäten 1870–1920*, Stuttgart 1994.

109 Oexle 2000, bes. S. 24 f.

110 Zit. n. ebd., S. 3.

111 P. T. Walther, Entlassungen und Exodus. Personalpolitik an der Medizinischen Fakultät und in der Charité 1933. In: S. Schleiermacher/ U. Schagen, *Die Charité im Dritten Reich. Zur Dienstbarkeit medizinischer Wissenschaft im Nationalsozialismus*, Paderborn u. a. 2008, S. 37–50, hier S. 49; J. Thiel, Gab es eine ›nationalsozialistische‹ Akademikergeneration? Hochschullehrerlaufbahnen und generationelle Prägungen in Deutschland und Österreich 1933/38 bis 1945. In: *zeitgeschichte* 35 (2008), S. 230–256, hier S. 233.

112 Löwith 1958 und Löwith 1959.

113 Zit. n. C. Albrecht/ G. C. Behrmann/ M. Bock, *Die intellektuelle Gründung der Bundesrepublik. Eine Wirkungsgeschichte der Frankfurter Schule*, Frankfurt/M. 1999, S. 143.

114 Zum weiteren Schicksal der Frankfurter Institutsbibliothek vgl. G. Schmid Noerr, Frankfurter Geschichten 1933. Aus den Akten eines Gleichschalters. Das Institut für Sozialforschung und die Frankfurter Volksbüchereien als Horte der ›Jüdisch-marxistischen Zersetzung‹. In: *Leviathan* 1 (1995), S. 13–26; Schroeder 2006, S. 27–36, bes. S. 28; zur Beteiligung Oehlers auch Schivelbusch 1988, S. 172.

115 Vgl. Kapferer 1995, S. 53–55; Riedel 2000, S. 109–123.

116 M. Grüttner, Die nationalsozialistische Wissenschaftspolitik und die Geisteswissenschaften. In: H. Dainat/ L. Danneberg (Hg.), *Literaturwissenschaft und Nationalsozialismus*, Tübingen 2003, S. 11–39, hier S. 38.

Vom ›Geist unbefangener Menschlichkeit‹

Hannah Arendt und Karl Jaspers als Beispiele kritischer Haltung in der Zeit des Nationalsozialismus

Das Thema ›Vergessen – Verdrängt – Erinnert. Philosophie im Nationalsozialismus‹ ist Anlass für die Fragen, ob man auch kein Nazi-Philosoph sein konnte und was dies bedeutet haben könnte. Die Erforschung der Bedingungen der Möglichkeit dazu ist zurückzuführen auf ein umfangreicheres Projekt zur politischen sog. Zwischenkriegsphilosophie, bei dem sowohl der Bedeutung des Choks des Ersten Weltkriegs (W. Benjamin) für die intellektuellen Kontroversen in Deutschland seit 1919 als auch den Konstitutionsdebatten einer ›neuen Wissenschaft‹, der Politikwissenschaft, aus dem Geist der Auseinandersetzung mit dem Faschismus nachgegangen wird. Es bedarf bei einem solchen Versuch einer kollektiven Intellektuellenbiografie bzw. eines ›kollektiven Gedächtnisses‹ in erster Linie der historisch-politischen Forschung – wie hier zu den biografiehistorischen Quellen von K. Jaspers und H. Arendt: gedruckte Briefwechsel, autobiografische Äußerungen sowie solche Publikationen beider Autoren, in denen ihr eigenes biografisches Anliegen zu spüren ist, in denen ihre aktuelle Geschichte verarbeitet scheint. Dafür ist auf Hans Saner, *Erinnern und Vergessen. Essays zur Geschichte des Denkens* (2004) zu verweisen. Der abermalige Rekurs auf jene Quellen dient allerdings in eigener philosophierender, systematischer und kommunikativer Absicht ebenso übergreifend der Erinnerungsthematik wie exemplarisch der Rekonstruktion der geistigen Disposition zum bzw. gegen den Nationalsozialismus.

Die Quellenlage bei Jaspers und Arendt ist allerdings nicht unkompliziert, gibt es doch z. B. während der sieben Jahre zwischen 1938 und 1945 keinen Briefwechsel zwischen beiden, wegen der »Angst« davor, wie Arendt schrieb, den anderen »zu gefährden«.[1] Zwar existieren Jaspers' Selbstdarstellungen von 1939 und Tagebuchaufzeichnungen, einige von 1939–42 schon gedruckt,[2] aber nichts Vergleichbares von Arendt. Ersatzweise sind Briefwechsel an Dritte für die Nazi-Zeit heranzuziehen, z. B. der Arendt-Blücher-Briefwechsel (1996) oder für die Zeit nach 1945 der zwischen Jaspers und K.H. Bauer (1983) und zwischen Arendt und K. Blumenfeldt (1995) oder H. Broch (1996). Besonders pikant sind die Briefwechsel beider mit Heidegger, in denen es aber nur wenige Zeugnisse für die Zeit von 1933–45 gibt.[3] Das wertvollste Dokument stellt der Briefwechsel zwischen Arendt und Jaspers dar, dessen Zeugnisse allerdings erst nach Mitte 1945 zu fließen beginnen, dafür aber überaus reichlich und ganz besonders fruchtbar.

Damit ist auch die Dimension der folgenden Auseinandersetzung benannt: *Erinnerung* – es handelt sich (a) um ihre Erinnerungen an die jüngste NS-Vergangenheit, aber auch (b) um beider authentische Zeitzeugenschaft für ihre Gegenwart 1945–49 und in der jungen BRD und deren Umgang mit der unmittelbaren Erinnerung an die Naziherrschaft. Zu diesen intellektuell-biografiegeschichtlichen Quellen gesellt sich eine ganze Reihe gewichtiger Schriften beider, von Arendt etwa alles, was im Umkreis der von ihr initiierten Erforschung der KZ bis hin zu ihrer Hauptschrift, den *Ursprüngen und Elementen der totalen Herrschaft*, und ihrem *Eichmann in Jerusalem* erschienen war; bei Jaspers alles, was er von seinem Engagement zur *Idee der Universität* über die *Schuldfrage* bis zur *Atombombe und die Zukunft des Menschen* verfasste. Ob es sich hinsichtlich der Zeit ab 1945 – und wenn ja, von welchem Ereignis? – um ein ›Vergessen‹ bzw. ›Verdrängen‹ handeln könnte, ist erst auf Grund vergleichender Studien zu beurteilen.

Der folgende Versuch gliedert sich hinsichtlich Recherche und Reflexion in drei Schritte: 1. Die Zeit der Naziherrschaft und der ›philosophische Geist des Politischen‹ oder: Was konnte man wissen? 2. Die Frage nach der zeitgenössischen Notwendigkeit eines Antifaschismus bzw. die Frage nach den ›Wenigen‹ (Arendt) oder: Was wird erinnert? 3. Der ›Geist unbefangener Menschlichkeit‹ (Jaspers) oder: Wie werde ich damit fertig? – die Frage nach der sog. Bewältigung der Vergangenheit.

1. Zum philosophischen Geist des Politischen in der Zeit der Naziherrschaft

Diese Rekonstruktion des Philosophierens in der Nazizeit muss auf eine genauere chronologische Empirie verzichten; an ihrer Stelle geht es in einem ersten Annäherungsschritt um das intellektuelle Milieu, in dem sich die Frage nach der Nazi-Option der Philosophie bzw. ihrer Verweigerung bewegte – nämlich um die Frage nach dem Politischen eines jeglichen Philosophierens. Ginge man chronologisch vor, müssten jetzt sämtliche Dokumente beider Denker aus dieser Zeit erörtert werden, um der Frage nahezukommen, was es bedeutet, nicht Nazi-Philosoph zu werden, zu sein bzw. geworden zu sein.

Diese Frage, so die hier nicht weiter zu belegende erste Hypothese, ist eine Sache der Analyse der sog. ›Zwischenkriegsphilosophie‹, d.h. der Berücksichtung der Folgen (der Verarbeitung) des Ersten Weltkriegs – das ›Ende Europas‹, wie Arendt es nannte, und die angebliche Konsequenz daraus: der Holocaust/Churban[4] (das Ja oder Nein zu einem Ursache/Wirkungsmechanismus: Darf man ihn nach dem Muster ›Versailles und die Folgen‹ unterstellen, wie es von Hitler bis Ernst Nolte entlastend hieß?). Die historische Einordnung des ›Choks‹ des Ersten Weltkriegs ist die entscheidende zeitgeistige Signatur aller oder wenigstens der meisten Intellektuellen in Deutschland seit 1919, zunächst unabhängig von ihrem politischen Standpunkt, aber dann ein Lackmuspapier für ihre spätere Orientierung und Stellung zum Nationalsozialismus; manche verstehen sogar Heideggers *Sein und Zeit* als Bewältigungsversuch jenes ›Choks‹.

Eine zweite Hypothese betrifft die Frage nach der Notwendigkeit des Politischseins der Philosophierenden: Verfolgt man die alteuropäische Philosophiegeschichte bis ins 20. Jahrhundert, so lassen sich seit dem ›Fall Sokrates‹ viele kritische Geister aufzählen, aber auch eine große Anzahl von Philosophen, die sich den jeweiligen Machthabern angedient haben, wenn Letztere nicht sogar überwiegen. Es wäre mithin eigentlich keine Frage, warum Philosophen sich nicht auch der Weltanschauung und der Partei der Nazis angedient haben sollten. Fragt man dagegen, wie es kommen konnte und was es bedeutete, nicht Nazi-Philosoph zu werden, dann könnte eine vorschnelle Antwort lauten, einfach unpolitisch gewesen zu sein, Machtabstinenz geübt zu haben als Philosoph, dem seit Sokrates die schnöde Politik doch nur den Schierlingsbecher brachte. Dass Karl Jaspers und Hannah Arendt solche unpolitischen Denker waren bzw. erst sehr spät zur Politik gekommen wären, war z. B. die unhistorische These Otfried Höffes.[5] Sie wäre wohl zutreffend, wenn man das Politische auf tagespolitische Ereignisse, die Institutionen, Parteien und ihre Repräsentanten u. dgl. mehr reduzierte. Aber so einfach ist das eben nicht, weil politisch im weiteren Sinne auch der Unpolitische – siehe Thomas Manns *Bekenntnisse* von 1918 – ist und außerdem die Philosophiegeschichte lehrt, dass, wenn ein Philosoph sich nicht mit der Politik beschäftigt, d. h. nicht zum Fürsten geht, dieser im Zweifelsfall zu ihm kommt, oder, wie es Arendt durchaus kritisch gegenüber Jaspers formulierte, »weil es eine unpolitische Sicherung gegen Politik überhaupt nicht gibt«.[6] Das Politische konstituiert nicht nur generell das Philosophieren, sondern ist auch bei Jaspers und Arendt gegenüber dem Faschismus zu veranschlagen.

Bei Arendt trifft auch gegen eigenes Bekunden das frühe Politisch-Denken zu, wenn man etwa an ihre Erfahrungen im Elternhaus, ihre vielen sozialdemokratischen Freunde aus ihrer Jugend und ihre selbstbewusste Abwehr jeglichen Antisemitismus in Bultmanns Seminar in Marburg usw. berücksichtigt.[7] Doch angesichts der erwähnten mangelnden Quellenlage ist für die Nazi-Zeit bei ihr und auch bei Jaspers nur weniges anzumerken.

Hinsichtlich des Politischseins wird, wie bei Höffe, immer wieder darauf hingewiesen, dass Arendt nicht das war, »was sie ein ›politisches Wesen‹ nannte«;[8] gleichwohl war für sie der ›Fall 1933‹ klar: Von G. Gaus befragt: »Gibt es in Ihrer Erinnerung ein bestimmtes Vorkommnis, von dem an Sie Ihre Hinwendung zum Politischen datieren könnten?«, antwortete sie: »Ich könnte den 27. Februar 1933, den Reichstagsbrand, und die darauf in derselben Nacht erfolgten illegalen Verhaftungen nennen. […] Was dann losging, war ungeheuerlich […] Dies war für mich ein unmittelbarer Schock, und von dem Moment an habe ich mich verantwortlich gefühlt.«[9] Sie geht in den Widerstand, emigriert nach einer Verhaftung zunächst nach Paris, organisiert – ohne selbst Zionistin zu sein – im Rahmen zionistischer Organisationen die Rettung jüdischer Kinder aus Deutschland, kümmert sich um Auswanderer nach Palästina und die Rechtshilfe für Antifaschisten.[10] Mit US-amerikanischen Sondervisa entkam sie dann zusammen mit Blücher über Südfrankreich, wo sie W. Benjamin zum letzten Mal sahen, und Lissabon ins Exil nach New York. All dies ist die implizite Signatur der *Elemente und Ursprünge totaler Herrschaft*, des Buchs, das, wie Kurt Blumenfeld feinsinnig bemerkte, »die ungeschriebene politische Philosophie der Person [enthält], der es gewidmet ist« – Heinrich Blücher,[11] dessen geistige Bedeutung Arendt später Jaspers gegenüber so beschrieb, »dass ich dank meines Mannes politisch denken und historisch sehen gelernt habe«[12], sicher eine Übertreibung aus liebender Treue. Eine detaillierte politisch-historische Auswertung dieses Briefwechsels muss hier unterbleiben. Er setzte allerdings auch erst 1936 ein, nachdem Arendt Blücher im Frühjahr 1936 – u. a. in der Wohnung Walter Benjamins – kennen gelernt hatte.

Was konnte man wissen? Arendt wusste von an Anfang an von den Folterungen im Berliner Gestapogefängnis,[13] von Verhaftungen bester Genossen in Hamburg und reflektierte die politische Struktur des Nationalsozialismus[14] in permanenter Auseinandersetzung mit Betonköpfen der kommunistischen Parteien[15] auf der einen und bornierten Berufszionisten auf der anderen Seite.[16] Sie hatte niemals »davon abgelassen, [s]ich historisch wie politisch von der Judenfrage her zu orientieren«;[17] gegen Scholems ehrenrührige Zweifel machte sie geltend, dass sie »nicht nur niemals so getan habe, als sei ich etwas anderes, als ich bin [...]. Jude sein gehört für mich zu den unbezweifelbaren Gegebenheiten meines Lebens«.[18] Ihre damalige Erkenntnis zitierte sie wie im Motto aus der Erinnerungsrede zur Lessing-Preis-Verleihung, »daß man sich immer nur als das wehren kann, als was man angegriffen ist«[19]: »›Wenn man als Jude angegriffen ist, muß man sich als Jude verteidigen.‹ Nicht als Deutscher oder als Bürger der Welt oder der Menschenrechte [...] die Zugehörigkeit zum Judentum [war mein] eigenes Problem geworden. Und mein eigenes Problem war politisch. Rein politisch!«[20]

War bis hierhin das Wissen über die Nazis während ihrer Herrschaft gewissermaßen normal, auch im Exil für normal politisch Bewanderte, so war für Arendt »das Entscheidende [...] nicht das Jahr 33«, sondern der Tag, »an dem wir von Auschwitz erfuhren«: 1943; sie und ihr Mann hatten es zunächst nicht geglaubt, hielten es für Feindpropaganda, ein Geschehen, das auch gegen alle »militärischen Notwendigkeiten« war. Aber dann die Gewissheit: »Das war wirklich, als ob der Abgrund sich öffnet.« Dieses sei über die Vorstellung von Politik hinausgegangen, in der »ja alles irgendwie einmal wieder gutgemacht werden kann. Dies nicht.«[21]

Im Gegensatz zu Arendt lassen sich für Jaspers' angebliches Unpolitischsein zunächst keine so klaren Positionierungen ausmachen. Doch zeigen seine Entwicklungsstationen ähnliche Strukturmerkmale auf; auch für ihn gilt ein politisches Bewusstwerden vor 1933, wenn man seine Zeugnisse bedenkt: von seiner frühen Auslassung über die *Politischen Stimmungen* [1917][22] über seine keineswegs unpolitische Parteinahme für Max Weber, sein Eintreten für den Mathematiker, Pazifisten und freien Sozialisten Emil Julius Gumbel in Heidelberg bis hin zur berühmten Nummer 1000 der Göschen-Bändchen, seine Schrift *Zur geistigen Situation der Zeit*.[23] Schwankende Angaben dazu bei Jaspers: »Meine Grundhaltung war bis 1914 durchaus apolitisch«; dies habe sich mit dem Ersten Weltkrieg und unter dem Eindruck von Max Weber geändert, von dem er das »nationale Denken« lernte;[24] er habe »schon in den zwanziger Jahren angefangen, [s]ich mit Politik zu beschäftigen: in [s]einer ›Geistigen Situation der Zeit‹ (1931). Aber entscheidend war doch die Nazizeit«[25]. Er erinnerte sich: »Beim Schreiben [sc. der *Geistigen Situation*] wusste ich einiges vom Faschismus, sehr wenig vom Nationalsozialismus, dessen Wahnsinn ich in Deutschland noch für unmöglich hielt«.[26] Während der NS-Zeit kam er zur Einsicht und später reflektierte er: »Keine große Philosophie ist ohne politisches Denken [...] erst mit meinem Ergriffenwerden von der Politik gelangte meine Philosophie zu vollem Bewusstsein [...] Seitdem befrage ich jeden Philosophen nach seinem politischen Denken und Tun«.[27]

Jaspers war »konservativ« – wie er sich selbst bezeichnete – mit bedenklicher Nähe zu einem spezifischen Nationalismus: »In der Nazi-Zeit habe ich gelegentlich zu meiner Frau gesagt ›ich bin Deutschland‹, um uns beiden unseren Boden zu bewahren. Solch ein Wort hat nur Sinne in der Situation«,[28] d.h., es darf nicht aus dem konkreten historisch-politischen Zusammenhang gerissen werden. Jaspers' Frau Gertrud hatte widersprochen,[29] was Arendt in der Rückschau vehement unterstützte: »Er ist nicht Deutschland [...] schon weil es viel mehr ist, ein Mensch zu sein«.[30]

Diesen spezifischen Nationalismus spiegeln auch seine Tagebücher während der NS-Zeit, offenbar 1939 begonnen, um sich hinsichtlich der Möglichkeit einer Auswanderung »zu vergewissern, [was ich] eigentlich will«[31]: »Deutschland [ist die] gesamte Subsistenz […] Not im Ausland ist für uns ohne Würde […] Hinausgehen ist […] Eingriff in das Schicksal. […] Ich habe oft ein Zutrauen, als ob der deutsche Genius mich nicht vernichten würde – aber mein Verstand sagt mir, daß, wo Unrecht geschah, im Prinzip jedes Unrecht möglich ist.«[32] »Ich bin mit Gertrud ganz deutsch – und ich habe meine Aufgabe nur im Werk. […] Es ist ein deutsches Werk.«[33] Er reflektiert verschiedentlich den Selbstmord zusammen mit seiner Frau[34] und bespricht sich mit engen Vertrauten, die seine »Distanzierung von Deutschland« und Eingliederung in die »Front der Menschlichkeit« forderten.[35] Zwar ist sein Deutschsein als antifaschistischer Kampfbegriff zu begreifen, der den Nazis die Tradition des Deutschseins nicht überlassen wollte (später: das ›andere Deutschland‹), aber für den Alltag bedeutete das: Verstellungen und scheinbare Anpassung: »Die einzige Möglichkeit zu überleben ist, nicht aufzufallen!«[36] Hieraus resultiert sein späteres Resümee: »[S]chuldvolle[…] Passivität […] Dass wir noch leben, ist unsere Schuld!»[37] – ein Eingeständnis, das gerade nach 1945 wenige Feinfühlig-Verzweifelte teilten, wie Primo Levi mit *Ist das ein Mensch?*

Aufschlussreich ist Jaspers' Briefwechsel mit Heidegger, der ihm gegenüber schon am 8. Dezember 1932 raunend fragte, ob es dem Kommenden gelänge, »der Philosophie einen Boden und einen Raum zu schaffen, ob Menschen kommen, die in sich eine ferne Verfügung tragen?«[38] Schon am 3. April 1933 spürte er »immer mehr, daß wir in eine neue Wirklichkeit hineinwachsen und daß eine Zeit alt geworden ist«.[39] Jaspers antwortete mit etwas zeitlicher Distanz am 20. April: »Sie sind bewegt von der Zeit – ich bin es auch. Es muß sich zeigen, was eigentlich in ihr steckt.«[40] Dann folgt schon die Rektoratsrede Heideggers,[41] von der heute sein Sohn Hermann in einem Interview unter dem Titel ›Auch mein Vater hat Widerstand geleistet‹ behauptet, die Rede erhalte in einem Brief von Jaspers ebenso »seine volle Zustimmung«, wie Jaspers' eigene Vorstellung vom Geist der neuen, und das hieß doch damals bereits: nationalsozialistischen Universität mit der Heideggers wenn nicht identisch sei, so doch im Wesentlichen übereinstimme.[42]

Schauen wir genauer hin: Jaspers bedankte sich am 23.8.1933 für die Zusendung der »authentischen Fassung« der Rektoratsrede, die er aus der Presse bereits kannte, und preist den »großen Zug« von den frühen Griechen bis Nietzsche, durch den die Rede insgesamt eine »glaubwürdige Substanz« habe. Er erklärt sie »zum bisher einzigen Dokument eines gegenwärtigen akademischen Willens [...], das bleiben wird.« Er drückt sein Vertrauen in das Philosophieren Heideggers aus, das »nicht gestört [werde] durch Eigenschaften dieser Rede, die zeitgemäß sind, durch etwas darin, was mich ein wenig forciert anmutet und durch Sätze, die mir auch wohl einen hohlern Klang zu haben scheinen«.[43] Wo ist da eine ›volle‹, geschweige denn *wirkliche* Zustimmung zur *aktuellen* Aussage Heideggers, die über eine Anerkennung hinausginge, die eine jahrzehntelang geführte philosophische Debatte bedingte? Hermann Heidegger behauptete weiterhin: »Außerdem hat Jaspers 1933 Thesen zur Frage der Hochschulerneuerung verfasst, die auf mein Drängen [sc. nach Auskunft der entsprechenden Verantwortlichen sachlich falsch] leider in einem fast unbekannten Jahrbuch der Österreichischen Karl-Jaspers-Gesellschaft 1989 veröffentlicht wurden. Hier finden sich mehr oder weniger all die Formulierungen, die bei Heidegger getadelt werden.«[44] Ein Nachweis, den Hermann Heidegger nicht für nötig hielt, wäre aber auch nicht zu erbringen.

Jaspers' spätere Erklärung über seine Beziehung zu Heidegger ab 1933 enthält zwar Momente des Vergessens oder sogar auch des Verdrängens, zeigt aber als Erinnerung Würde: »[N]och seine [sc. Heideggers] Rektoratsrede suchte ich zum Besten hin zu deuten. – Aber zugleich traute ich ihm nicht mehr. Daß ich dies nicht zum Ausdruck brachte, sondern mich nach dem Grundsatz verhielt: indem man das Beste erwartet, kommt der Andere, sofern man in langjährigen guten Beziehungen steht, entgegen, – während ein Ausdruck von Mißtrauen alles zerstört [...] Der geistige Rang war nicht verloren, obgleich der Inhalt seines Redens und Tuns auf ein unerträglich tiefes und fremdes Niveau gesunken war. Ich konnte trotzdem nicht aufhören, ihn ernst zu nehmen, nun als substantiellen Gegner, als Medium einer drohend gefährlichen für das, was mir verstehbar, ruinösen Macht.«[45] Nach der Angelegenheit der Rektoratsrede ist kein weiterer Brief abgedruckt – es ist unklar, ob es keine weiteren Briefe gab bzw. gibt – bis zu Heideggers Schreiben vom 1. Juli 1935, in dem er Jaspers gegenüber scheinbar ganz unbekümmert nur ein »Mißlingen des Rektorats« einräumt, aber doch wohl den Bruch spürt, wenn er Jaspers seine *Antigone*-Übersetzung dediziert: »Vielfältig Unheimliches waltet«.[46]

In Jaspers' Tagebuchnotizen schimmert die präsente Gefahr ständig drohend durch, ist aber – zumindest in der gedruckten Version – nicht analysiert, nicht benannt (im Gegensatz zu dem vergleichbar konservativen, genialen Victor Klemperer), obwohl er bereits »Theresienstadt« und »Konzentrationslager« kannte.[47] Es ist seine jüdische Frau, der er den tiefsten Einblick ins antifaschistisch Politische verdankt. Die Angst vor dem Exil ist neben der politischen Bedrohung allerdings nicht unerheblich durch seine oft beschriebene Krankheit bedingt und schon diese zog neben der insgesamt gefährlichen Situation immer wieder das Gefühl nach sich, mit seiner Frau allein zu sein: »Wir müssen das stille Fallengelassenwerden erdulden«.[48] Jaspers traut nicht einer kollektiven ›Front der Menschlichkeit‹, sondern »nur einzelnen«.[49] Er fürchtet die »Einsamkeit durch die fremde Sprache« in einem etwaigen Exil;[50] dies ist durchaus auch metaphorisch über seine Situation in der NS-Zeit hinaus zu verstehen als ein Gestus seines Philosophierens, dessen Kehrseite seine für in der Weimarer Republik nicht links Orientierte typische Massenfeindlichkeit ist. Sie kommt noch in seinem ersten Brief an Arendt nach der Befreiung vom Oktober 1945 zum Ausdruck, in dem er davon spricht, dass zwar noch »junge Menschen« da seien, »brennend vor Eifer, wenige – aber die Masse ist jederzeit stur und gebunden an die jeweils gangbaren Phrasen«.[51] Hier trifft er sich mit Heidegger.[52] Arendt kontert aus der Erfahrung der *Résistance*: »Es kommt gewiß nur auf Wenige an; nur dürfen der Wenigen nicht zu wenig sein. Wir haben ja alle diese Jahre erlebt, wie der Wenigen immer weniger wurden.«[53] Darauf repliziert Jaspers: »Aus Ihren Worten fühle ich [...] den Geist unbefangener Menschlichkeit«.[54] Damit sind bereits Strukturen und der Zeitraum der Erinnerung angesprochen.

Jaspers' massenkritische Rede von ›den Wenigen‹ war keineswegs kompatibel mit der Position Arendts. Wenn sie warnte, dass ›der Wenigen nicht zu wenig sein‹ dürften, dann stimmt das mit dem bekannten Wort des von ihr hochgeschätzten B. Brecht[55] überein und gilt hier ebenso wie das Wort von den *Menschen in finsteren Zeiten* aus seinem berühmten Gedicht *An die Nachgeborenen*, das Arendt für ihre gleichnamige Essaysammlung zu ›Personen‹ – meist Intellektuelle des 20. Jahrhunderts – entlehnte, ohne damit die Geschichte der »Ungeheuerlichkeiten [dieses] Jahrhunderts« zu identifizieren, die, »wie wir wissen, von einer erschreckenden Neuheit« waren.[56]

Das Problem der bisher vorgestellten Zeugnisse für eine verallgemeinerte Diskussion zu ›Vergessen/Erinnern‹ war und ist ihr individueller, subjektiver Charakter; sie können erst ›sprechen‹, etwas bedeuten, wenn sie auf ein theoretisch Allgemeines bezogen werden: Hier wären z. B. die aktuelle Debatten über das individuelle bzw. kollektive bzw. kulturelle Gedächtnis heranzuziehen, wie sie durch Halbwachs begründet und durch die Assmanns aktualisiert worden sind.[57] Halbwachs[58] z. B. konnte in seinen Untersuchungen überzeugend auf Palästina als zeitlich-örtlichen Erinnerungsraum eingehen. Die Frage ist, ob ›Auschwitz‹ für uns heute eine vergleichbare Quelle sein kann. Für die Kontroversen sind exemplarisch folgende Fragen aus der internationalen Debatte aufzuwerfen: Lässt sich über Auschwitz reden mit Frances Yates' *Gedächtnis und Erinnern. Mnemonik von Aristoteles bis Skakespeare* oder Paul Ricœurs *Das Rätsel der Vergangenheit. Erinnern – Vergessen – Verzeihen* oder mit Otto Gerhard Oexles *Memoria als Kultur*? Wie stellen wir uns zu gegenwärtigen Forschungen wie z. B. Enzo Traversos *Auschwitz denken. Die Intellektuellen und die Shoah*, in dem ausgiebig auf Arendt und Jaspers eingegangen ist, oder Rolf Zimmermanns *Philosophie nach Auschwitz*, Peter Novicks *Nach dem Holocaust. Der Umgang mit dem Massenmord*, Norman Finkelsteins Provokation über die *Holocaust-Industrie* oder – vielleicht am nahegehendsten – zu Giorgio Agambens *Was von Auschwitz bleibt. Das Archiv und der Zeuge*? Es ist ein nachdenkenswerter Befund zu konstatieren: Die nach wie vor bestehende Hilflosigkeit, ›Auschwitz‹ als Erinnerungsraum zur Sprache zu bringen. Dieser Befund befreit nicht von einer Prüfung der theoretischen Überlegungen mittels der individualbiografischen Quellen.

Dem speziellen historischen Erinnerungstheorem bei Jaspers kommt zwar in *Von der Wahrheit* ein gewisser, aber kein so prominenter Stellenwert wie bei Arendt zu; hier sind als einschlägig nur seine aus der Erinnerung aufgezeichneten, von Hans Saner im *Österreichischen Jahrbuch* 1988 herausgegebenen Notizen zu *Einsamkeit* zu benennen. 1. die Aura des Philosophen (auch noch bei Arendt das Allein-Sein im Denken und bei Heidegger als negativem Kontrast); 2. die Einsamkeit in der Isolation während der Nazizeit.[59]

Dasselbe gilt für die Kategorie der Geschichte, bei der es um die ›erlebte‹ Geschichte (1933–45) geht – um Antifaschismus – und das ›Lernen‹ aus ihr, um Reflexion und Erinnerung: Jaspers' Antifaschismus war spezieller Natur: »Wir Überlebenden haben nicht den Tod gesucht. Wir sind nicht, als unsere jüdischen Freunde abgeführt wurden, auf die Straße gegangen, haben nicht geschrieen, bis man auch uns vernichtete. Wir haben es vorgezogen, am Leben zu bleiben mit dem schwachen, wenn auch richtigen Grund, unser Tod hätte doch nichts helfen können. Daß wir leben, ist unsere Schuld.«[60] Drei Momente waren es, die Jaspers in dieser Zeit prägten: 1. Krankheit. Seine Krankheit riet ihm zur Vorsicht; 2. Deutschland. »So paradox es klingen mag: Deutschland, das er verlassen wollte, war zugleich der positive Grund des Bleibens«[61]; 3. List und Lüge.

Zusammenfassend hat H. Saner Jaspers' antifaschistische Position in seinem Essay *Überleben mit einer Jüdin* so einfühlsam herausgearbeitet: »Durch nichts wollte er den Untergang provozieren, der nicht allein sein Untergang gewesen wäre. In dieser durchdachten Vorsicht hat Jaspers keinem Menschen das Leben gerettet, es sei denn das seine und das seiner Frau; er hat nicht die Wahrheit bezeugt, es sei denn in der Stille der Arbeit und in der Integrität der Person; er hat nicht das Leben aufs Spiel gesetzt, es sei denn im Vorsatz, im äußersten Falle der Gewalt durch den freien Tod ein Ende zu machen; er war nicht heroisch, es sei denn in der Kraft, trotz allem an der Vernunft nicht zu verzweifeln. Absolut solidarisch war er in jener Zeit nur mit dem vielleicht einzigen Menschen, dem er absolut vertraute: mit seiner jüdischen Frau«. Dem entspricht seine

Erklärung »in der Rhein-Neckar-Zeitung (25.1.1946) [...] Gegen eine falsche Heroisierung sind wir nach der Nazizeit empfindlicher als je. Ich bin kein Held und möchte nicht als solcher gelten.«[62] Dieser Antifaschismus ist einer, der in der Forschung nicht selten als ›innere Emigration‹ bezeichnet wird, wiewohl er richtiger als ›Anwesenheit des Unanwesenden‹ zu diskutieren wäre.

Schließlich sind die während der Isolation in der Nazizeit entstehenden Werke ebenso als antifaschistische Taten zu rechnen, wie man sie auch als Lehren aus der Vergangenheit begreifen kann: Es waren in erster Linie *Von der Wahrheit* (*Philosophische Logik, 1. Band*), die Arendt als bewundernswertes Produkt von Jaspers' Tätigkeit in der Isolation unter dem Faschismus würdigte: »Daß Sie in der Hölle und in der Einsamkeit so haben arbeiten können, ist herrlich und beglückend.«[63] Jaspers selber resümierte: »Das Buch wurde geschrieben im Hinblick auf das Unheil der Unwahrheit, der verdrehten Wahrheit, des Bösen«[64], und: »Philosophisch blieb mir die Aufgabe, die sittlichen Voraussetzungen der Politik und ihre realen Bedingungen mir zu klären [dies erfolgte in zunehmendem Maße von der Atombomben- bis zu der BRD-Geschichte]; und zweitens: mein politisches Denken an dem vorweggenommenen Standpunkt des Weltbürgers zu orientieren.«[65] Dem entsprach systematisch seine Geschichtsphilosophie, bei der seine Konstruktion der sog. Achsenzeit eine Rolle auch in der späteren Forschung gespielt hatte (*Vom Ursprung und Ziel der Geschichte*). Arendt sah in einem vorausgehenden Aufsatz zur Achsenzeit ein »Element der Versöhnung« und »ein wirkliches Fundament für den Begriff der Menschheit«; Jaspers mache damit »einem wieder richtig Lust, ein Weltbürger zu sein, oder richtiger, [er] mache es wieder möglich«.[66] Das dritte ›Produkt‹ dieser einsamen Anwesenheit im Zentrum des umgebenden Grauens war Japsers' letztlich unausgeführte Weltgeschichte der Philosophie.[67] Man kann resümieren: 1. galt auch für Jaspers ein Abschied von der alteuropäischen Tradition und der Übergang zum Kosmopolitismus; 2. es gab eine dezidierte Hinwendung zum politischen Philosophieren und zur Kommentierung konkreter Politik.

Hinsichtlich Arendts theoretischer Fundierung von ›Erinnern/Vergessen‹ und zur Geschichte ist dieses Thema – neben der Politik – dasjenige, das ihr nach ihrem eigenen Bekunden nicht in die Wiege gelegt worden war. Meine Hypothese ist: Dazu kam sie nicht nur – etwa wie bei der Politik – durch den Nationalsozialismus, sondern in ersten Linie durch die *Résistance* und durch W. Benjamin. Das hervorragende Zeugnis ist *Zwischen Vergangenheit und Zukunft*. Hier bekundet sie ihr epistemisches Interesse gegen historistisch-positivistische Rekonstruktionen der sog. Zeitpfeillogik von der Vergangenheit über die Gegenwart zur Erkenntnis der Zukunft.[68]

›Erinnern‹ ist bei Arendt doppelt konnotiert: 1. in Bezug auf die ›klassische‹, die Tradition der europäischen Antike, 2. in Bezug auf die jüdische Tradition.

Für den ersten Bezug von Erinnern steht ihr ursprünglich Heidegger – und zwar nach 1945 – gewidmetes Werk *Vita activa*, das den in meinen Augen systematisch unbefriedigenden Versuch einer theoretischen Amalgamierung von Marx und Heidegger darstellt, in dem aber der Kategorie der Erinnerung eine zentrale Funktion zukommt: Bei den Differenzierungen der drei Arten von Tätigkeit – Arbeiten, Herstellen, Handeln/Sprechen (zu denen im Verlauf des Werks ziemlich unsystematisch noch das Denken hinzutritt) – geht es Arendt im Prinzip um die Rückgewinnung bzw. Klarstellung der Möglichkeit politischen Handelns in der und für die Freiheit gegenüber ihrer Überwölbung bzw. Besetzung durch das Soziale in den Gesellschaftsstrukturen der Moderne. So unterscheidet sie vom Arbeiten und Herstellen von Gebrauchs- und Tauschwerten in den modernen Produktionssystemen die »Erzeugnisse des Handelns und Sprechens, die zusammen das Gewebe menschlicher Bezüge und Angelegenheiten konstituieren. […] Ihre Wirklichkeit hängt ausschließlich von der Pluralität der Menschen ab, deren ständiger Gegenwart sie bedürfen, da nur das Gesehenwerden, das Gehörtwerden und schließlich das Erinnertwerden ihnen überhaupt die schiere Existenz bezeugen können. […] Ohne Erinnerung und die Verdinglichung, die aus der Erinnerung selbst entspringt, weil die Erinnerung der Verdinglichung für ihr eigenes Erinnern bedarf (warum sie denn auch, wie die Griechen sagten, die Mutter aller Künste ist), würde das lebendig Gehandelte, das gesprochene Wort, der gedachte Gedanke spurlos verschwinden, sobald der Akt des Handelns, Sprechens oder Denkens an sein Ende gekommen ist; es würde sein, als hätte es sie nie gegeben.«[69]

Erinnern ist ferner nur im Bezug auf das Verstehen und dieses im Kontext des Anfang setzenden Handelns und Versöhnens möglich,[70] das der Kern des Arendt'schen Geschichte-Denkens als *Erinnern* ist, den sie dem historistischen ›*Machen*‹ von Geschichte entgegenstellt. Zunächst ist Erinnerung bei Arendt demnach Mnemosyne als das antikisierende Medium der möglichen Teilhabe an der Unvergänglichkeit: »Die Fähigkeit des Menschen, dies zu vollbringen, heißt Erinnerung, Mnemosyne«; aber dann auch schon bezogen auf die Moderne: »Unvergängliches jedenfalls ist aus der den Menschen umgebenden Welt wie aus der die Welt umgebenden Natur verschwunden; dafür hat sie ein unsicheres Obdach für die Nacht im Dunkel des menschlichen Herzens gefunden, das ja noch die Fähigkeit hat, sich zu erinnern und zu sagen: für immer.«[71] Erinnerung ist »die wichtigste Art des Denkens« und vermag als solche zusammen mit der Antizipation, bezogen auf die Gegenwart, »aus dem Trümmerhaufen der geschichtlichen und biografischen Zeit das zu retten, was immer sie auf ihrem Gang berühren«.[72] Von hier aus versteht sich auch Arendts erneute Perspektive auf das Gegenteil: Wenn »die Tradition ihre lebendige Kraft verloren hat, wenn die Begriffe abgenutzt und die Kategorien platt geworden sind und die Erinnerung an den Anfang ganz und gar verblaßt ist«,[73] kann Macht tyrannisch werden. In dieser Ambivalenz zeigt sich die weitgehende Kontradiktion zwischen dem lebenserhaltenden Prinzip des Erinnerns und dem entgegengesetzten Prinzip der Lebensverneinung und -vernichtung des Vergessens, wie es in der Forschung von W. Benjamin über Y.H. Yerushalmi[74] und die beeindruckende Memoria-Studie[75] und gegen die in diesem Sinne fragwürdige Aufwertung der *Lethe* durch H. Weinrich[76] thematisiert wurde.

An jener oben zitierten Stelle aus *Vita activa* (»als hätte es sie nie gegeben«) ist Arendt historisch, kulturell und systematisch der jüdischen Tradition dieser Begrifflichkeit des Erinnerns am nächsten. Für Erinnerung gibt es bei den Juden geradezu einen Befehl: *Zachor: Erinnere Dich!*,[77] den man als ein Synonym für die jüdische Tradition lesen kann, d.h. für den Ursprungs des Bundes des Volkes Israel mit Jachwe und dafür, des einen, die Gemeinsamkeit begründenden (*minjan*, die Anwesenheit von 10 Gläubigen ist erforderlich) gleichen Rechts zu gedenken, sich immer an diesen Bund zu erinnern. Dieser Befehl wird zum wesentlichen, zentralen

Bestandteil des alltäglichen Lobes des Lebens im Gebet bzw. in der sog. Totenklage, im Kaddisch, dessen kultureller Kern es ist, vor der Gemeinde in der ›Schul‹, der Synagoge, den Namen der verstorbenen Person im Gedächtnis der Gemeinde zu erhalten – im Gedenken an den, der die Namen gibt (»Bedenke, Zachor, dass ich es bin, der allem den Namen gibt, so auch dir«). Im *Aufbau* vom 19. 6. 1942 schrieb Arendt den Artikel ›Keinen Kaddisch wird man sagen‹: »›Keine Messe wird man singen, keinen Kaddisch wird man sagen‹. Diese Toten hinterlassen keine geschriebenen Testamente und kaum einen Namen; wir können ihnen nicht die letzte Ehre erweisen, wir können ihre Witwen und Waisen nicht trösten«.[78] Das war, noch bevor sie von Auschwitz wusste. Danach aber wurde bekannt, dass ›Auschwitz‹ auch bedeutete, selbst die *Erinnerung* an die Namen, an die Juden ganz zu löschen, erhielten sie doch anstelle ihres bürgerlichen Namens eine Nummer tätowiert, und die bürokratischen KZ-Listen, in denen die Nummern den Namen zugeordnet verzeichnet waren, sollten vernichtet werden, »als hätte es sie nie gegeben«; gegen dieses Vergessen werden bis heute bei Trauertagen in den Erinnerungsräumen ihre Namen verlesen. Das, was passiert war, nannte Arendt dann in der Erinnerung beim Antrag für die Erforschung der KZ[79]: *Die vollendete Sinnlosigkeit*.[80]

Schließlich konnotiert ›Erinnern‹ Rettung; so kann man die entsprechenden Äußerungen und Gedankengänge Arendts zusammenfassen: »Solange der Anfang in unserer Tradition lebendig blieb, konnte er das Erscheinende retten«.[81] Aber ›Rettung geschieht nicht automatisch, sondern dies tun nur Katastrophen‹, heißt es im englischsprachigen Text von Arendts *Politik und Freiheit*.[82] Nur ›Erinnern garantiert Rettung‹, oder wie es in der rabbinischen Tradition seit dem 16. Jh. lautet: ›In der Erinnerung befindet sich die Erlösung‹. ›Rettung‹ entspricht damit – von Arendt allerdings wieder einmal nicht explizit formuliert, aber vermutlich intendiert – dem *Zachor!*, d. h., wo die ›Rettung‹ als Befreiung von dem Unterworfensein und der Fremdherrschaft gegenüber und in der realen Profangeschichte verheißen ist.

In ihrer Hamburger Lessing-Preis-Rede[83] hat Arendt das Prinzip des Erinnerns als Medium des Historischen vielleicht am ausführlichsten und – im Vorgriff auf die abschließende Sho'ah-Reflexion – am eindringlichsten entfaltet: »Handlungsabläufe werden zu einem

Geschehen erst, wenn sie in einer rückwärts gewendeten, erkennenden Erinnerung nochmals in der Form des Erleidens erfahren werden. Solches Erinnern kann erst zu Worte kommen, wenn Empörung und gerechter Zorn, die uns im Handeln antreiben, zum Schweigen gekommen sind, und dafür bedarf es der Zeit. Bewältigen können wir die Vergangenheit so wenig, wie wir sie ungeschehen machen können. Wir können uns aber mit ihr abfinden. Die Form, in der das geschieht, ist die Klage, die aus aller Erinnerung steigt.«[84]

Neben jener Hauptfunktion von ›Auschwitz‹ benannte der Kaddisch-Artikel von 1942 bereits ein weiteres Moment, das für Arendt kennzeichnend war – sowohl für den Antifaschismus als auch für die Erinnerungsarbeit: »Diese Toten hinterlassen keine Testamente«. So hebt das Vorwort von *Zwischen Vergangenheit und Zukunft. Übungen im politischen Denken I*, das man als eine Hommage an den antifaschistischen Widerstand lesen kann, an mit dem Wort des französischen Dichters René Char in der *Résistance*: »Unserer Erbschaft ist keinerlei Testament vorausgegangen«.[85]

Die Charakterisierung der KZ ist beunruhigend: Arendt bezeichnete sie in ihrem Brief vom 17.12.1946 als »Fabriken [...] zur Herstellung von Toten«.[86] Später hieß es in den *Elementen und Ursprüngen totaler Herrschaft*: »Die Konzentrations- und Vernichtungslager dienen dem totalen Herrschaftsapparat als Laboratorien, in denen experimentiert wird, ob der fundamentale Anspruch der totalitären Systeme, daß Menschen total beherrschbar sind, zutreffend ist.«[87] In ihnen geht es um die »irrsinnige Massenfabrikation von Leichen« bzw. um die »Fabrikation von Leichen«.[88] Hier gibt es eine terminologische Übereinstimmung mit Heidegger, der »Fabrikation von Leichen« mit dem expliziten Bezug auf die »Gaskammern und Vernichtungslager« bereits 1949 in seinem ersten öffentlichen Vortrag (›Einblicke in das, was ist‹) nach dem Faschismus in Bremen gebrauchte.[89]

Fraglich ist, wie es zu dieser Übereinstimmung kommen konnte. Denn Arendts erste Publikationen über die Konzentrationslager, die ab 1951 in *die Elemente und Ursprünge* einflossen, stammten von 1948, waren auf Englisch erschienen und von Heidegger sicher nicht gelesen, und der Briefkontakt mit ihm setzte erst Anfang 1950 wieder ein. Auffällig ist, dass der Heidegger'sche Terminus exakt im Zusammenhang seiner Kritik am Herstellen als Modus der Moderne steht, wie auch Arendt in ihrer *Vita activa* das Herstellen problematisiert. Gerade hierin ist aber die *differentia specifica* zwischen Heidegger und Arendt zu sehen: Während Heidegger ›Auschwitz‹ zum Symptom der Moderne schlechthin erklärte und damit schon in seiner ersten öffentlichen Rede nach dem Faschismus eine deutliche Entlastung der deutschen Täter versuchte, war diese Perspektive für Arendt völlig unmöglich. Obwohl sie selbst die KZ als Inbegriff der modernen Zerstörung beschrieb, ist es notwendig, das Churban-Begreifen grundsätzlich aus diesem Komplex herauszuhalten und Arendts Postulat einer eigenen, neuen Begrifflichkeit zu unterwerfen.

Resümee: »Dieses hätte nie [oder: nicht] geschehen dürfen«[90] heißt für sie Bruch mit der aus der alteuropäischen Tradition herrührenden Begrifflichkeit – und zwar in erster Linie mit deren philosophischer Terminologie und Denkgewohnheiten – beim Erklärungsversuch des Churbans.[91] »Keine Tradition« bedeutet für sie nun ein »Denken ohne Geländer«, eine Erneuerung des *sapere aude*, ohne Schul- oder Organisationszugehörigkeiten, ohne historistische Ursache-Wirkungs-Konstruktionen und mechanistische Reduktionismen, Feststellung unserer Ohnmacht bei der Erklärung, bei der fehlenden unbelasteten Begrifflichkeit und der Forderung nach einem ›neuen Anfangen‹, einem ›Neu-Beginnen‹.[92]

3. *›Geist unbefangener Menschlichkeit‹: die Frage nach der sogenannten Vergangenheitsbewältigung für die Zukunft – oder: ein vorläufiges Resümee*

Für Arendt geht es insgesamt (und besonders in der Lessing-Preis-Rede) »um die Frage, wie viel Wirklichkeit auch in einer unmenschlich gewordenen Welt festgehalten werden muß, um Menschlichkeit nicht zu einer Phrase oder einem Phantom werden zu lassen.«[93] Ihre Antwort ist allerdings äußerst komplex: »Für diejenigen, die sich für die Frage nach dem Sinn und Verstehen interessieren, liegt das Beängstigende am Aufkommen des Totalitarismus nicht darin, daß es sich um etwas Neues handelt, sondern darin, daß damit der Ruin unserer Denkkategorien und Urteilsmaßstäbe ans Licht gebracht worden ist«.[94] Ihre Schlussfolgerung hinsichtlich dieses Komplexes im Aufsatz ›Verstehen und Politik‹ ist der Hinweis auf die Möglichkeit einer »weniger beängstigend[en]« Perspektive in Gestalt ihrer Reflexion auf das menschliche »Geschöpf, dessen Wesen das Anfangen ist [...:] Wenn [aber auch, so folgert sie,] das Wesen allen und besonders des politischen Handelns darin liegt, einen neuen Anfang zu setzen, dann wird Verstehen die andere Seite des Handelns, nämlich jene Form der Erkenntnis, durch welche die handelnden Menschen [...] das, was unwiderruflich passiert ist, schließlich begreifen können und sich mit dem, was unvermeidlich existiert, versöhnen«.[95] Diese angesichts ihrer sonstigen Radikalität vielleicht überraschende These der Versöhnung ist ihrer Verpflichtung dem christlich-jüdischen Dialog gegenüber zu verdanken, die vielleicht aus ihrer frühen Augustin-Lektüre resultierte.

Hinsichtlich der Vergangenheitsbewältigung ist bei Jaspers seine Ablehnung der sog. Kollektivschuldthese bekannt; aber dies hatte ihn gleichwohl nicht daran gehindert, aus einem tiefen Protest gegen die sog. Vergangenheitsbewältigung in der jungen Bundesrepublik diese zu verlassen und den Ruf nach Basel anzunehmen. Verwarf er in seinen Tagebüchern noch die ihm abgeforderte Eingliederung in die ›Front der Menschlichkeit‹, so kommt er in der Frage nach seinen Vorschlägen zur Vergangenheitsbewältigung zu eben diesem Schluss: Denn bezeichnend war sein Bekenntnis zu einem dritten, nicht wirklich fertig gestellten Werkkomplex während und nach der Nazi-Zeit – ein Dokument seiner Erinnerung: »Die Arbeit an der Weltgeschichte der Philosophie, in der ich zur Zeit stehe, verstärkt das Bewußtsein, das mir seit der Beschäftigung mit der chinesischen Philosophie in den dreißiger Jahren natürlich und fraglos wurde: Wir sind auf dem Wege vom Abendrot der europäischen Philosophie zur Morgenröte der Weltphilosophie.«[96] Der von Jaspers beschworene ›Geist der Menschlichkeit‹ – Kosmopolitismus – ist identisch mit seinem »Appell an die Offenheit im Verstehen, an Kommunikation«[97] und als »öffentlicher Kampf des Geistes« nunmehr kein Erinnerungsraum, sondern ein zu erringender Denk-Raum des Politischen.[98] Es gibt kein Dokument dieses Lernenkönnens, das mehr beeindrucken könnte, als sein Bekenntnis zu seiner – ihm in der Zwischenzeit in manchen Dingen des politisch-philosophischen Geistes ebenbürtigen, wenn nicht sogar überlegenen – ehemaligen Schülerin Hannah Arendt:

»Zu den schönsten Erfahrungen jener Jahre [sc. nach 1945] wurde ihre philosophische und menschliche Solidarität. [...] Die innere Unabhängigkeit machte sie zum Weltbürger [...] Von ihr lernte ich diese Welt des größten Versuchs politischer Freiheit [sc. die USA] und andrerseits die Strukturen des Totalitarismus besser sehen als ich es vorher vermochte«.[99]

Was vorläufig bleibt, ist ein Hinweis von Primo Levi[100] in *Die Untergegangenen und die Geretteten*, der an Jaspers' oben zitierte Einsicht in die immer wieder mögliche Rechtlosigkeit erinnert: »Es ist geschehen und folglich kann es wieder geschehen: darin liegt der Kern dessen, was wir zu sagen haben – es kann geschehen ...!«

Hinsichtlich der Zwischenkriegsphilosophie konnte ein Großteil der Quellen nicht berücksichtigt oder auch nur annähernd ausgewertet werden. Das betrifft in erster Linie die Einstellungen zur Politik vor 1933, für die hier insbesondere Jaspers zu befragen ist, z. B. hinsichtlich der Bedeutung des Ersten Weltkrieges, Max Webers, des ›deutschen Wesens‹ sowie der ›deutschen Mission‹ und – dies sogar noch unter der Nazi-Diktatur– der ›Massendemokratie‹ und der ›Geistigen Situation der Zeit‹. Eine spezielle Untersuchung wäre dem Begriff und dem Verständnis der Geschichte zu widmen, für die sich ein bislang noch nicht unternommener Vergleich der Positionen von Jaspers, Heidegger und der späteren Arendt anbietet. Denn ›Geschichte‹ dürfte sich hier als ein Maßstab für die Nähe und Differenz der beteiligten Intellektuellen herausstellen lassen, wodurch vor allem auch die Spezifik des jüdischen Geschichts- und Erinnerungsverständnisses verdeutlicht werden könnte. Bezug nehmend auf das dritte, hier nur gestreifte Unterscheidungsmerkmal der zeithistorischen ›Vergangenheitsbewältigung‹ in Europa kommt ein grundsätzlicher Aspekt in Frage, der die Bedeutung der Möglichkeit eines ›Geistes unbefangener Menschlichkeit‹ nach dem Churban betrifft – von den beteiligten Zeitzeugen über die Situation des Kalten Krieges bis hin zu den Dimensionen einer die eurozentristischen Implikationen überwindenden Weltphilosophie.

1 H. Arendt/K. Jaspers, *Briefwechsel 1926–1969*, hg. v. L. Köhler u. H. Saner, München/Zürich 1985, S. 64.

2 Vgl. K. Jaspers, *Schicksal und Wille. Autobiografische Schriften*, hg. v. H. Saner, München 1967.

3 Vgl. M. Heidegger/K. Jaspers, *Briefwechsel 1920–1963*, hg. v. W. Biemel u. H. Saner, Frankfurt/M./ München/ Zürich 1990; H. Arendt/M. Martin Heidegger, *Briefwechsel 1925–1975 und andere Zeugnisse*. Aus dem Nachlaß hg. v. U. Ludz, Frankfurt/M. 1998.

4 Vgl. L. Lambrecht, Der Begriff der Geschichte bei H. Arendt und die Sho'ah. In: P. Amodio et al. (Hg.), *La Sho'ah tra Interpretazione e Memoria*, Neapel, 1999, S. 435–470.

5 Vgl. O. Höffe, Apolitische Politik? Überlegungen zu Hannah Arendt. DeutschlandRadio, 8.10.2006, 9.30–10 Uhr [Unkorr. Ms.]; ihm unterläuft das Missgeschick einer falschen Übersetzung von ›Acting is fun‹ als ›Handeln *ist* Spaß‹ statt richtig: ›Handeln *macht* Spaß‹ – eine fundamentale Differenz, die einem Philosophen verständlich sein müsste.

6 Arendt/Jaspers 1985, S. 85.

7 Vgl. E. Young-Bruehl, *Hannah Arendt. Leben, Werk und Zeit*, Frankfurt/M. 1991, S. 108. Allerdings behauptet Arendt noch 1963 im Brief an G. Scholem, dass sie sich »in der Jugend weder für Geschichte noch für Politik interessierte« (H. Arendt, *Ich will verstehen. Selbstauskünfte zu Leben und Werk*. Hg. v. U. Ludz, München/Zürich, 1996, S. 29; vgl. dazu das Gaus-Interview, ebd., S. 47, und Bekenntnis zu Blücher). Neben der Bultmann-Reminiszenz ist als ein indirekter Beleg für ihre frühe wache Abwehr jeglichen Antisemitismus ein Antwortbrief Heideggers erhalten, in dem er auf die im Wintersemester 1932/33 offenbar kursierenden, von ihm »Verleumdungen« genannten Berichte über seinen »enragierten Antisemitismus« eingeht, auf den sich offenbar Arendts besorgtes Nachfragen bezogen hatte, das – nota bene – nicht erhalten ist (Arendt/Heidegger 1998, S. 68 f.)

8 Young-Bruehl 1991, S. 174. Diese Bezeichnung verweist allerdings auf einen ganz anderen, höchst anspruchsvollen Begriff des ›politischen Wesens‹, als es das Urteil vom Un- oder Apolitischen suggeriert; vgl. die Lessing-Rede.

9 Arendt 1996, S. 48; vgl. Young-Bruehl 1991, S. 174.

10 Arendt 1996, S. 49, 55.

11 Zit. n. Young-Bruehl 1991, S. 174.

12 Arendt/Jaspers 1985, S. 67.

13 Arendt 1996, S. 40 ff.

14 Ebd., S. 37. Gleichwohl gibt es doch ein letztlich wohl verstehbares Schwanken in den Einschätzungen des NS. So bezeichnet ihn z. B. Arendt noch 1945 und später als »Höllenspektakel« oder als »Hölle»; sie diskutieren

aber auch kritisch über Jaspers' Charakterisierung der »kriminellen Schuld« der Vertreter des Nazi-Regime und über die um sich greifende Dämonisierung Hitlers als »satanischer Größe« (Arendt/Jaspers 1985, S. 58, 68, 90, 98 f., 106); vgl. allerdings schon für 1944 hierzu Fn. 90.

15 Arendt 1996, S. 36.

16 Ebd., S. 45.

17 Arendt/Jaspers 1985, S. 67.

18 Arendt 1996, S. 29 f., 50 ff.

19 H. Arendt, *Menschen in finsteren Zeiten*, München/Zürich 1989, S. 34.

20 Arendt 1996, S. 57.

21 Ebd., S. 59.

22 In: R. Wiehl/D. Kaegi (Hg.), *Karl Jaspers – Philosophie und Politik*, Heidelberg 1999, S. 229 ff.

23 Zum Weg seines politischen Denkens vgl. K. Jaspers, *Werk und Wirkung*. Hg. v. K. Piper, München 1963, S. 76 ff.; eine gut dokumentierte Entwicklung zeigt R. De Rosa in: K. Jaspers, *Erneuerung der Universität. Reden und Schriften 1945/46*. Nachwort: Politische Akzente im Lebens eines Philosophen. Karl Jaspers in Heidelberg 1901–1946, Heidelberg 1986, S. 301 ff. Ein beredtes Dokument ist Jaspers' Gespräch mit François Bondy in: *Der Monat*, 15. Jg., H. 175, 1963, S. 22–29), das einen Kontrast bildet zum vergleichbaren Titel zu Heidegger (G. Schramm/B. Martin (Hg.), *Martin Heidegger. Ein Philosoph und die Politik*, Freiburg [2]2001). Er sei unpolitisch, gesteht wenigstens Heidegger Arendt gegenüber: »Im Politischen bin ich weder bewandert noch begabt« (Arendt/Heidegger 1998, S. 95); dieses äußert er allerdings auch in einem Kontext, bei dem man nicht sicher sein kann, ob er sich nicht von seinen Optionen für den Nationalsozialismus freisprechen wollte. Früh schon wurde Heidegger von Fr. Oehlkers als »eben durch und durch unpolitisch« bezeichnet (zit. n. Arendt/Jaspers 1985, S. 269). Zum Verhältnis von Politik und Philosophie sowie zur Position, dass seine Politik nicht aus der Existenzphilosophie als einem Überpolitischen ableitbar sei, vgl. R. Koselleck, dessen Politikverständnis von Carl Schmitts geprägt ist, in: J. Hersch u. a. (Hg.), *Karl Jaspers. Philosoph, Arzt, politischer Denker*, München/Zürich 1986; zur Differenzierung und Richtigstellung in Wiehl/Kaegi 1999, S. 83, vor allem auch hinsichtlich der Bremer Rede Heideggers.

24 Jaspers 1963, S. 78 f.

25 Jaspers 1967, S. 35.

26 Jaspers 1963, S. 85; vgl. dagegen Arendt 1996, S. 47: »Ich war seit 1931 fest davon überzeugt, dass die Nazis ans Ruder kommen würden.« In diesem Kontext stehen auch Jaspers' heftige Vorwürfe gegen Arendt, als er von ihrer Emigrationsabsicht erfahren hatte: »Die Emigration wird die Dummheit ihres Lebens. Was nun ist, wird vergehen, wie es gekommen ist: wie ein Spuk.« Zit. n. H. Saner, *Erinnern und Vergessen. Essays zur Geschichte des Denkens*, Basel 2004, S. 103 (ohne weiteren Beleg).

27 Jaspers 1963, S. 97 f.; vgl. auch das zutreffende Urteil von Hans Saner (K. Jaspers, *Provokationen. Gespräche und Interviews.* Hg. v. H. Saner, Zürich., 1969, S. 10), »dass Jaspers' philosophisches Denken unweigerlich politisch wird, dass sein politisches Denken aber immer in der Philosophie gründet, und zwar letztlich in deren Kern, in der Metaphysik. Diese wiederum ist selber schon auf eine Grundfrage [hin] angelegt, die auch ihre politische Seite hat, nämlich auf die Frage: ›Welche Gedanken sind notwendig, damit die tiefste Kommunikation möglich werde?‹ (Philosophie II, 117).«

28 Arendt/Jaspers 1985, S. 82.

29 Vgl. ebd., S. 732.

30 Ebd., S. 77; vorausgegangen ist dieser Kontroverse ein Dissens vor der Nazi-Zeit, als Arendt sich scharf von Jaspers' Darstellung von Max-Weber – »deutsches Wesen« – distanzierte und dagegen verwahrte, »dass Sie dieses mit ›Vernünftigkeit und Menschlichkeit aus dem Ursprung der Leidenschaft‹ identifizieren«; sie meinte weder M. Weber, dessen »eindrucksvoller Patriotismus« ihr allerdings auch Schwierigkeiten bereitete, noch Jaspers' positiven Bezug sowohl zu Weber als auch zum ›Sinn der deutschen Weltmacht‹ und deren »Aufgabe für die ›Kultur der Zukunft‹«, sondern die Denkungsart, der sie als Jüdin nicht zustimmen konnte. (Arendt/Jaspers 1985, S. 52; zur weiteren Debatte ebd., S. 53 ff.); dem vorausgegangen waren mehrere Auslassungen beider zu ihren Positionen des Jüdischseins anlässlich Arendts Varnhagen-Buches, auf das sich Jaspers bis in die Nachkriegszeit immer wieder beziehen sollte (ebd., S. 46 ff. et passim).

31 Jaspers 1967, S. 143.

32 Ebd., S. 143 f., 147, vgl. S. 153.

33 Ebd., S. 148.

34 Ebd., S. 146 et passim.

35 Ebd., S. 148.

36 Ebd., S. 35.

37 Ebd., S. 37. Am umfassendsten und mit zahllosen zusätzlichen Zeugnissen dokumentiert von Saner 2004, S. 97–130: Überleben mit einer Jüdin in Deutschland. Karl und Gertrud Jaspers in der Zeit des Nationalsozialismus. Siehe ebd. die zusammenfassende Charakterisierung eines Vorganges, der mit dem irreführenden und nicht selten des Opportunismus geziehenen Terminus der ›inneren Emigration‹ belegt ist; vgl. dazu Weiteres unten im Abschnitt ›Antifaschismus‹.

38 Heidegger/Jaspers 1990, S. 149.

39 Ebd., S. 152.

40 Ebd., S. 153.

41 Vgl. B. Martin, Heidegger und die Reform der deutschen Universität 1933. In: *Martin Heidegger: ein Philosoph und die Politik*, Freiburg 1986 [Freiburger Universitätsblätter 25, H. 92, S. 49–69]; Schramm/Martin 2001.

42 H. Heidegger, ›In seinem Denken war mein Vater allein‹. Ein Gespräch

mit Hermann Heidegger. In: *Universitas - Orientierung in der Wissenswelt*, Stuttgart, 55. Jg., September-Heft, S. 3 [unter dem Titel: ›Auch mein Vater hat Widerstand geleistet‹. In: *Information-Philosophie* im Internet: URL: http://www.information-philosophie.de/philosophie/heideggergespraech.html; Zugriff: 01.06.2007].

43 Heidegger/Jaspers 1990, S. 155.

44 Heidegger 2000, S. 3.

45 K. Jaspers, *Notizen zu Martin Heidegger*, hg. v. H. Saner, München/Zürich ²1978, S. 182.

46 Ebd., S. 157 f.

47 Jaspers 1967, S. 161.

48 Ebd., S. 146.

49 Ebd., S. 149.

50 Ebd., S. 152.

51 Arendt/Jaspers 1985, S. 58.

52 Heidegger: »Die Massen schrecken ab. Wenige und Geeignete zu Übungen sind schwer zu finden«; man kann dies über den hier zunächst gemeinten Bezug zur Universität hinaus verallgemeinern (Heidegger/Jaspers 1998, S. 137); vgl. dazu H. Heideggers Interview ›Mein Vater wollte sich nicht gemein machen‹ in der neofaschistischen Zeitung *Junge Freiheit* vom 1. Nov. 2002 URL: http://www.jf-archiv.de/archiv02/452yy35.htm; Zugriff: 26.11.2007.

53 Arendt/Jaspers 1985, S. 59.

54 Ebd., S. 61.

55 Vgl. Brechts ›Gegen die Objektiven‹ in *Gedichte 1933–1938*: »Unsere Niederlagen nämlich/Beweisen nichts, als dass wir zu/Wenige sind/Die gegen die Gemeinheit kämpfen«; vgl. dazu L. Lambrecht/A. Schild (Hg.), Antifaschismus oder Niederlagen beweisen nichts, als dass wir wenige sind, Köln 1983 (*Dialektik* 7). Der Büchner-Briefwechsel enthält den Beleg für Arendts »Bekehrung« zu Brecht. (H. Arendt/H. Blücher, *Briefe 1936–1968*, hg. v. L. Köhler, München/Zürich 1996, S. 39).

56 H. Arendt, *Menschen in finsteren Zeiten*, München/Zürich 1989, S. 14 f.

57 Vgl. J. Assmann, Kulturelles Gedächtnis als normative Erinnerung. Das Prinzip ›Kanon‹ in der Erinnerungskultur Ägyptens und Israels. In: O.G. Oexle, *Memoria als Kultur*, Göttingen 1995, S. 95–114; A. Assmann, *Erinnerungsräume. Formen und Wandlungen des kulturellen Gedächtnisses*, München ³2006.

58 Vgl. M. Halbwachs, *Stätten der Verkündung im Heiligen Land. Eine Studie zum kollektiven Gedächtnis*, Konstanz 2003.

59 Vgl. A. Hügli/D. Kaegi/R. Wiehl (Hg.), *Einsamkeit, Kommunikation, Öffentlichkeit*, Basel 2004.

60 K. Jaspers, *Hoffnung und Sorge. Schriften zur deutschen Politik 1945–1965*, München 1965, S. 32.

61 Saner 2004, S. 118.

62 Ebd., S. 129 f.

63 Arendt/Jaspers 1985, S. 68 f.

64 Jaspers 1963, S. 101.

65 Ebd., S. 97.

66 Arendt/Jaspers 1985, S. 149.

67 *Philosophie und Welt*, München 1963, ist eine Sammlung von Reden und Aufsätzen.

68 Vgl. hierzu erste Ansätze bei Lambrecht 1999 sowie ders., Zu Walter Benjamins Versuch einer geschichtsphilosophischen Theorie des 20. Jahrhunderts. In: *Bremer Philosophica*, 1993/1, S. 1–16.

69 Arendt 1960, S. 87 f.

70 Die Kategorie des Verzeihens weist Arendt ausdrücklich als christlichen Ursprungs aus, vgl. H. Arendt, *Zwischen Vergangenheit und Zukunft. Übungen im politischen Denken I*, hg. v. U. Ludz, München/Zürich 1994, S. 74.

71 H. Arendt, *Zwischen Vergangenheit und Zukunft. Übungen im politischen Denken I*, München/Zürich 1994, S. 61, 77.

72 Ebd., S. 9, 17.

73 Ebd., S. 35.

74 Vgl. Y. H. Yerushalmi, *Zachor: Erinnere Dich! Jüdische Geschichte und jüdisches Gedächtnis*, Berlin 1996, vgl. aber auch schon ders., *Ein Feld in Anatot. Versuche über jüdische Geschichte*, Berlin 1993.

75 Vgl. Oexle 1995; vgl. hier v.a. die für den vorliegenden Kontext herausragende Studie von Assmann 1995.

76 Vgl. H. Weinrich, *Lethe. Kunst und Kritik des Vergessens*, München 1997.

77 Vgl. Yerushalmi 1996.

78 H. Arendt, *Nach Auschwitz. Essays & Kommentare 1*, Berlin 1989, S. 142.

79 Ihr Antrag war früher verfasst als das große Werk Raul Hilbergs; beide waren sich häufig begegnet, hatten sich aber merkwürdigerweise nie gesprochen.

80 Arendt 1989, S. 7 ff.; vgl. dazu O. Marchart, *Neu beginnen. Hannah Arendt, die Revolution und die Globalisierung*. Mit einem Vorwort von L. Zerilli, Wien 2005.

81 Arendt 1994, S. 24; vgl. ebd., S. 34.

82 Vgl. in diesem Aufsatz zur Automatismusproblematik ebd., S. 223 ff.

83 H. Arendt, *Von der Menschlichkeit in finsteren Zeiten. Rede über Lessing*, München 1960; diese Überschrift wird in Arendts ›Menschen in finsteren Zeiten‹ (1989) zum Untertitel des Haupttitels *Gedanken zu Lessing* (ebd., S. 17). Das thematische Motiv der ›finsteren Zeiten‹ entlehnte Arendt Brechts Gedicht ›An die Nachgeborenen‹; schon bald nach der Hamburger Rede nahm es ihr Mann H. Blücher auf, als er ihr Mitte 1961 nach Tel Aviv zum Eichmann-Prozess schrieb: »Du bist ja wieder wirklich in die finsteren Zeiten rein« (H. Arendt/H. Blücher, Briefwechsel 1936–1968, hg. v. L. Köhler, München/Zürich,

1996, S. 517). Auf eben diesen Bezug zur Nazi-Zeit wollte allerdings Arendt den Terminus nicht reduziert wissen, da sie die ›finsteren Zeiten‹ für »nicht nur nichts Neues in der Geschichte, sondern auch nichts Seltenes« hielt – im Gegensatz zu »den Ungeheuerlichkeiten dieses Jahrhunderts«, die »von einer erschreckenden Neuheit« sind (Arendt 1989, S. 15).

84 Arendt 1960, S. 34 (= Arendt 1989, S. 36 f.).

85 Arendt 1994, S. 7.

86 Arendt/Jaspers 1985, S. 106.

87 H. Arendt *Elemente und Ursprünge totaler Herrschaft*, Frankfurt/M. 1962, S. 644.

88 Ebd., S. 655, bzw. H. Arendt, *Ich will verstehen. Selbstauskünfte zu Leben und Werk*. Hg. v. U. Ludz, München/Zürich 1996, S. 59.

89 M. Heidegger, Bremer und Freiburger Vorträge. In: M. Heidegger, *Gesamtausgabe*. III. Abt., Bd. 79, Frankfurt/M. 1994, S. 27; vgl. Lambrecht 1999, 455 f.: Auf diese ungeheuerliche Passage von Heidegger hat der Verf. schon auf dem *Convengo Internazionale di Studi Olocausto. La Sho'ah tra interpretazione e memoria*, 5.–9. Mai 1997 in Neapel hingewiesen. Mit dem Druck des Arendt-Jaspers-Briefwechsels und dem seinerzeit von mir übersehenen dortigen Fund betr. der ›Fabrikation von Leichen‹ sind meine diesbezüglichen Erwägungen gegenstandslos geworden; sie bedürfen aber gleichwohl einer Fortsetzung der historischen Recherchen und philologischen Kritik, die hiermit begonnen wird. So sprach Arendt bereits 1944 in ihrem Essay *Organisierte Schuld* von der »Maschine des ›Verwaltungsmassenmordes‹« und vom »systematischen Massenmord«. (H. Arendt, *In der Gegenwart. Übungen im politischen Denken II*, hg. v. U. Ludz, München/Zürich, 2000, S. 31). Auf die menschenverachtende und zynische Parallelisierung von moderner technisierter Landwirtschaft und KZ-Todesfabriken bei Heidegger verweis bereits Wiehl 1999a, 83; zur philologischen und historisch-kritischen Gesamtsicht vgl. E. Fayes Beitrag in diesem Band.

90 Arendt 1996, S. 59 f., was Jaspers 1967, S. 164 übernimmt.

91 Arendts Beiträge zur Kritik der alteuropäisch-philosophischen Tradition und ihre Forderung nach dem radikalen Bruch mit dieser Tradition angesichts des Churban sind fast unübersehbar, aber konzentriert in ›Zwischen Vergangenheit und Zukunft‹, 1994. Den Bruch mit der Philosophietradition kennzeichnet noch ihr Denkeinsatz in ihrem opus postumum ›Vom Leben des Geistes‹, vgl. H. Saner, Hannah Arendts Bilder von der Unabhängigkeit des Denkens. In: *Deutsche Zeitschrift für Philosophie*, Berlin, 16. Jg., H. 1, 2007, S. 5–16. Von dieser Traditionskritik unterschieden ist ihre kritische Verteidigung der jüdischen Tradition – ganz im Sinne des Zachor! (vgl. Yerushalmi 1996; W. Stegmaier (Hg.), *Die philosophische Aktualität der jüdischen Tradition*, Frankfurt/M. 2000) – »Und ich gehöre nicht in eine Tradition oder einen Zusammenhang, aus dem mich jeder Federstrich wieder auslöschen kann. In diesen Zusammenhang habe ich mich in sehr bewußter Distanz nur 1933 ge-

stellt für eine kurze Zeit, weil Leute wie ich nötig waren für primitivste Sicherheitsdinge«; demgegenüber: »›Darum ist es ja nur so schrecklich, eine Jüdin zu sein, weil man sich immer legitimieren muß‹ [wie es die für Arendts jüdisches Selbstbewußtsein ausschlaggebende Rahel Varnhagen formulierte] – so bin ich der Ansicht: dass man sich nie legitimieren kann noch darf«. (Arendt/Blücher 1996, S. 45).

92 Vgl. die einschlägigen weiterführenden Studien von Marchart 2005 und Saner 2004.

93 Arendt 1989, S. 38.

94 Arendt 1994, S. 122.

95 Ebd., S. 125 f.

96 Jaspers 1963, S. 115. Dass diese Einsicht nicht einfach als eine quantitative Erweiterung des akademischen Kanons der Philosophie, sondern als politisch konnotiert zu verstehen ist, zeigt seine Aussage an anderer Stelle zum gleichen Zeitraum: »In diesem Jahrzehnt [sc. 1933–45] wuchs die Einsicht auch bei mir, die zwar seit Jahrtausenden selbstverständlich, nur eine Weile vergessen war: Philosophie ist nicht ohne Konsequenzen. Ich wunderte mich, in der gesamten Philosophiegeschichte diesen Zusammenhang zu erblicken, der so offenbar zutage liegt.« (Ebd., S. 97)

97 Wiehl/Kaegi 1999, S. 9.

98 K. Jaspers, *Die Atombombe und die Zukunft des Menschen. Politisches Bewußtsein in unserer Zeit*, München 1960, S. 310 f.

99 Ebd., S. 94.

100 Bei einem Bostoner Symposion zu Ehren des 80. Geburtstages von Elie Wiesel 2008 fragte der Literaturwissenschaftler Alvin Rosenfeld danach, warum wohl Primo Levi und Jean Améry an der Effizienz ihrer literarischen Produktionen bezüglich ihrer Holocaust-Zeugenschaft zunehmend zu zweifeln begannen und schließlich Selbstmord verübten, während das bei Wiesel nicht der Fall ist. Rosenfeld analysiert, dass Améry und Levi ihre Schriften an die Deutschen gerichtet hätten, von ihnen eine grundlegende Umkehr erwartet hätten und angesichts ihres Schweigens ohnmächtig resignierten. »Amery und Levi versuchten, ihr Schicksal im Rahmen der europäischen Philosophie zu verstehen, und suchten den Dialog mit den Tätern. Sie erkannten, dass ihre Erfahrung in der europäischen Philosophie keine Heimat hatte.« (Susanne Klingenstein, Nach Hiob. In: FAZ, Nr. 259, 5.11.2008, S. N 5). So ließe sich gegebenenfalls auch Arendts Abkehr von der Philosophie in den USA erklären wie auch Jaspers' Verzweiflung angesichts des deutschen Schweigens nach 1947. Ob aber das Erinnern Amérys und Levis wirklich keinen Ort in den Philosophien Europas haben könnte, bleibt ein grundlegendes Problem philosophischen Forschens.

›Worüber man nicht reden kann, darüber muss man schweigen.‹

Zur Vertreibung der Wissenschaftlichen Weltauffassung im ›Dritten Reich‹ und zu ihrer Bedeutung für die Entwicklung der analytischen Philosophie

Vorbemerkung

Die Wissenschaftliche Weltauffassung gehört zu jenen philosophischen Strömungen des zwanzigsten Jahrhunderts, die bereits zu Beginn der 1930er Jahre ins Visier der nationalsozialistischen Machthaber (bzw. ihrer Vorläufer) geriet und die später systematisch zerschlagen und vertrieben wurde. Die Vertreter der Wissenschaftlichen Weltauffassung wurden gezwungen, in die Emigration zu gehen. Die Wissenschaftliche Weltanschauung entwickelte sich im Ausland weiter, vor allem in England und den USA, und kehrte in den 1960er Jahren unter dem Namen ›analytische Philosophie‹ in den deutschsprachigen Raum zurück. Erstaunlicherweise hat sich gerade diese philosophische Richtung mit Vorwürfen und Verdächtigungen auseinandersetzen müssen, die ihr eine inhärente Nähe zu totalitärem Denken und eine prinzipiell apolitische Haltung unterstellten. Diese Vorwürfe sind ärgerlich, weil sie der Sache nach verfehlt und – betrachtet man die Entwicklung der Wissenschaftlichen Weltauffassung in der Emigration und ihre internen Auseinandersetzungen – absolut ungerechtfertigt sind: Die Wissenschaftliche Weltauffassung war keineswegs eine apolitische philosophische Richtung. Allerdings ist der Zusammenhang zwischen den philosophischen Kernthesen des Logischen Empirismus und dem sozialen Engagement einiger seiner Vertreter komplex. Ich möchte im Folgenden zwei Thesen vertreten:

Außerakademisches soziales Engagement und die Metaphysik-Kritik als Kern der philosophischen Überzeugungen werden von der Vertretern des Logischen Empirismus zwar strikt getrennt, stehen aber in einem inneren Zusammenhang.

Der Verlust dessen, was Georg von Wright als ›revolutionäres Ethos‹ bezeichnet hat, ist auch auf die Randbedingungen der Arbeit in der Emigration zurückzuführen und damit eine Folge der nationalsozialistischen Vertreibung und Verfolgung.

Mein Programm in der Ausführung und Begründung meiner Thesen wird folgendermaßen aussehen: Zunächst möchte ich mich der heutigen analytischen Philosophie zuwenden und zeigen, inwiefern die Auseinandersetzung mit ihrer Vertreibung und den Arbeitsbedingungen in der Emigration ein zentraler Teil ihrer gegenwärtigen Standortbestimmung ist und damit wichtig für den Versuch, ihr Profil zu bestimmen. In einem zweiten Schritt werde ich dann die Wissenschaftliche Weltauffassung kurz charakterisieren und am Beispiel von Otto Neurath und Rudolf Carnap das politische und soziale Engagement sowie dessen Verbindung zum philosophischen Programm in Erinnerung rufen. Dann werde ich die erste Phase der Entpolitisierung im Zuge der Verfolgung der Wissenschaftlichen Weltauffassung in den 1930 Jahren rekapitulieren. Der eigentliche Kern meiner Ausführungen besteht aber in der Vorstellung der zweiten Phase der Entpolitisierung der Wissenschaftsphilosophie in der Emigration in den USA, die von George A. Reisch in seiner Studie *How the Cold War Transformed Philosophy of Science* (2005) beschrieben wird.[1] Am Schluss wird noch einmal eine kurze Reflexion darüber stehen, was analytische Philosophie heute heißen kann.

1. Analytische Philosophie heute

Wer heute angeben soll, was eigentlich Analytische Philosophie ausmacht und von nicht-analytischer Philosophie unterscheidet, hat es nicht leicht: Die Grenzen sind verwischt und nicht wenige meinen, es sei eigentlich aus mit der Analytischen Philosophie. Bereits 1993 konstatierte Georg Henrik von Wright: »[D]ie analytische Philosophie ist die Philosophie eines Zeitalters, das vor allem von Wissenschaft und Technik geprägt ist. In einer erweiterten geschichtlichen Perspektive erscheint sie als spätes Erbe der Aufklärung. […] In der zweiten Hälfte dieses Jahrhunderts hat die analytische Philosophie die typischen Züge einer etablierten Denkrichtung angenommen. Sie hat angefangen, ihre Konturen zu verlieren und ist eklektisch geworden. Sie droht ihrer Identität verlustig zu gehen.«[2] Seiner Schilderung der verschiedenen Wurzeln und Schulen der analytischen Philosophie folgt schließlich die Frage: »Was heißt heute ›analytische Philosophie‹? Ein einflußreicher Diagnostiker der Lage, Richard Rorty, sagt dazu: ›I do not think that there any longer exists anything identifiable as ›analytic philosophy‹. Er stellt das in Beziehung zu der Tatsache, dass die Philosophie, die sich ›analytisch‹ nennt, in vielen Umgebungen zu einer Art von ›philosophischem Establishment‹ geworden ist. Damit hat die Bewegung auch ihr ›revolutionäres Ethos‹ verloren.«[3]

Gegen diese Darstellung von Georg Henrik von Wright lässt sich einiges einwenden. Ich möchte in meiner kritischen Auseinandersetzung folgende Punkte betonen:

Man kann die analytische Philosophie und insbesondere die Wissenschaftliche Weltauffassung des Logischen Empirismus *vor* der durch die Nationalsozialisten erzwungenen Emigration tatsächlich als spätes Erbe der Aufklärung, als eine Philosophie der Aufklärung im umfassendsten Sinne interpretieren. Neben den eigentlich wissenschaftlich-philosophischen Kernpunkten lässt sich als Erbe der Aufklärung sicherlich auch das politische und soziale Engagement der Vertreter des Logischen Empirismus vor dem Zweiten Weltkrieg und ihr umfassendes Interesse an Kunst und Kultur ihrer Zeit anführen. Das ›revolutionäre Ethos‹ hatte einen innerphilosophischen, wissenschaftlichen Aspekt – eine dezidiert antimetaphysische wissenschaftliche Weltauffassung als Neuanfang in der Philosophie – und einen außerphilosophisch-politischen Aspekt – die Idee, im Rahmen eines aufklärerischen Bildungsideals im Verein mit den liberalen politischen Kräften der Zeit zur Verbesserung der sozialen Situation der Schlechtergestellten beizutragen. Beide wurden von den Logischen Empiristen klar getrennt, stehen aber in einem inneren Zusammenhang.

Der Verlust dieses ›revolutionären Ethos‹ bzw. ihrer Konturen verdankt sich allerdings nicht so sehr der Tatsache, dass die analytische Philosophie als Nachfolger des Logischen Empirismus heute eine etablierte Denkrichtung geworden ist und zum ›philosophischen Establishment‹ gehört. Natürlich hat sich das, was wir heute als analytische Philosophie bezeichnen, in den letzten dreißig Jahren in der Auseinandersetzung mit den anderen philosophischen Strömungen der zweiten Hälfte des zwanzigsten Jahrhunderts stark verändert. Der Prozess eines zunehmenden Verlustes des revolutionären Elements hat seine Wurzeln aber bereits in den späten zwanziger und frühen dreißiger Jahren – er setzte ein, als die Wissenschaftliche Weltauffassung politisch unter Druck geriet und sich ihre Vertreter schließlich gezwungen sahen, in die Emigration zu gehen. Und er setzte sich *in* der Emigration, insbesondere in den USA fort. Was sich schließlich in Deutschland und Österreich – in Europa – in den 1950er und 1960er Jahren als analytische Philosophie etablieren konnte, war bereits eine Denkrichtung, die ihre ursprünglichen Konturen bereits wenn nicht völlig verloren, so doch stark verändert hatte.

1937 erschien ein Aufsatz von Max Horkheimer mit dem Titel ›Der neueste Angriff auf die Metaphysik‹[4], in dem er die Philosophie des Wiener Kreises mit äußerster Schärfe attackierte. Er warf der von den Mitgliedern des Wiener Kreises vertretenen Wissenschaftlichen Weltauffassung u. a. vor, aufgrund ihrer strengen Trennung von deskriptiven und normativen Aussagen und dem von ihnen vertretenen Metaphysik-Verdikt zu einer Reflexion über vernünftige Zwecke nicht in der Lage zu sein und damit den derzeitigen Machthabern in die Hände zu spielen. Ein Denken, das sich an die Grenzen dessen halte, was aufgrund von Erfahrung sinnvoll ausgesagt werden kann, »könne keinem Wahn entgegen treten, wäre er nur verbreitet genug«.[5] Die Forderung nach präzisen Begriffen und die Absage an weite Teile der philosophischen Tradition bringt er in Zusammenhang mit nationalsozialistischen Säuberungen. Das Schlimme an diesem Aufsatz ist nicht die geradezu bösartig anmutende Fehlinterpretation der Wissenschaftlichen Weltauffassung zu einer Zeit, als sich ihre Vertreter bereits größtenteils der Vertreibung ausgesetzt sahen und sich auf der Flucht bzw. in der Emigration befanden, sondern die Tatsache, dass diese Interpretation ihrerseits eine wirkungsmächtige Geschichte hatte, die bis heute andauert. Rainer Hegselmann schreibt dazu in seinem Aufsatz ›Alles nur Mißverständnisse? Zur Vertreibung des Logischen Empirismus aus Österreich und Deutschland‹[6]: »Die [...] Thesen Horkheimers haben Ende der 60er Jahre das Bewußtsein erheblicher Teile der bundesdeutschen und vermutlich auch der österreichischen Studentenschaft bestimmt. Eine Inkompatibilität von neopositivistischem Wissenschaftsverständnis und dem an humanen Zielsetzungen orientierten Einsatz von Wissenschaft und Technik einerseits, eine Komplementarität von empirischem Wissenschaftsverständnis und inhumaner, autoritärer oder gar faschistischer Gesellschaftsverfassung andererseits, dürften in jenen Jahren an zahlreichen philosophischen oder gar gesellschaftswissenschaftlichen Fakultäten nahezu omnipräsente Topoi gewesen sein.«[7]

Gerade der Anspruch der Wissenschaftlichen Weltauffassung, ein spätes Erbe der Aufklärung *mit* einem umfassenden humanistischen Anspruch zu sein, hat zur Vertreibung der Wissenschaftlichen Weltauffassung im Dritten Reich geführt – also nicht nur die *philosophischen* Kernpunkte, sondern vor allem auch das *politische Selbstverständnis* und das *soziale Engagement* ihrer Vertreter. Dieser Punkt ist heute allerdings nicht mehr umstritten, sondern in verschiedenen Studien gut belegt. Tragisch sind allerdings die *Kosten* von Vertreibung und Emigration: Die Entwicklung des Logischen Empirismus vor allem in den USA hat dazu geführt, dass sich das Nachfolgeprojekt ›Analytische Philosophie‹ in den 1960er Jahren und danach in den USA und Europa auf eine Weise präsentierte, die nicht nur Horkheimers Einschätzung in die Hände zu spielen schien, sondern bis heute Aussagen wie die folgende von Georg Henrik von Wright aus dem Jahre 1993 evoziert: »Unterdessen hat sich [...] das geistige Klima der Zeit verändert. Wissenschaft und Technik sind durch ihre Auswirkungen auf das Leben problematisch geworden. Die analytische Philosophie, selbst vom Geist des wissenschaftlichen Fortschrittglaubens getragen, scheint unfähig, diese Auswirkungen zu problematisieren. Diese Aufgabe gehört eher zu anderen Typen von Philosophie, die jetzt im Aufkommen sind und die zum Teil der analytischen Richtung als Gegner gegenüber stehen.«[8]

Die Fakten der Emigration des Logischen Empirismus sind bekannt – in Hinblick auf die Details der Vertreibung und der Emigration der Vertreter der Wissenschaftlichen Weltauffassung im Dritten Reich haben Friedrich Stadler, Joachim Dahms, Rainer Hegselmann und andere Autorinnen und Autoren bedeutende Untersuchungen vorgelegt.[9] *Dass die Kosten der Vertreibung in einer doppelten Entpolitisierung bestehen und dass die Wissenschaftliche Weltauffassung eine Entwicklung genommen hat, die zu einer teilweisen Marginalisierung ihres politisch-humanistischen Gehalts und zu einer gewissen inhaltlichen Einseitigkeit geführt haben, ist allerdings nicht allen Freunden und Kritikern der analytischen Philosophie bewusst. Und diese Entwicklung wiederum hat die Art und Weise, wie sich die analytische Philosophie nach ihrer Rückkehr in ihre Heimatländer nach 1950 präsentierte sowie ihre Ausprägung bis heute beeinflusst.* Von ihrem ursprünglichen revolutionären Ethos war bei ihrer Rückkehr nur ein bestimmter programmatischer Teil übrig geblieben und ihr ursprüngliches Interesse an der Kultur und Politik ihrer Zeit musste sich erst mühsam wieder Bahn brechen. Vielleicht kann man vor diesem Hintergrund die Entwicklung der analytischen Philosophie in Deutschland bis heute nicht nur als einen *Verlust* an Identität, sondern gerade in dem, was von Wright als ›Eklektizismus‹ bezeichnet, auch als einen *Gewinn* bzw. eine Befreiung von Engführungen und Fehlinterpretationen verstehen.

2. *Die Wissenschaftliche Weltauffassung im Dienste der Aufklärung*

Anfang 1929 erhielt Moritz Schlick einen Ruf an die Universität Bonn, den er schließlich, wenn auch schweren Herzens, ablehnte, um in Wien weiter im Kreise seiner Mitstreiter die Wissenschaftliche Weltauffassung vorantreiben und den 1928 gegründeten ›Verein Ernst Mach‹ weiterhin leiten zu können. Als Dank für diese Entscheidung, aber auch, um ihr Selbstverständnis öffentlich zu dokumentieren und auf den Punkt zu bringen, entstand 1929 unter Federführung von Otto Neurath, Hans Hahn und Rudolf Carnap die programmatische Schrift ›Wissenschaftliche Weltauffassung – der Wiener Kreis‹. Der inhaltliche Kern der wissenschaftlichen Weltauffassung selbst lässt sich Hegselmanns Analyse zufolge kurz und knapp mit folgenden Stichpunkten charakterisieren[10]:

Grundlegend ist die erkenntnistheoretische These, dass alle Erkenntnis außerhalb von Mathematik und Logik ihre Basis in der

Erfahrung haben muss. Synthetische Urteile a priori werden abgelehnt.

Daraus resultiert unmittelbar ein *positives Verhältnis zu den Erfahrungswissenschaften*, insbesondere der Physik sowie generell eine interdisziplinäre Heuristik.

Die genuine Aufgabe der Philosophie ist es nicht, selbst Sätze aufzustellen, sondern Sätze zu klären, also zu fragen ›Was meinst Du damit?‹ und ›Woher weißt Du das?‹. Dieses Selbstverständnis mündet in die These, die zentrale Aufgabe der Philosophie sei die *logische Analyse*, in der die moderne Logik zur Explikation von Begriffen, Sätzen und Argumenten herangezogen wird.

Vor dem Hintergrund eines empiristischen Erkenntnisprogramms kommt es zur Unterscheidung von sinnvollen und sinnlosen Sätzen, die ihrerseits eine *radikale Ablehnung der Metaphysik* zur Folge hat, die in einer Frontstellung gegenüber großen Teilen der traditionellen Philosophie ihren Ausdruck findet. Das erklärte Ziel, ›den metaphysischen Schutt der Jahrtausende‹ aus dem Weg räumen zu wollen, hat der Wissenschaftlichen Weltauffassung in besonderer Weise die Feindschaft vieler Kollegen, aber auch metaphysiknaher anderer Organisationen eingebracht.

Und schließlich ist als grundlegendes Merkmal der *aufklärerische Grundimpuls* zu nennen.

Ihr eigenes Philosophieren stellen die Autoren in den Dienst der Logik und Axiomatik, aber vor allem auch in die Tradition der Aufklärung, des Liberalismus und britischen Empirismus sowie des Eudämonismus und der positivistischen Soziologie. Hier werden auch explizit Philosophen wie Comte, Feuerbach und Marx angeführt. Der wissenschaftlichen Weltauffassung nahezustehen, bedeutet gemäß dieser programmatischen Schrift, die wissenschaftliche und philosophische Arbeit in den Kontext eines umfassenden Bemühens um eine Verbesserung der Lebenssituation der Menschen zu stellen – der materiellen ebenso wie der geistigen Emanzipation der Menschen. Es ging also um ein Bildungsprogramm insbesondere für jene, die bisher wenig Zugang zur Bildung hatten und der Aufklärung darüber, wie die Berufung auf geheimnisvolle Erkenntnisvermögen und einen privilegierten Zugang zu höheren Sphären im Lichte einer logischen Analyse einzuschätzen sei. So heißt es in der Schrift: »Die Zunahme metaphysischer und theologisierender Neigungen, die sich heute in vielen Bünden und Sekten, in Büchern und Zeitschriften, in Vorträgen und Universitätsvorlesungen geltend macht, scheint zu beruhen auf den heftigen sozialen und wirtschaftlichen Kämpfen der Gegenwart: Die eine Gruppe der Kämpfenden, auf sozialem Gebiet das Vergangene festhaltend, pflegt auch die überkommenen, oft inhaltlich längst überwundenen Einstellungen der Metaphysik und Theologie; während die andere, der neuen Zeit zugewendet, besonders in Mitteleuropa diese Einstellungen ablehnt und sich auf den Boden der Erfahrungswelt stellt. Diese Entwicklung hängt zusammen mit der des modernen Produktionsverhältnisses, das immer stärker maschinentechnisch ausgestaltet ist und immer weniger Raum für metaphysische Vorstellungen lässt. Sie hängt zusammen mit der Enttäuschung breiter Massen über die Haltung derer, die die überkommenen metaphysischen und theologischen Lehren verkünden. So kommt es, dass in vielen Ländern die Massen jetzt weit bewusster als je zuvor diese Lehren ablehnen und in Zusammenhang mit ihrer sozialistischen Einstellung einer erdnahen, empiristischen Auffassung zuneigen. [...] Wir erleben, wie der Geist wissenschaftlicher Weltauffassung in steigendem Maße die Formen persönlichen und öffentlichen Lebens, des Unterrichts, der Erziehung, der Baukunst durchdringt, die Gestaltung des wirtschaftlichen und sozialen Lebens nach rationalen Grundsätzen leiten hilft.«[11]

Das umfassende politische und soziale Engagement logischer Empiristen wie zum Beispiel Neurath und Carnap ist bekannt.[12] Carnap und Neurath waren Sozialisten und haben daraus auch nie einen Hehl gemacht; Moritz Schlick stand der Sozialdemokratie nahe. Wissenschaftliche Arbeit und außerwissenschaftliches Engagement zielen ihrem Verständnis nach auf das Gleiche ab und können sich wechselseitig befruchten, auch wenn die philosophische Tätigkeit inhaltlich streng an Maßstäben der Wissenschaftlichkeit orientiert ist, das empiristische Erkenntnisprogramm eine strikte Trennung von Wertung und Beschreibung verlangt und die Unterscheidung von sinnvollen und sinnlosen Sätzen gerade jene Bereiche aus dem Reich der Wissenschaft verbannt, die für die Bildung der Menschen und den Ausdruck ihrer geistig-emotionalen Befindlichkeit so zentral sind: Kunst, Musik und Literatur. Dass diese aber einen hohen Stellenwert für die Vertreter der wissenschaftlichen

Weltauffassung hatten, zeigt ein Blick auf ihre engen Kontakte zu Architekten, Künstlern und Musikern und den regen Austausch mit ihnen. Logische Analyse ist ein Mittel im Streben nach Klarheit, Transparenz und Offenheit und diese wiederum sind Bedingung der Möglichkeit von Teilhabe an wissenschaftlicher Erkenntnis und Kritik. Und diese sind ihrerseits Motor der Aufklärung und einer umfassenden Verbesserung der menschlichen Lebensverhältnisse.

De facto war die politische Intention der Wissenschaftlichen Weltauffassung von Beginn an klar ersichtlich – an organisatorischen und inhaltlichen Merkmalen, die insbesondere den 1928 gegründeten ›Verein Ernst Mach‹ und die dort lokalisierten, vielfältig dokumentierten Veranstaltungen betreffen. Bereits die Gründung ging maßgeblich auf die Initiative des Freidenkerbundes Österreichs zurück, »einer sozialreformerischen Vereinigung, die sich ursprünglich im ›Kampf gegen den verpfafften Staat‹ zusammen gefunden hatte, die Arbeiterbewegung und fortschrittliche Intellektuelle als Adressaten anpeilte und sich zum Ziel gesetzt hat: ›Pflege des freien Gedankens, d. i. Ausbau und Verbreitung einer auf wissenschaftlicher Grundlage beruhenden sozialistischen Weltanschauung und Lebensführung‹«.[13] Die Idee, durch Kurse, Vorträge, Vorlesungen und Exkursionen wissenschaftliche Erkenntnis und freien Meinungsaustausch zu fördern, stieß bei Philosophen wie Otto Neurath und Rudolf Carnap, aber auch bei dem etwas konservativeren, bürgerlicheren Moritz Schlick auf offene Ohren. Und so schrieb sich der Verein unter dem Vorsitz von Moritz Schlick u. a. »die Verbreitung von Erkenntnissen der exakten Wissenschaften« auf die Fahnen. Es begann eine fruchtbare Zeit, in Hinblick auf die wissenschaftliche Arbeit ebenso wie in Hinblick auf öffentliche Aktivitäten: Der Verein knüpfte Kontakte zu renommierten Wissenschaftlern in aller Welt und stellte sein Programm auf internationalen Tagungen, in Vortragsreihen innerhalb und außerhalb Wiens sowie in neu gegründeten internationalen Publikationen wie der Zeitschrift ›Erkenntnis‹ vor. Vor dem Hintergrund dieser vielfältigen, internationalen und auch außerakademischen Aktivitäten wurde klar, dass die Frontstellung gegen metaphysische Verdunkelungstendenzen, theologisches Denken und den rasch um sich greifenden Irrationalismus keine rein akademische Angelegenheit war. »Die wissenschaftliche Weltanschauung dient dem Leben und das Leben nimmt sie auf.«[14]

3. *Entpolitisierung Teil I: Wissenschaftliche Weltauffassung im Dritten Reich*

Es herrscht heute weitgehend Einigkeit darüber, dass dieses umfassende ›revolutionäre Ethos‹ eine erste Schwächung in den Jahren zwischen 1933 und 1939 erlitten hat. Dass die Wissenschaftliche Weltauffassung inhaltlich und programmatisch in unüberwindbarer Opposition zur nationalsozialistischen Ideologie stand, ist nahezu evident und bedarf meines Erachtens keiner Beweisführung mehr. Die oben genannten Charakteristika mussten dazu führen, jede Art von Pathos und suggestiven Beschwörungen einer logischen Analyse auszusetzen, die mit ihren sprach- und sinnkritischen Fragen die Inkonsistenz der Ideologie und der vermeintlichen Argumentationen entlarven kann. Eine empiristische Grundhaltung, die nach Fakten fragt und sich nicht blenden lässt von großen Worten und die insbesondere dazu befähigt, die NS-Ideologie anzugreifen, macht die Vertreter zu natürlichen Feinden der neuen politischen Machthaber.[15] Zu bewundern ist die Gradlinigkeit und Entschlossenheit, mit der sich die Vertreter der Wissenschaftlichen Weltauffassung dieser Tatsache gestellt haben.

Manfred Geier u. a. sind sich des Weiteren in ihrer Einschätzung einig, dass der Wiener Kreis in den Jahren vor seiner Zerschlagung von einzelnen seiner Mitglieder, insbesondere aber von Moritz Schlick, aus politischen Gründen entpolitisiert worden ist – was aber die Auflösung und die sich anschließende Vertreibung seiner Mitglieder nicht verhindern konnte.[16]

Ab 1933 verschlechterte sich die Situation zusehends und der politische Druck nahm rasch zu: Die Wissenschaftliche Weltauffassung hatte sich einem Umfeld nationalsozialistischen Terrors, antisemitischer Ausschreitungen und schließlich eines rechtsdiktatorischen politischen Systems unter Bundeskanzler Dollfuß zu behaupten. 1934 wurde die Auflösung des Vereins Ernst Mach verfügt, gegen die sich Schlick vergeblich mit dem viel zitierten Satz zu wehren versuchte, »dass der Verein absolut unpolitisch ist, und dass die Behauptung, seine Tätigkeit habe irgend etwas mit der sozialdemokratischen Partei zu tun, wirklich völlig irrig ist«.[17]

Dieser Verstoß ist viel belächelt worden in seiner offensichtlichen Unplausibilität und Hilflosigkeit. Allerdings muss man auch sehen, dass bereits Carnap, der ebenso wie Neurath Schlicks Schritt als politisch kurzsichtig kritisierte, in seiner Schrift ›Theoretische Fragen und praktische Entscheidungen‹ von 1934 betonte, dass zwischen philosophischer Tätigkeit und politischer Aktivität eine strikte Trennung zu gelten habe, wenn man nicht in die Gefahr geraten wolle, eine Ableitung des Sollens aus dem Sein, der Praxis aus der Theorie für möglich zu halten. Geier schreibt, den Inhalt dieses Artikels referierend, dazu: »Während nämlich theoretische Fragen uns auffordern, über die Wahrheit oder Falschheit von Aussagen *erfahrungswissenschaftlich* zu entscheiden, können uns politische Situationen dazu verführen oder herausfordern, *Entscheidungen* für praktisches Handeln treffen zu müssen. Diese Stellungsnahmen lassen sich durch keine wissenschaftliche Erkenntnis erzwingen, sei diese auch noch so gut empirisch bestätigt oder theoretisch erklärungsstark. So gesehen war auch die politisch-aufklärerische Praxis des Wiener Kreises keine unmittelbare Konsequenz seiner wissenschaftlichen Weltauffassung und seiner Einsicht in soziale Verhältnisse. Die wissenschaftliche Erkenntnis mag über die Ursachen und Folgen sozialen und politischen Handelns wichtige Informationen liefern. Aber sie kann uns den Entschluss nicht abnehmen, in bestimmten Situationen auf eine bestimmte Weise zu handeln.«[18]

Die Konsequenz des von Schlick formulierten Protestes war – so Manfred Geier –, dass der irreführende Eindruck entstehen konnte, es mit einer rein akademischen Vereinigung zu tun zu haben, die stur an ihrem wissenschaftslogischen Programm festhält und es ganz bewusst vorzieht, ohne politische Intention und Wirkung zu sein. Dass dieser Eindruck schon damals falsch war, hätte man u. a. an Carnaps Ausführungen in der oben genannten Schrift erkennen können. Wissenschaftliche Redlichkeit und die saubere Trennung von theoretischer Erkenntnis und politischer Praxis bedeutet keineswegs Gleichgültigkeit oder Unentschiedenheit. Carnap zeigt dies am Beispiel des Metaphysik-Verdiktes: »Theoretisch beweisen lässt sich nur, dass philosophische und religiöse Metaphysik ein unter Umständen gefährliches Narkotikum ist. Wir lehnen dieses Narkotikum ab. Wenn andere seinen Genuß lieben, so können wir sie nicht theoretisch widerlegen. Das bedeutet aber keineswegs, daß es uns gleichgültig sein muss, wie die Menschen sich in diesem Punkt entscheiden. Wir können theoretische Aufklärung [...] geben. Ferner können wir durch Aufruf, Erziehung, Vorbild auf die praktische Entscheidung der Menschen in diesem Punkt einwirken. Nur wollen wir uns dabei klar sein, dass diese Einwirkung außerhalb des theoretischen Gebiets der Wissenschaft liegt.«[19]

Doch die Zerschlagung ließ sich nicht aufhalten, schon gar nicht mit unglaubwürdigen Beteuerungen. Es begann die Zerstreuung in die Emigration: Feigl ging 1931 in die USA, Carnap 1931 aus beruflichen Gründen nach Prag und dann 1935 aus politischen Gründen in die USA, Schlick wurde 1936 ermordet, Popper ging 1937 über die Mandschurei nach Neuseeland, Waismann floh 1937 nach England, Neurath wurde 1934 in einem verschlüsselten Telegramm gewarnt, von einer Reise in die Sowjetunion nach Österreich zurückzukehren; er ging in die Niederlande und floh später in einem Boot nach England. 1939, zu Beginn des zweiten Weltkriegs hatte die Bewegung der Wissenschaftlichen Weltauffassung in Österreich und Deutschland nahezu aufgehört zu existieren.

4. *Entpolitisierung Teil II: Wissenschaftsphilosophie in der McCarthy-Ära*

Üblicherweise wird die Geschichte der Emigration der Vertreter der Wissenschaftlichen Weltauffassung, zumindest insofern sie die Emigration in die USA betrifft, als eine *Erfolgsstory* erzählt: Abgesehen von tragischen individuellen Schicksalen wie zum Beispiel dem von Edgar Zilsel, der keine Anstellung an einer Universität fand und in New York am Rande des Existenzminimums leben musste, erlebte der Logische Empirismus zunächst einen Aufschwung: Er ging, so auch die Darstellung von Manfred Geier, eine fruchtbare Verbindung mit dem amerikanischen Pragmatismus ein, gründete neue Forschungszentren, setzte das Enzyklopädie-Projekt von Otto Neurath zunächst fort und nicht wenige Vertreter (u. a. Carnap, Reichenbach und Frank) konnten sich an amerikanischen Universitäten etablieren und Wissenschaftsphilosophie und Logik als unverzichtbaren Bestandteil philosophischer Curricula etablieren. Weniger bekannt ist bis heute die *Schattenseite* der Emigration in die USA: Die Entpolitisierung der Wissenschaftlichen Weltauffassung setzt sich fort und verstärkt sich – sie wird zur entpolitisierten Wissenschaftslogik und zu einer rein akademischen Angelegenheit.

»Knowing as we do that logical empiricism was originally a philosophical project with cultural and social ambitions, the time is ripe to inquire how the discipline was transformed and how these cultural and political ambitions were lost. The answer defended here is that it was transformed during the 1950s at least partly, if not mainly, by political pressures that were common throughout civic as well as intellectual life during the Cold War following World War II. In large part, these pressures led logical empiricism to shed its cultural and social engagements by shedding Neurath's Unity of Science movement. [...] Had history taken a different path, it is argued, and had the Unity of Science movement and its supporters not been marginalized as they were, the arguments for this general depoliticization would have become at least less representative of the discipline as a whole, if not less convincing.«[20]

Dies ist die Kernthese von Reischs Untersuchung über die Entwicklung des Logischen Empirismus in den USA im Kalten Krieg. Reisch beschreibt anhand neuer Quellen, u. a. des FBI, wie nach einer Phase der Aufbruchstimmung, der begeisterten Aufnahme des Logischen Empirismus durch die Fachkollegen vor Ort und die führenden, insbesondere links orientierten Intellektuellen der USA, eine Phase der Distanzierung und des politischen Drucks einsetzte, die sich vom Zweiten Weltkrieg über die 1950er Jahre bis weit in die 1960er Jahre hineinzog. Zwei Entwicklungen überkreuzten und beeinflussten sich wechselseitig: Eine *interne Auseinandersetzung* um die Fortführung des Projekts der Einheitswissenschaft und der Enzyklopädie, verbunden mit einem Richtungsstreit innerhalb des Logischen Empirismus, und eine *externe, politisch motivierte Bewegung* von einer begeisterten Aufnahme der Logischen Empiristen in den USA und einem großen Interesse am Projekt der Einheitswissenschaft und der Enzyklopädie von Otto Neurath und seinen Mitstreitern hin zu heftigen politisch motivierten Angriffen auf diese philosophische Richtung und ihr politisches und soziales Engagement und die später einsetzende Bespitzelung und Überwachung einiger ihrer Vertreter. Beide Entwicklungen zusammen führten zu einer zweiten Welle der Entpolitisierung und gaben der ganzen Bewegung schließlich ein neues Gesicht.

Die externe Entwicklung setzte 1939 ein, als sich viele linke Intellektuelle enttäuscht und wütend vom Marxismus und Sozialismus abwendeten, nachdem es zum Hitler-Stalin-Pakt gekommen war. Eine antikommunistische und antisozialistische Welle setzte ein, gepaart mit einem starken Patriotismus unter den Intellektuellen und Akademikern, die zu einem aggressiven Klima gegen all jene Wissenschaftler führte, die man einer großen Nähe zu linken Ideen bezichtigte. Auch hier standen die Vertreter der Wissenschaftlichen Weltauffassung wieder in der Schusslinie. Das Enzyklopädie-Projekt, das nach dem Tode Neuraths ohnehin mit diversen organisatorischen und inhaltlichen Schwierigkeiten zu kämpfen hatte, wurde angegriffen, und zwar wegen seiner kollektivistischen und vermeintlich sogar totalitaristischen Tendenz. Bis zu seinem Tod 1945 musste sich Neurath mit Vorwürfen auseinandersetzen, denen zufolge im Zuge der ›Einheit der Wissenschaft‹ in diktatorischer Weise vorgeschrieben werden sollte, was als Wissenschaft zu gelten habe und was nicht und die Einheitsforderung somit in ihrem Wesen antipluralistisch und dogmatisch sei. Neuraths Gegenargumente und der von ihm erbrachte Nachweis, dass die Bewegung der Einheitswissenschaft keineswegs die Unterschiede zwischen den Wissenschaften einebnen und die Wissenschaft losgelöst von ihrem kulturellen, politischen und sozialen Umfeld betrachten wolle, wurden nicht zur Kenntnis genommen und konnten sich in der akademischen Öffentlichkeit nicht durchsetzen. »The values and methods of the Unity of Science movement were simply out of step with the medley of anticommunist, anticollectivist and antiscientistic themes that dominated Cold War America.«[21]

Hinzu kam später die Bespitzelung im Zuge der antikommunistischen Kampagne der McCarthy-Ära. Charles Morris, Philipp Frank und Rudolf Carnap gerieten in das Visier des FBI und wurden systematisch überprüft und überwacht. Obwohl das FBI nichts fand, was es gegen Carnap und die anderen wirklich nutzen konnte, trugen diese Geschehnisse doch maßgeblich zu einem Klima der Angst und akademischen Unfreiheit bei und führten mit dazu, dass viele Vertreter des Logischen Empirismus in den USA von politischen Tätigkeiten absahen und die Wissenschaftliche Weltauffassung weiter entpolitisierten.

Diese äußeren Entwicklungen verstärkten eine interne Tendenz innerhalb der Wissenschaftlichen Weltauffassung: Im Zuge einer inhaltlich-programmatischen Auseinandersetzung zwischen Neurath und Frank auf der einen und Carnap, Reichenbach und Feigl auf der anderen Seite setzten sich schließlich die Letztgenannten mit ihren Vorstellungen durch. Sie setzen sich für eine Wissenschaftstheorie ein, die sehr formal war, einen Schwerpunkt auf die logische Analyse und die Entwicklung einer formalen Wissenschaftssprache legte und – entgegen Neuraths erklärtem Willen – die ökonomischen, politischen und sozialen Bezüge der Wissenschaften nicht mehr in den Blick nahm. Reisch führt u. a. an: »the official dissolution of Frank's Institute, the rechartering of the Philosophy of Science Association, and the connections forged between logical empiricism and government-funded military research epitomized by the RAND Corporation. While some logical empiricists availed themselves of these research opportunities, [...] a more or less official consensus emerged among the profession's leaders: Matters of ethics, society and politics are officially outside the boundaries of professional philosophy of science.«[22]

Nach einer zweiten Phase der Entpolitisierung in den späten 1950er Jahren hatte die von Neurath und Frank vertretene Richtung innerhalb der Wissenschaftsphilosophie weitgehend aufgehört zu existieren.

5. *Fazit: Analytische Philosophie zurück in Deutschland und die Situation heute*

Diese Entwicklung erklärt, warum beispielsweise Richard Rorty als junger Student in den USA auf einen logischen Empirismus stieß, der sich zwar etabliert hatte, sich aber zugleich ziemlich einseitig und rigoros in seinem programmatischen Selbstverständnis präsentierte und um massive Abgrenzung gegenüber anderen philosophischen Strömungen seiner Zeit bemühte: »Als ich 1950 mit leuchtenden Augen Carnap zu Füßen saß, glaubte ich tatsächlich, dass am Ende des 20. Jahrhunderts die Philosophen überall auf der Welt ihre Artikel mit logischen Quantoren schmücken würden, dass sie alle dieselbe klare Idealsprache verwenden, sich um die Lösung derselben kniffeligen Probleme bemühen und demselben Wissensgebäude weitere Mosaiksteine hinzufügen würden.«[23]

Und es wird meines Erachtens auch verständlich, warum Horkheimer und andere auch in den 1950er und 1960er Jahren weiterhin in die Kerbe schlagen konnten, die sie bereits vor dem 2. Weltkrieg ausgemacht zu haben glaubten. Als Reimport hauptsächlich aus den USA setzte sich die Nachfolgebewegung der analytischen Philosophie auch in Deutschland und Österreich durch und setzte neue Maßstäbe in Hinblick auf eine Professionalisierung der philosophischen Tätigkeit – davon ist auch Peter Bieri überzeugt, der die analytische Philosophie heute eigentlich nicht länger als eine philosophische Richtung mit eigener Methodik, spezifischen Fragestellungen oder einem programmatischen Kern gelten lassen möchte: »Beibehalten sollte man auf jeden Fall die Maßstäbe von Klarheit und gedanklicher Übersicht, welche die analytische Philosophie gesetzt hat. Sie sind von bleibendem Wert, auch im Umgang mit Schlüsseltexten aus der Geschichte der Philosophie. Der Unterschied zwischen Historikern, die jene Maßstäbe erfüllen und solchen, die es nicht tun, ist gewaltig. Skeptisch sollte man hingegen sein, wenn uns jemand ein eindimensionales Verständnis von Klarheit und Argumentation einreden will. Niemand kann im Vorhinein und *ex cathedra* entscheiden, wie wo zu argumentieren ist.«[24]

Die Tatsache, dass analytische Philosophen heute auch in der Wissenschaftstheorie politische, kulturelle und soziale Kontexte der Wissenschaften wieder untersuchen und sich ganz allgemein das Themenspektrum und die Methodenvielfalt enorm erweitert haben, kann man vor diesem Hintergrund dann doch als *Gewinn* und als eine *Rückkehr zu den Wurzeln* und nicht als einen Eklektizismus im Sinne eines Auflösungs- oder Zerfallsprozesses deuten.

1 G. A. Reisch, *How the Cold War Transformed Philosophy of Science: To the Icy Slopes of Logic.*, Cambridge/Mass. 2005.

2 G. H. von Wright, Die analytische Philosophie. Eine historisch-kritische Betrachtung. In: Meggle, G./Wessels, U. (Hg.), *Analyomen I. Perspectives in Analytical Philosophy*, Berlin 1994, S. 4.

3 Ebd., S. 16.

4 M. Horkheimer, Der neuste Angriff auf die Metaphysik (1937). In: ders., *Kritische Theorie der Gesellschaft II*, Frankfurt/M. 1968, S. 82–136.

5 Ebd., S. 123.

6 R. Hegselmann, Alles nur Mißverständnisse? Zur Vertreibung des Logischen Empirismus aus Österreich und Deutschland. In: Stadler, F. (Hg.) *Vertriebene Vernunft II. Emigration und Exil österreichischer Wissenschaft*, Wien 1988, S. 188–202.

7 Ebd., S. 188.

8 Von Wright 1994, S. 4.

9 Vgl. u. a. H. J. Dahms, Vertreibung und Emigration des Wiener Kreises zwischen 1933 und 1940. In: ders., *Philosophie, Wissenschaft, Aufklärung. Beiträge zur Geschichte und Wirkung des Wiener Kreises*, Berlin 1985; R. Hegselmann in Stadler 1988; R. Stadler, Die Zerstörung der Wissenschaftlichen Vernunft 1933–1945. In: Pfoser, A./Stadler, F. (Hg.), 1983, *Die verbrannten Bücher – 10. Mai 1933*, Wien, S. 16–21.

10 Hegselmann in Stadler 1988, S. 195 f.

11 R. Carnap/H. Hahn/O. Neurath, *Wissenschaftliche Weltauffassung. Der Wiener Kreis*, Wien 1929, Veröffentlichungen des Vereins Ernst Mach, S. 314.

12 Vgl. u. a. R. Haller, Das Neurath-Prinzip. In: Dahms 1985, S. 205–225; R. Hegselmann, Otto Neurath – Empiristischer Aufklärer und Sozialreformer. In: O. Neurath, *Wissenschaftliche Weltauffassung, Sozialismus und Logischer Empirismus*; Frankfurt/M. 1979, S. 7–78; R. Hegselmann, Empiristischer Antifaschismus – Das Beispiel Otto Neurath. In: *Dialektik* 7, Köln 1983, S. 67–75.

13 M. Geier, *Der Wiener Kreis*, Reinbek 1992, S. 83.

14 Carnap/Hahn/Neurath 1929, S. 315.

15 Vgl. M. Geier in D. Borchers/O. Brill/U. Czaniera/I. Langkowski, *Einladung zum Denken. Ein kleiner Streifzug durch die analytische Philosophie*; Filmbeitrag, Wien 1996.

16 Geier 1992, S. 83.

17 Schlick zit. nach F. Stadler, *Vom Positivismus zur ›Wissenschaftlichen Weltauffassung‹*, Wien 1982, S. 197 f.

18 Geier 1992, S. 92.

19 R. Carnap, Theoretische Fragen und praktische Entscheidungen. In: *Natur und Geist* 2, 1934, S. 260.

20 Reisch 2005, S. 6 und 26.

21 Ebd., S. 20.

22 Ebd., S. 25.

23 R. Rorty, Analytische Philosophie und sich verändernde Philosophie. In: *Karl-Jaspers-Vorlesungen zu Fragen der Zeit*, Oldenburg 2000, S. 21.

24 Vgl. P. Bieri, Was bleibt von der analytischen Philosophie? In: *Deutsche Zeitschrift für Philosophie*, 3/2007, S. 333–344.

Personenregister

Adorno, Theodor Wiesengrund 12, 143
Agamben, Giorgio 145, 306
Agamemnon 164
Anschütz, Georg 230, 234, 256, 258
Apel, Karl-Otto 157, 191
Arendt, Hannah 24 f., 227, 297 ff.
Aristoteles 219 f., 224, 241, 277, 306
Assmann, Aleida 306
Assmann, Jan 306
Aster, Ernst von 12, 68
Augustinus, Aurelius 71, 229, 314
Ayer, Alfred Jules 25

Baeumler, Alfred 17, 35, 66, 68, 151, 176, 235 ff., 258 ff., 262, 275 ff., 279, 286
Bauch, Bruno 93 ff., 97 f., 101, 115 f., 277
Bauch, Kurt 138
Baudelaire, Charles 175
Bauer, Karl Heinrich 298
Baumgarten, Alexander Gottlieb 133, 164
Baumgarten, Eduard 236 f.
Bavink, Bernhard 169
Becher, Johannes Robert 233
Becker, Oskar 24, 68, 157 ff.
Benjamin, Walter 297, 301, 309 f.
Bialas, Wolfgang 62
Bien, Günter 224
Bieri, Peter 338
Binder, Julius 114 f.
Bismarck, Otto von 42, 93
Blücher, Heinrich 298, 301
Blumenfeld, Kurt 298, 301
Bobbio, Noberto 14 f.
Bohlken, Eike 105 f.
Böhm, Franz 94 f.
Boehm, Max Hildebert 62
Böhme, Hartmut 176
Böhnigk, Volker 26
Bollnow, Otto Friedrich 175, 238
Bonaventura, Johannes Fidanza 137, 237
Bormann, Martin 234
Braig, Carl 137 f.
Brecht, Bertolt 306
Brinckmann, Albert Erich 279
Broch, Hermann 298
Broszat, Martin 60
Brouwer, Luitzen Egbertus Jan 159, 162
Bultmann, Rudolf Karl 300
Busche, Jürgen 58 f.
Butenandt, Adolf 42 f.

Cantor, Georg 159, 181
Carnap, Rudolf 13, 324, 328, 330 f., 333 f., 336 ff.
Cassirer, Ernst 12, 45, 94 f., 219 ff., 225 ff., 229 ff., 235, 241, 253 ff., 258, 263 f.
Cassirer, Toni 221, 254, 258
Cato (Marcus Portius) 205
Chamberlain, Houston Stewart 258
Chaplin, Charles Spencer 157
Char, René 312
Clauß, Ludwig Ferdinand 68, 170, 195 ff.
Cohen, Hermann 94 f., 99, 101 f., 109 f., 116, 228, 258
Cohn, Jonas 12, 93, 95 f., 106, 110 f.
Comte, Auguste 329
Cordier, Alfred 236 f.
Couturat, Louis 15
Crinis, Max de 50

Dahms, Joachim 328
Dahrendorf, Ralf 13 f.
Dante Alighieri 226
Deichmann, Ute 39
Descartes, René 133, 236
Dilthey, Wilhelm 141, 229
Dingler, Hugo 17
Dirmstein, Hans 281
Dollfuß, Engelbert 332
Dostojewski, Fjodor Michailowitsch 175

Ebbinghaus, Julius 92, 123
Ehrenberg, Hans 12, 92 f., 95
Eichmann, Adolf 298
Einstein, Albert 41
Einstein, Mary 229
Emge, Carl August 277
Endress, Friedrich 146
Engels, Friedrich 64, 233
Enzensberger, Hans Magnus 19 f.
Erasmus von Rotterdam 226, 279
Eschenburg, Theodor 14

Fárias, Victor 135
Faust, August 93, 95, 121
Feigl, Herbert 334, 337
Fest, Joachim Clemens 58
Feuerbach, Ludwig 329
Fichte, Johann Gott-

lieb 85f., 91, 109, 113, 115, 119
Finkelstein, Norman 306
Fischer, Klaus 39
Flaubert, Gustave 175
Fleck, Ludwig 242
Förster-Nietzsche, Elisabeth 274f.
Franck, Hans 136
Frank, Eric 92
Frank, Philipp 334, 336f.
Frank, Walter 258
Frers, Johann Nicolaus 234
Freud, Sigmund 166
Freyer, Hans 13
Frick, Wilhelm 192
Friedrich, Hugo 285
Fulda, Hans Friedrich 9

Gadamer, Hans-Georg 13, 65, 70, 220, 238
Gaus, Günter 300
Gebhardt, Fritz 170
Gehlen, Arnold 13, 17, 68
Geier, Manfred 332ff.
Geiger, Moritz 12
Gelzer, Matthias 280
Gerber, Harry 282f.
Gethmann, Carl Friedrich 170
Glockner, Hermann 85, 93, 95f.
Glum, Friedrich 47
Goebbels, Joseph 64, 192
Görland, Albert 227, 253ff., 263f.
Goethe, Johann Wolfgang von 87, 276f.
Goldhagen, Daniel Jonah 32
Göring, Hermann 40, 64
Groß, Walter 169
Groth, Wilhelm 46
Gründer, Karlfried 60, 222
Grüttner, Michael 15, 21
Gumbel, Emil Julius 302
Günther, Hans Friedrich Karl 200

Habermas, Jürgen 58, 157, 191
Haering, Theodor 240
Hahn, Hans 328
Hahn, Otto 40
Halbwachs, Maurice 306
Harmjanz, Heinrich 261
Harteck, Paul 46
Härtle, Heinrich 36, 261f., 276, 279
Hartmann, Nicolai 230, 241
Haug, Wolfgang Fritz 17
Hausmann, Frank-Rutger 49
Hegel, Georg Wilhelm Friedrich 17, 133, 138, 205, 219f., 222, 231, 236f., 241f.
Hegselmann, Rainer 326, 328
Heidegger, Elfride 136, 149, 151
Heidegger, Hermann 151, 303f.
Heidegger, Martin 13, 17, 24, 41, 68, 70, 91, 133ff., 157ff., 163, 165, 167, 170ff., 191, 221, 229, 238, 255, 298f., 303ff., 307, 309, 312f., 315
Heimsoeth, Heinz 68, 230, 234, 239
Heinemann, Fritz 12f.
Heisenberg, Werner 181
Hempel, Carl Gustav 69
Hensel, Paul 114
Heraklit 134, 150f., 163, 220
Herrigel, Eugen 95f.
Heß, Rudolf 234
Heydrich, Richard 282
Heyse, Hans 170, 174, 177
Hilbert, David 159, 162, 181
Hildebrandt, Dietrich von 13
Himmler, Heinrich 50, 64
Hindenburg, Paul von 37
Hitler, Adolf 13f., 20, 34, 40f., 50, 62, 64ff., 84ff., 89, 93, 97, 137, 139f., 143, 147, 157, 192, 194, 198, 201, 234, 256, 274, 299, 336
Höffe, Otfried 300
Hoffmeister, Johannes 236
Hogrebe, Wolfram 68
Hölderlin, Johann Christian Friedrich 138, 150f.
Holzinger, Ernst 280f.
Hölzle, Erwin 262
Homer 164
Hönigswald, Richard 13
Hoppe, Wilhelm 272
Horkheimer, Max 13, 285f., 326f., 338
Huber, Kurt 48, 67, 69, 74
Husserl, Edmund 68, 91, 157, 159ff., 163, 168, 178f., 255
Huxley, Julian 25

Ilting, Karl-Heinz 157

Jaensch, Erich 195, 200
Janich, Peter 71
Jaspers, Gertrud 302f.
Jaspers, Karl 24, 45, 68, 297ff.
Jeanne d'Arc, Johanna von Orléans 42
Jellinek, Georg 111f.
Jünger, Ernst 22, 135, 143, 149, 175

Kaegi, Dominic 90f.
Kalchas 164
Kamlah, Wilhelm 68, 70ff., 174
Kant, Immanuel 17, 63, 74, 84, 92, 94, 97ff., 101ff., 105ff., 112ff., 121ff., 133, 142, 159, 221, 226, 231, 236, 241
Kaschnitz-Weinberg, Guido von 280
Keller, Rudolf 278, 280f.
Kessler, Harry Graf 20
Kierkegaard, Søren Aabye 175
Kihn, Berthold 50f.
Kingreen, Monica 283
Kirn, Paul 280
Kisiel, Theodore 138
Kittler, Friedrich Adolf 176

Klages, Ludwig 176
Klemperer, Victor 22, 48, 64, 143, 305
Koch, Franz 44
Kohl, Helmut 58
Kohlrausch, Eduard 39
Kommerell, Max 273 f.
König, Josef 162
Korsch, Karl 233
Kraft, Victor 68
Krauss, Werner 48 f.
Krebs, Friedrich 273, 278, 281 ff.
Krieck, Ernst 17, 46, 68, 258, 276
Krijnen, Christian 97 f., 106
Kroner, Richard 13, 91, 93 ff.
Krüger, Gerhard 238, 241
Kuhn, Helmut 13
Kunkel, Wolfgang 31 f.

Lagarde, Paul de 258
Lammers, Hans Heinrich 275
Landshut, Siegfried 228
Lask, Emil 91 f., 111
Leese, Kurt 263
Lehmann, Fritz Michael 169
Lehmann, Gerhard 18
Leibniz, Gottfried Wilhelm 161, 236
Lenard, Philipp 47
Lenin, Wladimir Iljitsch 64, 233
Lessing, Gotthold Ephraim 301, 311, 313
Leutheusser, Otto Richard 280
Levi, Primo 303, 315
Liebert, Arthur 13
Liebrucks, Bruno 236
Litt, Theodor 68
Lommatzsch, Erhard 280
Lorenz, Kuno 71
Lorenzen, Paul 70, 157, 160 f., 168, 170
Lotze, Rudolf Hermann 107
Loewenberg, Jakob 233
Löwith, Karl 13, 168, 175 ff., 272, 285
Lübbe, Hermann 10 f., 223
Ludendorff, Erich 93
Luhmann, Niklas 176
Luther, Martin 236

Mach, Ernst 58, 328, 331 f.
Mahnke, Dietrich 160 f.
Mandel, Hermann 169
Mann, Thomas 300
Mannheim, Karl 14
Marett, Robert Ranulph 169
Martin, Gottfried 68
Martin, Bernd 136
Marx, Karl 64, 228 ff., 233, 242, 255, 309, 329
McCarthy, Joseph Raymond 334, 336
Mehlis, Georg 93, 95
Meinecke, Friedrich 43
Meister Eckhart 240
Mendel, Johann Gregor 170
Mentzel, Rudolf 44
Mette, Hans Joachim 274, 283
Metzke, Erwin 236
Meyer, Konrad 50
Misch, Georg 13, 170
Mittelstraß, Jürgen 71
Moeller van den Bruck, Arthur 175
Morris, Charles William 336
Montaigne, Michel Eyquem de 226
Mussolini, Benito 143

Natorp, Paul 258
Naumann, Hans 175, 211
Neurath, Otto 13, 324, 328, 330 f., 333 ff.
Nietzsche, Friedrich 17, 144, 150 ff., 170 f., 176, 236, 271 f., 274 ff., 283, 285 f., 304
Nikolaus von Cues 229, 231, 237, 240
Noack, Hermann 237, 253 ff.
Nolte, Ernst 60 f., 222, 299
Novick, Peter 306

Odebrecht, Rudolf 239
Oehler, Max 275, 277, 280
Oehler, Richard 277 f., 280 ff., 286
Oesterreich, Traugott Konstantin 45
Oexle, Otto Gerhard 306
Ott, Hugo 135
Otto, Walter Friedrich 273 f., 277

Paracelsus, Philippus Theophrastus 237
Parmenides 151
Petrarca, Francesco 226
Pfeil, Hans 68
Planck, Max 40
Plessner, Helmuth 13, 70
Platon 17, 133, 178, 207
Pöggeler, Otto 157 f., 167 f., 173, 178, 180
Poincaré, Henri 15
Popper, Karl Raimund 334
Proust, Marcel 175
Putnam, Hilary 162

Raape, Leo 38 f.
Radbruch, Gustav 20, 92 f., 95 f., 107, 112 ff., 225
Rastier, François 146
Reichenbach, Hans 13, 337
Rein, Adolf 230
Reinhardt, Karl 273
Reisch, George A. 324, 335, 337
Restif de la Bretonne, Nicolas 175
Rickert, Heinrich 18, 83 ff., 115
Ricœur, Paul 306
Rintelen, Fritz Joachim von 239
Ritter, Joachim 13, 18, 24, 68, 219 ff., 254, 258, 261, 264, 276
Ritterbusch, Paul 49

Röhm, Ernst Julius 22
Roosevelt, Franklin Delano 60 f.
Rorty, Richard 325, 337
Rosenberg, Alfred 35 f., 136, 168, 198, 203. 231, 235 f., 238, 257 ff., 274 ff., 282
Rothacker, Erich 13, 17 f., 24, 68, 70, 92, 136, 161, 172, 178, 191 ff., 229 f.
Rougier, Louis 15
Rüfner, Vinzenz 68
Ruge, Arnold 93, 95
Rust, Bernhard 34 f., 48, 192

Sade, Donatien Alphonse François Marquis de 175
Saner, Hans 297, 307
Sartre, Jean-Paul 25
Sauer, Josef 39
Schelling, Friedrich Wilhelm Josef von 138
Schelsky, Helmut 68, 238
Schemm, Hans 34
Schiller, Friedrich 277
Schilling, Kurt 238, 277
Schlechta, Karl 24, 236, 271 ff.
Schleicher, Kurt von 136
Schlick, Moritz 15, 328, 330 ff.
Schmitt, Carl 22, 41, 71, 134, 136 f., 144, 176, 222, 242
Schmitz, Hermann 157
Schneider, Carl 50
Scholem, Gerhard (Gerschom) 301
Scholtz, Gunter 228 f.
Scholz, Heinrich 68
Schorcht, Claudia 136
Schramm, Percy Ernst 42
Schultze, Walter 15, 35 f.
Schumann, Erich 35
Schuster, Franz 273
Schwarz, Hermann 169
Schwemmer, Oswald 24
Shakespeare, William 306
Sieferle, Rolf Peter 62
Sluga, Hans 157
Sohn-Rethel, Alfred 228
Sokrates 299 f.
Solms zu Laubach, Ernstotto Graf 282
Spitzer, Leo 285
Springmeyer, Heinrich 236
Staak, Alfred Hagen Karl 237
Stadler, Friedrich 328
Stalin, Jossif Wissarionowitsch 64, 336
Stammler, Rudolf 103, 109, 114, 116
Stark, Johannes 47
Stegmüller, Wolfgang 160
Stern, Fritz 10, 20
Strathmann, Hermann 43
Streckenbach, Bruno 21
Süss, Wilhelm 44
Szilard, Leo 41

Teller, Eduard 41
Thiel, Christian 71
Thiel, Jens 26
Tilitzki, Christian 60 ff., 72 f., 222, 237, 273
Tillich, Paul 13
Traverso, Enzo 306

Vierhaus, Rudolf 10

Wahl, Hans 277
Waismann, Friedrich 334
Weber, Max 32, 86, 92, 112, 302, 315
Weil, Eric 233
Weinrich, Harald 310
Wenzl, Aloys 68
Wesle, Carl 235
Weyl, Hermann 160, 162 f.
Wind, Edgar 13
Windelband, Wilhelm 91, 93 f., 107, 111 ff.
Wiskemann, Erwin 33
Wittgenstein, Ludwig 157, 242
Wolters, Alfred 280 f.
Wolters, Gereon 59, 158, 174
Wright, Georg Henrik von 324 f., 327 f.
Wunder, Gerhard 261
Wundt, Max 240
Wüst, Walter 277

Yates, Frances 306
Yerushalmi, Yosef Hayim 310
Yorck von Wartenburg, Paul 141

Zilsel, Edgar 334
Zimmermann, Rolf 306
Zocher, Rudolf 74, 95 f.
Zweig, Stefan 283